MARTIN BOESCH

ENGAGIERTE GEOGRAPHIE

ERDKUNDLICHES WISSEN

SCHRIFTENREIHE FÜR FORSCHUNG UND PRAXIS
HERAUSGEGEBEN VON EMIL MEYNEN
IN VERBINDUNG MIT
GERD KOHLHEPP UND ADOLF LEIDLMAIR

HEFT 98

FRANZ STEINER VERLAG STUTTGART
1989

MARTIN BOESCH

ENGAGIERTE GEOGRAPHIE

ZUR REKONSTRUKTION
DER RAUMWISSENSCHAFT
ALS POLITIK-ORIENTIERTE GEOGRAPHIE

FRANZ STEINER VERLAG STUTTGART
1989

Gedruckt mit Unterstützung der Universität St. Gallen

CIP-Titelaufnahme der Deutschen Bibliothek
Boesch, Martin:
Engagierte Geographie : zur Rekonstruktion der
Raumwissenschaft als politik-orientierte Geographie / Martin
Boesch. - Stuttgart : Steiner, 1989
   (Erdkundliches Wissen ; H. 98)
   Zugl.: St. Gallen, Univ., Habil.-Schr., 1988
   ISBN 3-515-05514-2
NE: GT

ENGAGIERTE GEOGRAPHIE

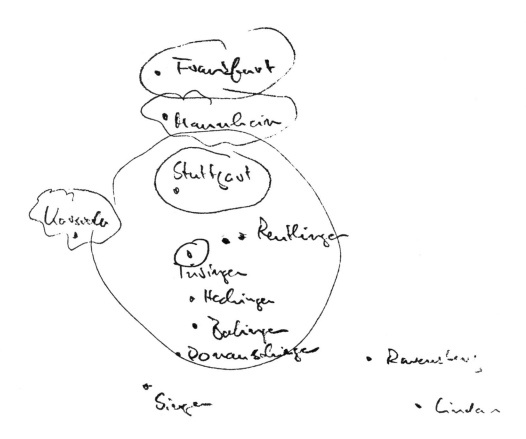

Die Zentralen Orte Süddeutschlands
aus der Sicht eines Tübinger Studenten

Meinem Mentor
Friedrich Gunkel †
Dr. Ing., Professor ISR/TU Berlin
in Dankbarkeit zugeeignet

Vorwort

Das vorliegende Buch ist die überarbeitete Fassung meiner Habilitationsschrift, die ich 1988 an der Hochschule St. Gallen für Wirtschafts- und Sozialwissenschaften einreichte. Das Manuskript wurde in den wesentlichen Grundzügen im April 1988 abgeschlossen.

Das Grundkonzept des Buches geht zurück auf die Zeit meines Aufenthaltes bei Friedrich Gunkel am Lehrstuhl für Stadt- und Regionalplanung der TU Berlin. Weitere massgebliche Anregungen erhielt ich dann durch die Zusammenarbeit mit Hans-Christoph Binswanger im Fachbereich Umweltökonomie an der HSG St. Gallen. Beiden bin ich für ihre wegweisenden Impulse in herzlicher Dankbarkeit verpflichtet.

Ich freue mich darüber, dass das Buch in der Reihe «Erdkundliches Wissen» erscheinen kann; sie trägt immer wieder mit grundlegenden Publikationen zu einer fruchtbaren Diskussion bei. Dieser Bogen spannt sich vom epochalen Heft 19, Dietrich Bartels' Arbeit «Zur wissenschaftstheoretischen Grundlegung einer Geographie des Menschen» bis zum soeben erschienenen Band 95. Bei meinem Dank an die Herausgeber denke ich auch daran, dass die Reihe aus den Beiheften zur Geographischen Zeitschrift hervorging, die wiederum von Alfred Hettner begründet wurde – Zusammenhänge, die bei der Auseinandersetzung mit dem Thema ihre Bedeutung haben.

Besonderen Dank aussprechen möchte ich Hans Elsasser (Zürich) und Eugen Wirth (Erlangen) für die kritische Begutachtung des Manuskriptes und viele wertvolle Hinweise. Anregungen empfing ich aber auch in vielen andern Diskussionen, so mit Konrad Mohrmann (Berlin/Darmstadt), Bernhard Nievergelt (Zürich), Leni Robert (Bern), Martin Lendi (Zürich), Jean-Pierre Jetzer (St. Gallen), Simon Reist (St. Gallen), Marx Heinz (Thusis), Peter Sedlacek (Münster), Peter Weichhart (Salzburg), Wolf J. Reith (Wien) und Günther Haase (Leipzig). Massgeblichen Anteil an der Drucklegung hatten dann meine Frau, Dorothea Boesch-Pankow, sowie die Mitarbeiter der Gasser AG (Chur) und des F. Steiner Verlages (Stuttgart), vor allem Ralph Wagner, Guido Nay, Daniela Kobler und Gregor Hoppen. Sie haben das Vorhaben mit grosser Sorgfalt und Umsicht betreut. Ihnen allen danke ich ebenfalls herzlich.

Alle unsere Projekte sind von Erwartungen getragen – mit diesem Buch verbinde ich eine zweifache Hoffnung: die Hoffnung auf einen konstruktiven wissenschaftstheoretischen Diskurs über unsere Disziplin, für unsere Disziplin; und die Hoffnung auf eine lebensfrohe, gerechte und friedliche Zukunft – für Kathrin, Matthias und Hans-Jakob.

Martin Boesch
St. Gallen, im September 1989

Inhaltsübersicht

I
Grundlagen

1 Einführung

Wer will, dass alles bleibt,
muss alles ändern.

G. TOMASI DI LAMPEDUSA

1.1 Zur Problemstellung

Gestaltung des Lebensraums als zentrale Aufgabe
Die verantwortliche Gestaltung unseres Lebensraums erscheint heute als eine der vordringlichsten Aufgaben unserer Gesellschaft.[1] Daraus ergibt sich unmittelbar der Ausgangspunkt dieses Buches: die persönliche Überzeugung, dass unser Fachgebiet *Geographie* – wenn auch nicht als alleinige Aufgabe, und sicher nicht als einzige Disziplin – beitragen soll zu dieser Gestaltung des Lebensraumes. Ohne genaueren Analysen vorzugreifen lehrt uns doch die Alltagserfahrung, dass die Disziplin bis jetzt dieser Aufgabe nicht in genügendem Masse nachgekommen ist. Lehre und Forschung, Theorie und Anwendung sollen deshalb weiterentwickelt werden, so dass sie in der Lage sein werden, diese Herausforderung anzunehmen.

Worin die Beiträge der Geographie zur aktiven Mitgestaltung des Lebensraumes im einzelnen bestehen mögen, wie sie ausgeformt sind, dies kann erst umschrieben werden aufgrund einer Analyse der anstehenden Probleme, das heisst aufgrund einer inhaltlichen und methodologischen Standortbestimmung, und dem darauf aufbauenden Entwurf tragfähiger methodologischer Konzepte. Die im folgenden entwickelten Gedanken umfassen den theoretischen Teil dieser konstruktiven Entscheidung; die inhaltliche Realisierung der Konzepte, ihre Umsetzung in Forschungsprojekte und praxisorientierte Arbeiten können anschliessend darauf aufbauen.

Die vorliegende Arbeit basiert also auf zwei verschiedenen, jedoch zusammenhängenden *Motiven*: einer inhaltlichen, problem-orientierten und einer methodologischen, theorie-orientierten Zielsetzung. Der Zusammenhang besteht darin, dass die inhaltlichen Fragen das Suchen nach einem adäquaten theoretischen Rahmen auslösten, dieser hingegen seine Zweckbestimmung in der nachfolgenden praktischen Anwendung und Bewährung finden muss.

1.1.1 Materielle Problemanalyse

In der einführenden Problemskizze sollen *Lebensraum* und *Umwelt* zunächst ganz undifferenziert, erfahrungsweltlich verstanden werden. Die Ausdifferenzierung der Konstrukte und Begriffe wird dann einen ersten Schwerpunkt dieser Arbeit bilden.

Seit über zwanzig Jahren wird die Thematik der Lebensraum-Gestaltung durch die Umweltschutzdiskussion dominiert. Daneben sollten andere Aufgabenbereiche, zum Beispiel im ökonomischen, sozialen und auch städtebau-

---

[1] LENDI/ELSASSER (1985/2ff); W. MOEWES (1980).
   Schon G. BURGARD et al. (1970/195) bezeichnen das «Mensch-Umwelt-Verhältnis» als «Zentrale Fragestellung», und sie leiten daraus sechs Themenkomplexe von grundsätzlicher Bedeutung ab, u.a. «Verstädterung, Raumplanung als Interessenkonflikt, Daseinsfürsorge als regionale Gestaltungsaufgabe».
   Vgl. ferner (programmatisch) P. WEICHHART (1980c).

lich-architektonischen Segment des Problemfächers nicht vergessen werden.[2] Darauf soll weiter hinten eingetreten werden.

Umwelt-Diskussion

Dem Aufschwung der *Umwelt-Diskussion* in den Sechziger und Siebziger Jahren[3] ist eine deutliche Versachlichung, wenn nicht gar Ernüchterung gefolgt. Mit dem Konkreterwerden der Problemstellungen, beim Versuch, anerkannte Postulate zu realisieren, tauchen verschiedene Schwierigkeiten auf:

- Je konkreter die Fragen werden, desto offener treten Ziel- und Interessenkonflikte zu Tage, welche eine Umsetzung allgemeiner Normen in konkrete Massnahmen erschweren und verzögern.
- Die Komplexität der Entscheidungs- und Koordinationsprozesse beim öffentlichen Handeln und der damit zusammenhängende Aufwand, besonders auch in zeitlicher Hinsicht, wurden unterschätzt. Demgegenüber funktionieren ökonomische Innovations- und Anpassungs-Prozesse viel rascher. Aus dieser Diskrepanz der Regelmechanismen ergibt sich ein rasch anwachsender Problemdruck, gar eine eigentliche *Vollzugskrise*.
- Die immer wieder geforderte Hilfestellung durch die Wissenschaft kann (noch) nicht in vollem Umfange geleistet werden; die Forschung ist einstweilen in manchen Sektoren weder inhaltlich noch methodisch diesen hohen Ansprüchen der Praxis gewachsen. Das gilt vor allem für komplexe Wirkungsanalysen und Projektionen im Berührungsbereich ökonomischer und ökologischer Sachverhalte und Prozesse.[4]
- Umweltforschung und Umweltpolitik sind in besonderem Masse auf eine interdisziplinäre, ressortübergreifende Betrachtungsweise angewiesen. Indessen sind sowohl im Forschungs- wie auch im Verwaltungsbereich klare Schranken gegenüber einer solchen Perspektive sichtbar geworden.[5]

---

[2] Vgl. dazu die dreifache Zielsetzung «Ausgewogenheit, Belastbarkeit, Entwicklungspotential» bei P. BOESE et al. (1975); sowie das Konzept der ökonomischen, ökologischen und sozialen Effizienz räumlicher Systeme (M. BOESCH 1981a).

[3] Vgl. die Umwelt-Symposien der ETH Zürich «Schutz unseres Lebensraumes» (H. LEIBUNDGUT 1971) und der Hochschule St.Gallen «Umweltschutz und Wirtschaftswachstum» (M.P.V. WALTERSKIRCHEN 1972).
Ferner konkret die drei Volksabstimmungen:
- Verfassungsartikel 24sexies betr. Natur- und Heimatschutz vom 27. Mai 1962: Annahme 442'559 Ja gegen 116'856 Nein (79,1 % Ja).
- Volksabstimmung zu den Verfassungsartikeln 22ter und 22quater betr. Bodenrecht und Raumplanung vom 14. September 1969: Annahme mit 286'282 Ja gegen 225'536 Nein (55,9 % Ja).
- Volksabstimmung zum Verfassungsartikel 24septies betr. Schutz der Umwelt vom 6. Juni 1971: Annahme mit 1'222'931 Ja gegen 96'359 Nein (92,7 % Ja).
Dazu J.M. ZÜRCHER (1978).

[4] Vgl. dazu J. KUMM (1975/VIIIff).

[5] Selbst so anspruchsvolle Vorhaben wie das NFP 5 «Regionalprobleme» und das MAB-CH Programm lassen Interdisziplinarität nur ansatzweise erkennen. Gewissermassen als Vorstufe geht es vielmehr um ein multidisziplinäres Nebeneinander von Fachprojekten. Vgl. FISCHER/ BRUGGER (1985); P. MESSERLI (1986).

Belastungsgrenzen und ihre normative Basis

Belastung und mehr noch *Belastungsgrenzen* sind zu Schlüsselworten der Lebensraumgestaltung und damit der Umweltforschung geworden.[6] Damit wird das Bewusstsein artikuliert, dass sich verschiedene Bereiche in einem noch genauer zu strukturierenden *Umwelt-System* beeinträchtigen, dass sie sich (gegenseitig) stören, und dass diese Störungen im Verlaufe einer dynamischen Entwicklung ein unerwünschtes, untragbares Ausmass angenommen haben oder gelegentlich annehmen werden. Diese Perspektive kontrastiert scharf mit den Vorstellungen einer harmonischen Entwicklung, eines Gleichgewichtes, welches sich bei der Fortbildung von Wirtschaft und Gesellschaft stets von neuem autonom einstelle.[7]

Hat man sich ursprünglich wohl gedacht, Belastungsgrenzen seien 'objektiv' gegeben und liessen sich mit naturwissenschaftlichen Methoden exakt bestimmen,[8] so ist inzwischen deutlich geworden, dass es sich bei solchen 'Grenzen' um *normative Werte* handelt, die durch bestimmte soziale und politische Entscheidungsmechanismen als gültig festgelegt werden und damit (nur) intersubjektive Geltung haben und auch jederzeit geändert werden können.[9]

Legitimationsbasis solcher normativ gesetzter Grenzwerte sind letztlich (soweit staatliches Handeln angesprochen ist) die gültigen positiven Rechtssätze einer Gesellschaft, also Verfassungsgrundsätze, Gesetze, Verordnungen. Der Ermessensspielraum innerhalb dieser Schranken, gerade beim Abwägen konkurrierender Interessen oder Zieldimensionen, ist aber nach wie vor gross, und er wird pragmatisch ausgefüllt. Inhaltlich zeichnet sich allerdings (wie auch im individuellen Bereich) eine gewisse Akzentverschiebung ab: Neben kurzfristige ökonomische und soziale Gruppeninteressen tritt allmählich eine *Neue Ethik*, die sich an anthropologischer und ökologischer Verantwortung orientiert.[10]

Daraus folgt, dass ein wichtiger Beitrag der empirischen Wissenschaften zur Normendiskussion im Aufzeigen von Gesetzmässigkeiten und Konsequenzen

[6] Die breitere Diskussion setzt ein mit dem Raumordnungsbericht 1968 der BRD (BT-Drucksache V/3958 1969). Knapp zehn Jahre später ist dieses Konzept bereits Allgemeingut geworden. Vgl. dazu die Systemanalyse zur Landesentwicklung von Baden-Württemberg (P. BOESE et al. 1975); DANZ/RUHL (1976); J. KRIPPENDORF (1975); die Studie «Umweltbelastung im Kanton Zürich» (Regierungsrat des Kantons Zürich 1977); sowie das Grindelwald-Seminar von Europarat und Europäischer Ministerkonferenz für Raumordnung 1978 zum Thema «Probleme der Belastung und Raumplanung im Berggebiet».
Neuerdings nun LENDI/ELSASSER (1985/2); sowie der «Raumplanungsbericht 1987» (SCHWEIZ. BUNDESRAT 1988).
[7] Diese Vorstellung geht letztlich auf A. SMITH zurück und prägt unser Denken weit über den engeren ökonomischen Bereich hinaus. Dass diese Ansicht nach wie vor aktuell ist, zeigt etwa H. KAHN (1976). Vgl. ferner umfassend F. STOLZ (1986).
Für die innergeographische Diskussion wichtig ist das Verhältnis von 'Landschaft' und 'Harmonie'; vgl. dazu Kapitel 1.3 «Disziplinhistorischer Exkurs», dort besonders Anmerkungen 13 und 14.
[8] Vgl. dazu besonders die Denkschrift «Raumordnung und Umweltschutz», Zif. 5.08, p. 34 (MKRO 1972).
[9] K. GANSER (1978) in These 2: «Die Bestimmung von Belastungen setzt politische Zielvorgaben voraus.»
Vgl. neuerdings die Kontroversen um die Grenzwerte für Luftschadstoffe.
[10] M. THÜRKAUF (1977); D. BIRNBACHER (1980); H. SACHSSE (1984); H. JONAS (1979).

bestimmter Entscheidungen und Prozesse besteht. Schon die Kritik am *Limits to growth*-Bericht (D. MEADOWS et al. 1972) hat diesen Aspekt hervortreten lassen: Dadurch, dass Umweltbelastungen der Öffentlichkeit bewusst werden, können individuelle und öffentliche Anstrengungen zu ihrer Reduktion unternommen werden.[11] Eine Funktion der Umweltforschung ist es also, eine entsprechende Sensibilisierung so frühzeitig zu versuchen, dass korrektives Verhalten der Betroffenen möglich wird, bevor irreversible Entwicklungen eingetreten sind. Damit stellt sich *Irreversibilität* als ein wesentliches Kriterium der Relevanz von Umweltforschung heraus.[12]

Umweltökonomie

Die Erweiterung der Normenbasis auf soziale und ökologische Dimensionen hat zum Teil auch in die Wirtschaftswissenschaften selbst hineingewirkt: Mit dem Konzept der externen oder *sozialen Kosten* im Rahmen einer erweiterten *Umweltökonomie*[13] wird versucht, die natürlichen Grundlagen und die gesellschaftlichen Auswirkungen des Wirtschaftens ins Theorie- und Lehrgebäude der Nationalökonomie zu integrieren. Dabei ist allerdings festzustellen, dass das Umweltverständnis, welches hinter diesen Ansätzen steht, in zweifacher Hinsicht erweiterungsbedürftig ist.

Einmal wird *Umwelt* nur mit ihrem Ressourcen-Charakter wahrgenommen, eine eigenständige Qualität kommt ihr nicht zu. Diese Ressourcen sind heute knapp geworden, weshalb es gilt, sie im Sinne der Nachhaltigkeit optimal zu bewirtschaften.[14] Die Betrachtungweise ist also rein anthropozentrisch. Nun steht zur Diskussion, sie dahingehend zu erweitern, dass es Umweltqualitäten gibt, die dem (wirtschaftenden) Menschen erst längerfristig oder vielleicht auch gar keinen direkten, unmittelbaren Nutzen bringen. Die ökonomische Verwertbarkeit soll nicht mehr oberstes Prinzip sein; aus der anthropozentrischen soll sich eine ökozentrische Betrachtungsweise entwickeln.[15] H.C. BINSWANGER et al. (1978/127ff) führen diesen Gedanken konsequent zu Ende, wenn sie *Vollbeschäftigung – Preisstabilisierung – Umweltstabilisierung* als das «neue magische Dreieck der Wirtschaftspolitik» bezeichnen, gegenüber dem traditionellen Zielsystem 'Vollbeschäftigung – Preisstabilität – aussenwirtschaftliches Gleichgewicht – Wachstum'.[16]

---

[11] Vgl. dazu E.S. BOYLAN (1972/20): «The higher pollution levels become, the more public consciousness there is of the problem and the more efforts will be made to reduce pollution.» (Zit. nach M. STOFFEL 1978/356).

[12] Vgl. dazu K. GANSER (1978/6), These 5.

[13] Vgl. K.W. KAPP (1963). Ferner etwa B.S. FREY (1972); KRUTILLA/FISHER (1975); H. SIEBERT (1978); H.C. BINSWANGER et al. (1983).

[14] Vgl. dazu auch die Formulierung im Bundes-Naturschutzgesetz der BRD, § 1: «Natur und Landschaft sind so zu schützen, dass die Leistungsfähigkeit des Naturhaushaltes, die Nutzungsfähigkeit der Naturgüter, die Pflanzen- und Tierwelt sowie die Vielfalt, Eigenart und Schönheit von Natur und Landschaft als Lebensgrundlagen des Menschen und als Voraussetzung für seine Erholung in Natur und Landschaft nachhaltig gesichert ist.»

[15] Vgl. nochmals Anmerkung 10.

[16] So im Stabilitätsgesetz der BRD, § 1.

Zum zweiten fällt die mangelnde Strukturierung und räumliche Differenzierung von *Umwelt* in den ökonomischen Ein-Punkt-Modellen auf;[17] U. HAMPIKKE (1973/621) spricht geradezu davon, «das Bild von einer Natur als eines systemhaften Zusammenhanges» sei «radikal getilgt, und durch die Vorstellung von einer amorphen Masse ersetzt». Besonders augenfällig wird diese Verkürzung in den Ansätzen, die sich an Input-Output-Modellen orientieren.[18] Dieser technischen Ressourcen-Auffassung von *Umwelt* entgeht damit, dass jene dank ihrer Ausdehnung und differenzierten Strukturierung auch soziale Bedeutung hat als Erlebnisraum, als Aktionsraum für Menschen, für soziale Gruppen, und (unter ökologischen Aspekten) wesentlich ist als konkretes Substrat komplexer Ökosysteme.[19]

In solchen Ein-Punkt-Modellen fallen neben diesen sozialen und ökologischen Qualitäten eines strukturierten Raumbegriffes dann auch die regional unterschiedlichen Leistungs- und Entwicklungs-Niveaus, die «Regionalen Disparitäten»[20] ausser Betracht, wie auch der Einfluss der räumlichen Organisationsstruktur eines Gebietes auf die ökonomischen Prozesse.[21] Gerade diese Ungleichgewichte und differenzierten Strukturen sind aber wesentliche Bestimmungsgründe der weiteren sozio-ökonomischen Entwicklung, und damit im Spannungsfeld *Gesellschaft – Umwelt* nicht zu vernachlässigende Grössen. Auch ein Teil der Kritik am *Limits to growth*-Bericht[22] betraf gerade diese mangelnde räumliche Strukturierung und Differenzierung, die dann durch die AnschlussStudie von MESAROVIC/PESTEL (1974) aufgenommen wurde. Es wurde klar gezeigt, dass ein regionalisierter Ansatz die Probleme in ihrer eigentlichen Dringlichkeit herausarbeitet, gerade weil die regionalen Extremwerte nicht durch eine Durchschnittsbetrachtung verwischt werden, welche Ausgleichprozesse unterstellt, die tatsächlich kaum zum Tragen kommen.[23] Eine gewisse Verknüpfung von Umweltökonomie und Regionalökonomie wäre also prüfenswert, damit eine Erweiterung des Problemfächers auf ökonomische, soziokulturelle und ökologische Dimensionen.

---

[17] Vgl. etwa T.L. YONKER (1978/83); H. SIEBERT (1978/10).

[18] Besonders zu erwähnen sind hier H.E. DALY (1968); W. ISARD (1972); P.A. VICTOR (1972). Bei B. COUPE (1977) reduziert sich diese Sicht dann sogar zum «Pollutions»-Problem.
Bemerkenswert ist der Versuch von R. THOSS (1972), Flächenansprüche und räumliche Strukturelemente in ein Input-Output-Modell zu integrieren. Es ist allerdings nicht klar ersichtlich, in welchem Ausmass dieser Ansatz operationalisierbar ist.

[19] Vg. dazu die Kritik von A. BECHMANN (1978).

[20] Vgl. dazu etwa BRUGGER/HÄBERLING (1978); FISCHER/BRUGGER (1985).

[21] Auf diesen Punkt weist zum Beispiel B. GREUTER (1977/3) hin: Er stellt eine mangelnde Integration des Raum-Verkehrssystems fest, und zwar insbesondere ein ungenügendes Vertiefen der Frage, wie denn die räumlichen Nutzungsstrukturen die sozio-ökonomischen Prozesse (zum Beispiel die Verkehrsbeziehungen) beeinflussen.

[22] Vgl. zur Beurteilung der Kritik vor allem M. STOFFEL (1978), insbesondere pp. 136f, 248ff, 353ff.

[23] Vgl. ähnlich das Forschungsprojekt «Simulation des Systems Energie-Wirtschaft-Umwelt» (U. BERNARD 1978).

Von der Raumplanung zur Raumordnungspolitik

Im Unterschied zur Umweltökonomie hat sich die Raumplanung schon seit langem mit der *Komplexität* konkreter Konflikte in einem räumlich strukturierten Umfeld befasst. Dabei hat sie ihren Auftrag immer stärker als Querschnittsaufgabe verstanden, als eine Aufgabe also, die verschiedene traditionelle Fachressorts (bzw. Disziplinen) tangiert (LENDI/ELSASSER 1985/2ff). Dieses Verständnis entwickelte sich aus der praktischen Erfahrung, dass die unterschiedlichsten Tätigkeiten und Interessen nicht isoliert nebeneinander existieren – wie die Wissenschaft annimmt, sondern letztlich *vor Ort* aufeinandertreffen; und bei zunehmender Aktivitätsdichte und -intensität sich ständig vermehrt stören. Solcherart gehäufte Zielkonflikte verlangen nach einer geregelten Prioritätsordnung.

Daraus wird klar, dass sich bei zunehmender Raumknappheit das Planungsverständnis entwickeln muss: von einer anfänglich technisch orientierten Objekt-Planung, über eine konzeptionell orientierte Koordinations-Planung, zu einer politisch orientierten normativen Planung.[24]

Ausgehend von einem sehr pragmatischen Problemverständnis war es vorerst die Hauptaufgabe der Raumplanung, innerhalb recht enger Rahmenbedingungen geeignete (Mikro-)Standorte zu bezeichnen, so etwa im klassischen Fall der optimalen Anbindung grosser Bauvorhaben an das bestehende Verkehrsnetz. Immer noch gehören solche Fragestellungen zur planerischen Alltagsarbeit, und viele Methoden zur Analyse von Belastungen und zur Optimierung von Projektalternativen,[25] die in den letzten Jahren entwickelt worden sind, zeigen deutlich, dass diesem *inkrementalistischen* Ansatz (gerade im Hinblick auf die Umweltverträglichkeitsprüfung)[26] grosse Aktualität zukommt.

Dieses Problemverständnis ist ungeachtet seiner unbestrittenen praktischen Bedeutung in jüngerer Zeit relativiert worden. Vermehrt wird erkannt, dass «eine kurative Abminderung der Belastungen durch Wahl geeigneter Mikrostandorte»[27] die Probleme nicht löst. Die Kritik zielt darauf ab, die Belastungsprobleme mit ihren Ursachen in einem *Gesamtzusammenhang* zu sehen, in Gesamtkonzepten und nicht nur in Einzelprojekten zu denken. Die Frage der Standortwahl innerhalb gegebener Stadt- und Regionalsysteme ist offensichtlich überbewertet worden, wie zum Beispiel neuere mikroklimatologisch-lufthygienische Arbeiten gezeigt haben.[28]

Die Forderung, von rein kurativen zu kausaleren Massnahmen überzugehen bzw. «Einfluss auf das Gesamtsystem» zu nehmen (U. BERNARD 1978), bedeutet, dass an die Stelle der Standortfrage als Parameter der Gestaltung und Umweltvorsorge vordringlich die Frage der Kapazitätsprobleme und die Frage nach der

---

[24] Vgl. dazu umfassend E. JANTSCH (1969), mit der entscheidenden «Bellagio Declaration on Planning».

[25] Als besonderes typisches Beispiel sei die ökologische Kartierung der EG genannt (U. AMMER et al. 1976). Vgl. dazu die Übersicht bei H.-J. SCHEMEL (1978).

[26] Vgl. zur UVP bereits SCHEMEL/DANZ (1976); ausführlich T. LORETAN (1986).

[27] K. GANSER (1978/These 8).

[28] Vgl. etwa L. FINKE (1978).

Effizienz ganzer Stadt- und Regionalsysteme unter verschiedenen Gesichtspunkten treten müssen.[29]

Damit ergibt sich neben der Ausweitung der räumlichen Perspektive vom Standortproblem zu einem grösseren Bezugsraum auch eine sachliche Öffnung, indem die Fachprobleme in einen grösseren Wirkungszusammenhang eingeordnet werden. Die verschiedenen Fachplanungen sollen aufeinander und auf ein übergeordnetes *Zielsystem* abgestimmt werden.

In der letzten Entwicklungsphase wird schliesslich dieses Zielsystem selbst neu zur Diskussion gestellt: Zielsetzungen werden nicht mehr unkritisch übernommen oder bestenfalls in der Form Materieller Grundsätze abstrakt diskutiert, sondern anhand konkreter Situationen überprüft. *Zielkonflikte* treten so klar zutage und müssen ausgetragen werden, einzelne Massnahmen werden gezielter als bisher eingesetzt, Prioritäten eventuell neu festgelegt.[30]

Prozessuales Umweltverständnis
Das Denken und Argumentieren in übergeordneten Zusammenhängen, in systemisch aufgebauten Wirkungsnetzen, bringt es auch mit sich, dass sich ein vorher eher formales Umweltverständnis zu einem funktionalen entwickelt. Umwelt oder Lebensraum werden so verstanden als Substrat u n d Manifestation von *Umweltprozessen*.[31]

Das bedeutet eine qualitative Veränderung im Problemverständnis, was sich auch auf die entsprechenden Forschungsbereiche auswirken muss. Zu nennen sind etwa folgende Aspekte:

– Übergang von statischem zu prozessualem Umwelt- und Raumverständnis.
– Übergang von sektoriellen zu komplexen Ansätzen.
– Bedeutung von Risiko-Problemen, von Grenzwertbetrachtungen; Einfluss nicht-linearer Beziehungen in Grenzbereichen.
– Verschränkung von natürlichen Prozessen, entscheidenden/handelnden Menschen und sozio-politischen Mechanismen; Bedeutung gegenseitiger Wechselwirkungen, keine 'autonomen Weltbereiche'.
– Bedeutung von Normen, Werten, Entscheidungsprozessen; Bedeutung ihrer kognitiven, emotionalen und normativen Basis.
– Grenzen 'objektiver' nomologischer Ansätze; Emotionalität oder gar Irrationalität im privaten und öffentlichen Handeln.

Das Verhältnis *Mensch – Natur – Technik* erscheint unvermittelt neuer Klärungen bedürftig,[32] ebenso Struktur und Grenzen kognitiver Prozesse. Aber

---

[29] Eine ähnliche Bewusstseinsverschiebung lässt sich beim Umweltschutz i.e.S. beobachten: Nachdem man sich anfänglich vor allem mit Emissionsfragen befasst hat, also mit den einzelnen Quellen von Pollution, liegt heute der Schwerpunkt bei den Immissionsfragen, also dem Problem von Belastungsstandards von Trägermedien.
[30] Vgl. dazu die aktuelle Diskussion um die Revision der Raumplanungsgesetzgebung.
[31] R.J. CHORLEY (1973a/163) spricht in diesem Zusammenhang von «relationships between operating systems and their artifacts».
[32] So fordert etwa R. RIEDL (1988) «Neue Verträge zwischen Natur und Gesellschaft», um den «lebensbedrohenden Auswirkungen der technokratischen Massenzivilisation» zu begegnen. Vgl. ferner H. SACHSSE (1984); M. Lendi (1988).

auch gesellschaftspolitische Fragen wie etwa diejenige nach der Qualität der Handlungs- und Entscheidungsfreiheit, nach strukturellen Restriktionen, ja nach dem Fortschrittsbegriff selbst tauchen auf und lassen sich nicht einfach beiseiteschieben.

Solchen neuen Herausforderungen muss eine Methodologie gewachsen sein, wenn sie praxisrelevante Aussagen generieren will. Wie steht es damit in der Geographie? Diesen Fragen und den sich daraus ergebenden Konsequenzen ist die vorliegende Arbeit gewidmet. Zunächst wird im folgenden Abschnitt 1.1.2 die Problemanalyse erweitert, mit einem ersten kurzen Blick auf die methodologische Situation in der Geographie.

1.1.2 Methodologische Standortbestimmung[33]

Die deutschsprachige Geographie[34] als wissenschaftliche Disziplin befindet sich heute in einer eigenartigen Situation:

Aufschwung oder ...
Einerseits ist ein bemerkenswerter *Aufschwung* unverkennbar, eine Dynamik, welche von verschiedenen praxisorientierten Instituten und vielen in der Praxis tätigen Geographen getragen wird; dies hängt – knapp formuliert – mit der oben skizzierten Problemlage in Raumplanung und Umweltschutz zusammen, mit einem aufnahmefähigen 'Markt' für interdisziplinäre, raumorientierte Perspektiven und Lösungsansätze.

... Unbehagen?
Auf der andern Seite wird nach wie vor ein gewisses Unbehagen – wenn nicht gar ein *Malaise* – registriert.[35] Es signalisiert Diskrepanzen zwischen verschiedensten Ansprüchen oder Leitvorstellungen und den tatsächlichen Gegebenheiten. Dabei werden im einzelnen ganz verschiedene Bereiche kritisiert: Umfang, Tiefe und Offenheit der theoretischen Diskussion, die Aussagekraft wissenschaftlicher Leistungen im Hinblick auf die gewandelten Bedürfnisse in der Gesellschaft, die Qualität der Aus- und Weiterbildungsmöglichkeiten, das fachliche Angebot für Praktiker, das Profil der Disziplin in der Öffentlichkeit und bei Hochschulgremien, und gar auch ein Defizit am «Selbstbild» (K. AERNI 1986). Schwer wiegt der Vorwurf einer gewissen Orientierungslosigkeit und Reflexions-Unlust, ja gar mangelnder wissenschaftstheoretischer Kompetenz. Kurz: Ist die Disziplin (jedenfalls zu grossen Teilen) geprägt durch einen kurzatmigen Aktivismus?

[33] Zum Methodologie-Begriff vgl. Kapitel 1.2 «Theorie – Metatheorie – Methodologie».
[34] Gemeint ist die Geographie in der BRD, Österreich und der Schweiz. Die Situation in der DDR wäre gesondert zu betrachten.
[35] Vgl. dazu (häufig im Vorwort) etwa bei:
    D. BARTELS (1968b/Xf): «Die 'Malaise der Geographie' ist nicht ohne weiterreichende gesellschaftliche Bedeutung ... zugleich eine Erscheinung mangelnder Integration einer Forschungsdisziplin in das bestehende Sozialsystem.»
    DAUM/SCHMIDT-WULFFEN (1980/7): «... Unzufriedenheit und Unbehagen über Ausmass und Ausrichtung, über vertane Chancen und Versäumnisse des eingeschlagenen Weges (wach-

Die Beurteilung der Lage scheint durchaus kontrovers zu sein: Für die einen wird zuviel, zu konfus und zu polemisch diskutiert, für die andern zu wenig, und zu unentschieden. Und die Kommunikationsbereitschaft ist ebenso unterschiedlich ausgebildet; sie reicht von der Polemik als Selbstzweck bis zur Diskreditierung unproduktiver *Nabelschau*,[36] ja bis hin zur völligen Gesprächsverweigerung. Wenig hilfreich ist es, dass theoretische Aussagen und Vorschläge häufig durch apodiktischen Vortrag und sprachliche Distanz gegen jeglichen Diskurs immunisiert werden. Statt argumentativer Haltung dominiert eine präskriptive. So steht der andauernden 'Produktion' von neuen Paradigmen und dem Wust an Vorschlägen, was zu tun sei,[37] eine wenig diskussionsfreudige *Schweigende Mehrheit* gegenüber, die viel stärker an der 'eigentlichen Arbeit' interessiert ist.[38] Und die Versuchung, angesichts momentaner Beachtung zur Tagesordnung überzugehen und unreflektiert Bewährtes weiterzuverfolgen, ist irgendwie verständlich.

sen) . . . Orientierungslosigkeit und eine starke Beharrung auf überwunden geglaubten Positionen (sind) kennzeichnend . . .»
P. SEDLACEK (1982a/9): «. . . dass das Fach sich gegenwärtig in einer Situation befindet, (. . .) die nach neuen praktischen Orientierungen verlangt.»
H. LEUTZINGER (1984/107): «Geographen leiden . . . an ihrem Gegenstand . . .»
K. AERNI (1986/126) «Die Rolle der Geographie in der Gesellschaft: Leidbild – Leitbild»
R. HANTSCHEL (1986a): «. . . Unbehagen, dass (. . .) wissenschaftliche Fragestellungen angesichts bestimmter realweltlicher Probleme versagen bzw. sie sogar erhalten und verstärken.»
P. SCHÄFER (1986/55): «Die Bedeutungslosigkeit der Geographie (. . .) muss ihre Ursache im Fach selbst haben und kann nur in der Diskrepanz von gesellschaftlicher Erwartung und dem vom Fach zu vertretenden Angebot gründen.»
G.P. CHAPMAN (1977/410): «. . . our intellectual inferiority complex . . . the resultant self-vivisection . . .»
LEY/SAMUELS (1978/11): «. . . epistemological naivete . . .»
R.J. JOHNSTON (1978/189): «. . . confusion (. . .) about the nature of geography as an academic subject . . .»
C. RAFFESTIN (1974/22): «Cet préoccupation (. . .) révèle une inquiétude qui déclenche un examen épistémologique . . .»
BAILLY/RACINE/WEISS-ALTANER (1978): «Which Way is North? . . . Geography: a discipline without epistemology, theories, axioms, specific problems or paradigms . . . while the discipline became incoherent, irrelevant and fearsomely boring . . .»
ISNARD/RACINE/REYMOND (1981/IV): «Ils ont voulu poser (. . .) le problème de la géographie, non seulement pour la réhabiliter aux yeux de ceux qui se sont longtemps demandé: 'à quoi ca sert?' . . .»
BAILLY/BEGUIN (1982/54): «Indicateur (. . .) de la pauvreté de la réflexion de la géographie sur ses fondements?»
[36] Vgl. schon D. BARTELS (1968b/X): Er stellt eine «Abneigung gegenüber methodologischen Analysen» fest.
So bezeichnet zum Beispiel R.J. JOHNSTON die Publikation von GALE/OLSSON (1979) als «Nabelschau» (Rezension in PHG 5 (3)/ 447ff/ 1981); währenddem meint W.R. MEAD: «*Philosophy in geography* is in many ways the most stimulating book to come out of American geographical circles since Richard Hartshorne's *Nature of geography*. It should reverberate around seminars for months to come. And, in years ahead, (. . .) it will be remembered for its freedom from carping, its absence of sniping and its generosity of spirit» (Rezension in GJ 146 (2)/ 268f/ 1980).
[37] J. BIRD (1978): «There is no lack of current advice for the thinking geographer . . . »
[38] G. HARD (1973b). – Beispielhaft etwa E. PLEWE zur Dissertation von H.-D. SCHULTZ (1980) (in: GZ 70 (4)/ 298f/ 1982).
Demgegenüber attestiert R. HARTSHORNE (1939/483) dem amerikanischen Kollegium «an enormous amount of controversial discussion . . . questions concerning the nature of their field of work . . .»

Theorie als Basis der 'eigentlichen Arbeit'
Offensichtlich hält man vertiefte theoretische Diskussion und inhaltlich fruchtbare wissenschaftliche Arbeit für unüberbrückbare Gegensätze. Vermutlich sind
sie aber gerade *komplementär*, und die 'eigentliche Arbeit' wäre dann zu reiner
Geschäftigkeit reduziert, wenn die Orientierung verloren ginge.[39]

So meint R.J. JOHNSTON (1978/189): «The student of an academic subject
needs a firm set of guiding principles which identifies the major characteristics
of his chosen field; what questions it asks; how it sets about answering them; and
what use is made of its findings. A newcomer to human geography will find such
principles difficult to determine (...). In order to make a decision as to where he
stands with relation to current debates, therefore, the student needs an overview
of their content.» – Umsomehr gilt dies auch für den (akademischen) Lehrer und
die Forschung.

In diesem Zusammenhang muss auffallen, dass es in der neueren deutschen
Geographie zwar zahllose 'Bindestrich'-Geographien gibt (bis hin zu einer
'Forstwirtschafts-Geographie'), aber kaum methodologisch fundierte Richtun-
gen oder *Schulen* (mit der bemerkenswerten Ausnahme der *Münchner Sozialgeo-
graphie*),[40] wie dies in andern Disziplinen bzw. in der anglo-amerikanischen
Geographie völlig selbstverständlich ist.[41] Das trifft auch mit Bezug auf die
Quantitative Geographie zu, welche mehr ein methodisches als ein methodologi-
sches Programm darstellt.

Hegemonie oder Pluralismus?
Und es gibt bei uns – im Unterschied zur anglo-amerikanischen Geographie[42]
– auch keine offene Diskussion über verschiedene Richtungen, sondern nur
immer wieder polemische *Alleinvertretungs*-Debatten und die untauglichen Versuche, die Disziplin auf e i n Paradigma zu verpflichten, und alle andern als
völlig unbrauchbar auszugrenzen. Allerdings: Wenn die Thesen von T.S. KUHN
(1962) über den Paradigmenwechsel tatsächlich zutreffen, so wird wohl eine
'Wissenschaftliche Revolution' nicht einfach herbei-polemisiert; umsoweniger
eine evolutive Entwicklung.[43] Mit Pluralismus leben und darüber diskutieren

---

[39] Vgl. G. HARD (1973b).
Schon A. HETTNER (1927/III) betont, dass neben der eigenen Forschung die «eingehende
Beschäftigung mit der allgemeinen wissenschaftlichen Methodenlehre» ebenso wichtig sei, als
«doppelte Grundlage» wissenschaftlicher Arbeit.
[40] Vgl. dazu ausführlich F. SCHAFFER (1988/19ff).
[41] So zum Beispiel ausgeprägt in der Nationalökonomie; vgl. dazu SAMUELSON/NORDHAUS (1985/
II–523ff); sowie ausführlich B. WARD (1979). – Für die Situation in den Sozial- und Geschichts-
wissenschaften vgl. zum Beispiel die Kontroverse Schelsky/Tenbruck – Matthes (J. MATTHES
1981a); bzw. W. HARDTWIG (1989); sowie ACHAM/SCHULZE (1989). Ferner etwa in der Psychologie die Richtungen 'Analytische Psychologie' – 'Humanistische Psychologie' – 'Konstruktive
Psychologie'.
Für die Situation in der anglo-amerikanischen Geographie vgl. R.J. JOHNSTON (1979); ferner
auch J. BIRD (1978).
[42] R.J. JOHNSTON (1983/vi) «Human Geography is currently characterized by a great deal of lively
debate (. . .) on its philosophy; its orientation to its subject matter».
[43] Vgl. dazu B.J.L. BERRY (1978); hingegen mit einer evolutionären Perspektive R.J. JOHNSTON
(1978).

fällt offenbar schwer. Muss man, um einen Standpunkt zu haben, alle andern eliminieren?[44] Daraus würde verständlich, dass sich viele auf einen solchen Disput gar nicht erst einlassen wollen.

Derartige Voraussetzungen sind der Entwicklung eines fruchtbaren Dialoges wenig förderlich.[45] Im Unterschied zur anglo-amerikanischen Tradition fehlt ein solcher konstruktiver Diskurs weitgehend, und auch eine übergreifende Literatur, welche versucht, verschiedene Standpunkte vergleichend-kritisch darzulegen.[46]

Schweizer Geographie am 'Wendepunkt'

Bemerkenswert sind deshalb verschiedene Vorschläge, die Diskussion über das Fach dennoch weiterzuführen, zu vertiefen, und die Disziplin auf der ganzen Breite weiterzuentwickeln, vor allem auch mit Blick auf die Anforderungen der Praxis.[47] Die Schweizer Geographie hat dazu – im Unterschied zur Lage in der BRD – während langer Zeit pragmatisch auf explizite Positionen verzichtet: Es war bei uns äusserst ruhig in den «Zehn Jahren nach Kiel»[48] – vielleicht zusehr so. Dafür wurde dann mit dem *Leitbildsymposium 1986* «Schweizer Geographie am Wendepunkte» (K. AERNI 1986) und der daran anschliessenden breiten Diskussion[49] ein Zeichen des Aufbruches gesetzt, das verheissungsvoll ist. Es ist keineswegs selbstverständlich, wenn festgestellt wird, dass «die Schweizer Geographie eine Selbstbestimmung auf breiter Basis nötig hat» (1986/126).

Die vorliegende Arbeit setzt sich zum Ziel, zu dieser Diskussion einen konstruktiven Beitrag zu leisten. Der Anstoss dazu erfolgte – symptomatischerweise – von der Praxisseite her, vom Bedürfnis nach wissenschaftlich fundierten Aussagen zu aktuellen gesellschaftlichen Problemen, als Beitrag zu einem interdisziplinären Projekt im Spannungsfeld Ökonomie-Ökologie (H.C. BINSWANGER et al. 1978).

Aus diesem Kontakt ergab sich aber unvermittelt eine doppelte Einsicht: Einmal (vordergründig) die ernüchternde Feststellung, dass das Leistungsvermögen und die Art der verfügbaren Aussagen zu den vorliegenden Fragestellungen von geographischer Seite her in erheblichem Masse ausbaubedürftig sind. Wie soll man – zum Beispiel – verschiedene Siedlungsleitbilder aus 'geographischer Sicht' bewerten?

---

[44] Zuletzt die Kontroverse um die *Theoretische Geographie* von E. WIRTH (1979); sowie P. SEDLACEK (1982; explizit p.12).
    Schon D. BARTELS (1974/7) stellt eine «exzessive Pluralität der Standpunkte» fest; und auch E. WIRTH (1979/53) tut sich schwer mit dem Gedanken, dass es kaum möglich sei, Geographie verbindlich zu definieren – worauf er dann verschiedene solche «einheitstiftende» Definitionsversuche präsentiert.
    Demgegenüber betont B. MARCHAND (1979/258ff) die Gefahr «falscher Dichotomien», die zwangsläufig zu Hegemonieansprüchen führten, statt zu pluralistischen Standpunkten.
[45] Vgl. zum Beispiel P. WEICHHART über die Rezeption der Dissertation H.-D. SCHULTZ (1980) (Rezension in GHelv 37 (1)/ 43–45/ 1982).
[46] Wie etwa beispielhaft B.J.L. BERRY (1978); HARVEY/HOLLY (1981); R.J. JOHNSTON (1983; 1985); aber auch BAILLY/BEGUIN (1982); sowie A. S. BAILLY (1984).
[47] Vgl. vor allem P. WEICHHART (1975; 1980c; 1987); R. HANTSCHEL (1986a).
[48] P. SEDLACEK (1979).
[49] W. LEIMGRUBER (1988).

Unbestimmte theoretische Basis

Tiefer reichend ist indessen (zweitens) die Einsicht, dass die *theoretische Basis* zu solcher thematischen Ausweitung und Vertiefung (und das heisst dann rasch: die fachtheoretische Basis, die methodologische Basis dazu) höchst unbestimmt, höchst umstritten ist.[50] Verschiedene offene Fragen werden zwar in kleinen, kaum zugänglichen Zirkeln kontrovers diskutiert, von der 'Schweigenden Mehrheit' hingegen unbeantwortet beiseitegeschoben.

Dabei erscheint bisher Selbstverständliches plötzlich höchst fragwürdig, bis hin zu dem Punkt, wo sich selbst der vermeintliche Identifikationskern der Disziplin, nämlich der *Raumbezug*, in Nichts auflöst.[51] Ähnlich kontrovers stellt sich die Frage dar, ob die traditionelle *integrative Betrachtungsweise* hoffnungslos überholt sei und durch beschleunigte Spezialisierung abgelöst werden soll, oder ob im Gegenteil diese selbst – mehr und mehr problematisch geworden – überwunden werden muss.

Was ist davon zu halten, was darauf zu erwidern? Über grundlegende Fragen herrscht keine Klarheit.[52] Ein solches *Defizit* an Orientierungsmöglichkeiten ist allerdings mehr als eine aus theoretischer Sicht bedauerliche Unvollkommenheit, mit der sich aber – in der täglichen Arbeit als Hochschullehrer oder Praktiker – komfortabel weiterleben liesse. Vielmehr ist darin die Gefahr verborgen, dass man unversehens in wissenschaftstheoretische und -politische Sackgassen gerät, was unabsehbare Folgen haben könnte.[53] Gleichzeitig sind die Anzeichen einer zunehmenden Irrationalität, einer «separation of knowled-

---

[50] Vgl. dazu A. ULLMANN (1973): Wissenschaftstheoretische Reflexionen zum NAWU-Projekt. NAWU-paper II-B-8. Zürich 1973.
Zum Diskussionsstand in andern Disziplinen vgl. etwa J.-P. JETZER (1987) für die Nationalökonomie.

[51] G. HARD (1973a); später U. EISEL (1980); B. WERLEN (1987a). – E. NEEF (197) apostrophiert deshalb G. HARDS *Wissenschaftstheoretische Einführung* als «Destruktive Geographie».
Dazu kritisch P. SCHÄFER (1986/55): «Ich finde es erstaunlich, wie wenig sich Geographen mit dem Phänomen Raum eingelassen und über das Problem ausgelassen haben . . . Oder ist die moderne Geographie nicht in Gefahr, ihr Objekt den Raum zu verlieren?»
Und tatsächlich: G. HARD (1987b) stellt nun fest, die Disziplin sei «Auf der Suche nach dem verlorenen Raum», einem Paradigma von «bewundernswerter Zähigkeit», dessen «Unausrottbarkeit» man wohl als Faktum akzeptieren müsse.
Zum erneuerten Interesse an «Spatial Structures» in der Sozialgeographie vgl. vor allem GREGORY/URRY (1985).

[52] Vgl. dazu ähnlich KONEGEN/SONDERGELD (1985/7): «Wer nämlich während seiner wissenschaftlichen Ausbildung theoretisch das überdenken will, was er da eigentlich lernt, wird in aller Regel ziemlich allein gelassen.»

[53] D. BARTELS (1968b/IX): «Besondere methodologische Unsicherheit, die gelegentlich bis in deterministische Sackgassen geistiger Isolierung hineinführte, kennzeichnet (. . .) das Verhältnis der Geographie zum Menschen als einem (. . .) entscheidenden Teil ihres Forschungsgegenstandes.»
G.P. CHAPMAN (1977/410): «For too long we have been content with soft answers to big questions, and (. . .) have succumbed (. . .) in producing hard answers to small questions . . . The road to hard answers to big questions is not and will not be easy, but there is no alternative».
LEY/SAMUELS (1978/11): «One result of this epistemological naivete was the failure of humanist positions to mount defense against positivism in the early 1960s. In drawing, however selectively and superficially, upon the literature of the philosophy of science, the positivists were able to overawe a generation of geographers whose philosophical reading had rarely passed beyond Hartshorne's *The Nature of Geography*.»

ge und action» (B. MARCHAND 1979/265) im gesellschaftlich-politischen Feld unübersehbar geworden.

Dieser Herausforderung sollte sich auch unsere Disziplin stellen. Und so entstand das persönliche Bedürfnis nach einer vertieften Standortbestimmung und Orientierungshilfe, und (daraus erwachsend) nach einer tragfähigen theoretischen Plattform[54] für eine politik-orientierte, *engagierte Geographie*, eine Geographie also, die mit hinreichender Kompetenz zur öffentlichen Auseinandersetzung um die Gestaltung unseres Lebensraumes etwas zu sagen hat.

Wachsende metatheoretische Rationalität

Mit diesem Entwurf geht es nun keinesfalls darum, den bisherigen Paradigmen einfach ein weiteres anzufügen und (ebenfalls) dogmatisch zu vertreten. Vielmehr soll damit ermöglicht werden,

– die Vielfalt der verschiedenen theoretischen Ansätze zu erkennen und zu diskutieren;
– bessere Orientierungsmöglichkeiten in der vielschichtigen theoretischen Diskussion zu entwickeln;
– Relevanzkriterien zu formulieren und zur Diskussion zu stellen;
– argumentativ einen eigenen Standpunkt aufzubauen und darzulegen – dabei soll er den für wesentlich erachteten Relevanzkriterien entsprechen;
– damit eine Plattform zu schaffen für eine konstruktive methodologische Diskussion und für inhaltlich fruchtbare praxisorientierte Arbeiten mit erkennbarem theoretischem Hintergrund.

Damit wird eine Haltung eingenommen, die D. BARTELS (1970b) vorgeschlagen hat: das Bemühen um wachsende «metatheoretische Rationalität».[55] Die methodologische Ahnungslosigkeit soll überwunden werden, aber nicht nur (1) in der Form einer engen instrumentellen (bzw. methodischen) Rationalität. Vielmehr soll (2) die methodologische Pluralität bewusst wahrgenommen, analysiert und (3) auch einer normativ fundierten, vergleichenden Kritik unterzogen werden. Dann ist der Schritt auf die vierte Stufe der Rationalität möglich: zu konstruktiven Entscheidungen über die zentralen Fragestellungen (die «Basisansätze») der Disziplin. Es geht um eine *argumentative* Antwort auf die Frage: Was für eine Geographie wollen wir?[56] Es wird eine vorläufige Antwort sein, die unter den gegebenen Umständen Gültigkeit haben mag, und die jederzeit überprüfbar und korrigierbar bleiben muss. Eine solche Antwort ist eingebettet in ein Weltbild, sie stützt sich auf ein Menschenbild, ein Bild der Gesellschaft, und

---

[54] R.J. JOHNSTON (1983/vi): «. . . students of the discipline need an understanding of the content of their discipline and require a framework within which their own perspective can be developed».
[55] Vgl. dazu auch G. HARD (1973a/33ff).
[56] P. SEDLACEK (1982c/160) bezugnehmend auf die WIRTH/BAHRENBERG-Kontroverse: «Das eigentlich Fragwürdige des Disputes (d.h. des Fragens Würdige) wäre freilich gewesen, welche Art der Wissenschaft wir wollen, d.h. die normative Grundlage der Geographie stand zur Beratung an . . .». – Ebenso P. SEDLACEK (1982a/19).
Vgl. dazu den 1. Abschnitt bei M. WEBER (1921): «Soziologie (. . .) *soll* heissen: eine Wissenschaft, welche soziales Handeln deutend verstehen (. . .) will . . .»

sie bedarf der Explikation des *Sinns* wissenschaftlicher Arbeit. Dadurch wird die Transparenz der methodologischen Basis hergestellt. Es geht – mit andern Worten – darum, die «hidden philosophy in geography» (M.R. HILL 1981) aufzudecken und zu begründen. Dies ist die Stufe der Normativen Metatheorie.[57]

1.2 Theorie – Metatheorie – Methodologie

Die Forderung nach *anwachsender Rationalität* der disziplinären Leitbilder führt hin zu einer normativ-kritischen und letztlich konstruktiven Haltung, welche die notwendigen Entscheidungen offenlegt.[1] Nimmt man diese Forderung auf, dann bedeutet dies eine offene Diskussion ü b e r Geographie – das ist *Meta-Geographie*, fachspezifische Metatheorie:[2] Es geht um die Fragestellungen der Disziplin, und um die Methoden, mit welchen sie ihre Ziele erreichen will. Es geht mit andern Worten um die 'Entstehungs-, Begründungs- und Wirkungs-Zusammenhänge' der Disziplin (bzw. einzelner ihrer Ansätze).[3]

Eine solche fachspezifisch orientierte Diskussion muss allerdings eingebettet sein in den breit geführten Diskurs über Wissenschaft, über Erkenntnis ganz allgemein, letztlich über das zugrundeliegende Bild vom Menschen und von der *Welt*, in der er lebt.[4] Einzelne Disziplinen können nicht unabhängig von Erkenntnistheorie und Wissenschaftstheorie, und diese wiederum nicht unabhängig voneinander gedacht werden. Dieses Verständnis einer gleichsam kaskadenhaften Verknüpfung der verschiedenen metatheoretischen Ebenen[5] ist wegleitend für die folgenden Überlegungen.

Vier Missverständnisse
Diskussionen über die Disziplin werden oft von Missverständnissen begleitet, die ein fruchtbares Gespräch erschweren, ja verunmöglichen. Sie sind nicht zuletzt zurückzuführen auf unklare Begrifflichkeit, auf divergierende, aber nicht explizit entwickelte Basisvorstellungen über wissenschaftliches Arbeiten, ja auf ein unterschiedliches Welt- und Menschenbild. Hier geht es vorab um vier Missverständnisse, die um den Theoriebegriff im weitesten Sinne auftreten. Die folgenden Überlegungen sollen zu ihrer vorläufigen Klärung beitragen.

---

[57] Vgl. Teil 6 «Normative Metatheorie».

[1] D. BARTELS (1970/451ff).
[2] Oder «Metawissenschaft» (D. BARTELS 1968b/9). Dazu unten ausführlich der Abschnitt über Metatheorien.
[3] D. BARTELS (1968b/9; 1970/453); bzw. «context of justification» etc. (G. HARD 1973a/24ff). Ferner D. HARVEY (1969/4ff); sowie H. KROMREY (1983/36ff).
[4] Vgl. zum Beispiel die Drei-Welten-Modelle von POPPER bzw. SCHÜTZ (B. WERLEN 1987a/33ff; 83ff).
[5] I. WALLACE (1978/103).

Das *erste* Missverständnis betrifft den oben angedeuteten durchgehenden Charakter der erkenntnistheoretischen Grundlagen jeder speziellen Metatheorie, damit jeder Disziplin: Es gibt kein fachspezifisches Arbeiten ohne metatheoretisches Fundament, sei es explizit oder implizit, sei es solide oder brüchig.[6] Das (metatheoretische) Eigenleben einer Disziplin sollte sich nicht isoliert vom allgemeinen wissenschaftstheoretischen Diskurs entwickeln, sondern im Gegenteil dessen Argumente kennen, aufnehmen und einarbeiten. Um dazu nur ein Beispiel zu nennen: Die Überlegungen des Konstruktivismus (P. WATZLAWICK 1981) gehen auch die Geographie etwas an. Umgekehrt sollten auch die fachspezifischen Überlegungen zur Metatheorie in den allgemeinen Diskurs einfliessen können. Für diesen Dialog ist eine ausgewiesene *Verständigungskompetenz* erforderlich.

Die Gefahr ist sonst eine doppelte: Einerseits besteht aus evolutiven Gründen für eine solche Disziplin das Risiko, allmählich hinter den allgemeinen wissenschaftstheoretischen Stand zurückzufallen, bis letztlich zum faktischen Ausscheiden aus der wissenschaftlichen Gemeinschaft; und zweitens würde die interdisziplinäre Kommunikationsfähigkeit auch über die Fachinhalte selbst zurückgehen und so die *Selbstisolation* verstärken.

Dreistufiger Theoriebegriff

Das *zweite* Missverständnis betrifft den Theoriebegriff.[7] Aus der trivialen *Dichotomie* 'Praxis/Theorie', 'Empirie/Theorie' bzw. 'Basissätze/theoretische Sätze'[8] mag der Eindruck einer durchgehenden methodologischen Identität aller Theorie-Sätze entstehen. Der Eindruck wird bestärkt durch verschiedenste Definitionsversuche, die alle auf den gemeinsamen Nenner «systematisch geordnete, allgemeingültige Aussagen» gebracht werden können.[9] Alle Theorien haben zudem dieselbe Mehrfach-Aufgabe: zunächst unmittelbar eine Ordnungsfunktion, dann eine Erklärungs- und eventuell auch eine Voraussagefunktion, und

---

[6] R.J. JOHNSTON (1983/4): «Any practitioner of an academic discipline undertakes research within a framework provided by a philosophy of that discipline. Such a philosophy may be explicit (. . .) or it may be implicit (. . .). With implicit philosophies, however, a greater degree of idiosyncracy is possible, especially in the social sciences.« – Ebenso D. BARTELS (1970).
    Die davon abweichende Meinung D. HARVEYs bezüglich der Autonomie der 'wissenschaftlichen Methode' vom metatheoretischen Überbau (der «philosophy») wird unten kritisch kommentiert.

[7] Vgl. dazu die Kontroverse um die *Theoretische Geographie* von E. WIRTH (1979): Ging es um (eine) Theorie der Geographie (also eine Meta-Theorie) oder um theoretische Geographie, also theoretische Sätze mit geographisch relevanten Inhalten? (E. NEEF in Geolit 3/82). Eine ähnliche Konfusion begleitete schon das berühmte «Methodik»-Symposium in Zürich 1974: War dort der Gesprächsgegenstand nicht eher Meta-Theorie der Geographie, als «Theorie in der Geographie» oder gar «Methodik»? (Beiheft GHelv 1974).

[8] Es sei hier nur angedeutet, dass eine derartige Dichotomie-Vorstellung 'Theorie/Praxis' allzu schematisch erscheint; gerade der unscharfe Übergangsbereich ist von grossem Interesse. Dies gilt für die Aussage-Ebene (allgemeine Sätze vs. Protokollsätze), für die charakteristischen Tätigkeiten (Reflexion vs. Handlung) wie auch für die Institutionen (Hochschule vs. Berufswelt): Nie lassen sich die polaren Kategorien gültig trennen. Sie sind nur als primäre Konstrukte nützlich. – Vgl. dazu analoge Überlegungen im Kapitel 4.3 «Humanistische Ansätze», sowie zum *Komplementaritäts-Prinzip* im Kapitel 6.3 «Leitbild Geographie».

[9] KONEGEN/SONDERGELD (1985/60f; 140f).

letztlich – aber zentral – eine Kommunikationsfunktion.[10] Theorien sind wesentliche Elemente des wissenschaftlichen Kommunikationsprozesses, und als solche müssen sie in einer für den Empfänger verständlichen Sprache formuliert sein. Darauf wird noch mehrmals zurückzukommen sein.[11]

Ergänzt man indessen diese rein formale Begrifflichkeit durch die inhaltliche Intention bzw. die Extension solcher Theorien, wird eine Differenzierung nötig. Art und Umfang des Objektbereiches theoretischer Sätze variieren nämlich in starkem Masse, und mit ihnen der *Gültigkeitsbereich* solcher Sätze; sie reichen von den allgemeinsten Aussagen über unser Weltbild (zum Beispiel in den kognitiven Theorien des Konstruktivismus) über universelle (Natur-)Gesetze wie das Gravitationsgesetz bis hin zu fachspezifischen Zusammenhangsaussagen mit begrenzter Geltung (zum Beispiel CHRISTALLERs Theorie der Zentralen Orte). Obschon die Übergänge unscharf (wenn nicht fliessend) sind, so ergibt doch eine *Dreigliederung* des Theoriebegriffs[12] eine praktikable Ordnung: Dem Vorschlag von KONEGEN/SONDERGELD (1985/138ff) folgend lassen sich drei Klassen von Theorien unterscheiden, nämlich Metatheorien, Allgemeine Theorien und Partialtheorien.[13]

Metatheorien

Metatheorien sind Aussagensysteme über Erkenntnis und Wissenschaft allgemein (bzw. einzelne ihrer Teilgebiete oder Disziplinen), über ihre Ziele, Aufgaben und Methoden. Entsprechende Überlegungen bilden auch den Gegenstand dieser Arbeit. Es geht – mit anderen Worten – um Ontologie, Epistemologie und Methodologie ganzer Fachbereiche, ja der Erkenntnis überhaupt: Was ist existent, was kann man darüber gesichert wissen, und wie kann man solches Wissen gewinnen? Was soll Wissenschaft tun, und wie soll sie es tun?[14] Konsistente Aussagen-Systeme zu dieser Art von Fragen werden ganz unterschiedlich als 'Ansätze', 'Denkrichtungen', 'Philosophien' oder auch 'Kosmologien' bezeichnet. Auch der KUHNsche Begriff «Paradigma», die «Basistheorien» bzw.

---

[10] Vgl. dazu auch H. KROMREY (1983/25f).

[11] Vgl. dazu J. SPECK (1980/636ff); sowie ausführlich Kapitel 3.1 «Von der Deskription zur explikativen Stufe» und 6.2 «Relevanzkriterien».

[12] Dies erinnert formal an die Dreigliederung vom Begriff über die Aussage (Satz, Theorem) zur Theorie (als Aussage-System), doch ist die Analogie in mancherlei Hinsicht brüchig, nicht zuletzt betreffend die Gerichtetheit der Bezüge. Vgl. dazu KONEGEN/SONDERGELD (1985/54).

[13] H. KROMREY (1983/26) spricht sogar von «Ad-hoc-Theorien», deren Gültigkeit wohl sehr eingeschränkt ist.
Ob Partialtheorien überhaupt als 'Theorien' bezeichnet werden sollen ist freilich umstritten. Zumindest aus der rigorosen Sicht des Theoriebegriffes von POPPER sind solche Regelhaftigkeiten 'mittlerer Reichweite' keine Theorien; sie stehen dem 'Idealtypus' von M. WEBER näher. Vgl. dazu ausführlicher in den Kapiteln 3.1 «Von der Deskription zur explikativen Stufe» sowie 4.3 «Humanistische Ansätze».

[14] Vgl. dazu vor allem R.J. JOHNSTON (1983/4ff). Mit dem Stichwort *Ontologie* ist hier natürlich nicht das 'Wesen' einer Wissenschaft gemeint, sondern die Ontologieprobleme der Objektbereiche (R. CARNAP 1966/187). Vgl. dazu im Kapitel 4.5 «Wissenschaftstheoretische Pluralität» die Abb. 45-1 und 45-2.

«Basisansätze» bei D. Bartels (1970) und die Hardschen «Grundperspektiven» (1973a/33ff) gehören (bei aller Unschärfe) in diesen Zusammenhang.

Daraus wird unmittelbar deutlich, dass auch wieder innerhalb der Metatheorien sehr unterschiedliche Aussagereichweiten auftreten, wobei wohl 'Kosmologie' der übergeordnetste und gleichzeitig umfassendste Begriff ist, 'Ansatz' hingegen der engste, detaillierteste. So bezeichnet A.N. Whitehead (1978) die vorherrschende Denkrichtung, das Weltbild der Neuzeit insgesamt als «Mechanistische Kosmologie», währenddem Konegen/Sondergeld (1985/139) auf einer mittleren Ebene drei in den Sozialwissenschaften aktuelle Metatheorien unterscheiden: die normativ-ontologische, die empirisch-analytische (neopositivistische) und die kritisch-dialektische Metatheorie. Die vertikalen Zusammenhänge innerhalb metatheoretischer Systeme kann man sich als hierarchische Strukturen vorstellen: Jede Kosmologie definiert spezifische Qualitäten der ihr nachgeordneten (Meta-)Theorien, ihren Umfang, ihre Logik, und jene selbst sind nur relativ zur Kosmologie gültig zu beurteilen.

Allgemeine und partielle Theorien

Allgemeine und partielle Theorien haben – im Unterschied zu den Metatheorien – eindeutige materielle Bezüge, sie basieren auf einer fachspezifischen Objektsprache. Allgemeine Theorien sind umfassende Systeme allgemeiner Zusammenhangs- oder Gesetzesaussagen über die *inhaltliche Substanz* einzelner Fachbereiche, und zwar auf hohem Aggregationsniveau. Sie lassen sich (vor allem in methodologischer Hinsicht) leiten von den geltenden metatheoretischen Grundvorstellungen. Typische Beispiele sind das schon genannte Gravitationsgesetz, die Darwinsche Evolutionstheorie, die Gleichgewichtstheorie der neoklassischen Ökonomie, oder die Theorie «kommunikativen Handelns» (J. Habermas 1981). Allgemeine Theorien sind die leitenden Konzepte, die generellen Erklärungssätze ganzer Fachbereiche; man könnte sie deshalb auch als *Megatheorien* bezeichnen, oder als Theorien *sensu stricto*.

Deutlich spezifischer als die Megatheorien sind partielle Aussagesysteme zu Einzelfragen innerhalb der Disziplinen, also spezielle bzw. *Partial-Theorien* (oder gar Theoreme, also einzelne Sätze). So unterscheidet etwa R. König (1973/5ff) für die Sozialwissenschaften die «Theorie der Gesellschaft» (also eine Megatheorie) und die «soziologische Theorie» als ein Korpus von Partialtheorien. Ähnlich müsste dann wohl zwischen einer 'Allgemeinen Theorie des Raumes'[15] und raumwissenschaftlichen Theorien unterschieden werden, doch ist dieser Punkt genauer zu klären, da es umstritten ist, ob es *räumliche Theorien* überhaupt geben kann, und wenn ja, auf welche Objektbereiche sie sich beziehen, und auf welcher Theorie-Ebene sie stehen.[16]

---

[15] Zum Beispiel eine «umfassende allgemeinde Theorie der räumlichen Entwicklung», aufgebaut aus einem Konglomerat partieller Theorien der Regionalforschung, welche noch zu ergänzen wären (R. Nägeli 1986/323ff).

[16] Vgl. zu dieser Diskussion die Kapitel 2.3 «Raumbegriffe» und 6.3 «Leitbild Geographie».

Theorien-Dynamik

Schliesslich stellen sich noch etliche Fragen zur *Dynamik* von Theorien, ohne dass sie hier geklärt werden könnten: Ist die Theorien-Dynamik evolutionär im Sinne von K.R. POPPER oder revolutionär im Sinne von T.S. KUHN?[17] Erfasst solche Dynamik nur die Fachtheorien oder auch die Metatheorie(n)? Wie 'ewig' sind diese, und auf welcher Theorie-Ebene besteht eine Einheit (wenn überhaupt) zwischen Disziplin und Metatheorie? Setzt die Theorien-Dynamik oben oder unten in der Theorien-Schichtung ein, das heisst: Muss sich die Kosmologie zuerst ändern, um neuartige Partialtheorien zu ermöglichen, oder bewirkt gerade umgekehrt das vermehrte Auftreten von unkonventionellen Sätzen eine (allmähliche) Änderung der höheren Ordnungsstrukturen?[18] Zum letzten Punkt kann man etwa fragen, ob mit einem «neuen Weltbild» (F. CAPRA 1982) auch die Absage an wenige, dafür umfassende Universaltheorien komme, an deren Stelle ein Geflecht von korrespondierenden Theoremen und Theorien 'mittlerer Reichweite'[19] treten würden.

Methodologie als Methodik?

Das *dritte* Missverständnis betrifft den Stellenwert der eigentlichen Forschungsmethoden, und (damit zusammenhängend) den Begriff 'Methodologie'.

Mit D. HARVEY (1969) entstand auch für die Geographie der Eindruck einer *autonomen Methodologie*, der e i n e n «logic of justification», welche mehr oder weniger unabhängig von Disziplinen und Inhalten Gültigkeit habe für jegliche wissenschaftliche Arbeit. Die Rede ist also von den Forschungsmethoden, vom *Wie* der wissenschaftlichen Arbeit;[20] vor dem (für D. HARVEY) feststehenden Hintergrund des kritischen Rationalismus als der (einzigen) gültigen Metatheorie geht es also zwingend um die Entfaltung der *scientific method*, des deduktiv-nomologischen Ansatzes. Ziel der 'methodology' ist es demnach, logisch gültiges Schliessen als wissenschaftlichen Standard zu verankern, und die eigentlichen Forschungsmethoden zu verbessern und zu verfeinern – vor allem mittels quantitativer (statistischer) Ansätze. Diesem instrumentellen Teil stellt D. HARVEY – klar abgegrenzt und ohne wesentliche Berührungspunkte – den

---

[17] J. BIRD (1977/105).

[18] Vgl. dazu den Vorschlag von D. BARTELS (1970/457), den Satz 'Geographie habe die Wirklichkeit wiederzugeben' zu interpretieren im Sinne einer «Entfaltung» mit «metatheoretischem Verständnis im Hinblick auf den Wandel der gesellschaftlichen Wirklichkeit». Das würde bedeuten, dass sich die Metatheorie an den gesellschaftlichen Wandel angleicht.

[19] D. BARTELS (1970/453).

[20] Bei andern Autoren, etwa bei W. BUNGE (1966); B.J.L. BERRY (1973) oder M.F. DACEY (1973), wird 'methodology' im gleichen Sinne verwendet.
Vgl. hingegen F.K. SCHAEFER (1953/226), zit. nach D. BARTELS (1970): «Die Methodologie eines Faches ist kein Sammelsurium spezieller Techniken. In der Geographie werden solche Techniken, wie zum Beispiel der Entwurf von Karten (. . .), oft immer noch fälschlich für Methodologie gehalten. Der Sinn der vorliegenden Arbeit ist unter anderem, zur Klärung dieser Begriffsverwirrung beizutragen. Die eigentliche Methodologie beschäftigt sich mit der Stellung und dem Spielraum einer Disziplin innerhalb des gesamten Systems der Wissenschaften und mit Charakter und Natur ihrer Konzeptionen.»

konzeptionellen Teil einer Disziplin als 'philosophy' gegenüber: Sie befasst sich mit den «goals or (. . .) objectives of geographical study».[21]

AMEDEO/GOLLEDGE (1975) haben diesen Eindruck verstärkt, und D. BARTELS (1968b), später G. HARD (1973a) haben dieselbe Auffassung in der deutschen Geographie entfaltet; sie sprechen von «der modernen Wissenschaftstheorie», von «vorliegenden Standardlösungen» und vom «metawissenschaftlichen common sense»; der 'methodologische' Teil der Diskussion über Wissenschaft könne «ziemlich einheitlich» geführt werden.[22]

Diese einfache und klare Begrifflichkeit lässt sich nun allerdings nicht mehr vertreten. Die damaligen selbstverständlichen Prämissen haben ihre absolute Gültigkeit verloren, wodurch sie erst deutlich werden. Ohne Vorgriff auf die nachfolgende ausführliche Diskussion,[23] ohne Vorentscheidung lässt sich doch festhalten, dass die aktuelle wissenschaftstheoretische Diskussion keineswegs so monolithisch verläuft wie noch von D. HARVEY unterstellt. Es werden neben dem Neopositivismus noch andere wissenschaftliche Ansätze vertreten, neben der *scientific method* andere Methoden.[24] Daraus folgt, dass die wissenschaftlichen Methoden nicht unabhängig vom wissenschaftstheoretischen Hintergrund sein können, in welchen eine disziplinäre 'philosophy' eingebettet sein mag. Methoden erweisen sich unvermittelt als «zielorientiert und objektabhängig» – «Theorie und Methode lassen sich nicht trennen».[25]

Aber mehr noch: Nun wird auch deutlich, dass mit der neopositivistisch begründeten *Fixierung* der 'methodology' auf die *scientific method* auch ein offener Diskurs über die 'philosophy' der Disziplin blockiert wird, eine Diskussion also über Konzepte und Aufgaben der Disziplin, und über die Angemessenheit von Methoden. Denn jede Fragestellung, die sich dem deduktiv-nomologischen Zugriff entzieht (zum Beispiel weil keine objektiv messbaren Daten festzumachen sind), fällt a priori als 'unwissenschaftlich', ja als nicht des Befragens wert, ausser Betracht.[26] So wird die «forschungsleitende Funktion» der 'philosophy' (trotz ihrer «Schlüsselposition») ausgeblendet und die Fragestellungen der Disziplin, ihre Thematik – in einer völligen *Umkehrung* der metatheoretischen Funktionen – nur noch methodisch bestimmt, ohne eine «metatheoretische Kontrollinstanz».[27] Ohne jede Argumentation bestimmt ein rigoroser Neopositivismus die Weltsicht des Wissenschafters, und schafft (durch seine Ergebnisse) Realität.

---

[21] Vgl. auch die «Progress reports: *Philosophy and methodology*» in PHG.
[22] D. BARTELS (1968b/9ff); G. HARD (1973a/25f).
[23] Vgl. Teil 3 «Stufen wissenschaftlichen Arbeitens» und Teil 4 «Zur Kritik am Szientismus».
[24] R.J. JOHNSTON (1983/4f). Vgl. dazu ausführlich Teil 4 «Kritik am Szientismus».
[25] D. SCHOLZ et al. (1978/12).
[26] S. GALE (1972/291), zit. nach N. SMITH (1979/362): «Harvey's view of scientific methodology thus commits him to truth-functional descriptive and inferential languages. But his argument for employing this class of scientific languages is not based on an investigation of the nature of geographic problems or observations; rather it is a function of the requirement (explicit in the hypothetical-deductive model) for objective, universal statements which can ultimately be validated in a truth-functional manner. – In this sense, methodology and philosophy cannot be regarded as independent and, hence, Harvey's methodological position does indeed influence his philosophy of geography.»
[27] B. BUTZIN (1982/95f).

Die methodische Autonomie lässt sich also nur um den Preis der *konzeptionellen Einengung* und Abgrenzung aufrechterhalten – eine paradoxe Feststellung vor dem Hintergrund einer der wichtigsten Forderungen POPPERS, der Kritisierbarkeit aller Hypothesen.

Erkenntnisobjekte sind nicht Realobjekte

Das *vierte* Missverständnis schliesslich betrifft die Frage nach den 'Gegenständen' einer Disziplin. Der später ausführlich diskutierte Wandel wissenschaftlicher Zielsetzung vom Beschreiben zum Schliessen und Erklären[28] und die aufkommende Skepsis gegenüber einem naiven Wirklichkeitsverständnis – nämlich der Vorstellung, man könne die Welt in ihrer vollsten Komplexität sensorisch und kognitiv erfassen, ja dies sei gerade die Aufgabe der Wissenschaft – dieser Wandel also hat notwendigerweise zur Folge, dass nicht mehr 'Realobjekte' als die eigentlichen Gegenstände der Wissenschaft betrachtet werden können. *Erkenntnisobjekte* werden vielmehr erst geschaffen durch das Stellen von Fragen über Sachverhalte: Prädikat- und Prozessaussagen ü b e r (Real-)Objekte sollen erklärt werden, nicht etwa diese selbst.[29] Die «Gegenstände der Wissenschaft liegen vor dem Einsatz wissenschaftlichen Fragens noch nicht vor»;[30] in keiner Disziplin «werden die Gegenstände, aus denen die vorwissenschaftliche Welt sich aufbaut», (das heisst die «Gegenstände des gesunden Menschenverstandes und der Alltagssprache»), «für sich und als solche betrachtet»,[31] sondern die *Forschungsgegenstände* ergeben sich erst durch die Erfahrungen des Betrachters, aus Fragen über 'Konstrukte'. Das sind die Abstraktionen, die selektiven Ausschnitte von Teilen der Aussenwelt, unsere Erfahrungsbasis, nie die 'ganze Wirklichkeit'.[32] Darüber stellen wir – nochmals selektiv – unsere Fragen. Vgl. Abb. 12-1.

Solche Forschungsgegenstände werden also nicht etwa «ex nihilo geschaffen», sondern «aus einem sehr weiten Hintergrund (..) im Zuge des wissenschaftlichen Fragens (..) herausgearbeitet».[33] G. HARD (1973a/50) verwendet deshalb als Bild des wissenschaftlichen Arbeitens die Metapher der «Scheinwerfer-Theorie».

---

[28] 'Erklären' soll hier in einem sehr offenen Sinne verstanden werden. Vgl. dazu KONEGEN/SONDERGELD (1985/88ff); E. WIRTH (1979/44ff); sowie ausführlich in Kapitel 4.5 «Kritik am Szientismus: Zusammenfassung».

[29] R. CARNAP (1966/190); G. BAHRENBERG (1979/147ff).

[30] K. HOLZKAMP (1968), zit. nach G. HARD (1973a/14).

[31] G. HARD (1973a/23; 36ff).

[32] Bereits S. DEGEER (1923/2): «. . . it is certain abstract qualities in the objects, which are studied by geographers, and not the objects themselves . . .» (zit. nach E. WIRTH 1979/55).
ABLER/ADAMS/GOULD (1972/12f): «Constructs are ideas about experience which impose preliminary order upon them. Indeed, constructs are often necessary for an event to become an experience.» – «event» meint hier ein 'objektives Faktum' der Aussenwelt, «experience» einen wahrgenommenen Sachverhalt.
Ebenso KONEGEN/SONDERGELD (1985/128ff; Abb. 22): Durch «Selektivität» und «Perspektivität» wird aus der «objektiven Wirklichkeit» das «Erkenntnisobjekt» herausgelöst. Die «Wirklichkeit wird nicht als Ganzes erfasst, sondern nach und nach in Teilen – ohne dass sie je vollkommen begriffen werden könnte.» – Ebenso H. KROMREY (1983/22f).

[33] G. HARD (1973a/205f).

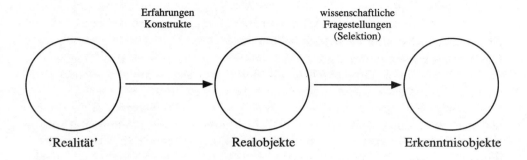

Abb. 12-1: Zusammenhang von 'Realität' – Erfahrung – Erkenntnisobjekt

Folglich ist es dann auch die Art dieser Fragestellungen (also: Was für Fragen über bestimmte Sachverhalte gestellt werden), was die einzelnen Disziplinen (und Richtungen innerhalb von Disziplinen) voneinander unterscheidet – bei möglicherweise identischen Realobjekten. Die Frage nach dem Anspruch einer Disziplin ist also eine Frage nach ihren *Problemstellungen*, nach ihren Erkenntnisobjekten, nicht nach einem Realobjekt.[34] Daraus folgt schliesslich auch eine Evolution der Disziplinen: Die Problemstellungen, die Fragen verändern sich im Laufe der Zeit, im Laufe des Erkenntnisfortschrittes, und im Wandel des gesellschaftlichen Umfeldes. Die Realobjekte mögen dabei dieselben bleiben.

Demgegenüber hat die traditionelle Geographie bis hin zu H. CAROL, H. BOBEK, und J. SCHMITHÜSEN den Forschungsgegenstand der Geographie stets als Realobjekt zu fassen versucht, und damit das «Landschafts»-Konzept mit seinem universalistischen Anspruch[35] geprägt, und damit auch das Bild einer im Grunde genommen unwandelbaren Zielsetzung der Disziplin. E. NEEF (1970/132) hingegen plädiert energisch für eine Entwicklung «vom Fachgebiet Geographie zum Erkenntnisbereich Geographie»; die «überlieferte Wissenschaftsabgrenzung nach Sachobjekten» soll abgelöst werden durch eine «Orientierung an Fragestellungen».

---

[34] BAILLY/RACINE/WEISS-ALTANER (1978/346): «. . . a science is defined (. . .) by the specific questions that it poses to reality when constructing explanations». Ebenso K.R. POPPER (1962/237): «Ein sogenanntes wissenschaftliches Fach ist nur ein abgegrenztes und konstruiertes Konglomerat von Problemen und Lösungsversuchen».

[35] Vgl. etwa J. SCHMITHÜSEN (1964/10): «. . . wird die räumliche Gesamtwirklichkeit als solche zum Forschungsgegenstand gemacht». – Vgl. dazu ausführlich im Kapitel 1.3 «Disziplinhistorischer Exkurs».

Methodologie als fachspezifische Metatheorie

Bringt man nun die Überlegungen zur Methodik mit denjenigen über die Erkenntnisobjekte zusammen, folgt daraus klar eine starke *Wechselwirkung* nicht nur zwischen (Meta-)Theorie und Methode, sondern ebenso zwischen Thematik und Methodik. Die Art der Problemstellungen, also der eigentlichen Erkenntnisobjekte einer Disziplin, sollten die adäquaten Methoden bestimmen; fehlen diese, wird entweder die Problemstellung offen oder implizit verändert und an die verfügbaren Methoden angepasst – und das heisst: das Erkenntnisobjekt ausgewechselt – oder die Frage wird fallengelassen. Im Gegensatz zu D. HARVEY erkennen wir, dass die *methodology* und die *philosophy* einer Disziplin nicht unabhängig sind voneinander, nicht autonom bestimmt werden können. Vielmehr sind sie sehr *eng* aufeinander bezogen, in einer Art Wechselwirkung oder Rückkoppelung voneinander *abhängig*,[36] wenn sie auch unterschiedliche metatheoretische Aspekte betreffen.

Damit drängt sich eine Begriffsbildung auf, wie sie bei G. HARD (1973a/27ff) angelegt ist: Methodologie[37] meint also die konzeptionelle, inhaltliche und methodische Auseinandersetzung um die *Erkenntnisobjekte* einer Disziplin; Methodologie ist die fachspezifische Metatheorie.[38] Dabei werden verschiedene Begriffe nach folgendem Schema synonym verwendet:

	METHODOLOGIE		
umfasst	inhaltliche Thematik	Methodologie	formale Methodik
befasst sich mit	-Gegenstand -Inhalt	Forschungs-	-Methoden -Logik
entspricht D. HARVEYs	philosophy	of geography	methodology

Abb. 12-2: Begriffsbildung zur Methodologie als fachspezifische Metatheorie

---

[36] G. HARD (1973a/29f).

[37] G. HARD (1973a/30) spricht von «Methodologie im weiteren Sinne» und stellt sie der Methodologie im engeren Sinne (nach anglo-amerikanischem Muster) gegenüber. – P. WEICHHART (1975/133) verwendet durchwegs 'Methodologie' im hier vorgeschlagenen umfassenden Sinne, ebenso H. NOLZEN (1976); H. LESER (1980/17); KONEGEN/SONDERGELD (1985/11). Vgl. ferner nochmals F.K. SCHAEFER (1953/226).

[38] Für diese übergreifende Bedeutung von Methodologie wird im anglo-amerikanischen Sprachgebrauch gelegentlich der Ausdruck «metageography» verwendet (B.J.L. BERRY 1973). – Im deutschen Bereich findet sich (neben «Metawissenschaft», «Metageographie») häufig auch einfach «Metatheorie» ohne Differenzierung zwischen allgemeiner und fachspezifischer Ebene (D. BARTELS 1968b/9; D. BARTELS 1970b; G. HARD 1973a/33). – In der DDR sind (wie auch in der russischen Literatur) die Ausdrücke «Theorie der Geographie» und «Metageographie» gebräuchlich (V.M. GOKHMAN et al. 1969; V.A. ANUCHIN 1973; HÖNSCH/MOHS 1977).

1.3 Disziplinhistorischer Exkurs

Dichotomien

Die Geschichte der Geographie als wissenschaftliche Disziplin ist – eingebettet in die allgemeine Entwicklung der Wissenschaften – eine Auseinandersetzung um Dichotomien, nämlich um das Spannungsfeld zwischen idiographischen (deskriptiven) und nomothetischen (theorie-orientierten) Konzeptionen einerseits bzw. analytischen (separativen) und synthetischen (integrativen) Konzeptionen andererseits.[1]

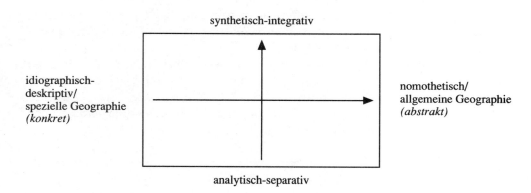

Abb. 13-1: Geographie im Spannungsfeld zwischen idiographischen und nomothetischen bzw. analytischen und integrativen Konzeptionen. Die Pfeile deuten auf die an sich widersprüchlichen Intentionen zu stärker integrativen und vermehrt theorie-orientierten Ansätzen hin.

Integrative Konzeption oder Spezialisierung

Das seit A.v. HUMBOLDT (1845) entwickelte Selbstverständnis einer *kosmographischen Disziplin*, welche (in ihrem Bereich) die Trennung von Natur- und Kulturwissenschaften zu überbrücken trachtete, kam allerdings mehr und mehr in Konflikt mit der zunehmenden Spezialisierung und gleichzeitigen Theorie-Orientierung der Wissenschaften insgesamt. Darauf gab es freilich keine einheitliche Reaktion, sodass im Laufe der Jahrzehnte alle denkbaren Positionen im genannten Spannungsfeld mehr oder minder stark besetzt waren, und zwar nicht nur nacheinander, sondern auch gleichzeitig nebeneinander. Auch wenn einzelne Schulen zeitweise dominierten, so war die Geographie doch stets eine pluralistische Disziplin.[2] Das Pendel schwang zwischen striktem Umwelt-Deter-

---

[1] Vgl. zu diesem Spannungsfeld besonders B.J.L. BERRY (1964a/26); L. GUELKE (1977); und J.I.S. ZONNEVELD (1979); ferner E. WINKLER (1975); sowie H. LESER (1980/19ff).
J. SCHMITHÜSEN (1976/92) weist darauf hin, dass bereits P. APIANUS (um 1540) zwischen der analytischen 'Chorographia' und der synthetischen 'Geographia' unterschied.
[2] Vgl. dazu R.J. JOHNSTON (1979/201ff); sowie nochmals H. LESER (1980/25ff).

minismus, physiognomisch-historisierenden Regionalstudien und vom Behaviorismus inspirierten sozialökologischen und funktionalistischen Raum-Verhaltens-Theorien hin und her.[3]

Integrative Konzeptionen dominierten insbesondere in der deutschen Geographie und führten in der Entwicklung des *Landschafts*-Paradigmas (C. TROLL 1950) über die 'Integrations-Stufen-Theorie' (H. BOBEK 1957) schliesslich zum 'Geosphären-Modell' (H. CAROL 1963; E. NEEF 1967) und zur 'Geosynergetik' (J. SCHMITHÜSEN 1976).[4] Über die Wirkung als Schulfach erlangte dieses Paradigma (in der Form der Länderkunde) eine grosse Breitenwirkung. Daneben entwickelten sich aber auch stärker spezialisierte Richtungen, etwa in der Herausbildung von Geomorphologie oder Siedlungsgeographie.[5]

In andern Ländern (so in Grossbritannien, Schweden, Niederlande) erfolgte hingegen schon früh eine an den Nachbardisziplinen orientierte verstärkte Spezialisierung, bis hin zur vollständigen Trennung in eigentliche physisch-geographische bzw. human-geographische Institute. Die *Quantitative Revolution* (I. BURTON 1963), von den USA nach Europa übergreifend, verstärkte diese Entwicklung nachhaltig. Heute läuft die Praxis vieler deutschsprachiger Institute mit mehreren spezialisierten Lehrstühlen unter einem nur noch symbolischen Dach faktisch oft in die gleiche Richtung. Dennoch blieb stets die Vorstellung von einer (oft idealisierten) *Einheit der Disziplin* zumindest als Relikt erhalten, und sei es nur als Absichtserklärung, welche die disparate Lehr- und Forschungspraxis überdecken sollte.

In jüngerer Zeit haben die Probleme der Praxis (besonders in den Bereichen Raumplanung, Umweltschutz und Entwicklungs-Disparitäten) wieder vermehrt bewirkt, dass integrative Ansätze als Herausforderung und Chance für die Geographie verstanden werden:[6] Chance, weil damit für die Disziplin neue Aufgaben und auch Anerkennung erwartet werden; und Herausforderung, weil die methodologische Basis einer solchen Orientierung umstritten ist.

---

[3] Marksteine der Entwicklung sind: A.v. HUMBOLDT (1845); C. RITTER (1862); F. RATZEL (1882) und A. HETTNER (1927); ferner P. VIDALDELABLACHE (1922); H.H. BARROWS (1923); R. HARTSHORNE (1939).
Zur Disziplingeschichte vgl. insbesondere W. KULS (1970); D. BARTELS (1970/25ff); R.J. JOHNSTON (1979; 1983) und H.-D. SCHULTZ (1980); ferner E. WEIGT (1957); H. LESER (1980/19ff); G. HARD (1973a/79ff); E. THOMALE (1972); B. WENDT (1978); JAMES/MARTIN (1972); B.J.L. BERRY (1978); A. HOLT-JENSEN (1980/52ff); sowie J.G. SAUSCHKIN (1978).
Hinweise zur Disziplingeschichte finden sich ferner in vielen metatheoretischen Abhandlungen, aber auch in allgemeinen Lehrbüchern, so insbesondere bei J. SCHMITHÜSEN (1976); E. WIRTH (1979/54ff); P. HAGGETT (1965/9ff); D.M. SMITH (1977); J. BLUNDEN et al. (1978); J. MAIER et al. (1977) und L. SCHÄTZL (1978/9ff).

[4] Zum Landschafts-Paradigma vgl. besonders J. SCHMITHÜSEN (1964); W. STORKEBAUM (1967); K. PAFFEN (1973); W. SCHRAMKE (1975/34ff); J. SCHMITHÜSEN (1976/73ff); M. BERNSMANN (1977).

[5] Vgl. dazu etwa H. LOUIS (1960) bzw. G. SCHWARZ (1959).

[6] Ein besonders interessantes Einzelbeispiel ist G. HARD (1986)! Allgemein dazu etwa P. WEICHHART (1975); T. HÄGERSTRAND (1976); D.M. SMITH (1977); P. SCHÖLLER (1977/37f); O. SEUFFERT (1980/15ff); C. JAEGER (1987). Vorläufig steht allerdings die integrative Absichtserklärung noch in starkem Gegensatz zur disparaten Lehr- und Forschungspraxis (P. SCHICHAN 1987).

Kritik am Landschaftskonzept

Mit den Arbeiten von D. BARTELS seit 1968 und dem Geographentag 1969 in
Kiel wurde in der deutschen Geographie eine breite *wissenschaftstheoretische
Diskussion* ausgelöst. Im Kern ging es um zwei Anliegen: Einerseits sollte die
Geographie auf die aktuellen wissenschaftstheoretischen Grundlagen (nämlich
den Kritischen Rationalismus und die quantitative Methodologie) gestellt werden (D. BARTELS 1968b; 1970), und gleichzeitig sollte (dadurch?) die Disziplin
aus der vor allem von studentischer Seite kritisierten *Belanglosigkeit* heraus zu
gesellschaftlicher Relevanz geführt werden. Das Defizit an Wissenschaftlichkeit
wurde erkannt im Fehlen systematischer Erklärungsansätze, also Theorien;
diese wiederum bedürften zunächst einer metatheoretischen Basis, welche ebenfalls fehle. Gesellschaftliche Relevanz hinwiederum sei nur durch das Thematisieren aktueller Problemstellungen erreichbar. Mit der daraus abgeleiteten These (G. BURGARD et al. 1970/201)

> «Länder- und Landschaftskunde sind unwissenschaftlich, problemlos
> und verschleiern Konflikte; sie (. . .) werden deshalb abgeschafft.»

kulminierte die Kritik und hinterliess ein seither nicht wieder gefülltes Vakuum.

Kritik am traditionellen *Landschaftskonzept* ist allerdings schon vorher ver-
schiedentlich vorgebracht worden, insbesondere durch W. GERLING (1965).[7] In
ihren zentralen Punkten geht es (knapp zusammengefasst) um die folgenden drei
Charakteristiken:
- Die ontologisierende Überhöhung, welche 'Landschaft' als ganzheitliches
  Wesen, als gestaltähnliche *Entität*, ja als 'Organismus' mit objektiv vorgegebenen Umrissen begreift; damit hängen dann die fruchtlosen Versuche zusammen, Landschaftseinheiten 'objektiv' abzugrenzen.[8]
- Der *All-Anspruch* des Konzeptes, indem der 'Totalcharakter' einer solchen
  Landschaft zum Forschungsinhalt gemacht wird; damit ist Landschaftsforschung nicht problemorientiert, sondern darstellungsorientiert, und muss
  zudem (aus forschungslogischen Gründen) an diesem vermessenen und uneinlösbaren Anspruch scheitern.[9]

[7] Schon H. SCHMITTHENNER (1954) und H. CAROL (1957) haben einzelne Argumente dazu beige-
     tragen, wenn sie auch die Schlüsse daraus nicht mit voller Konsequenz gezogen haben. Kritisch
     ebenfalls schon O. WERNLI (1958).
     Bei W. GERLING (1965) finden sich erstmals eine durchgehende kritische Argumentation und
     Vorschläge für Alternativen.
     D. BARTELS (1968b/57ff) und G. HARD (1970; 1973a/95ff) haben diese Kritik dann vertieft und
     die aus ihrer Sicht notwendigen Konsequenzen aufgezeigt.
[8] H. CAROL (1956/113ff) stellt dem untauglichen Konzept von der *Landschaft* als objektiv abgrenz-
     barer wesenhafter Einheit sein «Geomer» als beliebigen Gebietsabschnitt entgegen. – Ähnlich bei
     W. GERLING (1965/25f).
[9] J. SCHMITHÜSEN (1964/7ff). – Demgegenüber fordert W. GERLING (1965/16): «Nicht Ganzheits-
     forschung ist Aufgabe der Geographie, sondern Problemforschung . . .», und das «Grundpro-
     blem der Regionalen Geographie» (also ihr Erkenntnisobjekt) ist für ihn ein «Entwicklungs- und
     Strukturproblem».
     H. CAROL (1957/150) erkannte, dass «dem wissenschaftlichen Denken entsprechende Teilstruk-
     turen» des Gesamtobjektes *Landschaft* «genau zu deklarieren» und zu untersuchen seien, unter

– Der dieser Thematik entsprechende physiognomische, historisierende und enzyklopädische Forschungsansatz mit seiner deskriptiv-idiographischen Methodologie, welche zu singulären, additiven *Gebietsmonographien* statt zu Einsichten in das Zusammenwirken einzelner Faktoren oder gar zu allgemein gültigen Regeln, Gesetzen und Theorien führt.[10]

Zu diesen drei zentralen Merkmalen *Ontologisierung*, *Totalität/Universalität* und *Individualität*, welche das Landschaftskonzept wesentlich prägen, kommen noch sprachanalytische und wertkritische Aspekte hinzu. Eine Untersuchung des Begriffsfeldes 'Landschaft'[11] macht zweierlei deutlich: eine höchst *diffuse Semantik* und eine starke Tendenz zur Reifikation. Verschiedene, zum grossen Teil vorwissenschaftliche und sehr unterschiedliche Bedeutungsinhalte sind praktisch unauflösbar ineinander verwoben. Zudem überprägt die primär-sprachliche Begrifflichkeit (meist unreflektiert) die Motive und Wertinhalte wissenschaftlicher Ansätze. Charakteristisch dafür sind Begriffskomplexe, die sich einer wissenschaftlichen Analyse widersetzen,[12] sowie Assoziationsfelder (bzw. Leitvorstellungen), welche sich um den Kernbegriff *'Harmonie'* gruppie-ren.[13] Daraus folgt ein unreflektiertes Verhältnis zu Werten, Problemen und Konflikten in der Gesellschaft, falls diese überhaupt wahrgenommen werden.[14]

Das Landschaftskonzept erliegt zudem der Gefahr der *Tautologie*: Nicht das 'Wesen' der Landschaft wird aus ihr abgelesen, vielmehr projiziert der Betrach-ter seine (meist nur impliziten) Erfahrungen, Kenntnisse, Wert- und Wunsch-

«rigoroser Reduktion auf wesentlich erscheinende Inhalte». Er unterschied zwischen der «inte-gralen Realität des Objektes selbst (. . .) und der jeweiligen Begrenztheit der wissenschaftlichen Betrachtung des Objektes». – Dies entspricht der heute selbstverständlichen Unterscheidung von Realobjekt und Erkenntnisobjekt.
G. HARD (1973a/125) weist gerade auf diesen Punkt, das «principe de négliger ce qui est négligeable», als den Beginn der modernen Wissenschaften hin, währenddem der «vorwissen-schaftliche Geist» sich in die «Allsympathie der Dinge» versenke und «den Einfluss von allem und jedem in Betracht ziehe».
Es entbehrt nicht einer gewissen Ironie, dass dann gerade ein allzu rigoroser Separatismus und Reduktionismus der klassischen Wissenschaftsidee zum Kernpunkt der Kritik wurde. Vgl. dazu Teil 4 «Zur Kritik am Szientismus».

[10] Vgl. dazu auch R. STEWIG (1979/182f): «Die Methode des Länderkundlichen Schemas ist: enzyklopädisch, topographisch, additiv, statisch, deskriptiv, physiognomisch, monodisziplinär, idiographisch; alle Adjektive sind im beurteilenden Sinne negativ zu verstehen.»
Der «physiognomischen Darstellung» einer Landschaft stellt W. GERLING (1965/35) das Erken-nen der «Korrelation ihrer Strukturelemente» gegenüber, also eine kausalwissenschaftliche Perspektive.

[11] G. HARD (1970; 1973a/177ff); J. SCHMITHÜSEN (1976/73ff).

[12] Das heisst einer Aufgliederung in «eigentliche Variablen» (G. HARD 1970/223). Offenbar gibt sich G. HARD der Illusion hin, dass es so etwas wie 'letzte unteilbare Beobachtungsgrössen' von wissenschaftlicher Relevanz gibt, die in deutlichem Kontrast zu den «vorwissenschaftlichen» Begriffskomplexen wie «Klima», «Boden» oder «Gesellschaft» stehen.
Zu den Schwierigkeiten der traditionellen Wissenschaft mit konstruktivistischen Konzepten einerseits und mit Makrogrössen andererseits vgl. ausführlich im Teil 4 «Zur Kritik am Szientis-mus».

[13] W. TIETZE (1968/II-355f); vgl. beispielhaft E. EGLI (1975); neuerdings M. SMUDA (1986); ferner als aufschlussreiches Dokument: KLN-Protokoll 60/1986.
Für die praktische Umsetzung vgl. exemplarisch H. WEISS (1981/19ff; 1987/11ff), mit einem geradezu animistischen Landschaftsverständnis.
Kritisch dazu vor allem D. BARTELS (1969); G. HARD (1973a/73f).

[14] Vgl. etwa A. FREMONT (1978).

vorstellungen in die Landschaft und holt sie von dort wieder zurück. Die 'Spuren' in der Landschaft sind nicht Ausdruck ihres 'Wesens', ihre Gestalt, sondern es sind Abbildungen vielfältiger natürlicher und anthropogener Prozesse, interpretiert aus der Befindlichkeit des Betrachters. Das Landschaftskonzept reproduziert jene, ohne neue Einsichten zu generieren.

Gemessen an den Prinzipien des Kritischen Rationalismus und den Forderungen nach gesellschaftlicher Relevanz ist demnach das Urteil «Geographie als Landschaftskunde ist Pseudowissenschaft» (G- BIRGARD et al. 1970/198) berechtigt. Das klassische Landschaftskonzept (und auch die Länderkunde) sind als wissenschaftliches Paradigma für die Geographie *obsolet* geworden. Darüberhinaus ergibt sich zwingend, dass selbst dann, wenn ein ganz neues 'Landschaftskonzept' als metatheoretische Basis der Geographie entworfen würde, die Fachsprache auf den Terminus *Landschaft* verzichten muss, weil sonst unausweichlich wieder die primärsprachlichen Inhalte und die tradierten Ansätze jede Neukonzeption infiltrieren.

Allerdings wird der Begriff 'Landschaft' in *kolloquialer* Ausdrucksweise (in Anlehnung an die Primärsprache) und auch als inzwischen etablierter *Rechtsbegriff*[15] weiterhin Verwendung finden; und das sehr heterogene (zum Teil auch widersprüchliche) Begriffsfeld wird sich auch weiterhin jeder auf allgemeinere Verbindlichkeit zielenden Konvention widersetzen. Selbst ein kolloquialer Gebrauch ist damit äusserst anfällig für tiefgreifende Missverständnisse, wie die Alltagserfahrung immer wieder zeigt.

Dualismus-Dogma

Die Zeit *nach Kiel* ist geprägt durch eine zunehmende Dispersion der Inhalte (wobei traditionelle Ansätze durchaus nicht verschwinden!) und durch eine nicht mehr abbrechende Diskussion um die weitere Entwicklung des Faches. Offensichtlich ist das Landschaftsparadigma (noch?) nicht durch eine überzeugende Neukonzeption abgelöst worden.[16]

Eine partielle Erklärung dafür ist zu sehen in einem inneren Widerspruch der Argumentation von D. BARTELS: Die berechtigte Kritik am Landschaftskonzept und seine Ablehnung sind aufs engste gekoppelt mit dem *Dualismus-Dogma*[17] und der Reduktion der Geographie auf «choristisch-chorologische» Fragestellungen (D. BARTELS 1968b/182). Das bedeutet eine rigorose Absage an *komplexe* oder *integrative Ansätze*: «. . . wir stehen heute noch vor den gleichen Alternativen, die D. BARTELS 1968 deutlich aufgezeigt hat: entweder klassische Länder-

---

[15] So insbesondere im Bundesgesetz über die Raumplanung (RPG; SR 700), Art. 1, 3 und 17; ferner im Bundesgesetz über den Natur- und Heimatschutz (NHG; SR 451), Art. 13ff, wobei in Art. 1 differenziert wird zwischen «Landschaftsbild» und «natürlichem Lebensraum».

[16] So zeigen etwa die Kontroversen um den Beitrag von E. WIRTH (1979), dass wir noch deutlich von einer Klärung der diskutierten Kernpunkte entfernt sind.
Vgl. dazu ferner P. SEDLACEK (1979).

[17] Der Ausdruck ist insofern berechtigt, als die Begründung bei D. BARTELS (1968b/17) selbst äusserst knapp ausgefallen ist und die diesbezügliche Argumentation später kaum über Polemik und Ironisierung persönlicher Standpunkte hinausführte.

kunde oder (...) Zweiteilung des Faches (...). Ein 'goldener Mittelweg' ist (...) nicht in Sicht» (G. BAHRENBERG 1979/156).[18]

Nach jener Auffassung sind Natur- und Sozialwissenschaften (bei aller Gemeinsamkeit der Forschungslogik) durch eine «Autonomie der Weltperspektiven», durch kategoriale Unterschiede, ja durch geradezu «inkommensurable Erkenntnisweisen» (etwa in der ihnen 'inhärenten Kausalität') derart *getrennt*, dass es unmöglich sei, sie durch wissenschaftliche Fragestellungen sinnvoll zu verknüpfen. In «besonderer Klarheit und Schärfe» zeige sich dies «in der forschungsgegenständlichen Scheidung der Sphäre des Materiellen und des Naturgeschehens einerseits, des Reiches der Werte und des Wertgeschehens andererseits»; «Substantialität» und «soziale Norm» stehen unverbunden nebeneinander (D. BARTELS 1968b/17).[19]

Eine unüberwindbare erkenntnistheoretische Grenze teile damit auch die Geographie in zwei selbständige Disziplinen, was verantwortlich sei für die bisherige «Krise der Geographie». Konsequenterweise «kann somit (zu ihrer Überwindung) nur die deutliche Trennung (...) des naturwissenschaftlichen und des sozialwissenschaftlichen Ausgangspunktes für den Einsatz choristischer-chorologischer (geographischer) Methodik empfohlen werden und (...) eine planmässige Konzentration auf einen Kern weniger Problemstellungen und ihre zugehörigen Modelle» (D. BARTELS 1968b/179ff) – mithin neben der Physischen Geographie als reine Naturwissenschaft eine *Geographie des Menschen*, der in seinem Tun von materiellem Ballast befreit ist.

Diese Schlussfolgerung, und das heisst die Absage an jeglichen Versuch integrativer Ansätze (unter räumlichen Gesichtspunkten) ist zu verstehen vor dem Hintergrund der Analytischen Wissenschaftstheorie: Nur fortgesetzte Spezialisierung und Formalisierung auf dem Weg zu umfassenden Theorien sei 'richtige' Wissenschaft.[20] Der Vorstellung vom «unüberbrückbaren Gegensatz von Naturplan und Wirtschaftsplan», von der «Überschichtung» der *Naturlandschaft* durch die *Kulturlandschaft* (D. BARTELS 1968b/179ff), liegt ein mechanistisches Weltbild, und zwar ein *dualistisches*, zugrunde: Es kennt einerseits ein geschlossenes, autonomes Funktionieren der Natur nach den ihr eigenen Gesetzen, und andererseits den davon unabhängigen Menschen mit ebenso planmässigem Handeln im Sinne einer «General Theory of Actions». Darin besteht die Grundidee einer «geschlossenen wissenschaftlichen Weltperspektive» vom «neuen Menschenbild» (D. BARTELS 1968b/162; 166).[21]

---

[18] Ebenso noch P. SEDLACEK (1982a/13); G. HARD (1986/82).

[19] Darin kommt klar die von jeglicher Dinglichkeit befreite Aktionsfähigkeit des Menschen (die 'Macher'-Attitüde der 60er Jahre) sowie das Postulat der Wertfreiheit der Wissenschaften zum Ausdruck. Beide Positionen sind heute – gelinde gesagt – höchst umstritten.

[20] Vgl. dazu D. BARTELS (1968b/155; 180).

[21] Kritisch dazu C.P. SNOW (1963). – Dieses neue dualistische Weltbild steht im Gegensatz zur früheren «alteuropäischen Kosmos-Spekulation» universalistischen Zuschnitts (G. HARD 1970/20), welche den Menschen eingebunden in eine alles umfassende harmonische Weltordnung begriff; damit war auch das «Zusammenspiel von Mensch und Kosmos, von Natur(plan) und Kultur(plan)» gegeben.

Vgl. zu diesen beiden Konzepten auch die Gleichgewichts-Theorien der Klassischen bzw. neoklassischen Nationalökonomie. Ferner umfassend F. STOLZ (1986).

Es ist kaum bekannt, dass D. BARTELS (1980b/61) das Dualismus-Dogma später ohne Aufhebens fallengelassen hat, wie wenn er nicht selbst dessen prominenter Urheber gewesen wäre: «Umgekehrt wurde gegen das 'Brücken-fach' immer wieder geltend gemacht, seinsimmanente Gegensätze zwischen 'Natur' und 'Geist' zwängen zur Trennung in entsprechende wissenschaftliche Disziplinen, und ein diesen Dualismus überwölbender, Mensch und Naturumwelt verknüpfender Forschungsansatz sei ernsthaft gar nicht möglich. Moderne Wissenschaftstheorie hat die entsprechende Diskussion längst überholt». So bleibt das Dualismus-Dogma trotz dieser klaren Feststellung weiterhin ein zentrales Argumentationsthema in der Geographie.

Demgegenüber wird heute allgemein klar, dass die im ausgehenden 19. Jahrhundert postulierte scharfe Dichotomie von Natur- und Geisteswissenschaften gerade aus methodologischer Sicht stark relativiert erscheint. Aber auch die Vorstellung von der einen 'Einheitsmethodologie' in Form des *Kritischen Rationalismus* macht einer Methodenvielfalt quer durch alle Disziplinen Platz, und die Entwicklung von *Universaltheorien* hat an Bedeutung verloren zugunsten partieller Theorien, die mehr oder weniger lose verbunden sind. Dabei stehen Natur und Kultur (bzw. Ökologie und Ökonomie) nicht unabhängig nebeneinander, sondern sind eng ineinander verzahnt. So ergeben sich laufend neue Berührungspunkte inhaltlicher Art, vor allem im Bereich der Systemtheorie (G.J.B. PROBST 1987). Verschiedene Disziplinen haben dabei fruchtbare *Grenzüberschreitungen* unternommen, Sozialwissenschaften in Richtung materielle Umwelt, technische und Naturwissenschaften in Richtung sozio-ökonomisches Umfeld.[22] Und letztlich deutet einiges darauf hin, dass das mechanistisch-dualistische Weltbild in allmählicher Ablösung begriffen ist: wie alle Konstrukte ist es nicht von aussen (absolut) vorgegeben, sondern ergibt sich aus der herrschenden Auffassung über die Welt – und es wandelt sich mit jener.[23]

Reale Probleme in einer 'Vernetzten Welt'
Von einer ganz andern Seite her wird das Dualismus-Dogma aber noch viel stärker erschüttert: Die ganz praktischen Probleme der Umweltforschung, die sich immer dringender stellen, aber auch eine neu artikulierte anthropologisch-ökologische Ethik, eine neue Form der Gesellschaftskritik (er)fordern das Denken in *Zusammenhängen*.[24] Das bedeutet eine Absage an die bisher praktizierte Aufspaltung der Lebensbereiche, an die Abkoppelung der Gesellschaft von der Natur; es erscheint paradox, in einer «vernetzten Welt» (F. VESTER 1978) auf ihrer Trennung zu bestehen. Gesellschaft-Wirtschaft-Umwelt sind Teile eines ökonomisch-ökologischen Systems, die nicht ohne (heute erkennbaren) Schaden voneinander isoliert werden können.

---

[22] So explizit BÖHME/SCHRAMM (1985) mit dem Konzept der «Sozialen Naturwissenschaft». Ferner etwa E. LAUSCHMANN (1973); TOMASEK/HABER (1974); J. KUMM (1975); P. TSCHUMI (1976); BUCHWALD/ENGELHARDT (1978); H.C. BINSWANGER et al. (1978); T. ABT (1983).
[23] F. CAPRA (1982). Ausführlich im Teil 4 «Zur Kritik am Szientismus».
[24] H. SACHSSE (1984); KUMAR/HENTSCHEL (1985).

Beziehungen (oder: Wechselwirkungen) zwischen den Teilsystemen bzw. ihren Elementen ergeben *neue Fragestellungen*, das heisst neue Erkenntnisobjekte höchster Aktualität, welche (auch) für die Geographie bedeutsam sind. Mit andern Worten: Auch bei völligem Verzicht auf das Landschaftskonzept besteht eine ganze Klasse von neuartigen Problemen,[25] welche die Grenze zwischen *Naturplan* und *Kulturplan* überspannen, Probleme, welche einer wissenschaftlichen Bearbeitung bedürfen und dafür auch zugänglich sind.[26]

Der innere Widerspruch bei D. BARTELS gründet also in der unkritischen Verknüpfung von zwei Forderungen: nach rigoroser *Wissenschaftlichkeit* traditionellen Zuschnitts einerseits und nach *gesellschaftlicher Relevanz* andererseits, obwohl sie zwei verschiedenen metatheoretischen Grundkonzepten, zwei verschiedenen 'Kosmologien' angehören. Gerade die Relevanzdiskussion der Siebziger Jahre hat die Kritik am positivistischen Wissenschaftsbegriff und die Ablösung separativer Konzepte durch integrative Ansätze gefördert.[27]

Die Absage an integrative Forschungsansätze lässt sich also weder wissenschaftstheoretisch (über die Ablehnung des Landschaftskonzeptes) noch forschungspraktisch begründen, sondern nur auf der Ebene der Metatheorie, des *Weltbildes*, insofern als man die mechanistische Kosmologie für die allgemeingültige wissenschaftstheoretische Grundlage hält. Unter dieser Perspektive kann dann gegen das Angehen praxisorientierter Probleme eingewendet werden, dies sei für eine Wissenschaft, die auf Universaltheorien abziele, höchst unangemessen.

Eine solche Entscheidung muss sich schliesslich auch *wertkritisch* überprüfen lassen: Wer hat ein Interesse an der Abkoppelung von Natur und Gesellschaft, wenn nicht ein ökonomistisch überhöhter Zeitgeist, dem anthropologische und ökologische Einsichten in das destruktive Tun des wirtschaftlichen Teilsystems unbequem sind? Soll nicht die Geographie, statt dieser Auffassung zu dienen, hier eine *neue Verantwortung*, eine neue Rolle übernehmen?[28]

'Regional geography' – 'Spatial analysis' – 'Ecological dimension'
Wenn auch der Disput um das Landschaftskonzept ein spezifisches Merkmal der deutschen Geographie ist, so trifft dies keineswegs zu für eine allgemeiner

---

[25] Hier handelt es sich nicht um rein kognitive Probleme innerhalb einer isolierten Disziplin, sondern um interdisziplinäre und zum Teil um normativ-kognitive Probleme.

[26] Das hat zum Beispiel das MAB-Programm eindrücklich gezeigt. Vgl. dazu MESSERLI/MESSERLI (1979); W. GOERKE (1980); H.P. FRANZ (1984); P. MESSERLI (1986); sowie auch J. HEINZMANN et al. (1979).
   Die sich daraus ergebenden institutionellen bzw. disziplin-politischen Aspekte sind hier bewusst ausgeklammert. Vgl. dazu Teil 6 «Normative Metatheorie». Man sollte auch nicht Gefahr laufen, die Argumentation zu präjudizieren durch einen vorgegebenen 'Revieranspruch' etwa der Art: «Durch die Fachtradition ergibt sich also, dass diese integrativen Ansätze die *richtige* Geographie schon immer war und bleiben wird.» Dies müsste erst geklärt werden, vor allem auch im Hinblick darauf, dass diese Forschungsfront schon seit geraumer Zeit auch von anderen Disziplinen her (besonders von Ökonomie und Biologie) bearbeitet wird.

[27] Vgl. dazu MITCHELL/DRAPER (1982); D.M. SMITH (1977/4f). Eine ausführliche Diskussion folgt im Kapitel 5.2 «Normative Geographie».

[28] U. EISEL (1981); P. WEICHHART (1986b/28f); und schon M. BERNSMANN (1977/77ff). – Vgl. dazu B. MARCHAND (1979). Eine ausführliche Diskussion folgt im Teil 6 «Normative Metatheorie».

geführte *Diskussion* über Aufgabenstellung und Zukunf der Disziplin: sowohl
die französische wie auch die anglo-amerikanische und die russische Geographie
kennen ähnliche Auseinandersetzungen.[29]

Sehr klar hat E.J. TAAFFE (1974) Entwicklung und aktuellen Stand der
methodologischen Diskussion für die USA zusammengefasst: Drei Richtungen
oder Schulen haben im Laufe der Zeit wechselnde Bedeutung erlangt (und auch
wieder verloren), nämlich der «regional», der «ecological» und der «spatial
view», sinngemäss wiederzugeben mit 'Landschaftskunde', 'Mensch-Umwelt-
Beziehungen' und 'räumlich-geometrische Studien'.[30]

Wenn auch der *spatial view* in den 50er und 60er Jahren im anglo-amerikanischen Bereich stark dominierte, und als «Theoretische Geographie» geometrischer Prägung (W. BUNGE 1966) bemerkenswerte Ergebnisse erzielte, so stellte
man doch allmählich fest, dass Geometrie kein Ersatz für kausale Erklärungen
ist,[31] und dass die «ecological dimension» (J.E. CHAPPELL 1975), nämlich das
Zusammenhangsdenken, vernachlässigt wurde.[32]

Und so forderten in den 70er Jahren so prominente Vertreter der *geometrischen* Schule wie R.J. CHORLEY (1973a); B.J.L. BERRY (1973) oder T. HÄGER-
STRAND (1976) eine vermehrte Zuwendung zu dieser Art von Untersuchungen
integrativer Art, um die «interaction between nature and society» (T. HÄGER-
STRAND 1976/329f) besser zu verstehen und auch beeinflussen zu können.
T. HÄGERSTRAND fährt fort: «This means also (. . .) to restore the links (. . .)
between the biophysical and the human branches of geography (. . .). Geography has lost much precious time by letting this separation happen»![33]

Auch in der deutschen Geographie ist die von D. BARTELS geprägte *Raumwissenschaft* im Sinne der *spatial analysis* zunehmend kritisiert worden, ebenfalls

[29] So verteidigt zum Beispiel R. MINSHULL (1967) die «Regional Geography» in der Tradition von
R. HARTSHORNE. Ähnlich bei C.A. FISHER (1977).
Für einen Überblick vgl. dazu BAILLY/RACINE/WEISS-ALTANER (1978); P. CLAVAL (1981);
R.J. CHORLEY (1973); R.J. JOHNSTON (1979); V.A. ANUCHIN (1960).
[30] Vgl. dazu bereits P. HAGGETT (1965/9ff): «landscape school – ecological school – locational
school»; bzw. (1975/587): «regional- ecological – spatial analysis». – Die bei P. HAGGETT
(1983/749f) verwendete Übertragung mit «Raumanaylse», «ökologische Analyse» und «Regio-
nalkomplex-Analyse» ist eher verwirrend als klärend, und sie zeigt deutlich die «Schwierigkeiten
mit dem Raumbegriff» auf (D. BARTELS 1974). Vgl. dazu ausführlich Kapitel 2.3 «Raum als
Schlüsselbegriffe».
[31] Vgl. dazu G. BAHRENBERG (1988/73): «. . . after more than 20 years of experience with spatial
analysis we know that spatial variables (. . .) do not explain anything. . . there are no 'spatial
theories' . . .» – Ferner schon BAILLY/RACINE/WEISS-ALTANER (1978/346).
[32] Vgl. dazu nochmals P. HAGGETT (1975/584): «The work of most geographers falls within the
'triangle' formed by these three approaches to the field (. . .) Indeed, the whole subject appears
to have zigged and zagged over the decades, sometimes staying in the regional corner (as in the
1930s), sometimes lurching toward spatial analysis (as in the 50s and 60s). In the present decade
it seems on the move again, now headed for the ecological corner.»
[33] Vgl. dazu auch D. BARTELS (1982/32f): «Last, we should consider the question of how to
formulate and isolate partial, but well-defined, problems within the whole context of man and
the environment, (. . .) and trying to bring about a sense of cooperation between existing
research disciplines.»
Ferner A. BUTTIMER (1981/96): «Perhaps it is time we 'graduated' from our short but intensive
flirtation with the idea of being exclusively a social science and rediscover older friends in natural
science».

mit der Argumentation, dass sie gar keine Erklärungen liefern könne, solche würden nur durch sozialwissenschaftliche Analysen aufgeschlossen.[34] Das hat zur Folge, dass unter dem Eindruck der vorangehenden Diskussionsphase mit der Ablehnung des Landschaftsparadigmas wie auch anderer integrativer Ansätze (P. WEICHHART 1975; 1980c) von der Raumwissenschaft nichts mehr übrig bleibt. Aus der Geographie soll eine Sozialwissenschaft ohne Raumbezug werden.[35] Diese Meinung wird allerdings nur von einer Minderheit vertreten; sie dominiert aber die methodologische Diskussion weitgehend, und eine damit verbundene Unsicherheit, ein hemmender Einfluss sind unverkennbar.

Hat eine solche Geographie *ohne Raumbezug* noch eine Aufgabe? Oder soll die Disziplin stattdessen traditionelle Ansätze wieder aufnehmen?[36] Und was passiert mit den Problemen der Praxis, was mit der Schulgeographie? Oder erweisen sich gewisse Argumente der letzten zwanzig Jahre als revisionsbedürftig, gibt es neue Perspektiven? Solcherart sind die zentralen Fragen, die im folgenden anzugehen sind.

1.4 Zielsetzung der Arbeit

Zukunftsorientierte Geographie
Wenn die gegenwärtige Situation der Geographie mit Unbehagen betrachtet werden mag, wenn gar von Krise die Rede sein mag, so muss dies nicht negativ, sondern vielmehr als *Chance* aufgenommen werden: als Möglichkeit des Innehaltens, der Bewusstwerdung, der Standortbestimmung. Daraus sollten Orientierungsmöglichkeiten erwachsen, denn die Frage ist gestellt: «Which way is North (for Geography)?» (BAILLY/RACINE/WEISS-ALTANER 1978). In einer Gesellschaft, in einer Umwelt, wo sehr vieles in Bewegung geraten ist, wäre jedes unreflektierte Festhalten am Bisherigen ohnehin problematisch. Statt Resignation oder gar «Verweigerung»[1] soll vielmehr *aktive Mitwirkung* an der Zukunftsgestaltung unserer Disziplin das Motto sein, mit den bescheidenen Möglichkeiten, die uns zur Verfügung stehen. Das Motiv dazu ist (wie einleitend schon bemerkt) freilich nicht nur die wissenschaftstheoretische Animation, welche die Beschäftigung mit dem ganzen Fragenkomplex auslöste, sondern ernsthafter noch das Gefühl der bedrängenden Probleme in der Praxis, die auch von unserer Seite nach Lösungsbeiträgen verlangen; oder mit den Worten von D. HARVEY

---

[34] So vor allem U. EISEL (1980); dann auch G. HARD (1986).
[35] U. EISEL (1980); B. WERLEN (1987a). Vgl. dazu Abschnitt 1.1.2 «Methodologische Standortbestimmung», dort vor allem Anmerkung 51.
[36] Vgl. D.R. STODDART (1986): Die 'richtige' Geographie ist eine exotische Expeditionsgeographie; von besonderer Wichtigkeit ist auch, dass sie Spass macht. – Ferner E. WIRTH (1979/293).

[1] W. SCHRAMKE (1975/242).

(1973/129): «There is an ecological problem, an urban problem, an international trade problem, and yet we seem incapable of saying anything of depth or profundity about any of them».[2]

Daraus wird auch deutlich, dass es nicht einfach darum gehen kann, die Lage der Geographie darzustellen – mehr ist gefordert: Hinweise und Überlegungen, wenn nicht gar eine (vorläufige) Antwort auf die Frage «Was für eine Geographie wollen wir?».[3] Es soll freilich eine *offene Antwort* sein, argumentativ vorgebracht und bereit zur Überprüfung. Es darf ferner nicht eine enge Antwort sein, sondern es soll ein Konzept entwickelt werden, welches Platz bietet für verschiedene Möglichkeiten und Auffassungen, die nebeneinander gestellt und beurteilt werden können.

Rekonstruktion der Raumwissenschaft als 'integrative Geographie'

Problemanalyse, wissenschaftstheoretische Bezüge sowie die Hinweise aus der Disziplingeschichte zeigen auf, in welcher Richtung die Frage nach einer zukunfstorientierten Geographie entwickelt werden muss. Sowohl das traditionelle Landschaftskonzept wie auch die *spatial analysis* und der daraus entstandene Methodenplatonismus erweisen sich (aus Gründen, die zum Teil noch näherer Klärung bedürfen) als ungeeignete Konzepte in Anbetracht der Aufgaben, die zur Lösung anstehen. Das heisst aber nicht, dass die Geographie den 'Raumbezug' deswegen überhaupt ganz und gar aufgeben müsste. Zuvor ist zu prüfen, ob er nicht neu umrissen und mit aktuellen wissenschaftstheoretischen Erkenntnissen verknüpft werden kann. Statt die *Raumwissenschaft* als zu eng abzulehnen,[4] soll sie neu konzipiert, erweitert werden.[5]

Der Ausweg aus der vermeintlichen Sackgasse 'Raumwissenschaft' liegt in der Überwindung des Dualismus-Dogmas, der strikten Separation von natur- und sozialwissenschaftlichen Aussagen, freilich ohne der Gefahr zu erliegen, wieder zum Landschaftskonzept zurückzukehren. Solange Fragen von eminenter praktischer Bedeutung und politischer Brisanz wie auch von generellem Interesse wie etwa: «Welche Effekte hat die Eröffnung der N13-Doppelspur am Walensee auf die (räumliche) Entwicklung im Lugnez?» nicht hinreichend geklärt sind, solange hat eine *integrative* Raumwissenschaft ihre Berechtigung und ihre Chance, zu derartigen Fragen Hinweise beizubringen und an entsprechenden Problemlösungen mitzuwirken.

Im Gegensatz zu G. BAHRENBERG (1979) erkennen wir nämlich (mit E.J. TAAFFE 1974) d r e i Wurzeln der geographischen Methodologie: den 're-

---

[2] Ähnlich V.A. ANUCHIN (1973/62).
[3] P. SEDLACEK (1982c/160); für die unterschiedlichen Betrachtungsweisen vgl. G. HARD (1973a/ 17ff).
[4] Zur Ablehnung einer «Geographie als 'Raumwissenschaft'» (U. EISEL 1980) im Sinne des *spatial view* vgl. Kapitel 4.3 «Humanistische Ansätze». Die Möglichkeiten des *ecological view* hat U. EISEL natürlich nicht geprüft, weil jener seit D. BARTELS in der deutschen Geographie konsequent ignoriert wird. Vgl. Kapitel 1.3 «Disziplinhistorischer Exkurs».
[5] Vgl. dazu die Anregung von E. WIRTH (1979/277), das raumwissenschaftliche Konzept einer «tiefer schürfenden wissenschaftstheoretischen und logischen Analyse» zu unterziehen.

gional', 'spatial' und 'ecological view'. Sie lassen sich einordnen in das oben entwickelte Spannungsfeld von idiographischen und nomothetischen bzw. analytischen und integrativen Konzeptionen.

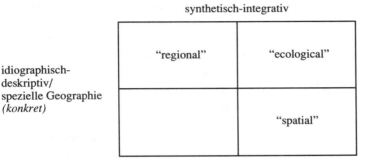

synthetisch-integrativ

"regional"	"ecological"
	"spatial"

idiographisch-
deskriptiv/
spezielle Geographie
(konkret)

nomothetisch/
allgemeine Geographie
(abstrakt)

analytisch-separativ

Abb. 14-1: Die von E.J. TAAFFE (1974) unterschiedenen drei Richtungen der Geographie im Spannungsfeld von idiographischen und nomothetischen bzw. analytischen und integrativen Konzeptionen.

Es wird sich zeigen, dass der *ecological view*, zusammen mit dem *spatial view* als Vorleistung, eine tragfähige wissenschaftliche Basis für die Disziplin abgibt. Demgegenüber hat der deskriptive *regional view* an Bedeutung verloren, und das Ontologie-belastete Landschaftskonzept sollte überwunden werden. Mit dem *spatial view* und dem *ecological view* werden die bei A. HETTNER (1927/121ff) genannten zwei Grundzüge der raumwissenschaftlichen oder «chorologischen» Auffassung von Geographie, nämlich das «Verschiedensein von Ort zu Ort» und das «Zusammenwirken an einer Erdstelle» wieder aufgenommen. Es ist disziplinhistorisch entscheidend, dass A. HETTNER selbst diese auf A.v. HUMBOLDTS Konzept basierende Perspektive[6] (zugunsten seines *Länderkundlichen Schemas*) nicht weiterverfolgt hat, sodass jene während langer Zeit praktisch bedeutungslos war. Ebenso entscheidend ist dann später die Fixierung von 'Chorologie' ausschliesslich auf den ersten der beiden Gesichtspunkte, währenddem der zweite, das «Zusammenwirken an einer Erdstelle», von D. BARTELS' (1968b) konsequent ignoriert wurde.

---

[6] Vgl. zu diesem bedeutenden Traditionsstrang vor allem R. HARTSHORNE (1958).

Orientierungsraster

Die wissenschaftstheoretische Analyse muss nun aber noch einen Schritt weitergeführt werden, damit die aktuelle Meinungspluralität und auch die Fortentwicklung der Disziplin verständlich werden. Die Gliederung der Geographie in
eine *regional, ecological* und *spatial* Richtung erweist sich nämlich zunächst nur
als rein nominalistische Systematik. Das wird besonders deutlich beim Versuch,
diese Ausdrücke angemessen ins Deutsche zu übertragen. Ihr Zusammenfliessen
im Begriffsfeld *räumlich – Raum – Raumwissenschaft* führt uns dazu, über eine
differenzierte Auffassung der Raumbegriffe[7] und eine konsequente Anwendung
der Mehrstufigkeit wissenschaftlichen Arbeitens[8] einen brauchbaren Ordnungsraster zu entwickeln. Dabei bilden diese beiden Dimensionen *Raum* und *wissenschaftliches Arbeiten* die Koordinatenachsen des Rasters.[9]

Diese Orientierungshilfe wird uns auch in die Lage versetzen, Ansätze in der
Geographie mit Bezug auf Relevanzkriterien zu überprüfen. Basierend auf einer
Normativen Metatheorie[10] sind Aussagen darüber möglich, welche Forschungs-
richtungen als besonders bedeutungsvoll betrachtet werden können.

Der Beitrag von A. HETTNER

Der explizite Rekurs auf A. HETTNER war anfänglich keineswegs beabsichtigt,
vielmehr ergab er sich Zug um Zug durch das Quellenstudium – es war eine
eigentliche *Wiederentdeckung*; in der aktuellen Literatur finden sich kaum positive Hinweise. Muss aber nicht aus heutiger Sicht sein Buch «Die Geographie
– ihre Geschichte, ihr Wesen, ihre Methoden» (1927) als sein Hauptwerk betrachtet werden, und nicht seine Beiträge zur Länderkunde, durch welche jenes
später völlig überdeckt wurde?[11]

Die entsprechenden disziplin-historischen (und auch biographischen) Bezüge
konnten allerdings im Rahmen dieser Arbeit nicht weiter aufgedeckt werden;
indessen besteht kein Zweifel, dass es sich lohnen würde, A. HETTNERs Beitrag
zur Methodologie der Geographie, zu ihrer Disziplingeschichte, zu rekonstruieren. Unseres Erachtens wird das Werk von A. HETTNER heute stark unterschätzt, nicht zuletzt deshalb, weil er seit der berechtigten Ablehnung der
Länderkunde, und dann nochmals mit der Kritik an der *spatial science* völlig
falsch interpretiert wurde, vor allem auch wegen der konsequenten Unterdrük-
kung der integrativen Chorologie bei D. BARTELS. Auch die Gründe dazu
könnten ein interessantes Forschungsfeld eröffnen.

---

[7] Vgl. dazu ausführlich Kapitel 2.3 «Raum als Schlüsselbegriffe».
[8] Vgl. dazu ausführlich Teil 3 «Stufen wissenschaftlichen Arbeitens».
[9] Vgl. dazu ausführlich Kapitel 5.1 «Raumwissenschaftlicher Orientierungsraster».
[10] Vgl. dazu ausführlich Teil 6 «Normative Metatheorie».
[11] Vgl. dazu vor allem R. HARTSHORNE (1958); ferner PLEWE/WARDENGA (1985); sowie E. PLEWE
(1986/379ff).

Praxisbezug

Weit über A. HETTNERS raumwissenschaftliches Konzept hinaus führt uns dann allerdings der Wandel der Auffassung von Wissenschaft selbst, insbesondere durch die explizite Bedeutung der *gesellschaftlichen Relevanz*. Die Auseinandersetzung über die Rolle der Wissenschaft angesichts aktueller realweltlicher Probleme, bei der Gestaltung unseres Lebensraumes, hat tiefgreifende wissenschaftstheoretische Konsequenzen: Welches ist der Stellenwert von deskriptiven, explikativen und normativen Aussagen in einer zukunftsorientierten Wissenschaft?[12]

Damit einher geht auch eine Verschiebung der Blickrichtung: von der Landschaft zum handelnden Menschen, und weiter zur Raumentwicklung als einem komplexen, partiell beeinflussbaren Prozess. Die neueren handlungstheoretischen Beiträge[13] zeigen auf, dass der handelnde Mensch noch stärker als bisher einbezogen werden muss. Raumwissenschaft muss immer wirtschafts- und sozialwissenschaftlich orientiert sein.

'Engagierte Geographie'

Im ganzen deutschen Schrifttum findet sich ein einziger knapper Hinweis zu einer *engagierten Geographie*, und zwar bei D. BARTELS (1978/227f).[14] Allerdings ist sie dort thematisch eng auf «soziale Disparitäten» beschränkt. Unsere Auffassung von engagierter Geographie ist demgegenüber inhaltlich weiter gefasst, offen für raumrelevante normative Bezüge im ökonomischen, sozialen wie auch ökologischen Bereich. D. BARTELS' Beitrag ist aber dennoch von entscheidender Bedeutung, weil er im konzeptionellen Bereich den Übergang von explikativen zu normativ-operativen Aussagen signalisiert. Tatsächlich scheint es, dass D. BARTELS im Begriffe war, den wissenschaftstheoretisch bedeutsamen Schritt von der Nomologie zur *Praxeologie* zu vollziehen,[15] wie auch das Dualismus-Dogma selbst zu überwinden (D. BARTELS 1980b/61). Er öffnete damit die Diskussion hin zu einer interdisziplinären, integrativen und gleichzeitig praxisorientierten Raumwissenschaft. Diese nur angedeuteten Ansätze sollen in der vorliegenden Arbeit zu einem tragenden Konzept entwickelt und die damit verbundenen Fragen umfassend angegangen werden. So bin ich – bei aller notwendigen Kritik – dem Werk von D. BARTELS stark verpflichtet.

---

[12] Vgl. analog in den Wirtschaftswissenschaften die Formulierung einer 'Neuen Politischen Ökonomie' (MEIER/METTLER 1988).

[13] B. WERLEN (1987a).

[14] Ebenso bei D. BARTELS (1980a/53). – Die letzte Arbeit von D. BARTELS (1984) trägt den Titel «Lebensraum Norddeutschland? Eine engagierte Geographie» (1984); allerdings sind davon nur Fragmente publiziert worden. Sie lassen implizit erkennen, was D. BARTELS mit seinem 'Engagement' beabsichtigte: im Rahmen einer modernen Regionalstudie bewertend nach der räumlichen Differenzierung von «Lebenschancen» in Norddeutschland zu fragen, und über Möglichkeiten ihrer Angleichung nachzudenken. Ein expliziter Exkurs über die methodologischen Dimensionen einer 'engagierten Geographie' liegt hingegen nicht vor.
Vgl. ferner D. HÖLLHUBER (1981/263) mit seinem Konzept einer «Stellungnehmenden Geographie», sowie R. HANTSCHEL (1986a).

[15] Vgl. dazu auch das Schriftenverzeichnis von D. BARTELS (E. WIRTH 1984b/16ff).

Zum Titel

Mit der ausführlichen Titelgebung: «Engagierte Geographie. Zur Rekonstruktion der Raumwissenschaft als politik-orientierte Geographie» ist beabsichtigt, die oben dargelegte Zielsetzung der Arbeit vorab zu signalisieren. Im Zentrum steht das Konzept einer *Engagierten Geographie*, als ein Entwurf für ein zukunftsorientiertes Leitbild. Die theoretischen Grundlagen dieses Entwurfes sollen entwickelt werden in der Absicht, eine offene argumentative Position aufzubauen und damit eine Diskussion über den Entwurf zu ermöglichen. Darin kommt auch der Gedanke einer Standortbestimmung als Ausgangspunkt der Diskussion zum Ausdruck.

Kernpunkt des Konzeptes ist die Erweiterung des Verständnisses von *Raumwissenschaft*, vor allem in Richtung auf differenzierte Raumbegriffe und entscheidungs- bzw. handlungsbezogene Aussagen. Und da es bei raumrelevantem Handeln meist um Handeln in der Gemeinschaft geht, sind also politik-orientierte Aussagen gemeint.[16] Vor dem Hintergrund der jüngeren Disziplingeschichte muss ein solcher Versuch als *Rekonstruktion* der Raumwissenschaft betrachtet werden, allerdings nicht im Sinne der Restauration, sondern einer Erweiterung traditioneller Konzepte.

Die *Titelvignette* basiert auf einer Originalzeichnung eines HSG-Studenten aus Tübingen, welcher – in einer Prüfungssituation – die wichtigsten Zentralen Orte im Umkreis von 200 km um seinen Wohnort wiedergeben sollte. Vorab ist damit angezeigt, dass es bei der vorliegenden Arbeit um eine auf den Menschen bezogene Geographie geht, nicht um eine Naturkunde. Die Aussage der Skizze ist indessen vielschichtiger: Die Bedeutung der Raumwahrnehmung kommt ebensosehr zum Ausdruck wie der Hinweis darauf, dass die Gestaltung des Städtesystems kein starrer Mechanismus ist, der schematische Strukturen generiert, sondern ein komplexer, entscheidungsbasierter Prozess.[17] Die abnehmende Aussagedichte mit zunehmender Distanz weist auf interessante Zusammenhänge bei der Evolution des Raumverständnisses bis hin zu einem differenzierten Raumbegriff hin. Dies soll im Kapitel 2.3 «Raum als Schlüsselbegriffe» ausführlich diskutiert werden. Bemerkenswert ist schliesslich auch das Ausblenden Zentraler Orte jenseits des Rheins, jenseits der Landesgrenze. Indessen: Einer solchen Zeichnung ist nur Symbolcharakter zuzumessen; es sind Hinweise auf Forschungsansätze, die interessant sein könnten, nicht schon materielle Aussagen selbst.

---

[16] Vgl. dazu bereits A. Hettner (1927/129).
[17] Vgl. demgegenüber verschiedene Illustrationen mit dem Sechs-Eck-Symbol nach Christaller, so das Titelblatt der Reihe «Das Geographische Seminar».

Zum Aufbau der Arbeit

Die vorliegende Arbeit soll aktuelle wissenschaftstheoretische Dimensionen für zukunftsorientierte Konzepte in die innergeographische Diskussion einbringen. Entsprechend dieser Zielsetzung wird der Versuch unternommen, in einem flüssig formulierten *Haupttext* die zentralen Gedankengänge zu entwickeln, währenddem in einem umfangreichen *Anmerkungsteil* Quellenangaben, zusätzliche Hinweise und kurze Exkurse beigefügt sind. Dieser Apparat soll die Argumentation unterstützen, Querverbindungen aufzeigen und Aussagen im Haupttext differenzieren, ohne jenen ungebührlich zu belasten. Indessen wurde auf zusätzliche Beispiele verzichtet, um den Anmerkungsteil nicht übermässig aufzublähen. So mag der spezifisch geographische Bezug gelegentlich etwas zurücktreten; die Transfer-Funktion des Textes bleibt dennoch bestehen.

Disziplinhistorisch und methodologisch wichtige Textstellen werden gelegentlich im Wortlaut angeführt, um sie dem Leser direkt zu erschliessen. Sie bilden das empirische Material dieser Arbeit, sozusagen die 'Aufschlüsse' in einer terra incognita namens *Scientia*.[18] Aus diesem Material waren konstruktive Schlüsse zu ziehen. Allerdings konnte es auch wieder nicht das Ziel dieser Arbeit sein, eine auch nur annähernd vollständige disziplin-historische Aufarbeitung des Materials zu unternehmen; vielmehr musste die Aufgabe selektiv angegangen werden. Vor allem galt es, das eigene Konzept als Weiterführung evolutiv wichtiger Schritte der Disziplingeschichte darzustellen. Dabei war die zunehmende Einsicht bedeutsam, dass die innergeographische Diskussion keineswegs eine singuläre Erscheinung darstellt, sondern dass Ähnliches in vielen andern Disziplinen – meist viel expliziter – abläuft. Entstehung und Aufbau der Arbeit widerspiegeln so auch den Prozess wachsender wissenschaftstheoretischer Rationalität; die wissenschaftliche Evolution ist persönlich nachvollziebar.[19]

---

[18] Entsprechend umfangreich und mit durchaus unterschiedlicher Gewichtung präsentiert sich deshalb auch das Literaturverzeichnis.
[19] Vgl. dazu die Homologie von Phylogenese und Ontogenese.

2 Raumwissenschaftliche Begriffe

Ohne Dinge im Raum
ist der Raum gar nichts.

A. EINSTEIN

2.1 Basisbegriffe

'Raum' als Basisbegriff?

Da mit dieser Arbeit der Versuch unternommen werden soll, Geographie als 'Raum'-Wissenschaft[1] zu rekonstruieren, würde es eigentlich nahe liegen, 'Raum' als den Basisbegriff der Disziplin zu postulieren und darauf eine geographische Methodologie aufzubauen.[2] Zumindest der unmittelbare, direkte Versuch, so vorzugehen, ist aber zum Scheitern verurteilt: spätestens mit D. BARTELS ist ja klar geworden, dass der Ausdruck 'Raum' als geographischer Fachterminus etliche *Schwierigkeiten* bereitet.[3] Nicht nur kommen da die vorwissenschaftlichen, umgangssprachlichen Bedeutungsschichten in die Quere, auch in der Fachsprache selbst hat sich im Laufe der Zeit ein Bedeutungswandel und dadurch auch eine *Bedeutungsvielfalt* ergeben, eine «semantische Eigendynamik» (D. BARTELS 1974/7), die oft genug übersehen wird. Die bei W. TIETZE (1968/III-967f) aufgeführten Synonyme für 'Raum', nämlich: «Gebiet, Region, Areal, Bereich, Gegend, Ort, Örtlichkeit» verraten diese Unschärfe.[4] Dem Ausdruck 'Raum' ist also zunächst zu misstrauen; er ist vorderhand zu vermeiden.

Semantische, nicht ontologische Überlegungen!

Überhaupt bedarf eine Beschäftigung mit dem *Begriffsapparat* der Disziplin als Ausgangspunkt für die folgenden Überlegungen nochmals einer eindeutigen und unmissverständlichen Feststellung: Es kann hier nicht darum gehen, nach dem 'wahren Wesen' der Dinge hinter den Begriffen zu fragen, etwa: Was ist eigentlich ein Areal?[5] Vielmehr muss die Frage gestellt werden: Was bedeutet Areal (in diesem Zusammenhang, für diesen Autor, für jenen Forschungsansatz)? Mit andern Worten folgt klar aus den Bemerkungen zum Forschungsgegenstand, aus der Differenzierung von Realobjekt und Erkenntnisobjekt:[6] nicht ontologische sondern methodologisch-semantische Überlegungen sind im folgenden anzustellen.

Aus der Komplementarität von Erfahrung, wissenschaftlichen Fragestellungen und Objektsprache ergibt sich keine eindeutige Priorität: Was kommt

---

[1] Vgl. nochmals R. HARTSHORNE (1958): «The Concept of Geography as a Science of Space . . .». Hier geht es allerdings – wie in Kapitel 1.4 «Zielsetzung der Arbeit» ausgeführt – nicht darum, das Konzept von R. HARTSHORNE zu restaurieren.

[2] Es soll im folgenden stets klar unterschieden werden zwischen «Wort, Ausdruck» (im Sinne von 'Zeichenfolge'), «Begriff» (im Sinne von 'Bedeutung' eines Ausdruckes im Kommunikationsprozess) und dem «Gegenstand», über den eine Aussage gemacht wird (KONEGEN/SONDERGELD 1985/17ff; 34ff). – Ferner G. HARD (1973a/35ff).

[3] Vgl. vor allem D. BARTELS (1974); ferner auch D. BARTELS (1968b).

[4] Es wird sich zeigen, dass alle diese Begriffe – soweit sie überhaupt als Fachtermini verwendet werden – genauer differenziert werden müssen. Diese Termini fehlen indessen bei W. TIETZE (1968); dabei ist vorab schon klar, dass es sich keineswegs um Synonyme handelt!

[5] Vgl. das POPPER-Zitat «Zweitens müssen wir *Was-ist?*-Fragen aufgeben» bei G. HARD (1970/168). – Ferner G. HARD (1973a/73, 183f).

[6] Vgl. dazu nochmals Kapitel 1.2 «Theorie – Metatheorie – Methodologie».

zuerst, das Fragen oder der Begriff?[7] Besonders deutlich wird dies bei der Diskussion der Raumbegriffe werden. Die verschiedenen Forschungsansätze und Perspektiven in der Disziplin sind losgelöst davon schwer verständlich. Umgekehrt muss klar sein, dass damit keine ontologische Autonomie der Begrifflichkeit unterstellt wird. Die hier beabsichtigte Entwicklung des Konzeptes – von den Begriffen her zu den Fragestellungen hin – erscheint deshalb als sinnvoll.

Zweckmässiger Begriffsapparat

Aus diesem Verständnis heraus wird dann auch klar, dass Begriffe – als Konventionen – vielschichtig sein können, dass sie verschiedene und sich wandelnde Bedeutungsinhalte haben. Und da die Diskussion nicht um das 'Wesen', das 'Eigentliche' hinter den Begriffen geführt wird, erübrigt sich auch ein Disput um 'richtige' und 'falsche' Auffassungen; vielmehr kann es nur darum gehen, 'zweckmässige' von 'unzweckmässigen' Bedeutungsinhalten in bezug auf Fragestellungen zu scheiden, etwa im Sinne einer durchgehenden, klaren, rationalen *Terminologie*. Termini müssen als brauchbare Instrumente wissenschaftlichen Arbeitens, als konstituierende Elemente der Objektsprache,[8] ja als *Ordnungsraster* für eine Disziplin, verstanden werden.[9]

Als unzweckmässig erscheint es auch, eine Ausdrucks- bzw. Begriffspluralität unreflektiert zu akzeptieren und (im Sinne stilistisch gekonnter Ausdrucksweise) vermeintliche Synonyme abwechslungsreich durcheinanderzumischen, dabei aber an begrifflicher Prägnanz zu verlieren, oder aber scheinbar logische Ableitungen durch den Wechsel der Bedeutungsinhalte herbeizuführen.[10] Ebenso problematisch ist es, einige Basisbegriffe als intuitiv zu akzeptierende, als *axiomatische* Setzungen zu erklären, die keiner Diskussion zugänglich wären.[11]

Der von D. BARTELS und G. HARD vorgezeichnete Weg muss vielmehr darin bestehen, Bedeutungsinhalte und -differenzen aufzuzeigen. Die Bedeutungsschichten sollen durch eine hermeneutische Rekonstruktion herausgearbeitet werden: die Verwendung der Begriffe in Schlüsseldokumenten wird aus der jeweiligen Intention heraus analysiert.[12] Darauf basierend führen kritische

[7] E. WIRTH (1979/268) weist auf das «Wechselspiel zwischen begrifflicher Reflexion und empirischer Handhabung» bei der Herausbildung von Grundbegriffen hin.

[8] Dass sich Alltags- (bzw. Umgangs-)Sprache und Fachsprache als Objektsprache nicht decken, muss hier nicht weiter diskutiert werden, auch wenn das Verhältnis nicht unproblematisch ist. Vgl. dazu O. SCHWEMMER (1987/21ff); ferner etwa R. SIGNER (1987).

[9] Vgl. dazu Anmerkung 57 bei G. HARD (1973a/278); sowie nochmals E. WIRTH (1979/261ff); O. SCHWEMMER (1987/30ff).
Für die grosse didaktische Bedeutung der Fachsprache vgl. R. ZIEGLER (1981/332).
Als Anhang zu diesem Kapitel sind einige zentrale Termini und verwandte Ausdrücke in ihren umgangssprachlichen Bedeutungen (nach G. WAHRIG 1980) aufgeführt.

[10] Vgl. dazu etwa die Beispiele im Begriffsfeld 'Landschaft' bei G. HARD (1970/291) oder J. SCHMITHÜSEN (1976/27) über den 'Raum', ferner allgemein I. HEILAND (1971/82).

[11] Vgl. dazu den Vorschlag von KOLARS/NYSTUEN (1974/10ff), «point», «line» und «area» als intuitiv akzeptierbare «primitives» zu betrachten.

[12] Das Kapitel 2.1 «Basisbegriffe» orientiert sich kritisch an D. BARTELS (1968b/87ff) und G. HARD (1973a/183ff). Vgl. ferner I. HEILAND (1971/82ff) mit ähnlichen Terminologie-Vorschlägen; sowie O.F. BOLLNOW (1963/31ff).

Quervergleiche zu einem *Begriffsapparat*, der argumentativ aufgebaut und zur Diskussion gestellt wird. Besonderes Augenmerk gilt dabei dem Vermeiden aller Ausdrücke, die (wenn auch nur entfernt) ein Anknüpfen an den Totalanspruch des Landschaftskonzeptes assoziieren könnten, wie etwa «Geomer» (H. CAROL 1956/114f; 1957/146), oder die Termini bei E. MEYNEN (1977).

Lage- und Sachdimensionen

Eine Quelle der «Schwierigkeiten mit dem Raumbegriff» (D. BARTELS 1974) liegt darin, dass im Raumbegriff oft Lage-, Sach- und Zeitdimensionen zusammenfliessen.[13] Unter 'Sachdimension' sind dabei nicht nur dingliche Elemente, sondern auch Relationen, Prozesse und Entscheidungen zu verstehen, so zum Beispiel 'Attraktivität' oder das Pendeln zwischen Wohnort und Arbeitsplatz. *Sachdimension* bezieht sich also höchstens indirekt auf Realobjekte, sondern entspricht dem bereits erwähnten «construct» (ABLER/ADAMS/GOULD 1972/ 12ff). Als Abkürzung für die drei Dimensionen wird im folgenden gelegentlich L (für Lage-), S (für Sach-) und T (für Zeit-) verwendet.[14]

Dies ist freilich nur eine Seite des vielschichtigen Fragenkomplexes; er soll im Kapitel 2.3 «Raumbegriffe» näher analysiert werden. Hier werden zunächst die Lagedimensionen und ihre Verschränkungen mit Sachdimensionen diskutiert, und zwar (entsprechend der naturwissenschaftlichen Fachtradition) ausgehend von objektivierbaren Sachverhalten in der physisch-materiellen Welt. Die so bereitgestellten Basisbegriffe dienen als entsprechende *Deskripionsschemata*. Da indessen diese Sichtweise allein nicht ausreicht für Fragestellungen, die über das rein Naturwissenschaftliche hinausgehen, sollen anschliessend wesentliche Erweiterungen des Begriffsapparates diskutiert werden, welche den immateriellen Sachverhalten der «sozialen und der mentalen Welt» (B. WERLEN 1987a) adäquat entsprechen.

Die Stelle

Auszugehen ist von 'Punkten' im quasi-geometrischen Sinne, wobei diese Punkte auf der Erdoberfläche[15] liegen. Durch diese fachspezifische Restriktion geht das allgemein-geometrische dreidimensionale Referenzsystem in ein spezielles zweidimensionales, das «erdräumliche» oder «chorische», über.[16] Solche «2-

---

[13] Vgl. zum Beispiel – allerdings umstritten – J. SCHMITHÜSEN (1976/38): «Alle Raumbegriffe der Geographie sind (. . .) immer sach-raum-zeitliche Begriffe».
     Vgl. ferner B.J.L. BERRY (1964a/26ff) bzw. COLE/KING (1968/227ff), wo diese Triade «Thing-Time-Place» im 'geographischen Daten-Würfel' klar zum Ausdruck gebracht wird. Ebenso D. STEINER (1978/81).

[14] Vgl. entsprechend H, V und T bei D. STEINER (1978/81). Dort ist auch präzisierend vermerkt, dass V und H, also die Sach- und Lagedimensionen, im mathematischen Sinne eigentlich als «Superdimensionen» zu betrachten seien, da es sich um mehrdimensionale Grössen handle.

[15] Vgl. dazu A. HETTNER (1927/231); H. BOBEK (1957) und E. NEEF (1967/10), wonach Erdoberfläche (oder Erdhülle) als der «Durchdringungsbereich von Lithosphäre, Hydrosphäre und Atmosphäre» verstanden wird, der auch die Biosphäre umfasst. – Im weitesten Sinne verstanden fallen darunter auch Meeroberflächen bzw. Meeresgrund sowie die polaren Eiskalotten, womit dann keine Eindeutigkeit mehr besteht.

[16] D. BARTELS (1968b/57; 1974/13). Vgl. ferner B. WERLEN (1987a/166)

geographische Punkte» (D. BARTELS 1968b/96) sollen *Stellen* heissen.[17] Stelle ist als Basisbegriff dem «2-geographischen Punkt» vorzuziehen, da die Präzisierung durch Adjektive wie «2-geographisch» kaum praktikabel erscheint. Dies gilt umsomehr, als *Stelle* die beabsichtigte Bedeutung einer gewissen Ausdehnung eher wiedergibt als 'Punkt', und sich keine Abgrenzungsprobleme zum «geometrischen Punkt» ergeben.[18]

Eine Stelle hat nämlich häufig eine vertikale Erstreckung in den Luftraum und in den Untergrund. Je nach Massstäblichkeit ist aber vor allem eine gewisse horizontale Ausdehnung gegeben; zum Beispiel nimmt ein Haus oder eine Stadt eine Stelle ein. Es handelt sich also nicht um einen dimensionslosen Punkt im streng geometrischen Sinne. Deshalb kommt es an bestimmten Stellen auch zur Koinzidenz von Sachverhalten oder Prozessen.

Trotzdem haben Stellen – als gedankliche Konstrukte – nur eine Lageeigenschaft, keine eigentliche Ausdehnung und auch keinen 'Inhalt'. Sie lassen sich durch die (geographischen) Raumkoordinaten (lambda, ro) oder ein beliebiges anderes absolutes *Koordinatensystem* wie zum Beispiel das Gauss-Krüger-Netz festlegen, oder aber auch durch ihre relative Lage in bezug auf andere Stellen. Dieses Merkmal der Stelle soll ihre *Position* genannt werden (E. NEEF 1967/ 20).[19]

Distanz, Richtung, Netze

Zwei Stellen A und B stehen in Relation zueinander: *Distanz* und *Richtung* bezeichnen die Entfernung von A nach B bzw. die Abweichung der Verbindung A–B von einer Grundorientierung.[20] Bei objektiv gegebener Position von A und B lassen sich auch Distanz und Richtung nach objektiven Massstäben angeben. Hier wird indessen erstmals deutlich, dass in der persönlichen Erfahrung von Menschen die Positionen von Stellen, Distanzen und Richtungen ganz andere – *subjektive* – Dimensionen ausserhalb der euklidschen ('absoluten') Geometrie annehmen können.[21]

[17] A. HETTNER (1927) verwendet hiefür meist den Ausdruck «Erdstelle» und H. SIEBERT (1967/ 215ff) «Raumstelle», P. HAGGETT (1983/33) hingegen «Standort».
  Umgekehrt bedeutet «Stelle» bei D. BARTELS (1968b/97) «Element eines Areals» und ist damit durch eine Lage- u n d eine einzige genau definierte Sacheigenschaft ausgezeichnet.
[18] D. BARTELS verwendet übrigens später in seinem kursorischen Überblick (1970a/16ff) eine stark vereinfachte Nomenklatur, wobei Abweichungen nicht zu übersehen sind, so zum Beispiel gerade Standort statt Stelle, oder Erdstelle statt geographischer Punkt!
[19] Die Höhe über NN (= h) ergibt sich als lageabhängige Eigenschaft aus der Bedingung, dass sich die Stelle auf der Erdoberfläche befindet. Allenfalls ist h zeitabhängig, dann nämlich, wenn Erosions- oder Akkumulationsprozesse eine Rolle spielen.
[20] J.W. WATSON (1955) hat die Geographie als «a discipline in distance» charakterisiert, und J.D. NYSTUEN (1963) hat Distanz und Richtung als «fundamentale Raumbegriffe» in die Geographie eingeführt.
  Vgl. ferner KOLARS/NYSTUEN (1974/14ff); sowie als Beispiel für die Anwendung dieser Konzepte U. MAMMEY (1977).
[21] Vgl. etwa A.C. GATRELL (1983), welcher der euklidschen Distanz die folgenden Distanz-Konzepte gegenüberstellt: «Time distance, economic distance, cognitive distance, social distance».
  Für diese Diskussion vgl. das Konzept des 'Relativ-Raumes' im Kapitel 2.3 «Raumbegriffe».

Werden mehrere Stellen gemeinsam betrachtet, kann eine topologische Umformung der Realstruktur und die Anwendung von Begriffen aus der Netzwerk- bzw. Graphentheorie (HAGGETT/CHORLEY 1969) erfolgen. Stellen heissen dann *Knoten*, ihre Verbindung *Kanten*. Die einfache, offene Verbindungslinie mehrerer Knoten heisst *Pfad*, komplexere Konfigurationen mit höheren Knoten («branching vertices») sind *Baumstrukturen* oder (falls der Konnektivitätsindex 1 beträgt) *Schleifen*. Pfade, Bäume und Schleifen sind *Netze*.

Das Gebiet

Sachdimensional nicht spezifizierte (aber keineswegs 'leere') «geographische Flächen», also Teile der Erdoberfläche, heissen *Gebiete*.[22] Ihre klar definierte Abgrenzung ist beliebig: es kann sich um administrative Gebietseinheiten,[23] Rasterzellen, willkürlich oder zweckdienlich bezeichnete Flächen handeln. Gebiete weisen als Eigenschaften vor allem auf: Lage, Grösse (Fläche) und Form.[24]

Gebiete mit Lagerestriktionen können als (Höhen-) *Stufen* und *Zonen* bezeichnet werden. Ihre Höhenlage oder geographische Breitenlage ist damit zum vornherein in bestimmten Grenzen einschränkend festgelegt.

Verschränkung von Lage- und Sachaussagen

An Stellen und in Gebieten befinden sich beliebige 'Objekte', ergeben sich beliebige 'Ereignisse' (im Sinne von Konstrukten), was häufig die *Ausstattung* einer Stelle, eines Gebietes genannt wird.[25]

Während die traditionelle Geographie versucht hat, eine solche Ausstattung möglichst lückenlos, enzyklopädisch darzustellen (zum Beispiel in Form von Gebietsmonographien),[26] stehen heute selektive Fragestellungen über Prozesse und Entscheidungen stärker als die materielle Ausstattung selbst im Vordergrund. Dabei sind die Stellen oder Gebiete das Ordnungskriterium, nach welchem die Sachaussagen gegliedert werden;[27] in einer «geographischen (Beob-

---

[22] Vgl. D. BARTELS (1968b/96), wobei zu bemerken ist, dass er selbst in seiner Arbeit meist auf das präzisierende Adjektiv «2-geographisch» verzichtet, und einfach von Gebiet, Teilgebiet oder Restgebiet spricht.
Seit A. HETTNER (1927) wird für Gebiet oft der Ausdruck «Erdraum» verwendet.

[23] Administrative Gebietseinheiten sind häufig auch hierarchisch gegliedert: Bund, Kantone, Bezirke, Gemeinden. Oder am Beispiel der Postzustellgebiete: Leitzone, Leitraum, Leitbereich.

[24] Vgl. dazu die «räumlichen Kategorien des Staates: Lage, Fläche, Grenzen, Umrissform» bei M. SCHWIND (1972/9ff), bzw. dann allgemeiner bei O. BOUSTEDT (1975/I-79) dieselben als «Kategoriale qualitative Raumeigenschaften».
Als Beispiel für die Anwendung SANGUIN/GAUTHIER (1977).

[25] Vgl. S. HARTKE (1975/185); P. WEICHHART (1975); M. OSTHEIDER (1978/30). – Weniger ans Materielle gebunden wird anstelle von Ausstattung etwa auch 'Situation' verwendet. Vgl. aber die anglo-amerikanische Auffassung von «situation», was die distanzielle Lageverknüpfung, die «interconnections», zum Ausdruck bringt (E.L. ULLMANN 1954).

[26] Um das «Wesen eines Raumes», den «Totalcharakter einer Landschaft» zu erfassen. Vgl. P. WEICHHART (1975/26ff); E. OTREMBA (1970/2569); aber auch G. HARD (1973a/78).

[27] Vgl. BAHRENBERG/GIESE (1975/13): «Für die Geographie typisch sind Daten, die Informationen über Raumeinheiten oder Punkte auf der Erdoberfläche geben.»

achtungs-)Matrix» lassen sich solche Daten darstellen.[28] Charakteristisch ist also zunächst die *Verschränkung* von Sach- und Lageaussagen.[29] Die Sachaussagen erfolgen bewusst selektiv, entsprechend der zu lösenden Fragestellung.

Der Standort

Der Ausdruck *Standort* hat (neben der umgangssprachlichen Bedeutung) als objektsprachlicher Terminus drei grundsätzlich verschiedene Inhalte; es gibt drei Standortbegriffe, nämlich im «raumwissenschaftlichen Ansatz» (G. HARD 1973a/181ff), in der Biologie bzw. Geobotanik, sowie in der klassischen Standorttheorie.

In der Umgangssprache wird Standort häufig einfach im Sinne von Position verwendet: «Die Firma X hat ihren Standort von A nach B verlegt» (G. WAHRIG 1980).[30] Analog erfolgt dann die Begriffsbildung im 'raumwissenschaftlichen Ansatz' durch die direkte Übersetzung von *location* aus dem *spatial approach*.[31]

In der *Geobotanik* wird klar unterschieden zwischen «(geographischem) Fundort» (oder «Wuchsort») und «Standort», das sind die «an einem Ort wirksamen Umweltfaktoren» (E. LANDOLT 1964/41) bzw. die abiotischen «Aussenbedingungen einer Lebensstätte» (H. WALTER 1973/91). Dazu gehören die analogen Begriffe «Habitat» und «ökologische Nische», die auch nicht «räumlich, sondern funktionell» aufzufassen sind (O. WILMANNS 1978/11; 15f).

Demgegenüber folgen wir der Terminologie der klassischen Standorttheorie:[32] eine Stelle verbunden mit ihren Sachattributen soll *Standort* heissen.[33]

---

[28] B.J.L. BERRY (1964a/26ff); A. KILCHENMANN (1972/28). Vgl. ferner die «VH-Matrix» bei D. STEINER (1978/84).

[29] Vgl. A. HETTNER (1927/238): «Sachliche Eigenschaften und räumliche Verhältnisse dürfen daher in der Geographie nicht getrennt behandelt, sondern müssen miteinander verbunden werden». – Sachaussagen ohne Lagebezeichung können für die Geographie propädeutisches Interesse haben, wenn sie dazu dienen, Sachkategorien sinnvoll zu gliedern oder miteinander zu verknüpfen.

[30] Vgl. dazu aber auch W. TIETZE (1968/IV-371): «Standort: Ort, an dem sich die Betriebsstätten von Wirtschaftsunternehmungen (. . .) befinden.»

[31] Formulierungen wie «Kontingente und kompakte Regionen zu bilden wurde u.a. versucht durch die Einbeziehung der Standortvariablen . . .» (P. SEDLACEK 1976/4) oder «Eine besondere Art von Attributen sind neben den sachlichen Eigenschaften (. . .) die räumlichen Fixierungen der Dinge, ihre Standorte, . . .» (D. BARTELS 1970a/15) sind deshalb als objektsprachliche Aussagen missverständlich.

[32] D. BÖKEMANN (1982/31): «Standorte sind in räumlichen Koordinaten geometrisch eindeutig definierbar u n d sie sind Träger von Ressourcen». – Ohne die Verschränkung von L und S wäre die Standort-Theorie BÖKEMANNS – Standorte als Produkte der Politik – logisch nicht konsistent.
Ferner auch E. OTREMBA (1969/38), der Standort «über seine topographische Bestimmung» (das heisst die 'Position') hinaus als «die (. . .) an einem Punkt wirksamen ökonomisch gestaltenden Kräfte» auffasst.
Vgl. dazu vor allem K. BEHRENS (1971/89ff); sowie G. FISCHER (1973a/69f); ferner H. BOESCH (1969); H. ELSASSER (1970).

[33] Dafür findet sich bei D. BARTELS (1968b/98) der Ausdruck «2-geographischer Ort». Wie bereits bei 'Stelle' und «2-geographischem Punkt» diskutiert, ist dem vieldeutigen und primärsprachlich stark belegten Terminus Ort der stärker objektsprachlich geprägte 'Standort' vorzuziehen.
Vgl. dazu auch den 'geometrischen Ort', das heisst die Menge aller Punkte, welche bestimmte (geometrische) Bedingungen erfüllen.

Standort bedeutet also nicht allein die Lage, die Position, (wie im 'raumwissen-schaftlichen Ansatz'), aber auch nicht nur die materielle oder funktionale Aus-stattung einer Stelle (wie in der Geobotanik), sondern die *Verknüpfung* beider Aussagen, wie beispielhaft bei den «Zentralen Orten» als Stellen «mit der Funktion, Mittelpunkt zu sein (. . .); dieser 'Ort' reicht soweit in die umgeben-den Siedlungen hinein, als deren Bewohner (. . .) zentrale Gewerbe ausüben» (W. CHRISTALLER 1933/25).

Daraus wird auch deutlich, dass es zu präzisieren gilt: um wissenschaftlich operational zu sein, kann das Konstrukt *Standort* nur eine wohldefinierte Menge von Sachattributen umfassen, und nicht etwa «die Gesamtheit aller an einem Punkt wirksamen (. . .) Kräfte» (E. OTREMBA 1969/38), was in seiner vorwissenschaftlichen Unbestimmtheit schlicht *Ort* genannt werden soll.[34]

Place, site, situation

Auch die anglo-amerikanische Diskussion ist sehr differenziert. So äussert sich W. BUNGE (1966/16) zum Standortbegriff: «An individual in uniform regional geography is a *place*. Place is more than just pure location, more than latitude and longitude. In fact, an individual that is designated only by location probably should be called a *point* rather than a place».

E. RELPH (1976) und Y. TUAN (1977; 1979) hingegen ordnen *place* dezidiert der Erfahrungswelt zu und stellen dieses «humanistische» Konzept dem ab-strakten *space* gegenüber.

Auf E.L. ULLMANN (1954) gehen die zwei Begriffe *site* und *situation* zurück. Er unterscheidet zwischen der 'vertikalen' Verflechtung von Sacheigenschaften eines Standortes, den «interrelations», und spricht dann von «site», und den 'horizontalen' Beziehungen, den Fernwirkungen oder «interconnections», und spricht dann von «situation».[35] Die unverknüpfte Lagebezeichnung oder Posi-tion heisst *location*.

Standort-Entscheide

Aus der Verknüpfung von wohldefinierten Sachattributen mit den Lagemerk-malen zum Standort ergibt sich die Notwendigkeit, 'gleichartige' vom 'identi-schen' Standort zu unterscheiden, also Typus und Individuum zu differenzie-

---

[34] Dazu nochmals W. CHRISTALLER (1933/25): «Wir wollen sogar noch weitergehen und die Bezeichnung 'Siedlung' durch eine andere ersetzen, um noch grössere Prägnanz des Ausdrucks zu erreichen. Das Wort Siedlung ist ja sehr vieldeutig, vor allem aber ruft es in uns sofort ein konkretes Erscheinungsbild von Strassen, Häusern, Türmen hervor, das die Eindeutigkeit der für uns wichtigen Tatsachen verschleiern könnte. Denn es soll hier nicht diese vielfältige Erscheinung 'Siedlung' gemeint sein, sondern nur die Lokalisation der Funktion, Mittelpunkt zu sein. Wir wollen daher künftighin von 'Zentralen Orten' sprechen.»

[35] E.L. ULLMANN (1980/13): «Perhaps the essential intellectual contribution of human geography can be summarized by the concepts of site and situation. Site refers to local, underlying areal conditions and leads to defining geography as the study of the 'relations between man and the environment.' Situation refers to the effects of one area, or rather phenomena in one area, on another area. It should logically focus on the connections between areas . . .».

ren.[36] Nur in der Beschränkung auf den *Typus* sind generelle Aussagen über Standorte möglich, wobei relative Lageattribute besonders wichtig werden. Die Gesamtheit gleichartiger Standorte bildet ein 'Areal' (siehe unten).

Insbesondere in der Wirtschaftsgeographie bzw. der Raumwirtschaftslehre dient der so gefasste Standortbegriff als Teil von Erklärungssätzen. Standort-Ansprüche sind danach Anforderungen von Wirtschafssubjekten (Betrieben, Haushalten) an relative Lage und Ausstattung, an bestimmte *Standort-Faktoren*, damit eine Stelle als geeignet erscheint im Hinblick auf spezifische wirtschaftliche Aktivitäten.[37] Standort-Entscheide umfassen demzufolge (zunächst) Entscheide genereller Art betreffend Anforderungen an die relative Lage und an eine optimale Ausstattung,[38] danach konkret die Wahl einer entsprechenden Stelle, einer ganz bestimmten Position.

Aus der Standortlehre wird auch deutlich, dass die relative Lage als Distanzmass, als distanzielle Beziehung (zum Beispiel ausgedrückt als 'ökonomische Distanz', als Transportkosten)[39] durchaus als Sacheigenschaft eines Standortes betrachtet werden kann. *Distanzkriterien* (zum Beispiel Entfernung zu Verkehrsknoten, Zentralen Orten, zur Küste oder einer politischen Grenze) wirken dann analog den Bedingungen bei der Bestimmung eines geometrischen Ortes: damit werden Gebiete abgegrenzt, in denen spezifische Anforderungen erfüllt sind. Das sind *Areale*.

Das Areal

Ordnet man die Sachaussagen über Stellen und Gebiete[40] nach Kriterien in S, so dass die Sachdimensionen in disjunkte Klassen eingeteilt werden, dann entstehen ein- oder mehrschichtige *Areale*.[41] Entsprechende statistische Methoden sind als «Regionalisierungsverfahren» (P. SEDLACEK 1978) bekannt geworden.

Bei D. BARTELS (1968b/97ff) wird der Begriff «(2-geographisches) Areal» nur für «einschichtige Räume», dagegen der Begriff «(2-geographische) Region» für zwei- und mehrschichtige Räume verwendet, und damit gleichzeitig ein Areal als

---

[36] Vgl. E. NEEF (1967/72ff); D. BARTELS (1968b/101). – Die hier angesprochene Differenzierung entspricht der Unterscheidung von «generic region» und «specific region» bei D. GRIGG (1965/477).

[37] Vgl. etwa D. BÖKEMANN (1982/23): «Standorte sind von Gebietskörperschaften produzierte Güter. – Bestimmte Standorteigenschaften sind notwendige Voraussetzungen für bestimmte wirtschaftliche Tätigkeiten.»

[38] Dies entspricht der mengentheoretischen Formulierung bei H. SIEBERT (1967/61), wonach «Standortbestimmung als Durchschnitt (. . .) der Menge S aller Standorterfordernisse (. . .) und der räumlichen Verteilung (T) der Standorteigenschaften» aufgefasst werden kann.

[39] Vgl. etwa die Klassische Standortlehre von A. WEBER (1909) oder K. BEHRENS (1971/89ff). Gerade die Transformation Distanz – Transportkosten zeigt deutlich, dass der Bezug auf 'räumliche' Kategorien im Sinne von 'Distanz' kein Spezifikum der Geographie ist.

[40] Sachaussagen über Stellen und Gebiete sind identisch mit Aussagen über die Position von Objekten und Ereignissen. Eine geographische Matrix kann zeilen- oder spaltenweise aufgefasst werden.

[41] 'Areal' im Sinne von Verbreitungsgebiet ist ein gebräuchlicher Terminus; er findet sich bereits bei H. SCHMITTHENNER (1954/14); dann etwa bei J. SCHMITHÜSEN (1976/76) und vor allem wieder bei P. MÜLLER (1977; 1981).

«einschichtige Region» bezeichnet. Einschichtig bzw. mehrschichtig bezieht sich hierbei auf die Zahl der erfassten und unterschiedenen Merkmale.[42]

Da nun allerdings (wie nachher gezeigt wird) der Regionsbegriff vieldeutiger ist, sollte er dazu offen bleiben. Dafür soll Areal nicht nur für ein-, sondern auch für *mehrdimensionale* Sachverhalte verwendet werden. Die Unterscheidung von ein- und mehrdimensionalen Sachverhalten erscheint im Lichte der Diskussion um Konstrukte, um Erkenntnisobjekte, ohnehin stark relativiert. Jeder mehrdimensionale Sachverhalt lässt sich bei Koinzidenz als ein Konstrukt verstehen und ist dann eindimensional.[43] Multivariate statistische Methoden wie die Faktorenanalyse und die Distanzgruppierung weisen in dieselbe Richtung.

Areale sind also Gebiete mit invarianter Ausstattung, Gebiete gleicher Sachverhalte. Dabei ist invariant zu verstehen im Sinne der betrachteten Ausstattung und der Klassengliederung in S, bedeutet also 'zur gleichen Kategorie gehörend'. Homogenität bzw. *Ähnlichkeit* sind stets eine Frage des Masstabes, der Messgenauigkeit auf den berücksichtigten Merkmalsdimensionen. Es handelt sich also um eine selektive Homogenität, nicht um eine 'wesenhafte, totale Ähnlichkeit'.

Wird die Klassengliederung in S weiter verfeinert, so kann von Subarealen als echten Teilen eines Areals gesprochen werden. Dabei werden zunächst keine Kontingenzbedingungen in L gestellt, sodass Areale auch *diskontinuierlich* sein können.[44] Präzisierend können dann allerdings «homogenes Areal», «Verbreitungsareal» und «Dispersionsareal» weiter unterschieden werden, je nach der Kontingenzsituation in L (D. BARTELS 1968b/97f). Danach weist ein «Homogenes Areal» keine «leeren Untergebiete» ('Zwischenräume') auf, im Gegensatz zum «Verbreitungsareal». Das «Dispersionsareal» schliesslich ist charakterisiert durch gestreute verschiedenartige Standorte im Gesamtgebiet; sie bilden keine homogenen Teilareale. Ein Spezialfall ist das *binäre Areal*, ein einfaches Verbreitungsgebiet: sachdimensional wird nur ein Merkmal in e i n e r Ausprägung erfasst, sodass sich ein Gebiet in 'volle' und 'leere' Stellen (bzw. Teilgebiete) gliedern lässt.

In kolloquialer Ausdrucksweise kann ein Areal als *-gebiet* bezeichnet werden, wobei im Präfix das Klassifikationskriterium des Areals umschrieben wird, wie etwa in Berggebiet, Monsungebiet oder Verdichtungsgebiet.[45] Ähnliches gilt für eine *-stelle*, zum Beispiel die Daseinsgrundfunktions-Stellen bei LASCHINGER/ LÖTSCHER (1978).

---

[42] D. BARTELS scheint übrigens später selbst mehrschichtige Areale zuzulassen, wenn er schreibt: «... wenn die Zahl der zur Arealdefinition heranzuziehenden (...) Eigenschaften wächst» (1970a/17).
[43] Ein bekanntes Beispiel dazu ist die KÖPPENsche Klimagliederung.
[44] Vgl. dazu P. SEDLACEK (1978a/196).
[45] Vgl. die Abgrenzungskriterien für das Berggebiet: Bundesgesetz über Investitionshilfe für Berggebiete (IHG; SR 901.1) bzw. EVD (1972/53ff); oder für Verdichtungsgebiete: ARL (1982).

Relationen in Arealen

Standorte und Areale stehen – wie Stellen – in Relation zueinander. Das Verhältnis von besetzten Stellen eines Areals zur Grösse des ganzen Gebietes heisst *Dichte*.[46] Die besetzten Stellen bilden 'räumliche Muster', sie sind zum Beispiel konzentriert oder dispers verteilt.[47] Dafür sind statistische Messziffern entwickelt worden (BAHRENBERG/GIESE 1975/86ff).

Ergeben sich zwischen zwei Arealen lagegleiche Standorte, oder kommt es gar zur Deckung homogener Areale (das heisst Übereinstimmung der Bezugsgebiete), dann liegt *Koinzidenz* vor. Das bedeutet, dass im Bezugsgebiet an zahlreichen Stellen identische Merkmalskombinationen auftreten. Solche Koinzidenzen sind als Anhaltspunkte zur Hypothesenbildung über inhaltliche Zusammenhänge wichtig (D. BARTELS 1970a/16f).

Das Feld

Weist in einem Gebiet eine Sacheigenschaft S nicht invariante Merkmalsausprägung auf, sondern gilt ein Zusammenhang der Art

$$S_{ij} = f(d_{a/ij})$$

das heisst, ist die Merkmalsausprägung von S an der Stelle L_{ij} regulär abhängig von der Distanz d zwischen dieser Stelle L und einer Bezugsbasis A, so liegt ein *Feld* vor.[48]

Dieser aus der Physik übernommene Terminus bringt die gesetzmässigen distanziellen Abhängigkeiten und Zusammenhänge zum Ausdruck. Felder sind stets «Bestandteil einer geographischen Theorie distanten Zusammenhangs» (D. BARTELS 1968b/111). Dabei ist wiederum klar, dass diese Distanz d nicht eingeschränkt ist auf die absolute (metrische, euklidsche) Entfernung zwischen A und L_{ij}, sondern ebenso als Reisezeit, Raumwiderstand, Erreichbarkeit, oder auch als subjektiv erfahrene *Entfernung* bzw. Nähe aufgefasst werden kann. Damit ist auch klar, dass nicht zwingend azimutale und radiale Isometrie vorliegen muss, damit von einem Feld gesprochen werden kann.[49] Der Vektor aus der Bezugsbasis A heraus über das Feld hinweg, welcher gerade diese regelhafte Distanzabhängigkeit von S beschreibt, heisst *Gradient* des Feldes.

Obschon also die Ausprägung von S als Kontinuum aufgefasst wird, ergibt eine (diskrete) Klassifikation von S eine Anzahl Areale, die dem Gradienten

---

[46] Zur Differenzierung der objektiv feststellbaren Dichte von der entsprechenden subjektiven Wahrnehmung wird dafür gelegentlich der Begriff 'Enge' verwendet. Vgl. dazu ausführlich Abschnitt 2.3.2 «Die Qualität der Raumkonstrukte».

[47] P. HAGGETT (1965/89ff); O. BOUSTEDT (1975/III-298).

[48] Dazu vor allem D. BARTELS (1968b/108ff); er bezeichnet solche Distanz-Relationen als «3-geographische Theoriebildung».
Bezugsbasis eines Feldes ist eine Stelle L, zum Beispiel gegeben durch einen Zentralen Ort, oder eine Bezugslinie, zum Beispiel gegeben durch eine Küste.
Vgl. dazu ferner vor allem ANGEL/HYMAN (1976) und W.J. COFFEY (1981/60ff).
P. HAGGETT (1965/40) hingegen verwendet *field* allgemeiner im Sinne von 'Einzugsgebiet', wobei regelhafte Distanzabhängigkeit der Ausprägung gelegentlich (implizit) in den Beispielen erscheint, sie ist aber nicht notwendige Bedingung für die Konstituierung eines Feldes.

[49] Vgl. zum Beispiel die elliptischen Erreichbarkeitsfelder zentraler Ort (M. BOESCH 1979).

entlang regelhaft angeordnet sind. Ein Feld kann damit auch – vereinfachend – als lagemässig geordnete Abfolge von Arealen verstanden werden.[50] Dabei muss aber der Unterschied zu einer einfachen Gebietsgliederung in Teilareale beachtet werden. Auch für eine solche gilt ja

$$S_{ij} = f(l_{ij})$$

das heisst, formal kann die Ausstattung als durch die Lage definiert (nicht: determiniert!) betrachtet werden, ohne dass allerdings ein funktional-distanzieller Zusammenhang besteht.

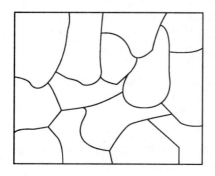

Gebietsgliederung in Teilareale

$$S_{ij} = f(l_{ij})$$

unbestimmter Zusammenhang S-L

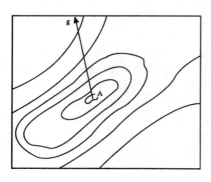

Feld

$$S_{ij} = f(d_{a/ij})$$

regelhafter Zusammenhang S-L

A = Bezugsbasis
g = Gradient

Felder vorab mittlerer Reichweite sind hauptsächlich auf den ordnenden und raumprägenden Einfluss des *Menschen* zurückzuführen. G.W.S. ROBINSON (1953) betont jedoch zu recht, dass dem Unterschied von Areal (dort: «formal region») und Feld (dort: «functional region») kein grundsätzlicher Gegensatz zwischen natürlichen und sozio-ökonomischen Gestaltungskräften zugrundeliege. So zeigt insbesondere H. LAUTENSACH (1952), wie auch im physisch-geogra-

---

[50] Vgl. dazu D. BARTELS (1968b/106): Subareale können zu «gestuften Feldern» zusammengefasst
      werden.

phischen Bereich Felder auftreten, und zwar beim «Geographischen Formen-wandel» bedingt durch vier *Gradienten* («Richtungstypen»), nämlich einen «pla-netarischen» (N-S) Gradienten, einen «peripher-zentralen», einen «longitudina-len» (W-E) und einen «hypsometrischen» Gradienten. Neben Klimafaktoren werden dadurch Reliefgestaltung, Bodentypen, Wasserhaushalt, Vegetation und Fauna, aber zum Teil auch die Landnutzung lagebedingt regelhaft abge-wandelt.

Dennoch hat das Feld grössere Bedeutung im Rahmen wirtschafts- und sozialgeographischer Fragestellungen. Das «Zentralfeld» bzw. die «Knotenregi-on» (D. BARTELS 1968b/114f) wird häufig geradezu als Basiseinheit räumlicher Organisationsstrukturen in entwickelteren Gesellschaften aufgefasst,[51] und die allgemeinste Form des Feldes, das *Potentialmodell*, gilt als das Grundmuster von Interaktionsprozessen überhaupt (W.J. COFFEY 1981/60ff).

Zusammenfassung

In der folgenden Übersicht werden die wichtigsten der hier diskutierten Basisbe-griffe synoptisch aufgeführt. Dabei fällt nochmals auf, dass ein Ausdruck für die Verschränkung von Lij und s(∞), also eine nicht spezifizierte *All*-Ausstattung an einer Stelle oder in einem Gebiet, fehlt. Gerade darin aber kommt die wissenschaftliche Abstraktion gegenüber dem diffusen Raumverständnis der vorwissenschaftlichen Erfahrung, und auch ein zentraler Unterschied zur tradi-tionellen Methodologie, (etwa im Begriff 'Geomer' sichtbar), zum Ausdruck.

---

[51] So explizit E. LAUSCHMANN (1973/18): Nur Nodalregionen können (zumindest in entwickelten Industriewirtschaften) wirtschaftsräumliche Einheiten sein.
Allgemeiner auch bei W. CZAJKA (1963/300); H. BOESCH (1969/ 151ff, 261ff); D. BARTELS (1974/17).

Autor / Charakteristik	E.L. ULLMANN 1954	W. BUNGE 1966 / G. ROBINSON 1953	D. BARTELS 1968b[1]	D. BARTELS 1970a	K. BEHRENS 1971	I. HEILAND 1971 / O. BOUSTEDT 1975	M. BOESCH 1989
L_{ij}	location	point	Punkt	Erdstelle	Ort		**Stelle**
L_{ij}/S_c	site	place	Stelle[2] Ort[3]	Standort	Standort		**Standort**
L_{IJ}		area	Gebiet	Gebiet	Gebiet	Gebiet	**Gebiet**
L_{IJ}/S_c		uniform region	Areal[2] Region[3]	Areal		Areal	**Areal**
$L_{IJ}/S = f_d$		nodal region	Feld	Feld		Feld	**Feld**

[1] alle Basisbegriffe bei D. BARTELS (1968b) sind durch den Zusatz «[2]geographisch» spezifiziert
[2] für einschichtiges S
[3] für mehrschichtiges S

Abb. 21-1: Synoptische Übersicht der Basisbegriffe

Basisbegriffe nach G. Wahrig (1980)

AREAL: Fläche, Bezirk; Siedlungsgebiet. Verbreitungsgebiet (von Tieren und Pflanzen). [lat. *area* = freier, ebener Platz].

AUSSTATTUNG: Ausrüstung; Aussteuer, Heiratsgut. Aufmachung, äussere Gestaltung (Buch). Einrichtung (Zimmer); Aufwand an Bühnendekorationen, Kostümen usw.

BEREICH: Bezirk, Umgebung, Gebiet; Umkreis, Umfang. Wirkungskreis (Arbeits-, Einfluss-, Wellen-, Frequenz-). [zu Reich].

FELD: Abgegrenztes Stück Acker, Ackerland; (poet.) Gefilde, Landschaft. Umgrenztes, abgegrenztes Gebiet (Spiel-); Teil einer Fläche (Wappen-). (fig.) Abteilung, Fach, Arbeitsgebiet. (Bgb.) ein Gebiet des Bergwerks. (phys.) Raum, in dem sich physikalische Wirkungen zeigen, Kraftfeld. [Grundbedeutung: flach ausbreiten; verwandt mit flach, Fladen].

GEBIET: Hoheits-, Herrschaftsbereich (Staats-). Landschaftsbereich, Zone, Fläche (Bergbau-, Ruhr-). (fig.) Sachbereich, Fach. [ahd. *gebiete* = Befehl, Befehlsbereich, Bereich; zu bieten].

GEGEND: Landschaft, Gebiet; (umg.) Stadtviertel, Umgebung, Nähe. [mhd. *gegent*, von *contrate*, eigtl. gegenüberliegendes Gelände, engl. *country*; zu lat. *contra* = gegen].

LAGE: Räumliches Verhältnis, Stellung, Anordnung, (Lebens-, Wirtschafts-). Schicht, Reihe, Serie. [ahd. *laga* = das Liegen, Gelegensein; Zustand, Umstände, Hinterhalt; zu liegen].

LAND: Erdboden, Grund, Grundstück, Grundbesitz (Acker-, Grün-, Weide-); Festland; Wald, Wiese und Feld, freie Gegend. Von Grenzen umgebenes Gebiet, Staat; Teil des Staates, Provinz. [idg. *lendh-* = freies Feld, Land, Heide]

LANDSCHAFT: Gebiet mit bestimmter, von der Natur geprägter Eigenart; freies Land, Gegend. (Mal.) Darstellung einer Landschaft.

ORT: Platz, Stelle, Punkt; Raum Gegend; Ortschaft, Gemeinde, Dorf. (Bgb.) Ende einer Strecke, an der gearbeitet wird. (+; noch in geogr. Namen) Spitze, Anfangs- und Endpunkt. (oberdt.) Ahle. [germ. *uzda*, ahd. *ort* = Spitze].

POSITION: Haltung, Stellung; berufl. Stellung. Stelle (einer Zahl); Lage (einer Figur); Standort (eines Schiffes oder Flugzeuges); Ort (eines Gestirns). [lat. *ponere* = setzen, stellen].

PUNKT: Sehr kleiner Fleck, Tupfen; gedachtes, geometr. Gebilde ohne Ausdehnung, gedacht als Stelle, an der sich zwei Linien schneiden. Bestimmter Ort, bestimmte Stelle; Zeitpunkt. (fig.) Sache, Frage; das Wesentliche, Wichtige, Entscheidende (einer Sache). [lat. *pungere* = stechen; *punctum* = das Gestochene, der Einstich].

RAUM: (unz.) Weite, Ausdehnung; Länge, Breite und Höhe; Platz, Möglichkeit, etwas unterzubringen; Weltall, Weltraum. (zählb.) Zimmer, Wohn-, Geschäfts-, Arbeitszimmer; Gebiet milit. Unternehmungen; geographisch zusammenhängendes Gebiet (Mittelmehr-). [germ. *ruma-*, ahd. *rum* = geräumig].

REGION: Landstrich, Gebiet, Gegend; Bezirk. [lat. *regio* = Richtung, Gegend, Bereich, Gebiet; zu *regere* = regieren].

SITUATION: (augenblickl.) Lage, Zustand. (Kartogr.) die durch Signaturen in Form von Punkten, Linien od. Flächen dargestellten Gegebenheiten der Erdoberfläche im Grundriss. [lat. *situs* = Lage, Stellung].

SPHÄRE: Kugel, Himmelskugel; Kreis, Gesichtskreis. Bereich, Machtbereich, Wirkungskreis. [grch. *sphaira* = Kugel, Ball].

STANDORT: Ort, an dem sich etwas oder jemand augenblicklich befindet, räuml. Lage; dauernder Unterkunfts-, Aufenthaltsort.

STANDPUNKT: Ort, an dem jemand steht; Stellung des Beobachters. (fig.) Ansicht, Auffassung, Meinung.

STELLE: Ort, Platz, Stätte; Sitz; Örtlichkeit, Gegend. Textstelle (in einem Buch, einer Zeitung), Teilstück, Absatz, Abschnitt; Platz einer Zahl im Dezimalsystem. Anstellung, Stellung, Posten, Dienst; Amt, Behörde. [Rückbildung zu stellen, im 16. Jh. statt mhd. *stal* = Ort des Stehens].

TERRITORIUM: Gebiet, Land; Herrschafts-, Hoheitsgebiet. [lat. *territorium* = zu einer Stadt gehörendes Ackerland, Stadtgebiet; zu *terra* = Erde, Land].

UMGEBUNG: Einen Ort umgebende Landschaft, umgebender Bezirk, Nachbarschaft. (fig.) eine Person im tägl. Leben umgebende Dinge und Menschen, Gefolge, Begleitung.

2.2 Die Region

Zur Fachtradition

In das im Kapitel 2.1 «Basisbegriffe» entwickelte System von Begriffen ist natürlich auch die *Region* einzugliedern, spielt doch dieser Terminus in Theorie und Praxis von Geographie, Raumforschung und Raumplanung eine zentrale Rolle. Ein rascher Überblick zeigt, dass die Begriffsbildung sehr diffus und zum Teil *kontrovers* ist.[1] In der Geographie liegt dabei der Akzent auf der klassifizierenden Gliederung von Teilgebieten nach formalen Kriterien, währenddem es in Raumplanung und Regionalpolitik um die Gestaltung wirtschafts- (und sozial-) räumlicher Einheiten geht.

Daneben spielt in der neueren *Regionalismus*-Diskussion die Region eine wichtige Rolle als emanzipatorisches Konzept, und auf Verwaltungebene werden – ausgehend vom Stichwort 'Region' – neue politische Strukturen diskutiert. Nicht zu Unrecht spricht N. TAMM (1981) deshalb von der «Schwierigen Region» – ist sie «Utopie oder Realität»? (H. MURALT 1983). Dazu kommt, dass umgangssprachlich eine starke Ausweitung der Bedeutung (bis hin zur Leerformel) festgestellt werden kann. Und so stellt J. BEAUJEU-GARNIER (1971/79) lapidar fest, dass kaum ein Begriff so unpräzis sein könne wie 'Region'. Daraus folgt, dass 'Region' als Begriff der Objektsprache nur gebraucht werden kann, wenn vorab Klarheit über die intendierte Bedeutung besteht (ARL 1970/2705).

Der Begriff *Region* ist in der deutschen Geographie – im Gegensatz zum anglo-amerikanischen Bereich – relativ jung. Die Klassiker der Allgemeinen Geographie bis hin zu E. OTREMBA (1969), H. BOESCH (1969) oder J. SCHMITHÜSEN (1976) kommen praktisch ohne ihn aus.[2] Auch bei W. TIETZE (1968) wird 'Region' nur mit der Anwendung in Landesplanung und Raumordnung in Zusammenhang gebracht, und G. FOCHLER-HAUKE (1968) verzichtet ganz auf den Begriff.

Mit der nach 1965 einsetzenden methodologischen Diskussion (vor allem um den Landschaftsbegriff) werden die zentralen Fragestellungen der Geographie um räumliche Gliederung und Abgrenzung als taxonomisches Problem, und damit die *Regionalisierung* als geographischer Sonderfall der Klassifizierung bzw. Typisierung erkannt.

Mit Rückgriff auf die anglo-amerikanische Literatur[3] und unter Verwendung eines mengentheoretischen Instrumentariums wird dieser Ansatz vor allem von D. BARTELS (1968b; 1970) herausgearbeitet. Dabei bietet sich in direkter Übernahme aus dem Englischen der Ausdruck 'Region' als scheinbar disziplinhisto-

---

[1] H. MURALT (1983/13): «Der unscharfe und vage Gebrauch des Begriffes 'Region' ist offenbar als Problem empfunden worden. (. . .) Die allgemein verbreitete Ratlosigkeit in bezug auf den schillernden Begriff ist eher noch grösser geworden.»

[2] E. NEEF (1967) allerdings verwendet 'Region' häufig, aber nur in sehr allgemeiner Bedeutung: als Gebiet mittlerer Grössenordnung. Vgl. übrigens auch schon A. HETTNER (1927/281) in diesem Sinne.

[3] Zu nennen sind hier vor allem W. BUNGE (1966); D. GRIGG (1965); B.J.L. BERRY (1968); P.M. LANKFORD (1969); SPENCE/TAYLOR (1970) und R.J. JOHNSTON (1970).

risch nicht belasteter Basisbegriff geradezu an, um ein Aggregat irgendwie zusammengefasster räumlicher Beobachtungseinheiten im Sinne von «operational taxonomic units» (P. SEDLACEK 1976/2) zu bezeichnen. Dabei wird allerdings übersehen, dass im anglo-amerikanischen Bereich um die *region* ähnliche Diskussionen geführt werden wie um den deutschen Landschafts-Begriff.[4] Und so wird – ungewollt – die Basis geschaffen für eine Begriffsdynamik, die schliesslich bis zur Ablösung der 'Landschaft' durch die 'Region' führen wird.[5]

Der Regionsbegriff nach D. BARTELS

Vorerst ergibt sich freilich eine klare *Begriffsverkürzung*[6]: Aus der eindeutig betonten Dualität von «formal region – functional region» bzw. «uniform region – nodal region»[7] wird eine Region der «Klassenlogik», eine Region als «Koinzidenzsumme zweier oder mehrerer (einschichtiger) Areale»; nurmehr diese gilt als Region i.e.S., im Gegensatz zu den marginalisierten «Funktional-'Regionen' und Technischen 'Regionen'» (D. BARTELS 1968b/76; 98f).

Solche Regionen i.e.S. können als Strukturregion oder als Systemregion angesprochen werden, je nachdem, ob die «Vergesellschaftung von Sachverhalten» als «rein strukturelle Überlagerung von Arealen mehrerer Objektklassen» oder aber als Ausdruck «kausaler oder funktionaler Beziehungen zwischen (. . .) Objektklassen» (nicht zwischen Beobachtungseinheiten!) verstanden werden (D. BARTELS 1970a/22). In jedem Falle sind diese echten Regionen zu unterscheiden von «sog. (Planungs-)'Regionen'» (D. BARTELS 1970a/40), von der «'Region' als Instrument der Politik» (H. BOESCH 1975), mit welcher die Geographie (vorerst) nichts im Sinne hat.

Eine Ausweitung des Konzeptes erfolgt zwar, indem später auch zweiwertige Prädikate (also Beziehungen zwischen Beobachtungseinheiten) ins Kalkül eingehen können, was «Funktional-Regionen»[8] ergibt. Doch die weitere Diskussion zeigt, dass sich dieser Ansatz faktisch auf eine 'Objektivierung' der Bildung von formal definierten, homogenen (oder 'strukturellen') Regionen (bzw. Re-

---

[4]   Vgl. dazu vor allem JAMES/JONES (1954). Später stellt dann zum Beispiel R.E. DICKINSON (1976) das 'regionale Konzept' im Sinne der Landschaftsforschung als den Kern der geographischen Arbeit dar. Ähnlich C.A. FISHER 1977) und JAMES/MARTIN (1972/371): «The regional concept is the term we use to refer to the mental image of an earth's surface differentiated by an exceedingly complex fabric of interwoven stands and produced by diverse but interrelated processes.»

[5]   Vgl. dazu vor allem D. WHITTLESEY (1954/30), sowie den (kritischen) Hinweis bei D. BARTELS (1968b/101), wonach die 'total region' dem Begriff 'Landschaftsraum' entspreche.
      Analog neuerdings auch G. BAHRENBERG (1987) in seiner scharfen Polemik gegen aktuelle Regionalismus-Projekte bzw. die «Erfassung von regionalen Bewusstseinsräumen.»

[6]   Vor allem in der selektiven Anwendung der methodologischen Konzepte. Vgl. dazu etwa P. SEDLACEK (1978) mit den Beiträgen von N.A. SPENCE, A. KILCHENMANN und G. HARD, ferner P. SEDLACEK (1978a).

[7]   So bei G.W.S. ROBINSON (1953); D. WHITTLESEY (1954/19ff); B.J.L. BERRY (1968/419ff); und W. BUNGE (1966/14ff).
      Zusätzlich wird bei W. BUNGE (1966/16) die «applied region» genannt.

[8]   Vereinfachend für «Strukturfunktionale System-Regionen»! (D. BARTELS 1975/98).

gionstypen) beschränkt.[9] Dabei steht das *Kontingenzproblem* im Vordergrund. Dies gilt besonders, wenn argumentiert wird, dass es «der Geographie um die Erklärung choristisch-chorologischer Sachverhalte» gehe und deshalb der «disjunkten Regionalisierung, also der Bildung von Regionstypen grössere Bedeutung beizumessen sei als der kontingenten Regionalisierung» (P. SEDLACEK 1978a/201).[10]

Dies aber entspricht genau der in Kapitel 2.1 «Basisbegriffe» definierten Bestimmung von Standort-Typen bzw. Arealen, und die Verwendung des Ausdrucks 'Region' in dieser Bedeutung soll überhaupt unterbleiben.

Regionen in der Raumplanung

Demgegenüber hat sich der Terminus *Region* in Raumplanung und Regionalpolitik seit langem bewährt, und zwar als Bezugsrahmen der überörtlichen Planung.[11] So versteht W. TIETZE (1968/III-981) unter 'Region' eine «Raumordnungseinheit», in welcher es «die Aufgabe der Landes- und Regionalplanung ist, (. . .) eine bestmögliche Ordnung anzustreben», und R. GILDEMEISTER (1973) stellt zum Zweck der «Begrenzung und Gliederung des Planungsraumes» den «Homogenen Räumen» die «Funktional zusammengehörigen Räume», nämlich die «Regionen» gegenüber. E. LAUSCHMANN (1973/17) schliesslich stellt lapidar fest: «Für die Bezeichnung wirtschaftsräumlicher Einheiten hat sich der Begriff Region durchgesetzt».

Nun liegt es aber gerade im Wesen der Planung, aus einem irgendwie gearteten Gegenwärtigen das Zukünftige zu gestalten. Damit wird klar, dass in der Planungspraxis mit Regionen bestehende u n d zu gestaltende wirtschaftsräumliche Einheiten bzw. *Funktionsräume* gemeint sind. Dies bringen GEHRIG/ LEIBUNDGUT (1971/3ff) besonders deutlich zum Ausdruck, wenn sie «deskriptive» und «normative Regionen» unterscheiden und klarmachen, dass Planungs-Regionen zwar auf einer Gegenwartsanalyse aufbauen, jedoch erst eigentlich zum Tragen kommen, wenn die Zielsetzungen für diese «Gestaltungsräume» festgelegt sind.[12] Ebenso klar wird dies im französischen Begriff der «Programm-Region», welche durch eine «Zielfunktion» gekennzeichnet ist, die maximiert werden soll (J. BOUDEVILLE (1968/406).

[9] Zum Beispiel E. SÖKER (1977); P. SEDLACEK (1978a); M.M. FISCHER (1978; 1982); daneben eine ganze Reihe anwendungsorientierter Arbeiten zur Regionalisierung, zum Beispiel A. KILCHENMANN (1970); BLUME/SCHWARZ (1976); F. HEIGL (1980).
'Objektivierung' kann hier allerdings nur heissen, dass die Klassifikation auf intersubjektiv transparenten Methoden basiert. Die Klassifikations-Kriterien selbst sind nach wie vor nicht 'objektiv' in einem absoluten Sinne. Vgl. dazu bereits D. WHITTLESEY (1954/30) sowie ARL (1970/2708). Auch A. VALLEGA (1982) spricht in diesem Zusammenhang vom «relativistischen Konzept der Region».
[10] Umgekehrt ist für J. BOUDEVILLE (1968/396) der räumliche Zusammenhang überhaupt konstituierende Bedingung einer Region, und Regionalisierung deshalb nur unter Kontingenzbedingungen sinnvoll.
[11] Vgl. dazu allgemein ARL (1970/2712ff); und speziell für die Schweiz LENDI/ELSASSER (1985/38ff).
[12] Auch bei E. LAUSCHMANN (1973/17ff) und bei R. LANDWEHR (1975) findet sich diese Auffassung, die sich bereits 1963 der Deutsche Gemeindetag zu eigen gemacht hat (ARL 1970/2713). Vgl. ferner R. GILDEMEISTER (1973/79); O. BOUSTEDT (1975/I-84).

Inhaltlich ist die Formel von den Regionen als «nach Wirtschafts- und Sozialstruktur unterschiedlichen, jedoch funktional zusammengehörigen Gebieten» (W. TIETZE 1968) recht offen. Welche funktionalen Beziehungen (im analytischen oder im normativen Sinne) sollen einer solchen *Regionsabgrenzung* zugrundegelegt werden? Auf welcher Ebene sollen wirtschaftsräumliche Einheiten oder gar «ausgeglichene Funktionsräume» (ARL 1975) bestimmt und weiterentwickelt werden? Und nach welchen Zielfunktionen soll dies geschehen?

Evolution regionaler Verflechtungen

Im Zuge der fortschreitenden wirtschaftlichen und gesellschaftlichen Entwicklung im Industriestaat, insbesondere durch den Prozess der Arbeitsteilung und Spezialisierung, sind die *funktionalen Beziehungen* stets komplexer geworden. Einzelne Funktionen wie etwa Schulung/Ausbildung oder die Versorgung mit Gütern und Dienstleitstungen haben sich ausgesprochen hierarchisch entwikkelt. Unter räumlichen Aspekten bedeutet dies eine gewisse Entmischung der Produktion, damit aber auch eine steigende räumliche Verflechtung aller Funktionen sowie die Überlagerung einzelner Einflussgebiete.

Indessen ist diese Entwicklung keineswegs gleichmässig vorangeschritten, weder innerhalb einzelner Volkswirtschaften noch gar im internationalen Bezug. J.R.P. FRIEDMANN (1956) unterscheidet zwischen «immature» und «mature regional structures» je nach dem Grad der «functional differentiation». Während 'junge' Regionen durch relativ unabhängige kleine Gemeinwesen gebildet werden, ist für 'reife' Regionen ein hoher Grad an «Interaktion zwischen den im Raum verteilten Aktivitäten» typisch.[13]

Damit ist auch der ausgesprochen *dynamische* Charakter solcher Regionen angesprochen: Sowohl die bestehende Verflechtungsstruktur wie auch Zielvorstellungen (und das den Zielvorstellungen zugrundeliegende Problemverständnis) ändern sich im Laufe der Zeit, und über grössere Bezugsgebiete hinweg. Mit zunehmendem Reifegrad der Wirtschaft scheint sich die Tendenz zu räumlichen Disparitäten zu verstärken.[14]

Interregionale Verflechtungen

Als Abgrenzungskriterien von Funktionsräumen bieten sich also zunächst – unter Betonung der ökonomischen Gesichtspunkte – Bezugs- und Absatzverflechtungen an: Basierend auf der Bestimmung von Herkunfts- und Zielgebieten von Produktionsfaktoren bzw. Produkten wären Regionen dann Gebiete mit relativ geringen wirtschaftlichen Aussenbeziehungen. Mit der regionalen *Input-Output*-Analyse steht dafür ein differenziertes Instrument zur Verfügung

---

[13] Vgl. dazu auch E. LAUSCHMANN (1973/104ff); ferner U. GEILINGER (1984) sowie ELSASSER/STEINER (1984).

[14] E. LAUSCHMANN (1973/119). Vgl. aber auch die Ergebnisse des NFP «Regionalprobleme», welche die Bedeutung der konjunkturellen Einflüsse belegen (G. FISCHER 1985/29ff).
G. MYRDAL (1959) und E.v. BÖVENTER (1962) weisen darauf hin, dass sich ein räumliches Gleichgewicht kaum von selbst ergibt bzw. erhält. Vor allem G. MYRDAL betont im Gegenteil das Prinzip der ungleichgewichtigen Entwicklung.

(W. Isard 1975/16ff). Auf die damit zusammenhängenden methodischen Probleme, insbesondere das Datenproblem, sei hier nicht näher eingegangen.

Hingegen ist zu beachten, dass sich diese Verflechtungen häufig als sehr weitreichend herausstellen: Nicht nur im Energie- und Rohstoffsektor, sondern auch beim (Sach-)Kapital wie auch für Halbfabrikate und Endprodukte ergeben sich im Zuge der wirtschaftlichen Öffnung sehr grossräumige (zumindest nationale, wenn nicht globale) Funktionsräume. Dies gilt zunehmend auch für einen grossen Teil spezialisierter Dienstleistungen und Informationsflüsse. – Darüberhinaus zielt die explizit ökonomisch orientierte *Regionalpolitik* gerade nicht auf quasi-autarke Einheiten ab: nach der Export-Basis-Theorie ist es die ausserregionale Nachfrage, welche als Motor der regionalen Entwicklung betrachtet werden muss.[15] Diese Art von Verflechtungen erscheint damit für die Regionsabgrenzung in der Regel kaum geeignet.[16]

Daseinsgrundfunktionen als Bezugssystem

Als weitaus fruchtbarer für die Abgrenzung von Funktionsräumen hat sich das sozio-ökonomische Konzept der *Daseinsgrundfunktionen* (DGF) 'Wohnen – Arbeit – Bildung – Versorgung – Erholung' (ARL 1970/424ff) erwiesen. Damit kommen weniger wirtschaftlich-materielle Verflechtungen als vielmehr die funktionalen Beziehungen individuell-persönlicher und sozialer Art zum Tragen. Eine so gefasste Region soll für einen Grossteil der Bevölkerung Lebens- und Aktionsraum darstellen, die verschiedenen Prozesse der Daseinsgrundfunktionen sollen weitgehend innerhalb der Region ablaufen.[17] In diesem Sinne kann die Region begriffen werden als «Basis der wirtschaftlichen Tätigkeit und als Bereich, auf den die Hauptteile der Infrastruktur bezogen werden müssen». (ARP 1970/36).

In entwickelten Industriestaaten können somit nur *zentralörtliche* Verflechtungsbereiche solche «ausgeglichene Funktionsräume» sein; entsprechend dem Reifegrad der Wirtschaft stellen sie das dominante räumliche Organisationsmuster dar.[18] Sie müssen folgenden Anforderungen genügen:
- vielfältiges urbanes Angebot in einem leistungsfähigen Zentrum;
- funktionsfähiger Arbeitsmarkt;
- geeignete Wohnlagen in max. 60 Minuten Entfernung;
- ausreichende Naherholungsmöglichkeiten (Regenerations-Potential).

---

[15] G. Fischer (1973b/8): «Entscheidend (. . .) für die Entwicklung einer Region (. . .) ist die ausserregionale Nachfrage; sie induziert weitgehend die regionale.»
Zur Export-Basis-Theorie bzw. «economic base – concept» vgl. ferner E. Lauschmann (1973/179ff) bzw. L. Schätzl (1978/106ff).

[16] Immerhin ist hier daran zu erinnern, dass dieses Gliederungsprinzip in der UdSSR den Regionen («Grossrayons») als territoriale Produktions-Komplexe ansatzweise zugrundeliegt. Vgl. dazu P.M. Alampiev (1967).

[17] ARL (1970/2714): «Als raumbedeutsame Funktionen, die in der Region sollten wahrgenommen werden können, sind hervorgehoben: Arbeit, Wohnung, Bildung, Erholung, Versorgung und Verkehr.»

[18] Vgl. E. Lauschmann (1973/18); G. Fischer (1974/69ff). Ähnlich EVD (1972/84f) für die Abgrenzung der IHG-Regionen.

Als inhaltlich wichtigster Teilbereich hat sich hierbei der *Arbeitsmarkt* erwiesen; er ist für viele Regionsabgrenzungen zum Basiskriterium geworden.[19]

Dieses Anforderungsprofil zeigt auch, dass die Funktionen nur zum Teil zentrumsbezogen, zum andern aber auch umlandbezogen sind. Nur in ihrer Gesamtheit entsteht so etwas wie ein *ausgeglichener Funktionsraum*.[20] Ob sich dabei auch fiskalisch ein Ausgleich einstelle, ist hingegen umstritten, denn die einzelnen Beziehungen sind ungleichgewichtig und asymmetrisch, sie sind je einseitig gerichtet auf das Zentrum oder auf das Umland.[21]

In jungen, wenig entwickelten Wirtschaften hingegen können funktionale Einheiten im Sinne der Daseinsgrundfunktionen sehr klein und schwach strukturiert sein. Es ergibt sich daraus das Paradox, dass dort funktionale Regionen ziemlich homogen sind. Daraus wird klar, dass die Gleichsetzung 'Region = DGF-Einheit = zentralörtlicher Einflussbereich' nur unter ganz bestimmten (sozio-ökonomischen) Voraussetzungen gilt.

Regionalismus

Interessanterweise setzt an dieser Stelle die Kritik des neuerwachten *Regionalismus* ein:[22] Auch die Ausrichtung auf die Daseinsgrundfunktionen bedeutet in der rasch voranschreitenden räumlichen Spezialisierung und Hierarchisierung einen zunehmenden Verlust an tradierter «regionaler Identität» (M. BASSAND 1981). 'Funktionalismus' wird zum Schlüsselwort für eine rein ökonomisch orientierte grossräumige Optimierung von Produktions- und Distributionsprozessen, ohne Rücksicht auf bestehende Strukturen. Dem setzt der Regionalismus Regionen entgegen, die stärker an sozio-kulturellen Kategorien wie 'Integration' und 'Identität' orientiert sind. Dabei können ethnische, kulturelle oder sprachliche Kriterien, historische Wurzeln, das gemeinsame Erleben einer 'Landschaft' oder auch als bedrohlich empfundene äussere Einflüsse die Zusammengehörigkeit, die räumliche Einheit und damit die Region definieren.[23] Die wirtschaftliche Zielsetzung hätte sich diesen Kriterien unterzuordnen oder anzupassen, womit die wirtschaftlichen Verflechtungen redimensioniert, die Strukturen dezentralisiert würden. *Dezentralisierung* als Korrektiv zum bisherigen öko-

---

[19] Vgl. dazu D. MARX (1975/9f) bzw. GEHRIG/LEIBUNDGUT (1971); F. BUTTLER et al. (1975); IRPUD (1978/21ff); M. SCHULER (1980/6ff).
Neuerdings durch das Pendler-Problem erneut von hoher Aktualität.
[20] Vgl. dazu ARL (1975; 1976).
[21] Vgl. dazu H. MURALT (1983/169ff).
[22] Zum Konflikt auf der Ebene der Nationalstaaten vgl. vor allem R.S. ELKAR (1980); K. DUWE (1987); ferner G.-A. CHEVALLAZ (1970); F. ESTERBAUER (1980).
[23] Vgl. dazu D. MARTENS (1980) sowie C. WEAVER (1978); A. FREMONT (1978); sowie auch D. BARTELS (1984).
Hier ist auch daran zu erinnern, dass das Raumordnungsgesetz der BRD in § 2 als einen Grundsatz der Raumordnung die «Berücksichtigung der landsmannschaftlichen Verbundenheit sowie der geschichtlichen und kulturellen Zusammenhänge» fordert (L. GUSTAFSSON 1976).
Vgl. dazu den Begriff der «popular region» bei W. ZELINSKY (1980): «They exist as part of popular or folk culture. Rather than being the intellectual creation of the professional geographer, it is the product of spatial perception of average people.»
Kritisch dazu G. BAHRENBERG (1987/149f); J. HASSE (1988b).

nomischen und politischen Zentralismus wird zum Leitmotiv der Regionalismus-Diskussion.[24] G. BAHRENBERG (1987/155ff) entwirft dazu das Bild einer «Ökoregion» als «Regionstyp, der die Grundbedürfnisse des menschlichen Lebens (. . .) autark zu befriedigen gestattet»; deren Umfang, innere Strukturen und äussere Beziehungen wären noch genauer zu erforschen.

Solche Vorstellungen werden vorderhand wohl Utopie bleiben;[25] zumindest versucht aber die sich neu orientierende Regionalpolitik, verstärkt auch *soziokulturelle Ziele* zu berücksichtigen.[26] Dennoch bleibt die Aufgabe bestehen, die durch die wirtschaftliche Entwicklung herbeigeführte Divergenz von wirtschafts- und sozialräumlichen Einheiten zu überwinden, und zwar auf der realitätsbezogenen Basis der DGF-Bereiche. In solchen «politischen Regionen» müsste sich ein neues *regionales Bewusstsein* entwickeln, um den wirtschaftsräumlichen Strukturwandel aufzufangen (H. MURALT 1983/205ff).

Abgrenzungsprobleme

Indessen erweist sich die konkrete *Abgrenzung* realer Daseinsgrundfunktions-Regionen als nicht unproblematisch: sowohl das System der Zentralen Orte mit seinen hierarchischen Stufen wie auch die unterschiedliche Reichweite der verschiedenen Funktionen ergeben vielfältige Einzugs- und Einflussbereiche, die sich überschneiden und durchdringen.[27] Im Gegensatz zur Abgrenzung von Arealen sind entsprechende Methoden wenig entwickelt.[28] Da die Beziehungen zwischen Kern und Umland nicht symmetrisch sind, ist auf jeden Fall ein *zweistufiger* Abgrenzungs-Algorithmus notwendig: zunächst sind die Zentralorte, die 'Kristallisationskerne', Knoten oder Pole der Funktionsräume zu bestimmen,[29] danach erfolgt die Zuweisung einzelner Teilgebiete zu bestimmten Zentren. Dabei werden in der Regel räumliche Kontingenzbedingungen beachtet.[30] Daraus wird klar, dass mit den herkömmlichen multivariaten Methoden – etwa über Distanzfunktionen, also Ähnlichkeitsmasse – eine solche 'Regionalisierung' nicht geleistet werden kann.

In ihrer klassischen Studie haben NYSTUEN/DACEY (1961) gezeigt, wie mit Hilfe der Graphentheorie die Verflechtungsbereiche von zentralen Orten abge-

---

[24] Vgl. dazu vor allem H.J. METTLER (1980); ferner G. STIENS (1980); G. HALMES (1984).

[25] Vgl. allerdings die Konstituierung des Kantons Jura gegen alle ökonomische Vernunft. N. TAMM (1981/32ff) bezeichnet solche «regionalistischen Regionen» als «real-utopische Konzepte der Emanzipation von Lebensräumen».

[26] Vgl. vor allem SAB (1986); ferner W. STÖHR (1981). D. MARTENS (1980) spricht dabei von «regionaler Regionalpolitik», im Gegensatz zur bisherigen 'zentrumsorientierten' Regionalpolitik.

[27] Vgl. allgemein E. LAUSCHMANN (1973/28); ferner anhand eines konkreten Falles E. SANDER (1978).

[28] So geht zum Beispiel D. STEINER (1978) in seiner umfassenden Übersicht auf diese Frage nicht ein.

[29] Gerade hier können pragmatische Kriterien oder zum Beispiel historische Gegebenheiten eine gewisse Rolle spielen, die den Vorgang einer durchgängigen Operationalisierung entziehen mögen.

[30] Vgl. dazu etwa E. LAUSCHMANN (1973/29); D. BARTELS (1975/103); R. LANDWEHR (1975/56); EVD (1972/100ff); analog auch die Kriterien der Agglomerationsbildung (M. SCHULER 1983).

grenzt werden können, und zwar aufgrund der Ferngespräche. In einem analogen Verfahren basiert H.-F. ECKEY (1976/37f) auf den Pendlerverflechtungen.[31] Es wird also jeweils nur gerade eine Funktion betrachtet, und eine weitere Vereinfachung besteht darin, nur die «dominierenden Verknüpfungen» zu berücksichtigen, das heisst jede Stelle nur mit einem Knoten zu verbinden. Die Autoren sind sich allerdings der Multidimensionalität der städtischen Funktionen und ihrer Einzugsgebiete voll bewusst. Sie gehen aber von der (ungeprüften) Hypothese aus, dass Telefonverbindungen bzw. Pendlerbeziehungen geradezu den *idealen Indikator* für die 'Gesamtheit' der funktionalen Verflechtungen darstellen, mit starker Kongruenz der verschiedenen Einflussbereiche. Zumindest wird angenommen, dass sich Arbeits- und Konsumpendlerbereiche weitgehend decken, sodass «Arbeitspendlerregionen sowohl als wirtschaftliche Einheiten wie auch als gesellschaftlich-kulturell relativ homogene Gebiete betrachtet werden können» (GEHRIG/LEIBUNDGUT 1971/24ff).

Diese Annahme lässt sich indessen empirisch kaum stützen; im Gegenteil, angesichts der vielfältigen Funktionen mit unterschiedlichster Reichweite, die von einem hierarchisch geordneten Zentrensystem ausgehen, ist die *Kongruenz* mehrerer Funktionsräume eher die Ausnahme. So weist zum Beispiel E. SANDER (1978) bereits für zwei relativ eng verknüpfte Funktionen, nämlich Arbeitspendler und Einkaufszentralität mittlerer Stufe erhebliche Abweichungen nach.[32]

Trotzdem hat sich – ungeachtet der empirischen Evidenz – die Idee von einer Region als *organischer Einheit* entfaltet: eine Region, die gleichsam objektiv abgegrenzt werden könne. Dies kommt etwa zum Ausdruck, wenn gefordert wird: «Theoretisch sollte, um zu einer objektiven Regionalisierung zu kommen, die Gesamtheit aller geographisch relevanten Merkmale berücksichtigt werden» (H. BOESCH 1975/271). Und W. ISARD (1956/13) vertritt ebenfalls die Ansicht, dass einer allgemeinen Theorie des gesellschaftlichen Wohlstands und Wachstums auch eine beste («wahre») Regionseinteilung entspreche.

'Wahre' Regionen als ontologische Einheiten?
So scheint es, dass paradoxerweise über den Regionsbegriff als Terminus der Klassenlogik ungewollt das Problem der ontologisierenden Überhöhung aufs neue in die methodologische Diskussion getragen wird; als ob nun einfach für 'Landschaft' *Region* gesetzt würde. Besonders deutlich wird dies, wenn die Rede ist von der «Region als Individuum», in welchem «ihr Totalcharakter zum Ausdruck kommt», von der «Eigenart und Selbständigkeit» einer Region und von einem «in seinem Charakter als Region zu erkennenden Raum», der begrenzt wird durch «eine neue, anders geprägte Raumindividualität, die sich als

---

[31] Auch J. BOUDEVILLE (1968/403) basiert auf Telefonverbindungen sowie auf Strassenverkehrsströmen, währenddem H. HOLLMANN (ARL 1970/558) die Pendlerbeziehungen als das wesentliche Abgrenzungskriterium bezeichnet.
Vgl. ferner auch H. SIEBERT (1967); E. SÖKER (1977/94ff).
[32] J. JACSMAN (1977) zeigt am Beispiel der Naherholungsbereiche die unterschiedliche Reichweite dieser Funktion in Abhängigkeit von der Agglomerationsgrösse.

nachbarliche Region zu erkennen gibt». Folgerichtig kann die Abgrenzung einer solchen Region nicht etwa Ausgangspunkt der weiteren Arbeit sein, sondern sie ist «eines der Hauptziele jeder regionalen Analyse und Synthese», das «Endergebnis einer Arbeit, die auf die Erfassung einer Region zielt» (E. LEHMANN 1973/42ff). – Ganz ähnlich argumentiert auch C.A. FISHER (1977).

Daraus folgt, dass diese Vorstellung von einer «Wahren Region» oder «Universalregion» im Sinne einer «total region»,[33] mit den bereits zum Landschaftskonzept entwickelten Argumenten kritisiert werden muss. Sie entspricht mit ihren diffusen Ganzheitsvorstellungen, der mangels Selektion ungenügenden Aussagekraft sowie der fehlenden Ziel- und Problemorientierung einer vorwissenschaftlichen Perspektive, welche einem präzisierenden bzw. generalisierenden Zugriff nicht standhält.[34] Die 'Wahre Region' als ontologisch determinierte Einheit ist eine *Fiktion*, für die Praxis belanglos, als wissenschaftliche Fragestellung (zumindest in empirischen Kontexten) untauglich, und damit auch als Begriff der Objektsprache überflüssig.[35]

Analoges gilt für die weniger umfassenden, aber doch mehrschichtigen «Funktionalregionen» oder «Nodalregionen»:[36] Sie sind zwar als virtuelles Konzept, als Idealmodell denkbar, es gibt sie aber nicht real im Sinne wohlabgegrenzter (organischer) Einheiten. Jeder Versuch, solche idealen Regionen gleichsam objektiv, wissenschaftlich exakt, zu bestimmen, muss fehlschlagen. Denn für konkrete Abgrenzungen sind arbiträre Entscheide zu fällen bezüglich der berücksichtigten Relationen und Schwellenwerte.[37]

Funktionsräume sind Bereiche

Einerseits ist nun also mit dem Begriff Region unauflösbar die Vorstellung eines hochkomplexen, wohlabgegrenzten Gebietes, einer funktionalen *räumlichen*

---

[33] So bei I. HEILAND (1968/668ff); D. BARTELS (1975/98) bzw. D. WHITTLESEY (1954). Vgl. ferner ARL (1970/2706ff) mit den Hinweisen auf die so intendierten *régions géographiques* in Frankreich bzw. *state economic areas* in den USA.

[34] Vgl. dazu G. HARD (1973a/89f); ferner auch ARL (1970/2716) sowie EVD (1972/85f).

[35] ARL (1970/2716): «Die 'wahre' Region als Deckungsraum verschiedenartiger spezieller homogener und funktionaler Regionen gibt es in Wirklichkeit kaum».
M. SCHULER (1980/1): «. . . die Suche nach der Idealregion hat klargemacht, dass es die Region an sich nicht gibt.» Die (trotzdem) «unentwegte Suche nach Regionstypisierungen» und die daraus resultierende «unübersehbare Fülle von Raumgliederungen» apostrophiert er mit dem Ausdruck «Wegwerf-Region».
Noch deutlicher wird H. MURALT (1983/13): «Vielfach ist das Schlagwort der 'Region' denn auch zum Inbegriff für jene gesuchte optimale Raumeinteilung geworden, in der sich alle Probleme (. . .) quasi von selbst lösen. Dieses Wunschdenken nährte die Illusion, dass es eine 'wahre' Region gebe, die (. . .) sich mit wissenschaftlichen Methoden ausgrenzen lasse . . .»

[36] Vgl. die terminologische Übernahme aus dem Englischen nach 1968: D. WHITTLESEY (1954/19ff); W. BUNGE (1966/24f); B.J.L. BERRY (1968/419ff); bzw. D. BARTELS (1970a/22) sowie GEHRIG/LEIBUNDGUT (1971). Danach E. LAUSCHMANN (1973/17ff); sowie M.M. FISCHER (1978/19).

[37] Vgl. nochmals D. WHITTLESEY (1954/30), welcher feststellt, dass die Auffassung einer «region» als einer konkreten räumlichen Einheit nicht haltbar sei: «. . . a region is not an object, (. . .) it is an intellectual concept, an entity (. . .) created by the selection of certain features (. . .) and by the disregard of certain others».

Einheit verbunden.[38] Oder zumindest besteht, wie bei der 'Landschaft', andauernd die Tendenz zu einer solchen Reifikation. Eine solche 'Einheit' entzieht sich jedoch einer empirisch-analytischen Fragestellung.

Andererseits aber ist es notwendig, sinnvoll und grundsätzlich möglich, die spezifischen Einzugsgebiete einzelner wohldefinierter Funktionen relationslogisch streng zu erfassen. Allenfalls mögen sich einzelne so definierte Gebiete auch decken, ähnlich wie dies bei Arealen der Fall sein kann, ohne dass darauf ontologische Interpretationen gestützt würden. Daraus folgt klar, dass für die Bezeichnung solcher Funktionsräume oder «Wirkungsgebiete» (I. HEILAND 1968/660) der Ausdruck Funktional-Region (bzw. Nodal-Region) nicht zweckmässig ist.

Stattdessen sollen sie Funktionsbereiche oder einfach *Bereiche* heissen.[39] Dazu muss immer spezifiziert werden, welche Funktion(en) zur Abgrenzung verwendet wurde(n). Gerade diese konkrete Festlegung unterscheidet den Bereich von der vagen Allvorstellung einer Region.[40] Dabei können Bereiche von den Sachdimensionen her uni- oder multivariat sein, es kann sich um einfache oder mehrschichtige Funktionsräume handeln.

Bereiche können auch Felder sein, dann nämlich, wenn die sach-funktionale Beziehung zwischen Kern und Umland gleichzeitig durch einen distantiell-funktionalen Zusammenhang beschrieben werden kann, wie etwa im Falle der Wegpendlerquote (P. GÜLLER et al. 1976/70ff). Dies ist jedoch durchaus nicht immer der Fall. Bereiche müssen auch nicht immer *Knotenbereiche* sein, also auf einen Kern, ein Zentrum gerichtete Funktionsräume.[41] Dies gilt besonders für junge, wenig entwickelte Wirtschaftsstrukturen mit schwach ausgeprägtem Zentrensystem,[42] aber zum Beispiel auch für die «Wohnregion» im Sinne von Wohnungsmarktbereich (*housing market area*) (H. TRINER 1978/150f). Der Knotenbereich ist also nur ein Spezialfall eines Funktionsbereiches, allerdings ein sehr wichtiger in hochentwickelten Gesellschaften.

Regionen als Gestaltungsräume
Die Reifikation komplexer Funktionsräume zu scheinbar vorgegebenen räumlichen Einheiten bzw. das Ontologieproblem der 'Wahren Regionen' findet seinen Ausdruck konkret in der Abgrenzungsfrage. Es besteht hingegen nicht bei

---

[38] Vgl. ARL (1970/2569): «Region wird (...) als Bezeichnung für einen in sich geschlossenen, komplexen, innerlich auf Zusammengehörigkeit abgestellten Wirtschaftsraum gewählt».

[39] Der Begriff «Funktionsbereich» geht auf R. KLÖPPER (1956) zurück.
Vgl. dazu vor allem die Begriffe «Einzugsbereich» (W. TIETZE 1968/I-886) und «Einflussbereich» (ARL 1970/543ff; 557ff) sowie die Terminologie «Nahbereich/Mittelbereich/Oberbereich» zur Bezeichnung zentralörtlicher Funktionsräume (ARL 1970/2710).
Beachte hingegen die umgangssprachliche Mehrdeutigkeit von «Bereich: 1-Umgebung, 2-Sachgebiet, 3-Wirkungsfeld» (G. WAHRIG 1980).

[40] Vgl. aber wieder umgangssprachlich: Spitalregion, Mittelschulregion, Theaterregion, Zeitungsregion, Abwasserregion, etc. für die Einzugsbereiche spezifischer Institutionen.

[41] Für D. WHITTLESEY (1954) sind allerdings Funktionale Regionen immer zentrumsorientiert. Ebenso J. BOUDEVILLE (1968) sowie EVD (1972/85). Vgl. hingegen ARL (1970/2710).

[42] Beispiel dafür sind etwa die «Heiratskreise», die besonders im alpinen Berggebiet untersucht wurden (D. WEGMANN 1974).

normativ aufgefassten Regionen: hier bestimmen Gestaltungswille und Zielsetzung der Planungsträger Umfang und Struktur der Region. Die Planungs- (oder Programm-) Region ist auf *Zielfunktionen* ausgerichtet, welche optimiert werden sollen. Infolge der grossräumigen Wirkungsbereiche sehr vieler Funktionen, insbesondere der Daseinsgrundfunktionen und der Infrastrukturen, handelt es sich bei den Planungs-Regionen um überörtliche Bezugsgebiete zwischen Gemeinde und Kanton (bzw. Land).[43]

Solche *Normative Regionen* sind funktionale Einheiten nicht in einem ontologischen Sinne, sondern weil durch politische Willensäusserungen für die ganze Region relevante Massnahmen getroffen bzw. koordiniert werden sollen; sie sind explizit auf das spezifische Bezugsgebiet und die hier ablaufenden oder vorgesehenen Prozesse abgestimmt. Funktionale Einheit wird so durch die Planungsträger in bezug auf die gewählten Zielfunktionen verbessert oder gar erst *geschaffen*.[44] Sie heissen deshalb auch «anthropogene Regionen» (F. HEIGL 1980) bzw. «politische Regionen» (H. MURALT 1983/205). Dabei wird sehr oft eine Orientierung am bestehenden System von Zentren und spezifischen Funktionsbereichen sinnvoll sein, doch zielt die Planungsabsicht ja gerade auch auf gewisse Veränderungen laufender Prozesse.[45] Dies gilt insbesondere für die Förderungsregionen in strukturschwachen Gebieten.

Wieweit bei der Strukturierung der Planungsregionen auf bestehende Gegebenheiten formaler und funktionaler Natur Rücksicht zu nehmen ist, hängt somit von den Zielsetzungen und Einflussmöglichkeiten der Planungsträger ab. Dies bedeutet, dass sich die Abgrenzung solcher Regionen in unterschiedlichem Masse auf objektiv bestimmbare 'homogene Räume', also Areale spezifischer Ausstattung, und bestehende Funktionsbereiche stützt; darüberhinaus können aber auch weitere *Kriterien* berücksichtigt werden, die sich einer Objektivierung entziehen mögen.[46] Dies gilt vor allem dann, wenn es um die Zuteilung von «Enklaven oder mehrfach zugeordneten Raumelementen» geht, da ja eine flä-

---

[43] Vgl. J. BOUDEVILLE (1968/408ff). Er weist ferner darauf hin, dass zwischen zeitlichem Planungshorizont und Grösse der Planungsregionen eine positive Korrelation besteht: Je weiter in die Zukunft geplant wird, desto grösser sollten die 'Dispositionsräume' sein. Vgl. dazu die Diskussion um die Richtplanung.

[44] Einen Sonderfall stellen die «Verwaltungsregionen» (R. LANDWEHR 1975/67) dar, welche ebenfalls auf Grund normative Entscheide festgelegt sind. Für die einzelnen Funktionsträger (Behörden) stellen sie durchaus eine räumliche Einheit dar, allerdings in einem sehr eingeschränkten Sinne; sie sind häufig nur auf einen einzigen Zweck gerichtet.

[45] Vgl. dazu K. LANGE (1968); J. BOUDEVILLE (1968/409); ARL (1970/2716); B.J.L. BERRY (1973/14ff); R. LANDWEHR (1975/66ff).

[46] In diesem Sinne ist auch G. FISCHER (1973a/11) zu verstehen, wonach «weder rein geographische Gesichtspunkte (gemeint sind wohl naturräumliche Kriterien) noch ausschliesslich die bestehende politische Gliederung» zu einer «sinnvollen regionalen Gliederung» führen. Vielmehr seien hierfür «raumordnungspolitisch relevante Sachverhalte, nämlich eine bedarfsgerechte und funktionsfähige räumliche Zuordnung der menschlichen Tätigkeiten» entscheidend.
Vgl. dazu ferner ARL (1970/2716); GEHRIG/LEIBUNDGUT (1971/5); EVD (1972/84ff).
Demgegenüber stellt M.M. FISCHER (1978/36) fest, dass seines Erachtens Planungsregionen «keine eigenständige Kategorie» einzuräumen sei, da «Planungsregionen unter dem Aspekt der Homogenität und/oder der Funktionalität» abgegrenzt würden. Das normative, pragmatische Element fehlt also bei ihm vollständig – eine wohl ziemlich praxisfremde Annahme!

chendeckende, disjunkte Regionsabgrenzung (das heisst eine «Regionierung»)
gesucht ist (R. Landwehr 1975/57,71).[47]

Daraus folgt, dass allein im Rahmen einer Planung normativ festgelegte
Gebietseinheiten als Regionen *sensu stricto* bezeichnet werden sollen.[48] Sie
sind – objektiv – als funktionale Einheiten unvollkommen, streben aber – subjektiv – eine gewisse regionale Identität an.[49] Die Kriterien ihrer Konstituierung, ihre Zwecke sind transparent gemacht. Sie stecken den räumlichen Rahmen ab für die Daseinsgrundfunktionen, für Gemeinschaftsaufgaben, Wirt-
schaftsförderung und staatliche Infrastrukturplanung. In der Regel erweist sich
dabei eine *Bündelung* der Aufgaben als zweckmässig, gerade auch im Hinblick
auf das zu fördernde Regionalbewusstsein, welches einen festen Rahmen benötigt. Der Erfolg einer *Regionalorganisation* hängt nämlich (abgesehen vom
politischen Willen) von den folgenden Gegebenheiten ab: selbständige rechtliche
Stellung, effiziente administrative Organisation, Multifunktionalität sowie Prinzip der Subsidiarität und des Lastenausgleichs. Ihre administrative bzw. staats-
politische Einbindung, das Ausmass an eigenständigen Kompetenzen ist allerdings umstritten.[50]

Regionen sind also *Gestaltungseinheiten*, sie sind als politische Willensäusserung zu verstehen; es gibt sie nicht schon 'an sich'. Damit sind auch Regionsabgrenzungen und -gliederungen einem dynamischen Wandel unterworfen, in dem
Masse nämlich, als sich diese politisch-pragmatische Willensäusserung im Zeit-
ablauf ändern mag. Da jede Regionseinteilung (von der Zielsetzung her) an ein
Substrat in Form von Arealen und realen Funktionsbereichen gebunden ist,
können sowohl die wirtschaftliche Entwicklung wie auch veränderte Auffassungen über staatliche Aufgaben und Aufgabenteilung sowie über optimale wirt-
schafts- und sozialräumliche Strukturen eine regionale Neugliederung nach sich
ziehen. Denselben Effekt kann die Schaffung neuer regionalpolitischer Instrumente haben.[51]

Regionalisierung

Zum Begriffsfeld Region gehören auch die Ausdrücke *regional* und *Regionalisierung*, die hier abschliessend noch kurz diskutiert werden.

Regional müsste nun eigentlich als Fachterminus eingeschränkt sein auf die
Bedeutung: 'auf eine Planungsregion bezogen'. Der sehr gebräuchliche Aus-

[47] D. Bartels (1975) geht kaum auf dieses Problem ein. Dies ist wohl ein Indiz dafür, dass eine
      praxisorientierte Regionalisierung mehr ist als «Prädikatenlogik» (das heisst ein objektiviertes
      Taxonomieproblem), sondern sich zusätzlich auf pragmatische Entscheide stützt.
[48] Vgl. den programmatischen Titel «Die Region», welchen das Bulletin der Zentralstelle für
      regionale Wirtschaftsförderung beim EVD ganz selbstverständlich trägt.
[49] Vgl. dazu M. Schuler (1980/33ff).
[50] Vgl. dazu T. Maissen (1984); ähnlich Henz/Gerheuser/Caspar (1984).
      Zur Frage der Rechtsstellung der Region vgl. vor allem H.-M. Allemann (1983); sowie H. Mu-
      ralt (1983) .
[51] Bemerkenswertes Beispiel sind hier die RP- und IHG-Regionen in der Schweiz, die nicht
      durchgehend zusammenfallen (zum Beispiel IHG-Region 'Zürcher Berggebiet' oder RP St.
      Gallen/IHG-Region Appenzell AR). Vgl. F. Wegelin (1977) und M. Schuler (1980/6ff); ferner
      allgemein ARL (1970/2706).

druck hat aber in Theorie und Praxis ein bedeutend weiteres *Wortfeld* im Sinne von 'auf ein Gebiet bezogen', 'räumlich' oder 'räumlich disaggregiert'. Und «Regionale Geographie» meint häufig nichts anderes als Landschafts- bzw. Länderkunde (H. BOESCH 1975/270ff).[52]

Der Bedeutungsinhalt regional = 'räumlich disaggregiert' kommt etwa zum Ausdruck bei der «Berechnung und Vorausschätzung regionaler Volkseinkommenszahlen in der Schweiz» (G. FISCHER 1969): diese beziehen sich auf administrative Einheiten, auf Kantone und Gemeinden, also gerade nicht auf die dazwischenliegenden Regionen.[53]

Somit erscheint es als höchst fraglich, ob eine Präzisierung des objektsprachlichen Begriffsinhaltes überhaupt realisierbar wäre. Der Term (wenn man ihn tatsächlich als solchen betrachten will) wird diffus bleiben; er sollte mit entsprechender Zurückhaltung verwendet werden.

Auch *Regionalisierung* hat sich als umfassender Begriff festgesetzt, nämlich für jede Gebietseinteilung nach den verschiedensten Kriterien.[54] Dabei kann es entweder um eine objektivierbare «Klassifizierung von Erdstellen (. . .) dergestalt, dass (. . .) das Kontingenzprinzip gewahrt wird» (G. HARD 1973a/87), «die Klassifizierung räumlicher Beobachtungseinheiten» (P. SEDLACEK 1976) gehen, also um die Abgrenzung von Arealen (nach dem Homogenitätskriterium) oder von Bereichen und komplexen Funktionsräumen (nach dem Funktionalitätskriterium). Es kann aber auch die Bildung von Planungsregionen und überhaupt jede *Gebietseinteilung* nach Zweckmässigkeitskriterien gemeint sein.[55]

Regionalisierung kann gelegentlich sogar *Dezentralisierung* bedeuten, etwa wenn von der «Regionalisierung der Mittelschulen» die Rede ist. Die Begriffsdynamik ist dabei klar ersichtlich: Sie verläuft von der (planerischen) Aufteilung grosser Funktionsbereiche in kleinere Einheiten zur dezentralisierten Schaffung neuer Infrastrukturen als konkrete zweckdienliche Massnahme.

Je nach Fragestellung sind für die Regionalisierung unterschiedliche Methodenansätze geeignet. Durch die quantitative Geographie beeinflusst, werden dabei *formalisierte* Regionalisierungsverfahren gegenüber dem pragmatisch-normativen Element der Raumordnungspolitik übermässig stark beachtet.[56] Noch bei W. TIETZE (1968/III-981) wurde hingegen die Regionalisierung ausschliesslich im Zusammenhang mit Planungsregionen verstanden.

---

[52] Besonders deutlich wird dies bei E. LEHMANN (1973): «. . . die Länderkunde, Vorgängerin der modernen regionalen Geographie . . .».
Ähnlich für die traditionelle englische Schule bei C.A. FISHER (1977).

[53] Ebenso H. TRINER (1978) für den «regionalen Wohnungsbedarf»: Als «Wohnregion» (= *housing market area*!) werden die Kantone verwendet.

[54] So etwa bei E. SÖKER (1977/4): «Die Abgrenzung und Gliederung von Räumen (. . .) wird Regionalisierung genannt.»
Für eine Übersicht vgl. M. SCHULER (1980).

[55] So zum Beispiel die Einteilung eines Hoheitsgebietes in Gerichtskreise oder die Festlegung von Postzustellbezirken oder auch von Absatzgebieten des Bierkartells.

[56] Vgl. E. SÖKER (1977/8); A. VALLEGA (1982).
Demgegenüber die Perspektive der Praxis: EVD (1972/55ff).

Auch für den Begriff Regionalisierung erscheint somit eine objektsprachliche Präzisierung zwar erwünscht, aber unrealistisch. Die von R. LANDWEHR (1975) vorgeschlagene Differenzierung von «Raumtypisierung, Regionsabgrenzung und Regionierung» überzeugt durch Klarheit und Theorie- wie Praxisrelevanz; aber sie hat sich bisher nicht durchgesetzt. Regionalisierung wird ein *diffuser* Terminus bleiben, der ebenso wie 'regional' mit einer gewissen Vorsicht, ja Zurückhaltung gehandhabt werden sollte.

Zusammenfassung

Zusammenfassend ergibt sich, dass der Ausdruck *Region* in äusserst vielfältiger Weise verwendet wird, ja, er droht geradezu zur Leerformel zu werden. Schon I. HEILAND (1971/83) stellt fest, die Bezeichnung Region sei «begrifflich verschwommen», und H. MURALT (1983/13) kommt zum Schluss, dass trotz verschiedener Versuche, «den unscharfen und vagen Begriff inhaltlich festzulegen, (. . .) die allgemein verbreitete Ratlosigkeit in bezug auf den schillernden Begriff eher noch grösser geworden ist.»

Mit ein Grund für diese Begriffsverwischung liegt in der in terminologischer Hinsicht zu wenig kritischen Übernahme anglo-amerikanischer Methodologie durch die deutsche Geographie nach 1965. Der objektsprachliche Terminus *region* sollte klarer mit 'Gebiet' statt mit 'Region' übersetzt werden.[57]

Dennoch kann eine *Begriffsklärung* erfolgen, wenn man sich auf zentrale Bedeutungsinhalte konzentriert. Bei den meisten Autoren fällt ja auf, dass es nur eine einzige Gemeinsamkeit bei ihren Regionen gibt, nämlich dass es sich um *Gebiete* handelt, über die zusätzlich sehr unterschiedliche Aussagen gemacht werden. Was sonst verbindet «homogene», «funktionale» und «normative Region»?[58] – Besonders deutlich wird dies bei M.M. FISCHER (1978/19), der eine Region systemtheoretisch als ein «choristisches Ordnungsmodell» auffasst, welches aus «räumlichen Basiseinheiten» und aus «auf diesen Elementen erklärten Prädikaten (Attributen und Relationen)» besteht. Sofern – was angenommen werden darf – diese Attribute und Relationen wohldefiniert sind, handelt es sich dabei schlicht um die Vereinigung von Arealen und Bereichen über einem

---

[57] Fachtermini müssen keineswegs immer «international gleichlautend» sein (E. SÖKER 1977/39); es wäre naiv, davon notwendigerweise stets Verständigung zu erwarten. Gelegentlich ergibt sich daraus auch Verwirrung.
   Es ist übrigens darauf hinzuweisen, dass auch in den USA nicht immer in *regions* regionalisiert wurde. So gliederte B.J.L. BERRY (1967) die USA aufgrund von Pendlerverflechtungen in «functional economic areas», W. ZELINSKY (1973) bestimmte «culture areas», und die Wohnungsmarktregionen heissen «housing market areas» (DHUD 1970).
[58] Das Kriterium der «Einheitlichkeit» (H. BOESCH 1975/270) bedarf in diesem Zusammenhang einer Klärung. Wie gezeigt, sind «homogene» und «funktionale Regionen» keine Einheiten im Sinne abgrenzbarer organischer Entitäten. Ihre jeweilige Einheitlichkeit ergibt sich allenfalls aus den Klassifikationskriterien, die zu ihrer Abgrenzung führten. So verstanden ist aber jede distinkte Klasse, also auch jedes prädikatenlogisch definierte Areal, jeder spezifizierte Funktionsbereich, eine Einheit.
   Vgl. ferner J. BEAUJEU-GARNIER (1971/79), welche in bezug auf die Einheitlichkeit der *région* geradezu von einem «Mythos» spricht.

beliebigen Bezugsgebiet. Andernfalls (bei undefinierten Prädikaten) wäre eine solche Region nichts anderes als das CAROLsche Geomer! Da fasst selbst die *Umgangssprache* präziser, wenn sie unter Region ein Gebiet 'mittlerer Reichweite' (um ein Zentrum, um den eigenen Standort) meint, also einen *Erfahrungsraum* zwischen der lokalen und der nationalen Ebene.[59]

Aus dieser Kritik ergibt sich eine einfache und klare Terminologie, die im Ansatz bereits I. HEILAND (1968/659ff) vorschlug, als er für *formal region* «Verbreitungsgebiet» und für *functional region* «Wirkungsgebiet» setzte. Unter Bezug auf die in Kapitel 2.1 definierten Basisbegriffe werden 'homogene Regionen' als *Areale* bezeichnet; 'funktionale Regionen' heissen Funktionsbereiche oder einfach *Bereiche*.[60]

Damit bleibt der Regionsbegriff *sensu stricto* frei für normative Regionen oder Planungsregionen, welche sich zwar auf ein konkretes Substrat, nämlich bestimmte Areale und Bereiche, abstützen, bei denen aber die Zielsetzung und der *Gestaltungswille* der Entscheidungsträger gegenüber dem Bestehenden das entscheidende Charakteristikum sind.

Diese klare Terminologie vermeidet die Gefahr der ontologisierenden Überhöhung, welche über die Vorstellung einer regionalen 'Einheit' mit dem Regionsbegriff latent verbunden ist, und sie grenzt die wissenschaftlich exakt operationalisierbaren Konzepte Areal und Bereich klar ab von dem Konzept der Region, welches *normativ-pragmatische* Elemente enthält. Ein wesentlicher Vorteil dieser Terminologie ist auch (zumindest unter praxisorientiertem Blickwinkel) eine weitgehende Übereinstimmung mit dem (fachtechnischen) Sprachgebrauch der Raumplanung und der Regionalpolitik.[61]

Das Ergebnis dieser Überlegungen ist im nachfolgenden *Schema* synoptisch dargestellt: zunächst werden die Wurzeln – nämlich anglo-amerikanische Geographie, die Methodologie nach D. BARTELS sowie praxisorientierte Raumplanung und Regionalpolitik – klar herausgearbeitet; abschliessend folgt die aus der Begriffskritik abgeleitete und hier vorgeschlagene Nomenklatur.

---

[59] ARL (1970/2705): «Region ist ein (. . .) Raum mittlerer Grössenordnung, der als zusammengehörig aufgefasst wird.»
Vgl. dazu *regio* (lat.) = Gegend, Gebiet; Landschaft, Landstrich; (Stadt-)Bezirk.
[60] Auch J. BEAUJEU-GARNIER (1971/88) schlägt vor, den Ausdruck *région* nicht mehr als empirisch-analytischen Fachterminus zu verwenden.
[61] So auch L. SCHÄTZL (1978/89): «Am häufigsten und wohl auch am sinnvollsten wird der Begriff Region verwendet für Teilräume einer nationalen Volkswirtschaft, die grösser sind als urbane Siedlungen.»

Engagierte Geographie

G.W.S. ROBINSON 1953/49ff D. WHITTLESEY 1954/19ff	–	formal region	functional region	–
W. BUNGE 1966/14ff	–	uniform region	nodal region	applied region
B.J.L. BERRY 1968/419ff	–	formal region	functional region	–
D. BARTELS 1968/97ff	–	homogene Region	Funktional-'Region'	Technische 'Region'
D. BARTELS 1970a/22 1975/97ff	–	Struktur-Region System-Region	Knotenregion Funktional-Region	Planungs-'Region'
M.M. FISCHER 1978/19	–	homogene Region	funktionale Region	–
P. SEDLACEK 1978/196ff	Regions-typ	Region	–	–
I. HEILAND 1968/657ff		Verbreitungsgebiet	Wirkungsgebiet	Planungsregion
J. BOUDEVILLE 1968/394ff	–	homogene Region	schwerpunkt-orientierte Region	Planungsregion Programmregion
ARL 1970/2706 GEHRIG/LEIBUNDGUT 1971/3ff	–	deskriptive Region / homogene Region	funktionale Region	normative Region Gestaltungsraum / Planungsregion
R. GILDEMEISTER 1973/68ff	–	homogener Raum	funktional zusammengehöriger Raum	Region
E. LAUSCHMANN 1975/17ff	–	homogene Region	funktionale Region = Funktionsraum	Planungsregion Programmregion
R. LANDWEHR 1975/26f; 57f; 182f	Raumtyp	Struktur-Region	funktionale Region = Verflechtungs-bereich	Normative Region Gestaltungsregion Planungsregion
M.M. FISCHER 1982/13ff	Raumtyp	deskriptive Region homogene Region	funktionale Region	normative Region
M. BOESCH 1989	Standort-typ	**Areal** (-gebiet)	**Bereich** Funktionsbereich	**Region** Planungsregion

Abb. 22-1: Regionsbegriffe im Überblick

2.3 'Raum' als Schlüsselbegriffe

Mit der Diskussion einiger wesentlicher Basisbegriffe der physisch-materiellen Welt – nämlich: Stelle, Position, Ausstattung, Standort, Gebiet, Areal, Feld, Bereich, Region – ist eine wichtige Voraussetzung geschaffen für die Erörterung der *Raum-Begriffe*. Gemäss unserer Intention, die Geographie als Raumwissenschaft zu rekonstruieren, handelt es sich dabei um ein Schlüsselwort.

2.3.1 Evolution von Erfahrung und Begrifflichkeit

Bedeutungsvielfalt

Das kann allerdings nicht heissen, dass e i n e Kernbedeutung von 'Raum' postuliert werden soll. Die Bedeutungvielfalt des Schlüsselwortes[1] widersetzt sich vielmehr jeglichem Versuch solcher Reduktion, und gerade in der *Begriffspluralität* liegt der Schlüssel zum Konzept der Raumwissenschaft, wie es im folgenden entwickelt werden soll. Und so kann es auch keineswegs darum gehen festzustellen, was denn 'Raum' nun eigentlich sei (also nach einer ontologischen Begriffsbestimmung zu fragen),[2] oder aber 'Raum' zur undefinierbaren, axiomatischen Grundkategorie zu erklären.[3] Vielmehr scheint es, dass etliche Schwierigkeiten der Disziplin gerade damit zusammenhängen, dass der Diskussion um die Vielfalt der Raum-Begriffe zu wenig Aufmerksamkeit geschenkt

---

[1] Vgl. G. SCHÄFER (1984/15ff), wo sechs «Raumkonzepte» dargestellt werden: Raum als Landschaft, als Umwelt, als soziales Interaktionsgefüge, Perzeptionsraum, ökologische Raumbegriffe und Raum als 'Chora'.

[2] Vgl. dazu nochmals G. HARD (1973a/183; 1986/77): Er weist darauf hin, dass es nicht sinnvoll sei, in absoluter Form zu fragen: «Was ist (der) Raum eigentlich?» – Vielmehr sei zu fragen: «Was bedeutet 'Raum' in diesem Kontext?»
Erstaunlicherweise begeht er aber selbst diesen 'ontologisierenden Sündenfall', indem er schreibt: «Wiewohl Raum ein Dingwort ist, i s t er doch weder ein Ding (. . .), noch ein Behälter für Dinge, noch eine Eigenschaft dieser Dinge, sondern ein substantivierter Ausdruck für Relationen (. . .) der Dinge untereinander, für eine Struktur . . .», und er bezeichnet andere Auffassungen als «Fehldeutung von 'Raum'» (G. HARD 1970/236).
Auch B. WERLEN (1987a/165) meint, 'Raum' könne «eigentlich» immer nur 'Raumbegriff' heissen, könne immer nur einen formalen Ordnungsraster abgeben und keine dinglich-materiellen Sachverhalte betreffen. Die Gleichsetzung von Raum mit «physischer Umwelt» sei eine «unerlaubte» (sic!) Verdinglichung. Ähnlich G. BAHRENBERG (1972/8ff), wenn er die «räumliche Betrachtungsweise» ausschliesslich mit der «chorologischen» Auffassung D. BARTELS' identifiziert.
Und so kommt dann G. SCHÄFER (1984/23) zum Schluss: «Diese choristische Betrachtungsweise wird heute vielfach als die eigentliche, da räumliche Betrachtungsweise, zumindest für den Bereich der Geographie des Menschen, angesehen.»
Es ist allerdings eine Fehlinterpretation, die Raumwissenschaft im Sinne der *spatial science* auf A. HETTNER zurückzuführen. Ganz im Gegenteil meint er: «Geographische Tatsachen sind die Verhältnisse des Raumes (. . .) Solange sie aber nichts als Verhältnisse des Raumes sind, sind sie rein formal; selbständige Bedeutung bekommen sie erst durch ihre dingliche Erfüllung, als der Sitz von Stoffen und Kräften oder die Heimat und Wirkungsstätte von Lebewesen, der Pflanzen und Tiere sowohl wie des Menschen. Man hat ja die Geographie deshalb passend (. . .) die Wissenschaft von den Räumen der Erdoberfläche nach ihrer dinglichen Erfüllung genannt.» (1927/133).

[3] So etwa E. OTREMBA in ARL (1970/2566).

wurde, ja, dass die Termini 'Raum – räumlich' nach wie vor geradezu gedanken-
los verwendet werden, weil sie «zu jenen Leitvorstellungen ohne Erklärungsbe-
dürfnis» gehören, «zum Plausibilitätsrahmen des Fachansatzes, in dem man sich
unreflektiert bewegt».[4]

Dabei wird meist ein scheinbar ontologisch fixierter Gehalt unterstellt: der
'Raum an sich' – was immer auch der einzelne darunter gerade verstehen mag.
Das eine Wort 'Raum' steht dann – unbemerkt – für eine Vielzahl von Raumbegriffen, für eine ganze (in Homonyme und Synonyme strukturierte) Wortfami-
lie. Daraus entstehen die *Schwierigkeiten* mit dem Raumbegriff (D. BARTELS
1974): aus der Diskrepanz zwischen der (vermeintlichen) Eindeutigkeit und der
effektiven Bedeutungsvielfalt; sie lässt nicht nur primär- und objektsprachliche
Bezüge, sondern auch materielle und immaterielle Weltebenen, empirische und
abstrakte Kategorien wie auch verschiedene Aussagemodi (deskriptiv/norma-
tiv) unerkennbar werden.[5] Diese *terminologische Unschärfe* mag gelegentlich
auch Ausdruck der bereits angesprochenen methodologischen Orientierungslosigkeit sein; beide bedingen sich gegenseitig, und beide gilt es zu überwinden.

Zur Grössenordnung

In bezug auf die Dimensionen der hier diskutierten Räume zeigt zunächst ein
Blick auf die Fachtradition eine übereinstimmende Beschränkung auf «topologische, chorologische und planetarische» *Grössenordnungen* (E. NEEF 1967/70f),
also auf den Wertebereich von 0 bis 10 auf der G-Skala von P. HAGGETT
(1965/6). Es gibt keinen ersichtlichen Grund, dies grundsätzlich in Frage zu
stellen; allenfalls erscheint in der praktischen Umsetzung eine Konzentration
auf den mittleren Bereich dieser Skala sinnvoll.[6]

Sowohl der Weltraum wie zum Beispiel die Räume des Innenarchitekten
bleiben folglich aus den geographischen Interessenbereichen ausgeklammert.
Fraglich erscheint die Terminologie bezüglich der *immateriellen* «mentalen» und
«sozialen Räume» (B. WERLEN 1987a/167) als «Referenzmuster der Orientierung» in der (individuellen) Innenwelt und der (sozialen) Mitwelt:[7] Gerade

---

[4] Vgl. D. BARTELS (1974/9). – Die kritische Rezeption jener Arbeit hat dieses Kapitel wesentlich
angeregt.
Vgl. auch D. HARVEY (1969/209): «Space may be the central concept on which geography (. . .)
relies (. . .). But the nature of space itself and the different interpretations which may be put on
the concept have scarcely been appreciated». – Ähnlich P. FORER (1978/231); G. SCHÄFER
(1984/15).
Ebenso bei BAILLY/BEGUIN (1982/54): «Les géographes utilisent abondamment le concept d'espace, mais ils ont toujours été peu clairs à son propos . . . Légèreté, sentiment d'une évidence sans
problème? Indicateur, peut-être, de la pauvreté de la réflexion de la géographie sur ses fondements?
[5] J.D. NYSTUEN (1963/373) unterliegt zum Beispiel diesem Irrtum, wenn er meint: «Geographers
have a common subject matter which reveals itself in certain words used again and again. (. . .)
We adopt a spatial point of view . . .»
Auch für D. WHITTLESEY (1954/28) gilt: «space as the basic organizing concept of the geographer.»
[6] Vgl. dazu auch D. HARVEY (1969/484), der das Interesse des Geographen an einem «regional
level of resolution» betont.
[7] Ähnlich schon F. PERROUX (1950) zum «ökonomischen Raum».

wenn sie in zunehmendem Masse in sozialgeographische Fragestellungen einbezogen werden sollen, wäre es zweckmässiger, für diese Referenzschemata nicht
den Ausdruck 'Raum' zu missbrauchen. Dies gilt umsomehr, als unter «sozia-
lem Raum» Strukturierung, Wahrnehmung und Gebrauch der 'Aussenwelt'
unter spezifisch sozialwissenschaftlichen Perspektiven verstanden wird.[8]

Alltagserfahrung und Abstraktion

Die Vielschichtigkeit der Raumbegriffe beruht zentral auf dem Umstand, dass
Raum einerseits ein *primärsprachlicher* Begriff nahe bei der Wahrnehmungsebe-
ne ist, gleichzeitig aber auch mehrere unterschiedliche *Konstrukte* umfasst, und
schliesslich verschiedene wissenschaftliche Fragestellungen mit entsprechenden
Konzepten und objektsprachlichen Termini auf diese Konstrukte angesetzt
werden.[9]

Ausgangspunkt der folgenden Überlegungen soll deshalb die *Alltagserfah-*
rung sein, und nicht ein bereits den Blick verengendes abstraktes Raumverständnis. Dieser Rekonstruktionsverlauf entspricht der Evolution der Begrifflichkeit:
«(beide abstrakten) Raumbegriffe sind freie Schöpfungen der menschlichen
Phantasie, Mittel ersonnen zum leichteren Verstehen unserer sinnlichen Erleb-
nisse» (A. EINSTEIN).[10] Von da her sollen diese Konstrukte klar herausgearbeitet
werden. Sie dienen später – zusammen mit einem zweiten Gradienten – als
Orientierungsraster für die zentralen Fragestellungen, welche für die Geographie als Erkenntnisobjekte von Bedeutung sind. Damit wird nochmals deutlich,
dass weder das 'Realobjekt' bzw. die entsprechende Primär-Erfahrung, noch die
darauf bezogenen Konstrukte für eine Disziplin den Stellenwert von Erkenntnisobjekten haben; sie sind lediglich eine Voraussetzung dafür. Die *Selektion* als
notwendige Bedingung für wissenschaftliches Arbeiten erfolgt dabei Schritt um

---

Vgl. zur sozio-ökonomischen 'Topographie' die grosse Zahl räumlicher Metaphern in umgangssprachlichen Ausdrücken wie: «Ihr da oben, wir da unten», «Politlandschaft» bezüglich des
parteipolitischen Rechts-Links-Schemas, «Gratwanderung der Schweiz auf dem Weg in die
EG», «Dollarraum», «Zinslandschaft» oder etwa «Beteiligungsatlas» der Schweizer Aktienge-
sellschaften.
Von «räumlichen» Veränderungen nach einem politischen Erdrutsch oder einer erfolgreichen
AG-Übernahme spricht indessen niemand.

[8] So etwa A. GILBERT (1987).

[9] Vgl. dazu ABLER/ADAMS/GOULD (1972/12ff).

[10] A. EINSTEIN in M. JAMMER (1969/XV).
Ähnlich E. WIRTH (1979/285, mit Rekurs auf JANICH/MITTELSTRASS): «... wissenschaftliche
Begriffe als Weiterbildung alltagssprachlicher Unterscheidungen ... Dies gilt auch für den
Begriff des 'Raumes'...».
Vgl. dazu vor allem R.D. SACK (1980b), wo die individuelle und kulturelle Evolution des
Raumverständnisses umfassend dargestellt ist, unter anderem mit Rekurs auf J. PIAGET.
G. SCHÄFER (1984/32ff) – ebenfalls mit Rekurs auf PIAGET/INHELDER (1971); sowie F. STÜCK-
RATH (1968) – unterscheidet drei Stufen der Entwicklung des Raumbegriffes: den topologischen
Raum, den projektiven Raum und schliesslich den metrischen (euklidischen) Raum. Dies wird
als «Umkehrung der historischen Ordnung in der Reihenfolge der Entwicklung geometrischer
Begriffe» interpretiert! Richtig ist wohl, dass sich die wissenschaftliche Beschäftigung mit dem
Raum aus der Erfahrungswelt der Erwachsenen herausgebildet hat, und sich erst spät den
evolutiven Ursprüngen der Raumerfahrung zuwandte.

Schritt von der Erfahrungsebene über die Konstrukte bis zu den spezifischen Fragestellungen. Und dies wiederum bedeutet im Kontext einer praxisorientierten Disziplin, dass philosophische und kosmologische Betrachtungen über den abstrakten Raum hier nicht weiterverfolgt werden müssen.[11]

Der Raum der Alltagserfahrung

Bezogen auf die persönlichen Eindrücke der Alltagswelt ist 'Raum' eine mehr oder weniger diffuse, ziemlich ungegenständliche, und doch eine mehr oder weniger komplexe *Grunderfahrung*. Der «erlebte Raum» (O.F. BOLLNOW 1963/ 18ff), der «espace vécu» (A. FREMONT 1978/279) ist eine existentielle Notwendigkeit für den Menschen, und bezieht sich zunächst ganz konkret auf den eigenen *Lebensmittelpunkt* und seine nähere Umgebung; der eigene Standort ist Ausgangspunkt eines «Anschauungsraumes» (E. WIRTH 1979/287; 291), der Gegenstände und Ereignisse in einem engeren oder weiteren Umkreis umfasst, und sich auch auf Lage und Anordnung dieser Sachverhalte beziehen mag.

Entscheidend für diese Stufe der Wahrnehmung ist jedenfalls ein synkretistisches *Ineinanderfliessen* von formalen und dinglichen Kategorien, von «space and substance» (R.D. SACK 1980b/27ff), aber auch von (erlebendem) Subjekt und (umgebendem) Objekt. Es ist die Bewusstseinsstufe des Kindes, der unreflektierten Praxis, auch von Magie und Mythos.[12] Vor jeglicher Ausdifferenzierung besteht eine «Ganzheit der Wahrnehmung» (D. BARTELS 1974/9); das Bild ist statisch, der Eindruck zeitlos und meist harmonisch. Das Erlebnis kann stark emotional und assoziativ aufgeladen sein: ein vertrauter Ort, ein «place» (E. RELPH 1976) wird wahrgenommen, und eine darauf bezogene affektive Bindung, die «Topophilia» (Y. TUAN 1974) entwickelt sich.[13]

Dabei kommt es zu der scheinbar paradoxen Erfahrung, dass Raum sowohl *trennt* wie auch *verbindet*: gleichzeitig wird die Weite der Existenz wie auch das Zusammenstehen vertrauter Dinge innerhalb enger Grenzen erlebt.[14] Auch mit dem engl. *space* verbindet sich dieselbe Grunderfahrung: unbegrenzte Weite, aber auch wohldefiniertes, eingegrenztes Gebiet mitsamt den so umfassten Dingen.[15] Und so kann sich mit dem – vorerst kaum artikulierten – Raumbe-

---

[11] Vgl. dazu vor allem M.D. AKHUNDOV(1982). H. LEFEBVRE (1986) unternimmt den Versuch, die abstrakt-philosophische Ebene und die Alltagsbedeutung des Raumes eng miteinander zu verbinden.

[12] Vgl. dazu nochmals R.D. SACK (1980b/121ff); ferner E. WIRTH (1979/285ff).

[13] Es ist wohl diese ursprüngliche Erfahrungsschicht, auf die auch die Werbung (vor allem für Urlaubsorte) abhebt.
Für die Bedeutung der emotionalen Bindung der Geographen an ihre Erkenntnisobjekte vgl. E. WIRTH (1979/293) bzw. G. HARD (1987b/25).

[14] Vgl. dazu E. RELPH (1976/1; unter Rekurs auf M. HEIDEGGER); sowie nochmals A. EINSTEIN (in M. JAMMER 1969/XV), auf den die Metaphern vom «Raum als Lagerungs-Qualität der Körperwelt» und vom «Raum als 'Behälter' aller körperlichen Objekte» zurückgehen.
Bereits bei F. PERROUX (1950/90) findet sich die Umschreibung: «. . . nations as consisting of men and things in one space, conceiving them as material objects contained in a container» – eine Vorstellung, die letztlich auf Aristoteles zurückgeht. Vgl. dazu O.F. BOLLNOW (1963/26ff).

[15] The Concise Oxford Dictionary of Current English (Oxford 1986).
P. GOULD (1981/1f): «(We) map two quite contrary meanings onto the same word: (. . .) space

griff auch betonte (örtliche und sachliche) Verschiedenheit, ja Fremdheit wie auch enges Zusammengehören verbinden. Daraus entwickelt sich *Territorialität*, als Eingrenzung nach innen und Abgrenzung gegen aussen.[16] Ob die «Postmoderne» eine 'Enträumlichung' bringe, eine «Dekonstruktion des Raumes» (J. HASSE 1988a), das heisst eine Auflösung der Erfahrung von Distanz und Territorialität muss hier offen bleiben.

Reflexion der Alltagserfahrung

An die Primärerfahrung anknüpfend setzt eine Entwicklung ein, die gleichzeitig Reflexion über diese Erfahrung wie auch Herausbildung *differenzierender* Begriffe ist: P. SCHÄFER (1986/59) stellt dem «erlebten Raum» den «Denk-Raum» zur Seite. Charakteristisch dabei ist eine Aufspaltung der vorher verbundenen Eindrücke. Subjekt und Objekt lösen sich, abstrakter Raum und die Substanz im Raum wie auch die Zeit werden nun als getrennte Kategorien verstanden.[17] Dies ist die Bewusstseinsstufe der reflektierten Praxis und die Basis wissenschaftlicher Ansätze, der wissenschaftliche *hiatus* von Separation und Selektion.

Aus dem diffusen Anschauungsraum entwickelt sich so eine objektivierte *Umgebung*, die dem Menschen vis-à-vis stehende Natur, die Landschaft bzw. der Kulturraum.[18] Darauf aufbauend ergibt sich eine prägnante Gabelung der Begrifflichkeit, aber auch der Weltsicht und der Forschungsansätze:

– einerseits auf ein immer stärker abstrahierendes Verständnis für Distanzen, Richtungen, *Ausdehnung*, das Nebeneinander und 'leere Räume' hin;
– andererseits über das statische Bild der Umgebung hinaus auf die Wahrnehmung von *Veränderungen* und die Erforschung solcher Wechselwirkungen als Prozesse und deren Ursachen hin. Das Koinzidenz-Prinzip wird herausgebildet.

Beide Differenzierungen reichen über die unmittelbare Anschauung hinaus: Sie bedürfen der Vermittlung von Erfahrung und Wissen, der Sprache, der Tradition. Es sind die *Basisperspektiven* der Geographie als Raumwissenschaft, wie sie bereits A. HETTNER (1927/129ff) angesprochen hat.[19]

---

brings (. . .) the connotation of (. . .) unboundedness or unlimited extension (. . .) There is, of course, a second meaning: (. . .) a limited area or extent (. . .) lying within limits».
Paradoxerweise geht die zweite Bedeutung völlig verloren, wenn *space* durch die moderne deutsche Geographie mit 'Raum' ausschliesslich in der abstrakten Bedeutung als «chorisches Ordnungsprinzip» (D. BARTELS 1968b; 1970) übertragen wird, währenddem P. GOULD (1981) gerade aufzeigt, dass das schwedische *rum* vor allem die räumliche Eingrenzung meint.

[16] Vgl. dazu T. HÄGERSTRAND (1976/332); E. WIRTH (1979/286); sowie H. ISNARD (1978/24ff); BAILLY/BEGUIN (1982/59ff); C. RAFFESTIN (1986a).

[17] P. FORER (1978/234): «Geographic space is a reflection of man's basic awareness of his world». Vgl. dazu vor allem R.D. SACK (1980b/26; 55ff); ferner A.S. BAILLY (1986). Beide beziehen sich in wesentlichen Punkten auf J. PIAGET.

[18] P. SCHÄFER (1986/59f) differenziert hier (wohl nach O.F. BOLLNOW) weiter nach Aktionsfeldern in «Hodologischen (Wege-) Raum / Handlungsraum / Wirtschaftsraum».

[19] Vgl. auch E. OTREMBA (in ARL 1970/2567): «Die Raumforschung arbeitet im Spannungsfeld zweier Raumkategorien, dem «irdischen Raum» und dem «Raum als Vorstellung». Damit weist er bereits auf die zwei Aufgabenbereiche der Raumplanung hin, die Ordnung der Bodennutzung und die Ordnung der Raumstrukturen.

Der Fachdiskurs über Räume, räumliche Aspekte und Raumprobleme wird auf dieser Ebene der Konstrukte und der bezüglichen wissenschaftlichen Ansätze geführt. Hierbei entstehen die angesprochenen Unschärfen durch die in der Regel fehlende terminologische Differenzierung. Deshalb soll die reflektierte Ausdifferenzierung des primären Raumbegriffs mit drei unterscheidbaren *Konstrukten* festgehalten und benannt werden:[20]

- f-Raum (für die Bedeutung *Umgebung*)
- d-Raum (für die Bedeutung *Ausdehnung*)
- p-Raum (für die Bedeutung *Veränderung*)

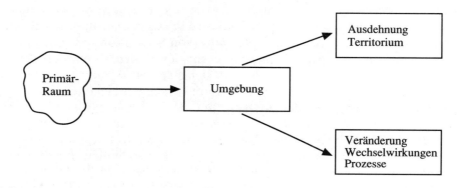

Abb. 23-1: Abstraktion der Primärerfahrung 'Raum'

Konstrukte und wissenschaftliche Fragen
Die drei Raum-Konstrukte sollen im folgenden nicht nach ihrer evolutiven Stellung, sondern nach ihrer *Dimensionalität* im Sinne der Kategorienlehre geordnet und diskutiert werden: Währenddem der d-Raum ausschliesslich auf

---

[20] Diese vier unterschiedlichen Bedeutungsinhalte korrespondieren mit den von D. BARTELS (1974/ 9ff) benannten vier Aspekten des «geographischen Raumes»; ähnlich dann auch bei G. SCHÄFER (1984/15ff). Allerdings stehen sie dort gleichartig nebeneinander, hier sind sie Teil einer evolutiven Struktur.

die fundamentale Kategorie 'Distanz' reduziert ist,[21] umfasst der f-Raum Distanz- und Sachkategorien und der p-Raum schliesslich auch noch die Zeit.

Sozusagen quer zu diesen drei Stufen der Dimensionalität verläuft eine zweite Differenzierungsebene; sie trennt zwei *Qualitäten* von Raum, nämlich die subjektive oder «empirische» und die «objektive Realität» (A.E. PÖSCHL 1965/12). Durch fortschreitende Selektion und Abstraktion wird von der subjektiven Auffassung räumlicher Gegebenheiten abgehoben auf objektivierbare, fass- und messbare Sachverhalte der physischen Welt. Es erfolgt eine Reduktion von immateriellen auf materielle Zeugnisse, von Beobachtungen, Empfindungen, wertenden Meinungen über Objekte und Prozesse auf diese selbst – jedenfalls als Absicht. Die eine Auffassung von Raum soll «Relativ-Raum», die andere hingegen «Standard-Raum» heissen (A. FREMONT 1978/279).

Auf dieser Vielschichtigkeit der Begriffsinhalte basiert eine Pluralität von *Forschungsansätzen*: Durch die Wahl von Fragestellungen über diese Konstrukte und damit verknüpfte andere Seinsbereiche, durch die Reduktion auf wohldefinierte endliche Mengen von Elementen und Relationen entstehen operationalisierbare Systeme, die Erkenntnisobjekte. Vgl. Abb. 23-2.

2.3.2 Die Qualität der Raumkonstrukte

Subjektive und objektive Realität

Wie für viele andere Basiskonzepte der Sozialwissenschaften ist auch für die Raumbegriffe die *Polarität* von subjektiver oder «empirischer» und «objektiver Realität» (A.E. PÖSCHL 1965/12) bedeutsam. Sie sollen als zwei unterschiedliche *Qualitäten* der Raumkonstrukte diskutiert werden. Dazu stellen sich zwei Grundfragen: Wie kann ein 'subjektiver' Sachverhalt nachprüfbar erfasst werden, und wie relevant ist eine solche Feststellung? Es scheint, dass zwischen den beiden Problemen eine Antinomie besteht: je offensichtlicher ein Sachverhalt empirisch fassbar ist, desto weniger Aussagekraft enthält er in konkreten sozialwissenschaftlichen Fragestellungen – und vice versa. Diese Vermutung soll im folgenden geklärt werden.

Die Spannweite der *empirischen Realität* wird deutlich am zentralen Begriff Distanz, und zwar gerade auch in der Referenz auf die eine 'absolute' Distanz,

---

[21] Was gelegentlich zum Anlass dient, diese Auffassung von Raum zur philosophischeren, gebildeteren, reinsten, gar: eigentlichen, richtigen zu erklären (G. HARD 1970/236; 1973/182ff; 280). Eine solche Begriffsverengung erscheint nicht zweckmässig; sie steht zudem im Widerspruch zur Forderung, ontologische Axiomatik zu vermeiden (G. HARD 1970/168).
Allerdings ist hier anzumerken, dass sich die verschiedenen philosophischen Positionen zum Raumbegriff (ARISTOTELES, PLATO, LEIBNIZ, KANT, HARTMANN; hingegen HEIDEGGER), die A.E. PÖSCHL (1965) bzw. M.D. AKHUNDOV (1982) referieren, alle auf d-Räume beziehen. Aber seit Einstein erscheint die Trennung der Grundkategorien Materie-Raum-Zeit wohl nicht mehr derart eindeutig zu sein (L. BARNETT 1952/72ff); M. JAMMER (1969/221): «. . . unter dem Einfluss der Relativitätstheorie (hat) der Begriff des Raumes seine konzeptuelle Autonomie verloren.» Raum und Zeit ohne Materie, aber auch Materie ausserhalb von Raum und Zeit sind sinnlos (G. SCHMIDT-RENNER 1981/146f). Vgl. ferner E. WIRTH (1979/261ff).

die physisch-metrische, welche in normierten Längeneinheiten gemessen und ausgedrückt werden kann. Dieser Distanzbegriff entspricht der «chorischen Metrik» bei D. BARTELS (1974/20), bzw. der «geographischen Entfernung» bei disziplinfremden Autoren, etwa P. GÜLLER et al. (1976/31) oder F. HÖSCH (1971/1).[22]

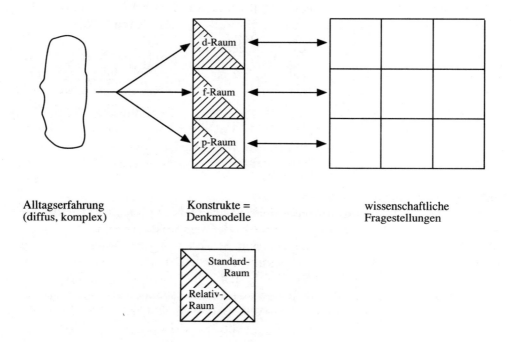

Abb. 23-2: Die Vielschichtigkeit der Raumbegriffe

Fortschreitende Selektion und Abstraktion von der diffusen Alltagserfahrung über Konstrukte als Denkmodelle zu wissenschaftlichen Fragestellungen.

[22] Vgl. aber auch A.C. GATRELL (1983), welcher ebenfalls «geographical distance» und «geographical space» verwendet für den Standardraum. Damit wird – wohl unbeabsichtigt – forschungslogisch der ganze Bereich der Relativräume als eine nicht-geographische Fragestellung deklariert.

Dem stehen eine ganz Anzahl subjektiver Distanzbegriffe gegenüber, nämlich:[23]

- funktionale Distanz   = Erreichbarkeit (in Zeiteinheiten)[24]
- ökonomische Distanz   = Transportkosten (in Geldeinheiten)[25]
- soziale Distanz   = Interaktionshäufigkeit, Wanderungsneigung[26]
- affektive Distanz,   = Nähe, Vertrautheit (in Verhaltens- oder
  kognitive Distanz   Informationseinheiten)[27]
- Aktionsdistanz   = Reichweite, Mobilität (in Aktionseinheiten)[28]
- Diffusionsdistanz   = Innovationsgrad (in Zeiteinheiten)[29]
- ökologische Distanz   = Isoliertheit (von Ökotopen)[30]

Das vielfältige *subjektive Verständnis* von Distanzen zeigt deutlich, dass die Polarität von 'subjektiv – objektiv' nicht gebunden ist an die Verschmelzung bzw. Trennung von *space* und *substance*, von Raum und Substanz im fortschreitenden Erkenntnisprozess. Die beiden Achsen sind voneinander unabhängig.[31]

Alle diese *Strecken* – wohl am bekanntesten die ökonomische Distanz – spannen Räume auf,[32] welche sich als subjektiv erfahrene «Relativräume» mit dem «Realraum» der physisch-metrischen Welt (R. LANDWEHR 1975/10) nur noch bedingt decken. Dieser hingegen gilt als 'die Welt, wie sie eben ist', vor jeder Erfahrung existierend; und sie wird als unabhängig vom Beobachter, als objektiv feststellbare Tatsache verstanden.

Auch bezüglich der *Ausstattung*, das heisst den in diesen Räumen 'vorhandenen' bzw. wahrgenommenen (das heisst: für die Fragestellung relevanten) Sach-

---

[23] Vgl. dazu D. HARVEY (1969/210ff); D. HÖLLHUBER (1974); A.C. GATRELL (1983/44ff).

[24] P. BURNETT (1978) geht konsequent weiter: von der objektiven Distanz über den objektiven Zeitbedarf zur «cognized travel time» als der entscheidenden Variablen der Erreichbarkeit.

[25] Für die Ökonomie sind Transportkosten geradezu das konstituierende Element des (Wirtschafts-)Raumes: «. . . die geographischen Entfernungen sind für eine Wirtschaft relativ uninteressant; wirtschaftlich bedeutungsvoll sind die sog. ökonomischen Entfernungen, die die Kosten der Raumüberwindung zum Ausdruck bringen» (F. HÖSCH 1971/1).
Vgl. hingegen das davon abweichende Konzept des «ökonomischen Raums» als mehrdimensionaler «Merkmalsraum» bei F. PERROUX (1950): In der ökonomischen Welt ist der physische Raum bedeutungslos, der «geonomic space» ist «banal», ohne Aussagekraft. Konsequenterweise bedeutet dies eine «delocalization of economic activities» und die Betrachtung der Ökonomie in Ein-Punkt-Modellen.
A.C. GATRELL (1983/114ff) übernimmt diese Auffassung. Ähnlich dann B. WERLEN (1987a/170ff) für den «sozialen Raum»: Er hält die physische und die soziale Welt für voneinander «unabhängig».
Erst viel später werden die Regionalökonomie und die Umweltökonomie (wenn auch in stark verkürzter Form) den physischen Raum wieder entdecken: G. FISCHER (1973a); L. WICKE (1982); H.C. BINSWANGER et al. (1983). – Kritisch dazu M. BOESCH (1981a).

[26] Vgl. P. GÜLLER et al. (1976/31).

[27] Vgl. dazu G. HARD (1973a/188ff; 279); ABLER/ADAMS/GOULD (1972/561); A.E. PÖSCHL (1965/21); A. FREMONT (1978/279f); M. CADWALLADER (1978/97).

[28] Vgl. D. KLINGBEIL (1978).

[29] Vgl. T. HÄGERSTRAND (1966).

[30] Vgl. MACARTHUR/WILSON (1971/27ff).

[31] Vgl. R.D. SACK (1980b/23ff).

[32] Vgl. dazu A.C. GATRELL (1983/81ff).

verhalten, besteht eine entsprechende Diskrepanz. Daraus ergibt sich dann (analog zur Relation Distanz – Nähe) ein Unterschied zwischen objektiver *Dichte* und subjektiver *Enge*: neben dem verfügbaren (d-)Raum, dem Territorium, spielen einerseits weitere objektivierbare Tatsachen wie die Strukturierung dieses (f-)Raumes, also die Ausstattung und ihre Anordnung, vor allem aber auch vollständig subjekt-bezogene Momente wie Informationsstand, Vertrautheit, Interaktionsfähigkeit und individuelle Befindlichkeit eine wesentliche Rolle, ob eine bestimmte (objektive) Dichte als Weite oder Enge empfunden wird.[33]

Relativräume ...

Die Konstituierung solcher «Erlebnisräume» (D. BARTELS 1974/19) über dem «Realraum» erfolgt somit in *doppelter Relativität*: bezogen auf objektivierbare (aber variable) Zwecksetzungen oder Perspektiven (zum Beispiel eine ökonomische) einerseits,[34] und die individuelle Situation der Handelnden andererseits.[35]

Selbst scheinbar gut objektivierbare Sachverhalte wie die ökonomische Distanz sind erheblichen *individuellen* Einflüssen unterworfen: «Wir haben also unter wirtschaftlicher Entfernung die (...) Verkehrsvorteile in bezug auf Transportkosten, Zeitverlust, Sicherheit, Bequemlichkeit usw. zu verstehen. Da ein solcher Vorteil aber nicht nur objektive Elemente umfasst, sondern auch subjektive (...), so müssen wir eine subjektive wirtschaftliche Entfernung (...) zugrundelegen, das heisst eine im Hinblick auf bestimmte wirtschaftliche oder andere Vorteile subjektiv bewertete Entfernung» (W. CHRISTALLER 1933/56f).

Die doppelte Brechung des «Realraumes» führt somit (als Folge zunehmender Subjektivität) zu einer weiten Auffächerung. Sie ist abhängig von den beteiligten Akteuren bzw. ihren Werten und Zielen, also nur relativ zu diesen rekonstruierbar. Die Bezeichnung als *Relativräume* ist folglich zweckmässig und aussagekräftig.

... sind mindestens so real ...

Diese subjektive Realität wird allerdings als «Topologische Deformierung» des 'Realraumes' (D. BARTELS 1974/19) thematisiert; Relativraum meint also «Transformation»[36] des physisch-metrischen 'Realraumes', sei sie nun ökonomisch, funktional, technisch, sozial-psychologisch oder individuell definiert.

Dies ist disziplin-historisch zwar verständlich, aber aus evolutiver Sicht paradox:[37] damit wird der Erkenntnisprozess umgekehrt, eine *ontologische*

---

[33] Vgl. etwa W. SCHÄFER (1971); O.F. BOLLNOW (1963/88ff; 229ff).
[34] Vgl. die verschiedenen «Betrachtungssysteme» bei H. CAROL (1956).
[35] B. WERLEN (1987a/178ff) spricht von der «subjektiven Repräsentation von erdräumlichen Anordnungen materieller Objekte» in bezug auf das individuelle «leibzentrierte Koordinatensystem».
[36] Vgl. W.R. TOBLER (1963).
[37] Noch D. HARVEY (1969/209) stellt fest: «the concept of the relativistic space has scarcely been discussed.» – Vgl. dazu nochmals Anmerkung 10.

Priorität des 'Realraumes' gegenüber den Relativräumen impliziert und eine *wissenschaftliche Asymmetrie* fixiert. Die subjektive Erfahrung des Raumes ist ja durchaus auch real; es ist gerade diese (subjektive) Erfahrung und In-Wert-Setzung, welche die Realität der Welt überhaupt erst zugänglich macht: nur ein «subjektiv-empirischer Raum kann 'wirklich' sein, weil man den abstrakten oder absoluten Raum gar nicht begreifen kann, denn 'Raum' gibt sich nur durch Wahrnehmung kund» (S. MAUCH 1973/16).

In besonderem Masse gilt dieses Argument mit Blick auf die Symbolik im «espace géographique» (H. ISNARD 1978/62ff): Der Mensch empfängt die Zeichen der physischen Welt als Symbole, die sein Handeln beeinflussen. Und umgekehrt wird der «espace géographique» (als Relativraum) durch die *Wahrnehmung* und die Aktivitäten des Menschen überhaupt erst aus dem «étendue», dem abstrakten Raum, geschaffen.[38]

... wie der Standardraum
Die überraschende Verschiebung des Realitätsverständnisses betrifft dann auch die Abbildung dieser Räume: «Auf vielerlei Art sind diese Karten (von Relativräumen) realistischer als die (...) konventionellen Karten» (W.R. TOBLER 1963/275). So gesehen ist die 'objektive Welt' bloss eine *Normierung*, eine generalisierte Abstraktion des Realen.[39]

Daraus folgt, dass der Ausdruck 'Realraum' unzweckmässig ist als Bezeichnung für die derart standardisierte Reduktion der erfahrbaren Welt; deshalb soll diese 'objektive Welt' *Standardraum* heissen, im Unterschied zu den Relativräumen der subjektiven Welt.[40]

Relativräume als Handlungsbasis
Die Bedeutung der Relativräume geht allerdings über das rein Rezeptorische weit hinaus: Sie werden zur *Handlungsbasis*, sie sind «motivationsbezogene

---

[38] H. REYMOND (1981/251f) unterscheidet: «Un espace absolu ou espace pré–géographique – un espace relatif ou espace géographique.» – Ebenso H. ISNARD (1978/35ff); ferner H. LEFEBVRE (1986).
Analog D. HÖLLHUBER (1982/20ff): «Der Raum ist also ein subjektiver Raum.»; und H. KLÜTER (1986) fasst den Raum als «Element der sozialen Kommunikation» auf.
Aus strukturalistischer Sicht verschmelzen Wahrnehmungs- und Gestaltungsaspekte dann völlig: «. . . how 'nature' is defined (. . .) is a result of the mode of production itself (. . .) Because space is what the political economy makes it, any particular analytical treatment of space will be ideological» (P. BLAIKIE (1978/268; 289). Daraus folgt, dass sozialer Prozess und Raum untrennbar sind: «Space is thus shaped by the very same social laws which generate social processes and does not exist by itself. Social processes produce and represent social space (. . .) In such a way space and object are understood as totally integrated (. . .) this is the 'relational' concept of space» (B.T. ASHEIM 1979/14).
[39] Vgl. A.E. PÖSCHL (1965/19), mit Rekurs auf M. HEIDEGGER. Ferner vor allem Y. TUAN (1979).
[40] A. FREMONT (1978/279). – Vgl. ABLER/ADAMS/GOULD (1972/72ff) mit dem Begriffspaar «relative space/absolute space»; ferner W. KIRK (1963/366) mit «behavioral/phenomenal environment».
Bei G.P. CHAPMAN (1977/30) hingegen meint «relative space» (im Unterschied zum «absolute space») lediglich ein objektivierbares Referenzsystem ohne externe Bezugspunkte; vielmehr definieren die Systemelemente selbst das Koordinatensystem (Nullpunkt/Achsen). Die Metrik ist dagegen isomorph.

Interaktions- und Verhaltensräume» (D. BARTELS 1974/19). Die Ansicht von
F. PERROUX (1950), der «geonomic space», also der Standardraum, sei in Ent-
scheidungs- und Handlungskontexten «banal», ohne Aussagekraft, wird zunehmend auch in (sozial-)geographischen Bezügen geäussert: Nicht die objektiven
Sachverhalte beeinflussen Entwicklungsprozesse, sondern von den Akteuren
«bewertete Raumphänomene» (H. DÜRR 1978/46f).[41]

Die konzeptionelle Überzeugung ist verbreitet, dass «der Mensch (...)
natürlich nicht oder zumindest nicht direkt auf die Wirklichkeit der physischen
Geographie» reagiert, sondern «auf die Wirklichkeit, wie sie ihm zu sein scheint,
(...) wie er sie bewertet» G. HARD (1973a/202). Es wird betont, dass für einen
einzelnen «Bedarfsträger die Raumstruktur (...) fast immer ein Datum unter
vielen andern darstellt, an welchem er sich in seinem Verhalten orientiert, auf
das er sein Handeln ausrichtet und welches er abhängig von Art und Reichweite
seiner Aktivitäten im Raume als Gestalt nur selektiv erlebt, interpretiert und
bewertet» (S. HARTKE 1975/185).[42]

Damit wäre die Auffassung KANTS bestätigt: «Gehen wir von der subjektiven
Bedingung ab, unter welcher wir allein äussere Anschauung bekommen können,
(...) so bedeutet die Vorstellung von Raum gar nichts».[43]

Und für die Disziplin folgt daraus, dass der geographisch relevante Raum *neu*
umschrieben werden muss – als *problemspezifischer Relativraum*.

Forschungsansätze

Soll die Bedeutung von Relativräumen in entscheidungs- und handlungsorien-
tierten Fragestellungen erfasst werden, so ergibt sich aus der doppelten Brechung des Standardraumes im Wahrnehmungs- und Handlungsprozess, dass
nach *zwei* Schritten differenziert werden muss: selektive Umweltwahrnehmung
einerseits, und die (wertende) Umsetzung dieser Informationen in Verhalten, in
Handeln andererseits; die theorieorientierte Perzeptionsforschung ist von ent-
scheidungsorientierten Ansätzen zu unterscheiden.

Damit sind eigentlich *drei Raumkategorien* definiert:
  – Standardraum,
  – objektivierbare, zweckbezogene Relativräume,
  – individuell bedeutsame Relativräume;
oder: «absolute space – plastic space – behavioural space» (P. FORER 1978/

---

[41] Analog die «Merkwelt» und die «Wirkwelt» im Unterschied zum «Referenz-Raum» bei
J.v. UEXKÜLL (1980/352ff).
[42] Auch M. CADWALLADER (1978/97) stellt – gestützt auf empirische Untersuchungen – fest:
«. . . an inivdual's behavior is more responsive to his perception of the environment, both social
and physical, than to the environment as it actually exists».
Vgl. dazu auch das «Kognitive Menschenbild» in der neuen Theorie der Wirtschaftspolitik
(MEIER/METTLER 1988).
[43] Zit. nach A.E. PÖSCHL (1965/12).
Vgl. dazu den Gegensatz zwischen der Auffassung SCHOPENHAUERS, diese ganze Welt sei «Objekt
nur in Bezug auf ein Subjekt», sei «Anschauung des Anschauenden», und andererseits der
Vorstellung von einer Realität als dem «Sein in der objektiven Wirklichkeit», wie sie, wurzelnd
im Positivismus und Empirismus, vom Neopositivismus der Wiener Schule wieder aufgenommen wurde (H. SCHMIDT 1974/286; 583).

234f).[44] Einem Standardraum entsprechen mehrere objektive Relativräume bzw. sehr viele individuelle Relativräume. Diese Kategorien unterscheiden sich in bezug auf drei Merkmale: nach ihrer zeitlichen Stabilität (bzw. Dynamik), nach ihrer Messbarkeit und nach ihrer Allgemeingültigkeit.

	Dynamik	Messbarkeit	Allgemeingültigkeit
Standardraum	–	+ +	+ +
obj. Relativräume	+	+	+
indiv. Relativräume	+ +	–	–

Daraus wird klar, dass vor allem die für das Handeln relevanten individuellen *Erlebnisräume* methodische Schwierigkeiten bereiten, indem sie auf allen drei Merkmalen dem Standardraum diametral gegenüberstehen. Und die vermutete *Antinomie* zwischen Relevanz und Messbarkeit findet sich bestätigt.

So wird auch verständlich, weshalb diese konzeptionellen Ansätze bisher nur zögernd in konkrete Forschungsergebnisse umgesetzt werden: nicht zuletzt wegen einer gewissen (naturwissenschaftlich geprägten) Skepsis bezüglich der scheinbar *ungenügenden Methodik*, die Relativräume der wissenschaftlichen Erforschung in ähnlichem Masse zugänglich zu machen, wie es der Standardraum seit langem ist. Subjektive Erfahrungen und Bewertungen sind schwerer fassbar und operationalisierbar als Sachverhalte der physischen Welt, die Ergebnisse kaum generell gültig. Die Abbildung solcher Relativräume hat mit der klassischen Kartographie der Standardräume nur noch entfernte Bezüge. Speziell zu erwähnen sind *mental maps* und andere kartenähnliche oder diagrammatische Darstellungen.[45]

Wieweit diese Zurückhaltung gegenüber den Relativräumen gerechtfertigt ist, mag hier offen bleiben. Immerhin zeigt die jüngere sozialwissenschaftliche Forschungspraxis, dass die Ansätze der Perzeptionsforschung, der Umweltpsychologie und der darauf aufbauenden *Handlungstheorie* zentrale Aussagen zum besonderen Verständnis von Relativräumen und ihrer Bedeutung im Entscheidungs- und Handlungsablauf anbieten.[46]

---

[44] Ebenso BAILLY/BEGUIN (1982/54ff): «espace absolu – espace relatif – espace percu».

[45] Vgl. vor allem DOWNS/STEA (1977); sowie (exemplarisch) die Arbeiten von W.R. TOBLER. Ferner C. BOARD (1967).
Im Grunde genommen gehören aber bereits kleinmasstäbige Karten in diesen Zusammenhang, entstehen sie doch durch ganz bewusste Interpretation und Selektion des Karteninhaltes. Vgl. dazu vor allem E. IMHOF (1968/87ff). Die dort angesprochene Relativität ist in erster Linie eine inhaltliche («Unwichtiges wird weggelassen, Wichtiges betont, einzelne Formen (. . .) werden zusammengefasst . . .»); allerdings treten auch topologische Deformationen auf, vor allem in kleinen Masstäben, weil Signaturen im Verhältnis zur wahren Grösse der dargestellten Objekte übermässig gross gewählt werden müssen.
Auch Falsch-Farben-Luftbilder und andere Abbildungstechniken, die es erlauben, einzelne Spektralbereiche zu isolieren, können hier genannt werden.

[46] Vgl. dazu vor allem O.F. BOLLNOW (1963); T.F. SAARNINEN (1969); DOWNS/STEA (1973); Y. TUAN (1974); S. WAPNER et al. (1976); Y. TUAN (1977; 1979); sowie A. FREMONT (1978); A.S. BAILLY (1986); B. WERLEN (1987a).

Die wissenschaftstheoretische Problematik um die Relativräume soll in den folgenden Kapiteln weitergehend diskutiert werden. An dieser Stelle wesentlich ist lediglich, dass keine der beiden Auffassungen des Raumes – Standardraum und Relativraum – als richtig oder falsch bezeichnet werden sollte; es sind *Optionen*, die von entsprechenden Forschungsansätzen aufgenommen und fruchtbar gemacht werden. Ähnliches gilt für die drei Stufen der Dimensionalität: d-Raum / f-Raum / p-Raum. Eine Methodologie, die solche Möglichkeiten ausschlösse, könnte nicht als zweckmässig bezeichnet werden.

2.3.3 Die Dimensionalität der Raumkonstrukte

Die drei Raumkonstrukte, welche den jeweils intendierten Begriffsinhalt von Raum präzisieren, sind mit d-Raum (für *Ausdehnung*), f-Raum (für *Umgebung*) und p-Raum (für *Veränderung*) benannt worden. Ihre Bedeutung gilt es im folgenden Abschnitt deutlicher herauszuarbeiten.

Der d-Raum: 'abstrakter Raum' oder ...

Das Raumkonstrukt mit der Intention *Ausdehnung* bezieht sich auf die Idee eines «abstrakten» Raumes als (dreidimensionaler) Raum der Geometrie und der Physik;[47] es ist der Raum, den J.D. NYSTUEN (1963) meint, wenn er von den «fundamentalen Raumbegriffen» Richtung, Distanz und relative Lage spricht;[48] der Raum bei A. LÖSCH (1944), wenn es um die «räumliche Ordnung der Wirtschaft» geht. Dieser Raum soll d-Raum heissen, weil dabei die *distanziellen* Beziehungen das Wesentliche sind.[49]

Gemeint ist mit andern Worten der Raum des lateinischen *spatium*,[50] nämlich Zwischenraum, Weg, Distanz (auch Zeitraum). Nicht der abstrakte oder absolute Raum steht also im Zentrum des Interesses. In jenem 'Ideal-Raum' oder 'mathematischen Raum', der als unendlich aufgefasst werden kann, sind alle Punkte und Richtungen gleich und gleichwertig. Ein solcher Raum ist auch

---

[47] D. BARTELS (1968b/57). – Vgl. den Ausdruck «abstrakte Raumtheorie» bei E. NEEF (1967/28), womit er Theorien auf dieser ersten Stufe des Raumbegriffes meint.
Vgl. hingegen die hier wesentliche Unterscheidung von «Idealraum», «Realraum» (=Standard-d-Raum) und «Anschauungsraum» (=subjektiver d-Raum) bei N. HARTMANN (1950): «Neben das Moment der Ausdehnung im Raume tritt als zweites, gleich fundamentales, das der Richtung im Raume ...». – Vgl. dazu ferner E. WIRTH (1979/263f).
Auch R. LANDWEHR (1975/2) verwendet den Ausdruck «Idealraum».

[48] Vgl. hierzu auch nochmals die «kategorialen Raumeigenschaften» bei O. BOUSTEDT (1975/I-79): relative Lage, Ausdehnung/Fläche, Form bzw. Gestalt sowie Ausrichtung bzw. Orientierung.

[49] Auf A. HETTNER (1927/133) geht der Ausdruck «formal» für die distanziellen Aspekte des Raumes zurück, wohl in Anlehnung an die Kant'sche «Anschauungsform» der Wirklichkeit. D. BARTELS (1968b/57) führt den Begriff des «chorischen Raumes» in die Geographie ein, währenddem G. SCHÄFER (1984/23) dann den Ausdruck «distanzieller Raum» zur Umschreibung des «Chora»-Raumes verwendet.

[50] Das engl. *space/spatial* drückt fast ausschliesslich diesen Bedeutungsinhalt aus. *spatial* ist damit bedeutend klarer und eindeutiger als 'räumlich'! – So ist etwa «regional economics» als «the study of the neglected spatial order of the economy» eine Antwort auf die Realitätsferne der ökonomischen Ein-Punkt-Modelle, für welche gilt: «... the factor of space is repudiated (...) and all spatial resistance disappears» (W. ISARD, zit. nach R.E. ALCALY 1976/42).

ungegliedert und völlig gleichmässig: «. . . es gibt im Weltraum keine Richtungen und keine Grenzen (L. BARNETT 1952/51). Er kann sogar, als reines *Ordnungsgefüge* oder Merkmalsraum verstanden, auch beliebig viele Dimensionen umfassen.[51]

Ein solcher Ideal-Raum ist – ohne Begrenzung und ohne Dinge in diesem Raum – schwer vorstellbar, und für empirische Bezüge nutzlos. Denn: «Ohne Dinge im Raum ist der Raum nichts!» (L. BARNETT 1952/52); «Der Raum als solcher ist eine Anschauungsform; reale Bedeutung gewinnt er nur durch seinen Inhalt» (A. HETTNER 1927/128). Es geht beim d-Raum also vielmehr – wie mit dem Wort *Zwischenraum* klargemacht wird – um die Entfernung zwischen irgendwie ausgezeichneten Stellen in diesem Raum, seien es nun Distanzen zwischen bestimmten Dingen, der Radius eines Erlebnis- oder Wahrnehmungskreises oder etwa Richtung und Reichweite bestimmter Aktionen. Auch Grenzen eines solchen Raumes ergeben sich erst durch Dinge in diesem Raum, bzw. ausserhalb desselben. Dies ist der KANTsche Raum: eine a priori gegebene *Anschauungsform*, welche Erkenntnis erst möglich macht.[52]

. . . Referenzsystem

Diese *kategoriale* Auffassung von Raum als «Form des Nebeneinander, des Zur-Gleichen-Zeit-Seins an verschiedenen Orten» neben der Zeit als «Form des Nacheinander» (F. HÖSCH 1971/1), durch A. HETTNER (1927/115, 122ff) explizit in die Geographie eingeführt, ist seit ARISTOTELES Gegenstand philosophischer Überlegungen. Ist Raum eher ein «Behälter», der die Dinge von aussen zusammenhält, oder (noch abstrakter) einfach eine Ordnungsstruktur, ein *Referenzsystem* für die Dinge im Raum?[53] Diese Fragestellung kann hier nur angedeutet werden – sie spielt für unsere weiteren Überlegungen keine zentrale Rolle.

Wesentlicher ist, dass die Dinge oder Ereignisse im d-Raum, vielmehr deren spezifische Eigenschaften, bei dieser Betrachtungsweise keine Rolle spielen; nur ihre Position im Raum, das *Wo* ihres Befindens, ihre Koordinaten, werden registriert. Raum und Substanz werden rigoros getrennt. So korrespondiert der d-Raum mit dem im Kapitel 2.1 «Basisbegriffe» definierten binären Areal, das heisst, der Raum ist sachdimensional nur binär differenziert in 'volle' und 'leere' Stellen.

Daraus lassen sich dann 'räumliche' Beziehungen oder *Strukturen* ableiten, das heisst Aussagen über die relative Lage der Objekte zueinander, über geometrische Verteilungsmuster und Schwerpunkte, über Dichteverhältnisse (Anzahl Objekte je Raumeinheit bzw. je Flächeneinheit).[54] Das zugehörige deskriptive

[51] Vgl. den *ordo coexistendi* bei LEIBNIZ,
  Zur nicht-euklidschen Geometrie der n-dimensionalen Räume vgl. A.P. JUSKEVIC (1982); ferner E. WIRTH (1979/263ff) mit Rekurs auf N. HARTMANN. Auch E. WINKLER (1973/8) verweist auf diese Bedeutungswurzel.
[52] Vgl. dazu A.E. PÖSCHL (1965/11ff).
[53] Vgl. A. EINSTEIN in M. JAMMER (1969/XV); ferner J. SPECK (1980/538); M.D. AKHUNDOV (1982).
[54] Gelegentlich gelten Dichtewerte als Inbegriff 'räumlicher' Betrachtungen. Dies wäre dann bereits ein Übergang zur nächsthöheren Dimensionalität, indem die Sachdimension an Bedeutung gewinnt.

Modell ist zunächst die Punkt-Karte; daraus lassen sich allenfalls Kennziffern, Isolinien und Vektoren entwickeln. Entsprechend der praktisch zweidimensionalen Natur (geographischer) Gebiete kann diese Art der Raumbetrachtung und -analyse gewissermassen als *Geometrie* der Ebene umschrieben werden.

Als einfaches Beispiel sei hier eine Illustration aus O. BOUSTEDT (1975/III-298) angeführt. Es zeigt anschaulich diese Auffassung von Raum, von räumlicher Verteilung.

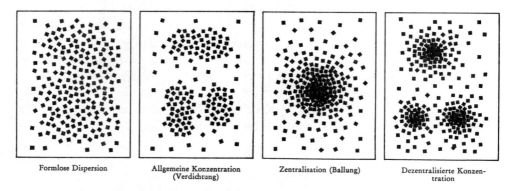

Formlose Dispersion   Allgemeine Konzentration   Zentralisation (Ballung)   Dezentralisierte Konzen-
                              (Verdichtung)   tration

Abb. 23-3: Beispiel für einen d-Raum
          Quelle: O. BOUSTEDT (1975/III-298)

Differenzierung der Sachdimension

Einen unscharfen Übergang zur nächsthöheren Dimensionalität des Raumes stellt jene Betrachtungsweise dar, wo das einschichtige Areal nicht nur binär, sondern in mehrere Klassen gegliedert ist, bzw. wo die eine betrachtete Sachdimension als Kontinuum aufgefasst wird. Nunmehr kann gewissermassen mit einem *dreidimensionalen Modell* gearbeitet werden: Die entsprechend betrachteten Stellen gehen mit ihren Lagekoordinaten (x,y) sowie mit einer Sachdimension (z), die übertragen als *Höhe* verstanden wird, ins Kalkül ein. Vgl. Abb. 23-4. Daraus ergeben sich distanzielle Zusammenhänge zwischen (x/y) und (z), zum Beispiel in Form von Trendoberflächen,[55] die unter Umständen als Felder interpretiert werden können.

Ohne hier schon auf methodische Fragen näher einzutreten, die sich aus diesem Raumverständnis ergeben, ist auf einen zentralen Punkt vorab hinzuweisen, nämlich auf die Unterscheidung von formalisierter *Beschreibung* und sachlogischer *Erklärung*: quantitative Methoden liefern nicht *per se* Erklärungen, wohl aber stringente Deskription zur Prüfung von Hypothesen.

[55] Vgl. etwa D. STEINER (1977).

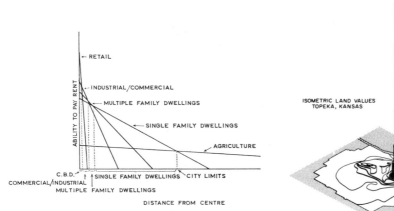

Figure 9-7: Superimposition of separate graphs in figure 9-6 indicates that the various lines intersect. At each intersection from the city outskirts in towards the centre the inner use can afford to pay higher rents and takes over from the outer use. These points are indicated by the dotted lines.

Figure 9-8: The distribution of land values in Topeka. *After D. Knos (1962).*

Abb. 23-4: Beispiel für dreidimensionale Modelle im d-Raum
　　　　　Quelle: H. CARTER (1972/185f).

Der f-Raum ...

Leere oder binäre Räume, also d-Räume, entziehen sich der unmittelbaren sinnhaften Erfahrung. Nur durch Abstraktion sind sie zugänglich. Demgegenüber entspricht ein mit Dingen, mit Substanz besetzter Raum der alltäglichen Anschauung. Hier setzt das Konstrukt *f-Raum* an: die d-räumliche Ausdehnung und die in diesem 'Behälter' vorhandenen Objekte, die Ausstattung, bleiben in einem Begriff vereint. Raum ist «Inhalt» und (noch) nicht zum reinen «Deskriptionsschema» abstrahiert;[56] das ist die Intention von Raum als *Umgebung*. Eine gewisse Korrespondenz mit dem primärsprachlichen Begriff 'Landschaft' im Sinne von Gegend (frz. *paysage*) wird ersichtlich.[57]

[56] D. BARTELS (1974/13).
　　G. HARD (1973a/279) verwendet das Bild eines «Schachtelmodells», wonach der Raum «entweder ein Gefäss, welches dinglich erfüllt oder auch leer sein kann, bald das Gefäss samt dem Inhalt, bald ein Inhalt, das heisst eine Menge von körperlichen Dingen.»
　　Ähnlich bei D. FLIEDNER (1987/72ff); G. SCHÄFER (1984/16ff).
[57] Vgl. dazu G. HARD (1970/28; 38). Die häufigsten «Bedeutungsverwandten» von 'Landschaft' sind: Gegend, Gebiet und Umgebung; ferner Natur, Land, Gelände.
　　H. UHLIG (1956/89) versteht unter 'Landschaft' die «Verschmelzung von Gestalt und Raum», die «Synthese der landschaftlichen Gestalt mit einem konkreten Stück der Erdoberfläche». – Kritisch dazu G. HARD (1970/236).
　　Interessanterweise bringt die marxistische Kritik am 'raumwissenschaftlichen Ansatz' ein in diesem Punkte homologes Konzept zur Diskussion: «Space is considered as a property of the object, which totally integrates space and object.» (B.T. ASHEIM 1979/5)

Dieser mit Substanz, mit Objekten erfüllte Raum soll f-Raum heissen, weil dabei die *formalen*, materiellen und eher statischen Aspekte im Zentrum des Begriffs stehen.[58] Die adäquate Abbildung eines solchen f-Raumes erfolgt einerseits durch eigentliches Bildmaterial (Luftbilder, topographische Karten) und anderseits durch «geographische Daten-Matrizen».[59]

Die *Vereinigung* von 'Behälter' und 'Inhalt' im Raumbegriff kommt etwa zum Ausdruck, wenn je nach Ausstattungstyp zwischen «Naturraum» und «Kulturraum» unterschieden wird. Nicht der abstrakte Raum ist ja «natürlich gewachsen oder von dem Zeitgeist der vergangenen Perioden (...) geprägt», sondern gemeint ist der «irdische Raum», die «geosphärische Substanz»,[60] also die Menge der dinglichen Elemente im d-Raum.

Je stärker ein Element der Ausstattung an seine Stelle gebunden ist, je invarianter es gegenüber verschiedensten Einflüssen ist, desto schwieriger ist die gedankliche Trennung von d-Raum und f-Raum. Gewissermassen noch zur Minimalausrüstung eines (d-)Raumes gehört das Relief, die Topographie, als Substrat für weitere Objekte.[61]

... als Naturraum ...

Darüberhinaus gilt nun oft (vor allem auch bei Ökonomen) die gesamte *natur-räumliche Ausstattung*, umfassend die «Geofaktoren Relief, Gestein, Böden, Gewässer, Klima, Vegetation» (O. BOUSTEDT 1975/I-173ff) als Inbegriff des Raumes, genauer des f-Raumes.[62] Es muss auffallen, dass hierbei nicht nur eigentlich ortsfeste Elemente (Relief, Gestein, Böden, Vegetation), sondern auch weniger klar definierte und weniger statische 'Objekte' (besser: Konstrukte) wie Klima und Gewässer/Grundwasser selbstverständlich integrierender Bestand-teil des *Naturraumes* sind. Auf dieser Stufe des Raumbewusstseins dominiert aber trotzdem eine formale, statische Betrachtungsweise; es geht um *sinnhaft* fassbare Elemente eines Gebietes. So betont zum Beispiel auch A.E. PÖSCHL (1965/209), dass der Raum «nicht nur Standorte mit ihren Entfernungen von-einander» sei, also nicht nur d-Raum, sondern «ausserdem die Bodenschätze, (...) Humus, Pflanzen, Wald und Getreidefelder, Wiesen und Weiden» enthal-te. – Konsequenterweise ist eine «naturräumliche Gliederung»[63] die Bildung von Arealen nach Klassen in den genannten Geofaktoren.

---

[58] Die Begriffsbildung hebt ab auf die Kategorien 'formal – funktional', etwa auch im Sinne von 'materiell – prozessual' oder (einfacher) 'statisch – dynamisch'.
Vgl. hingegen die Verwendung von 'formal' für «Kategorien von Raum und Zeit», als Gegensatz zu 'dinglich' oder 'sachlich', etwa bei A. HETTNER (1927/133); später bei B. WERLEN (1987a).

[59] B.J.L. BERRY (1964a/26ff). Vgl. ferner den Begriff «Zustands- (oder VH-) Matrizen» bei D. STEI-NER (1978/84).

[60] E. OTREMBA (in ARL 1970/2566ff); H. CAROL (1956/144).

[61] Vgl. zum Beispiel die Unterscheidung von «Gelände/Geländeform» und «Geländebedeckung» (nämlich Gewässer, Siedlungen, Verkehrslinien, Vegetationsdecke) bei E. IMHOF (1968/88ff).

[62] So bei R. LANDWEHR (1975/11).
Vgl. dazu auch G. HARD (1973a/280) über die Gleichsetzung von Raum mit «Gesamtheit der natürlichen Gegebenheiten».

[63] E. MEYNEN et al. (1953); J. SCHMITHÜSEN (1976/142); O. BOUSTEDT (1975/I-176ff)

Auf der andern Seite ist die Vorstellung, dass Raum und Ausstattung *zweierlei* seien, bei Objekten, welche nicht ortsfest und/oder dem menschlichen Einfluss stark ausgesetzt sind, recht naheliegend. So kann man sich Gebäude und Strassen, aber auch zum Beispiel die Fauna, als 'in den Raum gesetzt' vorstellen.[64]

Dessen ungeachtet besteht die Auffassung von einem *Kulturraum*, welcher neben den natürlichen auch die vom Menschen geprägten und geschaffenen Elemente umfasst. Und der Gegenstand der wissenschaftlichen Raumforschung ist «der durch die Natur dargebotene, von Menschen bevölkerte und durch das menschliche Wirken veränderte Raum».[65] Der Mensch selbst wird hingegen kaum je als eigentlicher Bestandteil des f-Raumes verstanden.

... oder als Planungsraum

Diese Vorstellung wird von der praxisorientierten *Raumplanung* aufgenommen: «Gegenstand der Raumplanung ist der Raum, zu verstehen als das gesamte Gebiet der Schweiz: Landflächen, Gewässer und Luftsäule. Er wird äusserlich bestimmt durch Art, Anzahl, Grösse und Verteilung natürlicher und von Menschenhand geschaffener Elemente wie Gelände, Wälder, Siedlungen und Strassen. Die Raumplanung führt zur *Raumordnung*, zum planmässig gestalteten Raum. – Bund, Kantone und Gemeinden erfüllen zahlreiche Aufgaben, die den Raum beeinflussen, also die natürlichen oder geschaffenen räumlichen Erscheinungen erhalten oder verändern» (SCHWEIZ. BUNDESRAT 1978/6).[66]

Unmissverständlich wird so die Auffassung von Raum als einem f-Raum festgehalten, der sich aus Naturraum und Kulturraum zusammensetzt. Unverkennbar ist auch der Bezug auf ein *räumliches System*, in welchem distanzielle Beziehungen[67] (nämlich die «Verteilung der Elemente») als Relationen auftreten.

Dieser f-Raum als «Realstruktur» (S. HARTKE 1975/185), bei I. HEILAND (1971/82) geradezu das konstituierende Charakteristikum des Raumes, stellt in bezug auf die Aktivitäten des Menschen gleichsam eine Bühne mitsamt Kulissen[68] dar, in die man hineingestellt ist, die man *von aussen* betrachten, mit der man sich auseinandersetzen, auf der man (unter Randbedingungen) agieren kann. Ein solcher f-Raum kann also eine «Wahrnehmungsgesamtheit» wie auch ein «Gegenspieler» (D. BARTELS 1974/20) zumindest im Sinne von Requisiten sein.

[64] So meint zum Beispiel E. WINKLER (1973/8), dass durch die Raumordnung eigentlich nicht «der Raum, sondern vielmehr die Dinge im Raum» geordnet würden.
[65] E. OTREMBA (in ARL 1970/2573); K.H. OLSEN (in ARL 1970/2448).
[66] Vgl. etwa auch M. HOFMANN (1978/10), der zwei Grundtypen von Räumen unterscheidet, nämlich den «ländlichen Raum», wo «Hügel, Berge und Wälder den Raum» bilden, sowie den «Siedlungsraum», der «durch Bauten, die Strassen, Plätze, Höfe, etc.» gebildet wird.
[67] Aber keine Funktionsbeziehungen sachlicher Art!
[68] Vgl. das Stichwort «Ausstattung» bei G. WAHRIG (1980).

p-Räume sind ...

Genauerer Betrachtung hält der f-Raum nicht lange stand: Die vielfältigen Elemente dieser Realstruktur weisen untereinander neben Lagebeziehungen auch *sachfunktionale* Relationen auf, und sie verändern sich über die Zeit. «Der Gegenwartsraum (der Geographie) ist immer Raum in der Zeit. Alle Raumbegriffe der Geographie sind keine Räume im statisch-formalen Sinne, sondern vielmehr immer sach-raum-zeitliche Begriffe, (...) dynamische Gebilde ...» (J. SCHMITHÜSEN 1976/38).[69]

Nach dieser Auffassung ist der Raum als «geosphärischer Raum» ein komplexes *dynamisches System*, ein «räumliches Wirkungssystem», wovon der f-Raum lediglich die Abbildung eines bestimmten Zustandes (gleichsam eine Momentaufnahme) darstellt. Dies kommt beispielhaft klar zum Audruck bei den Pendlerverflechtungen, die «Tag- und Nachtbevölkerung» bzw. «Wohn- und Wirtschaftsbevölkerung» mit durchaus unterschiedlicher (d-)räumlicher Verteilung ergeben (O. BOUSTEDT 1975/II-21ff).

Damit wird nun auch deutlich, dass der *Mensch* (in aktiven und passiven Rollen) Anteil an diesem komplexen Raumsystem hat: Die entsprechenden strukturellen Gegebenheiten überlagern sich als «Sozial- und Wirtschaftsstruktur» der Realstruktur des f-Raumes.[70] Diese Strukturen können als «Durchgangsstationen von Prozessen» aufgefasst werden, der Raum als «Prozessfeld» (K. RUPPERT (1979/120).[71]

Als Prozessform steht *menschliches Handeln* im Zentrum des Interesses: der «(sozialgeographische) Raum umfasst die 'verorteten' Bezugssysteme sozialen Handelns, die bei der Entfaltung der Grundfunktionen (...) entstehen» (J. MAIER et al. 1977/70). – Mit andern Worten: die Spuren, die der Mensch durch sein Tun im f-Raum hinterlässt. Ähnlich ergibt sich der «Wirtschaftsraum» aus dem «Wirkungsgefüge der wechselseitigen Beziehungen» zwischen Wirtschaft, Gesellschaft und Natur (E. OTREMBA 1969/21ff).[72] Durch sein Tun schafft sich der Mensch seine Räume immer wieder neu, ausgehend vom Bestehenden, eingebunden in den vorhandenen Handlungsspielraum.[73]

... komplexe dynamische Systeme

Die zwei Auffassungen über «das Räumliche», nämlich eine «strukturale» (statische) und eine «prozesshafte» (dynamische) Komponente umfassend, werden

---

[69] Zur Diskussion über die Zeit-Dimension als Element geographischer Fragestellungen vgl. allerdings D. BARTELS (1968b/89f); E. WIRTH (1979/86ff).
Zur 'Zeit'-Geographie vgl. vor allem T. CARLSTEIN et al. (1978); PARKES/THRIFT (1980); sowie KASTER/LAMMERS (1979) mit einer ausführlichen Bibliographie. – Daraus wird allerdings klar, dass der Basisgedanke der Zeit-Geographie nicht eine p-räumliche Analyse ist, sondern die Ergänzung der d-räumlichen Perspektive durch die Zeit: es geht um «movement in space» als Voraussetzung für bzw. Folge von «location» im Sinne von W. BUNGE (1966/112).
Für die ökonomische Perspektive, die Verknüpfung von 'Zeit- und Raum-Management' vgl. R. CORAZZA (1985).
[70] S. HARTKE (1975/185).
[71] Zur 'Prozess'-Geographie vgl. vor allem B.J.L. BERRY (1973).
[72] Ganz ähnlich auch E. NEEF (in H. BARTHEL 1983/51ff).
[73] Vgl. nochmals Anmerkung 38.

damit als Teile eines *Ganzen* erkennbar.[74] Solche Raumstrukturen sind «im zeitlichen Verursachungszusammenhang sowohl als Ergebnis als auch als räumlicher Bedingungsrahmen der soziökonomischen Raumnutzung» anzusehen (S. HARTKE 1975/185). Damit wird der für komplexe dynamische Systeme typische *Rückkoppelungseffekt* deutlich gemacht.[75]

Die wirtschafts- und sozialräumlichen Prozesse, das heisst *raumwirksames Handeln,* greifen tief in den Naturraum ein und lösen dort Reaktionen aus. Dieser selbst, nun als Ökosystem aufgefasst, ist seinerseits durch die mannigfachsten autonomen Prozesse gekennzeichnet; auch Stabilität kann nur prozesshaft im Sinne von dynamischen Fliessgleichgewichten verstanden werden.[76]

So gilt insgesamt, dass «Raum als Lebensraum oder Umwelt des Menschen» mehr ist als ein «sichtbares Stück Erdoberfläche»: «physische Umwelt, Gesellschaft und Wirtschaft sind eng miteinander verflochten. Diese Verflechtungen werden mit dem Begriff 'Raum' ebenfalls erfasst» (ARP 1970/28).

Dieser *prozesshaft* verflochtene Raum soll p-Raum heissen; sein Charakteristikum ist die *dynamische Komplexität* eines auch den Menschen umfassenden Ökosystems oder «Geosystems».[77] Als «menschlicher Daseinsraum» von «ausserordentlich komplexer Natur» ist er charakterisiert durch eine «Vielzahl von Faktoren», welche «durch zahlreiche wechselseitige Beziehungen, durch Interdependenzen kausal und funktional auf das engste miteinander verknüpft sind».[78]

D. BARTELS (1968b/151) hat diese Auffassung zusammenfassend vorweggenommen, wenn er den «heutigen wirtschaftsgeographischen Begriff des 'Wirtschaftsraums' (. . .) als Begriff eines regionalen Systems mit (. . .) ökologischen Zusammenhangsbezügen» umschreibt.

Ökonomisch-ökologische Systeme

Genau in diesem Sinne befasst sich zum Beispiel das MAB-6 Programm in der Schweiz mit den «Belastungsproblemen des Alpenraumes», der eine dreifache Funktion als «Lebens-, Wirtschafts- und Erholungsraum» hat; diese «komplementären Funktionen» müssen auf den «Naturraum» abgestimmt werden. Der so charakterisierte p-Raum wird als regionales *ökonomisch-ökologisches Sy-*

[74] K. RUPPERT (1979/120). – Auch D. BARTELS (1974/16) stellt fest, dass «statische Strukturen sehr oft als zeitliche Persistenz früherer Prozesse» gedeutet werden.

[75] Mit andern Worten handelt es sich um einen rekursiven Wirkungszusammenhang. Vgl. dazu A. GIDDENS (1979/69); ausführlich diskutiert im Teil 4 «Zur Kritik am Szientismus».
An konkreten Beispielen etwa bei SCHREIBER/WEBER (1976).

[76] Vgl. allgemein EHRLICH/EHRLICH (1970/157ff); E.P. ODUM (1971/251ff); zum Stabilitätsbegriff speziell A. GIGON (1981); sowie für den eigentlichen geographischen Bereich etwa B.J.L. BERRY (1973/14f).
Ferner beispielhaft das MAB-6 Programm «Man's impact on mountain ecosystems» (B. MESSERLI 1978).

[77] P. WEICHHART (1975/88); G. HARD (1973a/119ff).
J. BEAUJEU-GARNIER (1971/40,50) bezeichnet den Raum des Geographen als «complex space», auch als «variable and changing space».
W. SCHMID (1979/13): «Ländliche Räume sind somit Teilräume eines Ganzen, das ein komplexes Wirkungsgefüge darstellt».

[78] K.H. OLSEN (in ARL 1970/2451).

stem, als «integrales Prozessgefüge» aufgefasst, dessen «Funktionsweise, Belastbarkeit und Steuerbarkeit» untersucht werden (B. MESSERLI 1978/18ff).

Dem Stellenwert des p-Raumes als Konstrukt entsprechend dient als dessen Abbildung im Sinne eines «Denkmodells» ein einfaches Strukturschema; es enthält die als wesentlich betrachteten Systemelemente und die sie verknüpfenden Beziehungen («Prozesse und Funktionen»).[79] Bemerkenswert ist dabei die *Scharnierfunktion* der Landnutzung, als Teil des zugehörigen f-Raumes. Sie soll allerdings nicht überbewertet werden, wie später deutlich wird. Vgl. Abb. 23-5.

p-Räume als Konstrukte, als *Denkmodelle*, zeigen mögliche Ansatzpunkte für entsprechende wissenschaftliche Fragestellungen. Sie sind aber noch nicht diese selbst, und schon gar nicht die Antworten darauf. Vielmehr müsste es darum gehen, selektiv einzelne Prozesse, ihre Hintergründe und ihre Folgen zu rekonstruieren; das bedeutet in vielen Fällen, das Wahrnehmen, Bewerten, Entscheiden und Handeln der beteiligten Akteure besser zu verstehen – Fragen, die über die naturwissenschaftlich geprägte Tradition der Disziplin weit hinausgehen. So ist der p-Raum auch eine hervorragende *methodische* Herausforderung.[80]

Wie bereits erwähnt,[81] bleibt es den Vertretern des Dualismus-Dogma vorbehalten, gerade solche ökonomisch-ökologischen *Zusammenhänge* im p-Raum in Abrede zu stellen. Zwar betont auch D. BARTELS (1974/16) in diesem Kontext die wachsende Bedeutung der «Systemkategorie»; aber er sieht zwei separate Systeme, nämlich den «Masse- und Energiehaushalt der sog. 'Geosphäre' (. . .), das 'Geoökosystem'« und »andererseits das Gesellschaftssystem» mit je eigener «überdisziplinärer Theoriebildung». Zwischen beiden Systemen werden lediglich «formale Gemeinsamkeiten» im Sinne der allgemeinen Systemtheorie (etwa eine «Ausweitung der (. . .) Gleichgewichtsmodelle in Ungleichgewichts- und Konfliktmodelle»), hingegen keinerlei «inhaltliche» Berührungspunkte erkannt.

Diese werden nun allerdings in zunehmendem Masse wahrgenommen und thematisiert – etwa durch die Umweltpolitik, durch die Regionalökonomie; und es findet laufend eine Problematisierung und Gestaltung des p-Raumes statt durch die Raumplanung.

[79] MESSERLI/MESSERLI (1979/18).
Analoge, das ökonomische und das ökologische System verknüpfende Strukturmodelle finden sich bei A. BECHMANN (1978); H.C. BINSWANGER et al. (1978/38); S. MAUCHb (1979/29); sowie einfacher auch bei H. LANGER (in BUCHWALD/ENGELHARDT 1978/1-137).
Spezifisch für das «Politische System» vgl. U. ANTE (1981/54).
Die Grundidee des Modells geht auf J. HABERMAS (1973/15) zurück. – Vgl. ferner auch S. MAUCH (1973/13).
Durch diese Strukturschemata wird der Unterschied zum sozialgeographischen Konzept bei B. WERLEN (1987a) deutlich: dort liegt das Schwergewicht des Interesses nicht bei der Schnittstelle zwischen physischer Umwelt und Gesellschaft, wie auch das «Drei-Welten-Modell» zeigt.

[80] T. HÄGERSTRAND (1976/332): «. . . we need not look upon Nature and Society as universes apart. (They are) the outcome of collateral processes, in other words processes which cannot unfold freely as in a shielded laboratory but have to accommodate themselves under the pressures and opportunities which follow from their common coexistence in terrestrial space and time. The study of collateral processes within bounded regions seems to me to be exactly the great challenge we are now facing in Geography.»
Zu den methodischen Aspekten vgl. etwa H. APEL (1983); KYBURZ/SCHMID (1983); P. MESSERLI (1986).

[81] Vgl. Kapitel 1.3 «Disziplinhistorischer Exkurs».

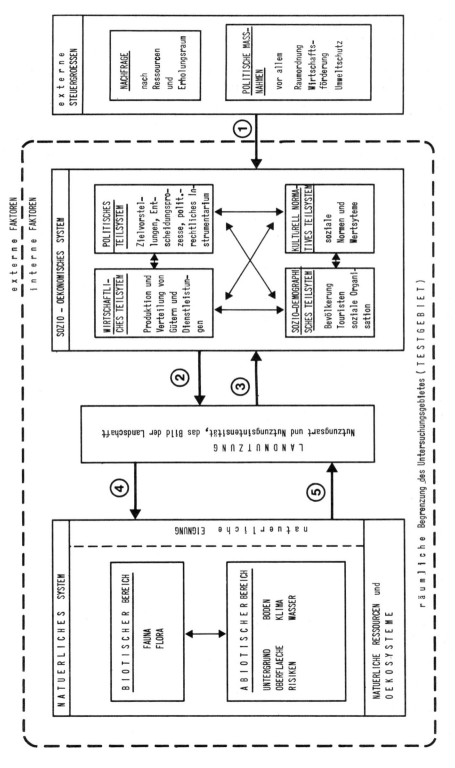

Abb. 23-5: Schematische Darstellung eines regionalen ökonomisch-ökologischen Systems als Beispiel für einen p-Raum.
Quelle: MESSERLI/MESSERLI (1979/18).

p-Raum und Raumplanung

Vom Verständnis des Raumes als eines komplexen dynamischen Systems her ist nun auch die Öffnung der Raumplanung zu einer umfassenden *Raumordnungspolitik* begreifbar: «Einerseits versteht sich die Raumplanung als Nutzungsplanung (. . .), andererseits hat sie sich als ordnende Tätigkeit zu begreifen, indem sie raumordnend die (. . .) Aufgaben und Massnahmen ihrer Träger koordiniert» (H. FLÜCKIGER 1979/3). Denn: nicht allein die Fragen der Realstruktur, der Nutzung von Grund und Boden, der Ausstattung eines Gebietes mit gebauten Elementen, mit materieller Infrastruktur, sondern gerade auch die Bevölkerungs- und insbesondere die *Wirtschaftsstruktur* sind bedeutsam für die Raumentwicklung.[82]

Daraus folgt, dass diese *Raumentwicklung* bei einer Beschränkung der Betrachtung lediglich auf f-Räume gar nicht verstanden geschweige denn beeinflusst werden kann: Chancen(un)gleichheit und Ausbildungsniveau, Arbeitsplatzqualifikation, Attraktivitäten und Standortvorteile, Erreichbarkeiten und Mobilitätstendenzen, ökonomische Stabilitäts- und Wachstumspotentiale, Umsatz- und Wertschöpfungskennziffern schlagen sich überhaupt nicht oder nur mit zeitlicher Verzögerung in der Realstruktur nieder; trotzdem sind sie alle ganz wesentliche Elemente des Raumsystems.[83]

Der f-Raum kann damit nur eine *unvollständige Abbildung* des p-Raumes sein, und er ist darüberhinaus häufig auch nicht der entscheidende Ansatzpunkt für «raumwirksame Massnahmen» (R. JOCHIMSEN 1972). Der zentrale Bereich Investitionstätigkeit etwa zeigt dies besonders deutlich:[84] solche Entscheide lassen sich über die traditionelle, am f-Raum orientierte Raumplanung nur ungenügend beeinflussen. *Raumwirksamkeit* muss als raumfunktionale Grösse, also mit Bezug auf p-Räume und die zugehörigen Entscheidungsmechanismen verstanden werden.[85]

Zusammenfassung

Zusammenfassend ergibt sich die folgende *schematische Übersicht* über die drei Stufen der Dimensionalität der Raumbegriffe:

---

[82] P. GÜLLER (1979/46). – Noch stärker betont J. MAURER (1988/3), dass es der Raumplanung primär um die Möglichkeiten und Grenzen gehe, welche die physische Umwelt für das Dasein, Verhalten und Erleben der Menschen eröffnet, nicht um jene selbst.

[83] Vgl. vor allem auch die zentrale Kritik an der mangelnden Erklärungspotenz umweltökonomischer Kreislaufmodelle bei A. BECHMANN (1978/32).
Immerhin ist auch die Persistenz des materiellen Substrates (sowohl bei expansiven wie auch kontraktiven Entwicklungen) nicht zu unterschätzen. Vgl. dazu K. RUPPERT (1979/120).

[84] Vgl. M. FRITSCH (1978).

[85] Vgl. dazu K.H. OLSEN (in ARL 1970/2449); sowie P. GÜLLER (1979/45f).
Aphoristisch ausgedrückt: Die Wirkungslosigkeit der am Nutzungsplan orientierten traditionellen Raumplanung entspricht der «Belanglosigkeit» einer formalen, deskriptiven Geographie! (DAUM/SCHMIDT-WULFFEN 1980).

Bezeichnung	Intention Charakteristikum	wesentlicher Aspekt von 'Raum'	Dimensionalität, Kategorien	Umschreibung	Abbildung	Begriffsfeld
d-Raum	Ausdehnung Distanz	distanziell relational[1]	Raum	Ordnungsgefüge Referenzraster	Punktkarte	Lage Gebiet abstrakter Raum lat. 'spatium'
f-Raum	Umgebung Ausstattung	formal extensional[1]	Sach-Raum	Behälter Realstruktur	Luftbild topogr. Karten VH-Matrix mental maps	Naturraum/ Kulturraum Landschaft[2] Gestalt frz. 'paysage' engl. 'scenery'
p-Raum	Veränderung Prozesse	prozessual	Sach-Raum-Zeit	Geosystem	VHT-Matrix Strukturdiagramm DYNAMO	Lebensraum Ökosystem Mensch-Umwelt-System ökon.-ökolog. System Prozessfeld

[1] nach E. WIRTH (1979/285)   [2] im Sinne von [1]Landschaft (G. HARD 1970/28)

Abb. 23-6: Die drei Dimensionalitäts-Stufen der Raum-Begriffe

Wie aus der Spalte *Dimensionalität* (Kategorien) ersichtlich ist, umfasst jede Stufe Bedeutung und Inhalt der vorangehenden Stufe und zusätzlich einen weiteren neuen Aspekt, nach folgendem Schema:

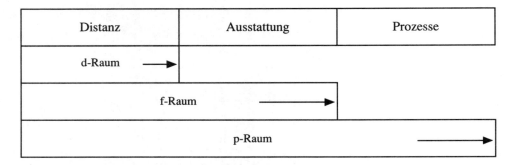

Distanz	Ausstattung	Prozesse

Abb. 23-7: Zunehmende Dimensionalität der Raumbegriffe

So wird im f-Raum die Ausstattung auch unter dem Gesichtspunkt der distanziellen Beziehungen betrachtet, und nicht (wie zum Beispiel in der Ökonomie üblich) als Ein-Punkt-Modell. Und jeder p-Raum umfasst (gewissermassen als Substrat) einen f-Raum.

Ordnung und Einheit?
Für alle diese Auffassungen von Raum, wie auch für die beiden Qualitäten Standardraum und Relativraum, wird aber immer wieder betont, dass sie nur «als Teile eines und desselben alleinigen Raumes» (I. Kant)[86] gedacht werden könnten – ohne dass es freilich gelingen mag, dieses Abstraktum eindeutig zu fassen. Somit bleibt trotz der gedachten Einheit eine *Vielfalt* mit ihren Unschärfen. Auf die Disziplin übertragen heisst das: «Space and place together define the nature of geography» (Y. Tuan 1979), und es wird evident, dass es gerade deshalb, weil sich alle 'Geographien' (das heisst geographischen Forschungsansätze) auf irgendeine Weise mit dem *Raum* befassen, zu Schwierigkeiten kommen muss beim Versuch, «in der Pluralität der innerfachlichen Standpunkte mit Hilfe gerade dieser Vokabel Ordnung und Einheit zu stiften» (D. Bartels 1974/9).

Wohl wird es im folgenden gelingen, eine gewisse *Ordnung* in die verschiedenen zentralen Fragestellungen zu bringen: indem sie in strukturierter Weise mit den verschiedenen Begriffsinhalten, den drei Konstrukten und den zwei Qualitäten von Raum in Beziehung gesetzt werden können. Nicht aus einer erzwungenen Fokussierung oder Reduktion der Begrifflichkeit, sondern im Gegenteil aus der Erkenntnis *geordneter Vielfalt* kann Übersicht entstehen.

Ob und wie indessen daraus *Einheit* geschaffen werden könnte (oder sollte?), diese Frage muss zunächst offen bleiben. Eine Diskussion darüber folgt erst im Teil 6 «Normative Metatheorie».

[86] Zit. nach A.E. Pöschl (1965/6).

II
Zum Wissenschaftsbegriff

3 Stufen wissenschaftlichen Arbeitens

Alles, was mit Wissenschaft in Berührung kommt, wird als veränderbar entworfen – nur nicht die wissenschaftliche Rationalität selbst.

U. BECK

3.1 Von der Deskription zur explikativen Stufe

Wissenschaft als Sprache über die Welt

Jede wissenschaftliche Tätigkeit ist zunächst ein Versuch, etwas Ordnung in die Mannigfaltigkeit unserer Erfahrungswelt zu bringen. Wissenschaft als Prozess des Erkenntnisfortschrittes ist allerdings nur sinnvoll, wenn sie eingebunden ist in einen Kommunikationsverbund und neue Erkenntnisse mitteilbar sind; nur so sind Gesellschaftsbezug wie auch Tradierung von 'Wissen' (als den Resultaten der 'Forschung') denkbar. Somit muss *Wissenschaft* (im Sinne von Wissen) *als Sprache* aufgefasst werden, welche «die Wirklichkeit anhand von Begriffen, Thesen und Theorien strukturiert» (HANTSCHEL/THARUN 1980/9).[1] Und es folgt daraus, dass in einem weit gefassten Verständnis von Wissenschaft alle Tätigkeiten darin eingeschlossen werden können, welche Wissen nicht nur neu gewinnen (generieren), sondern auch Wissen umformen und vermitteln (transformieren und transferieren). Dabei meint Wissen nicht einfach beliebige Kenntnisse oder Aussagen, sondern allgemeine, systematisch geordnete und überprüfbare Sätze *über die Welt*, sei sie real oder imaginär.

Der *Erkenntnisprozess*, der zu diesen Aussagen führt, wird als mehrphasiger Ablauf aufgefasst; jede Phase ist notwendige Voraussetzung für die nächste Phase. Zumindest in den empirischen Wissenschaften gelten dabei «Beschreibung» und «Erklärung» ganz allgemein als die zwei Hauptkategorien wissenschaftlichen Arbeitens; «deskriptive» und «explikative Aussagen» lassen sich unterscheiden.[2]

Deskriptive Stufe

Der Vorgang *Beschreibung*, im Einzelnen untergliedert in die Schritte «Definition – Messung – Klassifizierung» bzw. «(selective) observation – measurement – classification», führt zu «geordneten Fakten» und damit zu einer «Vereinfachung des Gegenstandsbereiches», zu einer «Komplexitätsreduktion (. . .) der Realität».[3]

---

[1] Vgl. dazu auch ABLER/ADAMS/GOULD (1972/112): «All scientific inquiry is pattern- and relation-seeking activity»; ferner D. ULICH (1975/22); KONEGEN/SONDERGELD (1985/17ff); sowie E. WIRTH (1979/34ff) mit Rekurs auf A. DIEMER (1964/22).

[2] Vgl. KONEGEN/SONDERGELD (1985/30f); H. SCHMIDT (1974/64); ferner V. KRAFT (1960/96); E. WIRTH (1979/47, 171, 184); sowie HANTSCHEL/THARUN (1980/10f); wie auch schon A. HETTNER (1927/185).
Anglo-amerikanische Autoren verwenden Begriffspaare wie
«description – explanation» (D. HARVEY 1969; ABLER/ADAMS/GOULD 1972/32ff; JAMES/MARTIN 1972/384);
«description – conclusion» (D.M. SMITH 1971/16);
«descriptive – predictive» (CODY/DIAMOND 1975/7);
«presentation – investigation» (H.G. ROEPKE 1977/482);
«descriptive – explanatory/predictive» (W.J. COFFEY 1981/47ff).

[3] D. HARVEY (1969/34); ABLER/ADAMS/GOULD (1972/32ff); HANTSCHEL/THARUN (1980/14); M.M. FISCHER (1982/5f).
J. HABERMAS (1968/394) unterscheidet zwischen «sensorischer Erfahrung (Beobachtung)» und «kommunikativer Erfahrung (Verstehen)».

Wieweit bereits dieser Schritt als wissenschaftliche Leistung *sensu stricto* gelten kann, ist umstritten und soll noch ausführlicher diskutiert werden. So spricht etwa A. DIEMER (1964/22) «individuellen und empirischen Sätzen» (*Basis-Sätzen*) – im Gegensatz zu «allgemeinen (oder theoretischen) Sätzen» – wissenschaftlichen Belang ab.[4] Allerdings ermöglicht erst Beschreibung (das Gewinnen geordneter Fakten aus der Erfahrungswelt) das Erarbeiten allgemein gültiger Sätze, also Erklärung.

Fragestellungen und Interessen

Das Suchen nach Erklärung wird ausgelöst durch die Identifikation von *Problemen*[5] oder durch die Formulierung von *Hypothesen*, die getestet werden sollen. Stellt dabei das (intuitive) «Erkennen» eine Art Bindeglied zwischen Beschreibung und Erklärung dar?[6] Dies deutet auf eine positivistische[7] Sichtweise hin, welche nicht unproblematisch ist.

Jedenfalls darf die Bedeutung von *a priori*-Einsichten – sei es zur (unbewussten) Selektion von Beobachtungen, von Fragestellungen, sei es im Sinne von Denkmodellen oder Arbeitshypothesen – nicht übersehen werden. Solche Vorgaben sind stets *interessengeleitet* und beeinflussen in den meisten (wenn nicht allen) Fällen das wissenschaftliche Arbeiten: «Fragen sind zu stellen, bevor die Antworten gegeben werden. Fragen aber sind ein Ausdruck für unser Interesse an den Dingen dieser Welt und gründen sich auf Bewertungen» (G. MYRDAL 1976/11).[8] Allerdings wird der Stellenwert der normativen Basis wissenschaftlicher Fragestellungen, also der Interessenhintergrund oder *Entdeckungszusammenhang*, kontrovers diskutiert.

In bezug auf den Erkenntnisvorgang, den *Begründungszusammenhang*, sind überdies weitere (methodologische) Fragen offen: die Frage nach der Bedeutung, der Angemessenheit und der Kapazität von induktiver und/oder deduktiver Vorgehensweise,[9] sowie die Frage, ob Hypothesen bzw. Gesetze, das heisst

---

[4] C.G. HEMPEL (1965) spricht von «singulären» und «generellen Sätzen». Vgl. dazu auch H. ESSER et al. (1977).

[5] So spricht N. HARTMANN vom Beschreiben als der «ersten Stufe der systematischen Denkarbeit», der «die Aporetik (Problematik) und die Theorie» folgen (H. SCHMIDT 1974/498).
Vgl. ferner etwa ABLER/ADAMS/GOULD (1972/10): «raising and answering questions about experiences is what science (. . .) is all about.»
Zum Problembegriff vgl. ausführlicher im Kapitel 3.3 «Evolutive Erkenntnisprozesse».

[6] E. WIRTH (1979/48, 258). Ähnlich M.M. FISCHER (1982/6) und O. WERNLI (1983/128f).

[7] Gemeint ist hier Positivismus i.e.S., nicht dessen Weiterentwicklung zum «Logischen Empirismus» hin (DIEMER/FRENZEL 1967/262ff; H. SCHMIDT 1974/520; W.A. JÖHR 1979/224ff). – In der anglo-amerikanischen Literatur wird der Begriff «positivist» häufig einfach im Sinne von «empirisch» verwendet, insbesondere in der Diskussion um «radikale» (=marxistische) Ansätze. Vgl. dazu HAGGETT/CLIFF/FREY (1977/23f); D. GREGORY (1978/25ff); A. SAYER (1982/81).

[8] Vgl. ferner auch R.E. PAHL (1967/219); sowie F.A.v. HAYEK (1972); und H. KÖCK (1982/229f).

[9] Es besteht ein gewisser Konsens darüber, dass sich der Erkenntnisfortschritt in einem «induktiv-deduktiven Kreislauf zwischen Empirie und Theorie» ergibt (D. STEINER 1983/111). G. BURGARD et al. (1970) sprechen von einem «vermeintlichen Gegensatz zwischen idiographischer und nomothetischer Betrachtungsweise . . . Empirie und Theoriebildung stehen in einem dialektischen Zusammenhang.»
So auch H. SEIFFERT (1969); H. ESSER et al. (1977); D. BARTELS (1980b/34ff); H. KÖCK (1982/229ff); sowie bereits A. HETTNER (1927/186f).

'allgemeine Sätze', durch Verifikation bestätigt oder im Gegenteil durch Falsifikation zurückgewiesen werden sollen.[10]

(Nur) «Theorie ist Wissenschaft»

Diese Fragen bzw. mögliche Antworten darauf sind indessen – trotz ihrer grossen erkenntnistheoretischen Bedeutung – für unsere wissenschaftstheoretische Argumentation hier nicht zentral. Entscheidend für das Folgende ist vielmehr, dass aus dieser Sicht die Formulierung von allgemein gültigen *Theorien* zur Erklärung spezifischer Ereignisse (und daraus abgeleitet die Fähigkeit, Sachverhalte vorauszusagen), als das *konstituierende* Charakteristikum von *Wissenschaft* gilt. So hält W. STEGMÜLLER die nomologische Erklärung für die wichtigste Form wissenschaftlicher Systematisierung; «explanation» und «prediction» gelten als der Inbegriff von «science».[11]

Die dominierende Position der *nomologischen Perspektive* in der wissenschaftstheoretischen Diskussion hat sich auch entsprechend auf die Forschungspraxis ausgewirkt. Sie ist gewissermassen zu einer nicht weiter reflektierten *Grundüberzeugung* geworden, welche dann auch die ausserwissenschaftliche Auffassung von Wissenschaft deutlich prägt. E. WIRTH (1979/48ff) weist aber mit Recht darauf hin, dass es sich dabei um ein *Werturteil* handelt, nicht um «gesicherte» wissenschaftstheoretische Schlüsse, und dass grundsätzlich auch andere «Möglichkeiten von Wissenschaft» denkbar sind.[12]

Kausale Erklärungen

Im Kontext der nomologischen Perspektive meint *Erklärung* das Zurückführen von Sachverhalten auf ihre Ursachen, das Aufzeigen der (hinreichenden) Entstehungsbedingungen. Entscheidend ist dabei, dass dem Vorgang über den Einzelfall hinaus *allgemeine* Gültigkeit zukommt: Die Begriffe «Kausalität», «Erklä-

[10] K.R. POPPER (1935/13ff). Kritisch dazu J.-P. JETZER (1987/480ff).

[11] Vgl. J. SPECK (1980/175); ferner A. DIEMER (1964/22).
E. NAGEL (1961/15): «The aim and purpose of scientific inquiry is to provide systematic (. . .) explanations (. . .) for individual occurrences» (zit. nach D. HARVEY 1969/30).
R.B. BRAITHWAITE (1960/1): «The aim (. . .) is to establish general laws covering the behaviour of the empirical events or objects with which the science in question is concerned, and thereby to enable us to (. . .) make reliable predictions of events as yet unknown» (zit. nach D. HARVEY 1969/30).
D. HARVEY (1969/31): «. . . the highest-order statements (which science makes about the real world) we might call general (. . .) laws.»
ABLER/ADAMS/GOULD (1972/48; 53): «Scientists are concerned with explanation more than with anything else.» – «Explanation and prediction (. . .) are the end products of science.»
Für die deutschsprachige Wirtschafts- und Sozialgeographie hat D. BARTELS (1968b; 1970; besonders 1970a/33) der nomologischen Perspektive zu erheblicher Beachtung verholfen.
J. ANDEREGG (1977a/14) bestätigt und kritisiert gleichzeitig diese Auffassung: «. . . weitherum gilt die Erklärung von Tatsachen als eigentliche und einzige wissenschaftliche Aufgabe. (. . .) Was aber innerhalb und ausserhalb der Wissenschaft so selbstverständlich, nahezu unreflektiert akzeptiert wird, ist in Wahrheit eine rigorose Beschränkung der Möglichkeiten, Wirklichkeit zu begreifen.»

[12] Vgl. dazu J. MITTELSTRASS (1974); sowie nochmals J. ANDEREGG (1977a/14).
Eine ausführliche Diskussion der *scientific method* folgt im Teil 4 «Kritik am Szientismus».

rung» und «(allgemein gültige) Gesetze» hängen sehr eng miteinander zusammen (J. SPECK 1980/175).[13]

Nun ist allerdings das Konzept *Kausalität* ein offenes Grundproblem der Erkenntnistheorie, das hier freilich nur angedeutet werden kann. Schon D. HUME hat darauf hingewiesen, dass im Grunde genommen Kausalität nicht direkt beobachtet (wahrgenommen) werden kann, sondern nur assoziativ (das heisst aufgrund von Erfahrung und Plausibilitätsüberlegungen) festgestellt werden kann.[14] Deshalb spielen raumzeitliche *Koinzidenz*–Situationen wohl eine so wichtige Rolle bei der Ableitung neuer Theorien. Allerdings ist ja die Koinzidenz nie perfekt, womit der Zwang zu immer weitergehender Analyse, das heisst Zerlegung in kleine zeitliche Schritte und sachliche Segmente der Beobachtung, verständlich wird.[15] Und zweitens – bedeutsamer – ergibt sich daraus, dass Koinzidenzen immer nur Hinweise auf kausale Zusammenhänge sein können, nie aber die Erklärung selbst.

Deduktiv-nomologischer Ansatz

Ungeachtet dieser Vorbehalte dient das weithin anerkannte Schema von C.G. HEMPEL (1965), der deduktiv-nomologische Ansatz, als geeignete *logische Struktur*, um Erklärungen zu gewinnen. Einzelne Ereignisse («singuläre Sätze») lassen sich aus allgemein gültigen Gesetzen («generellen Sätzen») und den spezifischen Randbedingungen widerspruchsfrei ableiten bzw. erklären (als ex-post Aussage), oder vorhersagen (als ex-ante Aussage).[16]

Deshalb sprechen HANTSCHEL/THARUN (1980/20) von der «logischen Identität von Erklärung und Prognose». Die «Symmetrie» von Erklärung und Prognose ist allerdings zum Teil umstritten,[17] wie aus der folgenden Übersicht deutlich wird:

	Kausale Erklärung	Prognose	Anwendung
Gesetz/ Quasi-Gesetz	gesucht	gegeben	gegeben
Rand- bedingungen	gegeben	gegeben	gesucht (= Mittel)
singuläre Aussagen	gegeben	gesucht	gegeben (= Ziel)

Abb. 31-1: Zusammenhang von Erklärung, Prognose und Anwendung (nach J. GÜSSEFELDT 1980/31).

---

[13] Mit AMEDEO/GOLLEDGE (1975/23) lässt sich der Begriff «Gesetz» umschreiben als «fixed relationship between two or more sets of facts», umfassender als «association, relation, connection, or interaction between two or more variables or classes of things». Das heisst also: Ein Gesetz ist eine invariante, allgemeingültige Zusammenhangs-Aussage.
Im Unterschied dazu heisst die im Einzelfall verhaftete Erklärung «genetic explanation» (ABLER/

Analog lassen sich Arbeitshypothesen (im Sinne neuer theoretischer Aussagen) bestätigen bzw. verwerfen.[18] Gebräuchlich ist deshalb auch die Bezeichnung «hypothetisch-deduktiver Ansatz» (D. HARVEY 1969/36ff). – Der Anteil induktiver Herleitung beim Gewinnen von Theorie ist allerdings unübersehbar; ja, H. KÖCK (1982/245ff) bezeichnet die *Induktion* gar als eigentliche Quelle der «Gehaltserweiterung», wenngleich induktive Schlüsse nicht logisch zwingend sein können. Auf dieses wissenschaftstheoretische Dilemma muss hier indessen nicht weiter eingegangen werden.[19]

Von deterministischen zu stochastischen Gesetzen

Das am naturwissenschaftlichen Vorbild entwickelte nomologische Prinzip erlangte auch in den *Sozialwissenschaften* – nicht zuletzt unter dem Einfluss des Kritischen Rationalismus – immer grössere Bedeutung, wenn es auch stets umstritten blieb und in jüngster Zeit als 'szientistischer' Ansatz wieder vermehrt kritisiert wird.[20] Dennoch: Gerade auch die Sozialwissenschaften sind in starkem Masse *theoriebewusst* geworden; auch für sie gilt es, über die Deskription hinaus allgemeiner gültige Erklärungsansätze zu finden.[21]

Dazu musste allerdings das enge deterministische Ursache-Wirkungs-Schema erweitert werden: Die Auffassung, die Grundgesetze der Welt seien statistische (und nicht deterministische) Gesetze, ist heute weithin unbestritten. *Probabilistische* Theorieansätze, auch in den Naturwissenschaften immer stärker im Vordergrund,[22] vermögen stochastische Ereignisse mit ihrem (begrenzten)

ADAMS/GOULD 1972/49; H. KÖCK 1982/234). – B. WERLEN (1983/104) unterscheidet naturgesetzliche «Kausalerklärungen» und sozialwissenschaftliche «Handlungserklärungen». – Diese und andere Formen von 'Erklärung' werden im Kapitel 4.3 «Humanistische Ansätze» diskutiert, ebenso die Aussagekraft solcher allgemeinen Sätze.

[14] Vgl. dazu vor allem M. BUNGE (1979); ferner R. CARNAP (1966/188ff); DIEMER/FRENZEL (1967/ 265); J. SPECK (1980/319f); R. SATTLER (1986/125ff).

[15] Zum Koinzidenz-Prinzip vgl. D. BARTELS (1968b/28f); G. BAHRENBERG (1972/8ff).

[16] Zur Verknüpfung von Fakten, Logik und Theorie vgl. W.J. COFFEY (1981/45ff).

[17] Vgl. dazu J. SPECK (1980/187ff); ferner H. LENK (1972/93).

[18] Vgl. dazu J. SPECK (1980/175); P. WEINGARTNER (1971).

[19] Vgl. dazu nochmals Anmerkung 9.

[20] K.R. POPPER (1935); ebenso J. HABERMAS (1963).
Für eine Diskussion aus sozialwissenschaftlicher Sicht vgl. vor allem J.-P. JETZER (1987); ferner W.A. JÖHR (1979/224ff).
Vgl. hingegen kritisch zum Stufenkonzept KONEGEN/SONDERGELD (1985/166f). Für sie steht Beschreiben weiterhin gleichwertig neben dem Erklären. – Kritisch ferner H. SEIFFERT (1969/2), der von einer Konfrontation «analytischer» und «nichtanalytischer Wissenschaftsauffassung» spricht.
Aus geographischer Sicht vgl. dazu etwa R.J. JOHNSTON (1979/144ff); HANTSCHEL/THARUN (1980/11ff); sowie P. SEDLACEK (1982); E. WIRTH (1984a/73ff);
Zur ausführlichen Kritik am Szientismus vgl. Teil 4.

[21] Die «Kritische Theorie» fordert allerdings, dass solches nomologisches Wissen in einem «emanzipatorischen Erkenntnisinteresse» wirksam werde (HANTSCHEL /THARUN 1980/21).

[22] Der gelegentliche Rekurs auf HEISENBERG (etwa bei P. HAGGETT 1965/25; J. GÜSSEFELDT 1979/ 324) ist dabei so aussagekräftig wie ein Blick auf die aktuelle naturwissenschaftliche Forschungspraxis. Beliebig herausgegriffen: MARCHAND/SPROUL (1981); M. EIGEN (1983); STREIT/NIPPER (1977).

Spielraum von Zufall oder Unsicherheit adäquat zu erklären.[23] Zwischen «deterministischen» Gesetzen (der Naturwissenschaften) und «statistischen Gesetzmässigkeiten» (der Sozialwissenschaften) besteht nach dieser Auffassung «kein prinzipieller, sondern nur ein gradueller Unterschied» (HANTSCHEL/THARUN 1980/20).[24]

Immerhin erscheint der Gültigkeitsbereich solcher (sozialwissenschaftlicher) Gesetzmässigkeiten weniger universell als bei Naturgesetzen – Gesetzen *sensu stricto*; der Begriff erfährt deshalb eine Abschwächung im Sinne einer «kulturellen Relativierung»: Als «Quasigesetze» gelten sie nur für bestimmte «Raum-Zeit-Gebiete», ihr Objektbereich unterliegt einer «historischen Abgrenzung».[25] Die Triade von *individuellen – generellen – universellen* Aussagen löst die traditionelle Dichotomie 'idiographisch/nomothetisch' ab.[26]

Dominanz der nomologischen Perspektive in der Geographie

Die methodologische Diskussion wird auch innerhalb der Geographie sehr stark durch die nomologische Perspektive geprägt. Dies findet seinen wohl markantesten Ausdruck in der Selbstverständlichkeit, mit der dieser hypothetisch-deduktive Ansatz als *«new geography»* bzw. als «scientific method», als «modern science» oder «science» schlechthin bezeichnet wird.[27] Bereits F.K. SCHAEFER (1953) äussert sich dezidiert in diesem Sinne, und D. BARTELS (1968b/55) beispielsweise sieht die «eigentliche Zukunft des Faches als Wissenschaft (. . .) auf der nomologischen Seite». Ähnlich fordert K. GANSER (1976/399), die Geographie müsse sich «entschlossener von der Deskription (. . .) hinweg zur Fundie-

---

[23] W. STEGMÜLLER (1966); sowie J. SPECK (1980/175ff).
Neben die «deductive-deterministic explanation» tritt gleichwertig die «deductive-probabilistic explanation» (ABLER/ADAMS/GOULD 1972/48ff); ähnlich P. HAGGETT (1965/23f); D. HARVEY (1967a/561ff).
Aufschlussreich ist hier der Hinweis auf die Begriffe «necessita» und «fortuna», welche für den «determinierten» bzw. «nichtdeterminierten Teil der Geschichte» stehen (A. RIKLIN 1984), sowie das analoge Begriffspaar «Zufall und Notwendigkeit» (J. MONOD 1970) aus dem Bereich der Biologie. Beide Kategorien sind danach komplementäre (nicht: exklusive) Elemente aller Prozesse. Vgl. dazu A. UNSÖLD (1983/62f).

[24] Vgl. dazu auch W.A. JÖHR (1979/131ff); sowie BAILLY/BEGUIN (1982/41ff). – Demgegenüber vertritt D. BARTELS (1968b/17) die Auffassung, es handle sich lediglich um formale Gleichartigkeit, der das Fehlen einer «einheitlichen Weltperspektive» entgegenstehe. Vgl. dazu im Kapitel 1.3 «Disziplinhistorischer Exkurs» den Abschnitt zum «Dualismus-Dogma».

[25] Vgl. dazu H. ALBERT (1960); J. SPECK (1980/267f); zum Erklärungsbegriff in den Kulturwissenschaften vgl. vor allem O. SCHWEMMER (1987/87ff). Ferner E. WIRTH (1984a/73ff).

[26] W.J. COFFEY (1981/29) unterscheidet drei Arten von Aussagen, die er drei «domains: inert / organic / superorganic» zuordnet. Aussagen 1. Ordnung sind deduzierbar aus universellen Gesetzen; Aussagen 2. Ordnung sind induktiv (aus spezifischen Randbedingungen) ableitbar; Aussagen 3. Ordnung sind überhaupt nicht kontrollierbar.
Vgl. dazu ausführlich im Kapitel 4.3 «Humanistische Ansätze», besonders Abb. 43-1.

[27] Vgl. dazu HAGGETT/CHORLEY (1967); D. HARVEY (1969); W.K.D. DAVIES (1972); ABLER/ADAMS/GOULD (1972); R.P. MOSS (1979); R.J. JOHNSTON (1983/71ff); sowie BAILLY/BEGUIN (1982); und viele andere.
Ferner die «Definition von Geographie» durch das Geographische Institut der Universität Zürich (H. WANNER 1982).
Zur neueren Kritik vgl. allerdings Teil 4 «Zur Kritik am Szientismus».

rung von Lösungsmöglichkeiten bewegen.» Beschreiben, erklären, prognostizieren seien ein Denkzusammenhang, den man nicht ohne Not auf mehrere Disziplinen aufteilen sollte.

Erklärung, Gesetzen und Theorien, das heisst *Theoretischen Sätzen*, kommt eine grössere wissenschaftliche Bedeutung zu als der reinen Beschreibung (und allenfalls Klassifikation). Schon A. HETTNER (1927/186) meinte: «Auch die Geographie ist bis vor kurzem eine (. . .) nur beschreibende Wissenschaft gewesen. (. . .) Erst seit wenig mehr als einem halben Jahrhundert hat in der Geographie (. . .) die Untersuchung der ursächlichen Zusammenhänge eingesetzt. Erst seitdem ist sie in vollem Sinne eine Wissenschaft geworden.»

Die Meinung, nur explikative Aussagen seien erst eigentlich wissenschaftlich, ist weitgehend akzeptiert, wenn nicht gar dominant;[28] allerdings besteht eine gewisse *Diskrepanz* zwischen Intention und Forschungspraxis. Wird dieses Ziel wissenschaftlichen Arbeitens nicht erreicht, so gilt eine Disziplin als «antiquiert», ihre Leistungen bestenfalls als «proto-wissenschaftlich», als propädeutisch (HAGGETT/CLIFF/FREY 1977/22).[29]

Dichotomie oder Entwicklungsstufen?

Damit erscheint der bekannte, auf DILTHEY, WINDELBAND und RICKERT zurückgehende kategoriale Gegensatz zwischen «idiographischen» und «nomothetischen Wissenschaften» (bzw. zwischen «Verstehen» und «Erklären»)[30] in einem neuen Lichte: Danach handelt es sich nicht um einen wesenshaften, einzelnen Wissenschaften inhärenten Unterschied, sondern es sind vielmehr zwei *Entwicklungsstufen*, eine frühe beschreibende und klassifizierende, die deskriptive Stufe, und eine nachfolgende erklärende, die explikative Stufe.[31] Jede Disziplin muss diese Entwicklung durchlaufen: Mögen zwar in den Anfängen Beschreibung und Klassifikation vorherrschen und als bemerkenswerte Leistungen gelten, so muss sich die Disziplin doch weiterentwickeln, und zwar indem sie allgemeingültige Erklärungen in Form von Theorien oder Gesetzen formuliert.[32]

---

[28] Vgl. dazu nochmals Anmerkung 11.
Ferner G. BURGARD et al. (1970/196ff); P. WEICHHART (1975/131); CHORLEY/HAGGETT (1967); B. MITCHELL (1979); W.J. COFFEY (1981/28f).
Kritisch allerdings etwa E. WIRTH (1979/44ff). Ausführlich dazu Teil 4 «Zur Kritik am Szientismus».

[29] Vgl. dazu nochmals J. SPECK (1980/726ff).

[30] Vgl. vor allem KONEGEN/SONDERGELD (1985/63ff); ferner A. HETTNER (1927/112); D. HARVEY (1969/50); E. WIRTH (1979/83); K.O. APEL (1978).

[31] E. WIRTH (1979/24) spricht allerdings von «idiographischen Disziplinen», und auch D. BARTELS (1968b/16f) lässt erkennen, dass seiner Meinung nach zwischen einzelnen Disziplinen «inkommensurable Erkenntnisweisen» bestehen, beruhend auf der «Autonomie der Weltperspektiven». Die Vorstellung von einer «Einheitswissenschaft» (das heisst eigentlich einer einheitlichen wissenschaftstheoretischen Konzeption) hält er für «irreal».
Vgl. ferner H. SEIFFERT (1969/1f).

[32] R.B. BRAITHWAITE (1960/1): «. . . if the science is in an early stage of development (. . .) the laws may be merely the generalisations involved in classifying things into various classes» (zit. nach D. HARVEY 1969/33).
D. HARVEY (1969/52): «Such a weak explanatory form is not uncommon in disciplines in the early stages of development; for incomplete (. . .) theory is almost all that a discipline can expect

Für die Wirtschafts- und Sozialgeographie nun von zusätzlichem speziellem Interesse muss die Frage sein, worin denn die Aussagen solcher *geographischer* (Quasi-)*Gesetze* bestehen könnten. Geht es um Theorien «räumlicher Prozesse», abstrakt wirkender «räumlicher Kräfte»,[33] oder um «räumliche» Aspekte menschlicher Verhaltensweisen bzw. menschlichen Handelns, das heisst um die Erklärung von Entscheidungsprozessen, um die «Gründe für menschliche Entscheidungen»?[34] Diese Frage soll im Teil 5 «Zentrale Fragestellungen» eingehend diskutiert werden.

3.2 Die normative Stufe

Zusammenfassend lässt sich also festhalten, dass die dominierende Wissenschaftsauffassung theorieorientiert ist.[1] Die Leitidee der *philosophy of science*, über das Individuelle hinaus zu allgemein gültigen, theoretischen Aussagen zu gelangen, ist anerkannter Masstab für wissenschaftliche Leistung schlechthin. Dies gilt heute in gleichem Masse für die Sozial- wie für die Naturwissenschaften; und auch die Geographie als wissenschaftliche Disziplin kann (und soll!) sich – nach weitverbreiteter Überzeugung – diesem Anspruch nicht entziehen.

Pflicht zur Wertung?

Interessanterweise ist es nun gerade eine Sozialwissenschaft, die Nationalökonomie, die schon seit jeher über diese beiden Stufen der Beschreibung und

---

in the initial stages. To resist the development of theory seems, however, to be self-defeating.» D. HARVEY (1969/60): «. . . setting up a model form of scientific explanation (. . .) functions rather as an ultimate objective, an ultimate goal, at which we aim in our pursuit of powerful, consistent, and reasonable descriptions and explanations.» ABLER/ADAMS/GOULD (1972/87): «. . . answers to these *what-is-where* questions (are) preliminary steps toward the explanations we produce by answering *why* questions.» JAMES/MARTIN (1972/383f) hingegen sehen nomothetische und idiographische Ansätze nicht als Dichotomie (zwischen Disziplinen, oder zwischen Entwicklungsstadien), sondern als zwei gleichberechtigte Arbeitsrichtungen innerhalb jeder Disziplin: «. . . geography is both idiographic and nomothetic, as indeed almost all other fields of learning must be.»

[33] So bei W. BUNGE (1966); W.J. COFFEY (1981). Gemeint sind also d-räumliche Aspekte. Vgl. dazu das legendäre «Game of Life» (J. FREDKIN, in: The Sciences, Jan/Feb 1985/p. 7): Lediglich die d-räumliche Konstellation der besetzten bzw. unbesetzten Felder determiniert – nach den vorgegebenen 'Spielregeln' wie Nachbarschaftseffekte, crowding, Isolation – die Entwicklung der räumlichen Struktur. Kritisch dazu etwa G. BAHRENBERG (1988/73): «. . . after more than 20 years of experience with spatial analysis we know that spatial variables (. . .) do not explain anything. . . . there are no 'spatial theories' . . .» – Ferner schon BAILLY/RACINE/WEISS-ALTANER (1978/346).

[34] Vgl. E. WIRTH (1979/184ff; 229ff); W. MOEWES (1977); D. HÖLLHUBER (1982/15ff).

[1] Gemeint ist hier die *traditionelle* Theorie, im Unterschied zur «Kritischen Theorie» im Sinne von M. HORKHEIMER (1937) und der Frankfurter Schule.

Erklärung hinaus eine dritte, nämlich die *normative Stufe*,[2] als ihr eigentliches Ziel betrachtet hat.[3] «Normative Aussagen» bedeutet dabei «Sollen-Sätze», Aussagen über «Sein-Sollendes», und nicht blosse «Sein-Sätze».[4]

So meint etwa A. LÖSCH (1944/2): «Nein, das eigentliche Geschäft der Ökonomen ist nicht, die miserable Wirklichkeit zu erklären, sondern zu verbessern. Die Frage nach dem *besten* Standort ist ungleich würdiger als die Feststellung des tatsächlichen.» Und JÖHR/SINGER (1969/87) postulieren: «Der Sozialwissenschafter hat (. . .) nicht nur das Recht, sondern die Pflicht zur Wertung. Er darf sich deshalb der Aufgabe nicht entziehen, das wirtschaftspolitische Problem zu lösen.» – Zum Kanon der Volkswirtschaftslehre gehört heute denn auch geradezu selbstverständlich Wirtschaftspolitik so gut wie Theoretische Nationalökonomie (bzw. deren Teilgebiete).[5]

Wertungen können in dreierlei Weise in die wissenschaftliche Arbeit einfliessen; es sind zu unterscheiden:
- die «Wertbasis» jeglichen wissenschaftlichen Arbeitens;
- «Wertungen» im Objektbereich der wissenschaftlichen Arbeit;
- eigentliche «Werturteile»;[6]

oder mit andern Worten: Wertungen als «Grundlage, Gegenstand oder Inhalt» wissenschaftlicher Aussagen.[7]

---

[2] «Normativ» im Sinne der Wissenschaftstheorie meint Disziplinen, die sich ausschliesslich mit «Normen» (also Vorschriften, Verhaltensregeln, Standards), ihrer Begründung und Ableitung befassen. Ungelöst ist dabei vor allem das Problem der 'letzten' oder 'höchsten Ziele': Wer setzt sie? Jeder Versuch ihrer Ableitung mündet in einen unendlichen Regress (J. SPECK 1980/451ff). Vgl. ferner J. BACKHAUS (1979).
Von den normativen Disziplinen (bzw. Sätzen) werden unterschieden: die faktischen oder empirischen (deskriptiven und explikativen) Disziplinen bzw. Sätze, d.h. «Aussagen» *sensu stricto* (J. SPECK 1980/452), sowie die logischen oder formalen Disziplinen bzw. Sätze. – Vgl. auch J. MAURER (1985/27ff); sowie KONEGEN/SONDERGELD (1985/30f), welche die normativen Aussagen weiter in «präskriptive» und «technologische» Zweck-Mittel-Aussagen gliedern.
Demgegenüber ist für die *normative Ökonomie* gerade eine Verschränkung von faktischen (singulären und generellen) Sätzen und normativen Sätzen konstitutiv; dafür verwendet P. WEINGARTNER (1971) den Begriff «normativ-deskriptiv», was ihren Übergangscharakter deutlich ausdrückt.
Im folgenden halten wir uns an die ökonomische Terminologie, denn eine strikte Trennung zwischen rein normativen und rein faktischen Aussagen (oder gar Disziplinen) ist weder möglich noch sinnvoll, sofern das handlungsbezogene Zwischenfeld nicht aufgegeben werden soll: normative Aussagen ohne faktischen Hintergrund sind inhaltslos, und faktischen Aussagen ohne normative Bezüge fehlt die Relevanz.
Vgl. dazu später die Diskussion um die Werturteilsproblematik.
[3] Die methodologischen Positionen waren (und sind) auch innerhalb der Nationalökonomie kontrovers, insbesondere seit der Auseinandersetzung um M. WEBERs Postulat der «Werturteilsfreiheit» und der Berechtigung einer «normativen» oder «politischen Ökonomie». Vgl. dazu W.A. JÖHR (1981); J. BACKHAUS (1979). Auf diesen *Methodenstreit* ist hier nicht weiter einzutreten.
[4] H. ESSER et al. (1977/157); W.A. JÖHR (1979/196).
[5] Dies gilt natürlich noch in vermehrtem Masse für die Betriebswirtschaftslehre. Vgl. etwa H. ULRICH (1970) und H. ULRICH (1978) sowie die weiteren Bände in der IfB-Schriftenreihe «Unternehmung und Unternehmungsführung».
Vgl. ferner die Entwicklung vom «Rechtspositivismus» und der «Begriffsjurisprudenz» zur «Interessenjurisprudenz» (A. KÖLZ 1985/51)
[6] H. ALBERT (1961). Vgl. ferner vor allem H. ESSER et al. (1977/154ff).
[7] H. KROMREY (1983/37). Er meint in bezug auf den Begründungszusammenhang wissenschaftli-

Wertbasis

Wissenschaftliches Arbeiten, insbesondere die Wahl der Fragestellungen und der Forschungsmethoden, haben stets eine bestimmte *Wertbasis*: das Interesse des Forschers ist nicht wertneutral, sondern beeinflusst durch persönliche und gesellschaftliche Wertungen und Präferenzen. Auch das implizite Akzeptieren gesellschaftlich vorgegebener Normen ist Teil der Wertbasis.[8]

Diese Normenbasis ist der Ausgangspunkt zur Konstituierung eines Forschungsbereiches durch eine (wissenschaftliche) Fragestellung über bestimmte Sachverhalte. Forschungsobjekte sind nicht 'gegeben' durch Gegenstandsbereiche (und sie sind auch nicht identisch damit), sondern sie werden durch *Erkenntnisinteressen* erst geschaffen. Es ist heute weitgehend unbestritten, dass in diesem Sinne keine Wissenschaft wertfrei sein kann.[9]

Die inhaltliche Gültigkeit von Aussagen ist davon nicht berührt, wohl aber (möglicherweise) ihre *Relevanz* in einem bestimmten gesellschaftlichen Umfeld.[10]

Werterhellung

'Wertungen im Objekt-Bereich' der wissenschaftlichen Aussagen meint das Erarbeiten von Tatsachen-Aussagen, welche konstitutiv verknüpft sind mit den Wertungen, dem *Wertverhalten* Dritter: jene sind Gegenstand des Fragens, sind Erkenntnisobjekte. In dem Masse, in dem sich eine Wissenschaft mit menschlichem Handeln (welches stets auf Wertungen gründet!) befasst, und zur «Werterhellung» (W.A. JÖHR 1981/31f) beiträgt, kann also von Wertfreiheit nicht gesprochen werden. Für die Geographie stehen hier raumrelevante Begründungszusammenhänge und Auswirkungen von Werthaltungen *raumwirksamer Akteure* im Vordergrund.[11]

Damit ist gesagt, dass zur *Werterhellung* nicht nur die (finale) Erklärung von Handlungsweisen (bzw. ihrer Ergebnisse) gehört, sondern auch die Diagnose: das Messen und Beurteilen tatsächlicher Entwicklungen, beobachteter Zustände, an Normen oder *Bewertungsmasstäben*; und das heisst also Aussagen über 'erwünschte/unerwünschte', 'bessere/schlechtere' Zustände im Sinne der angelegten Standards. Deshalb spricht W. SOMBART (1930/290) von der «richtenden Nationalökonomie». – Darüberhinaus werden aus diesen Bewertungen (und gestützt auf theoretische Kenntnisse über Wirkungszusammenhänge) Schlüsse

---

cher Aussagen, Werturteile seien notwendigerweise i m m e r deren Grundlagen, Gegenstände könnten sie sein, Inhalt dürften sie n i c h t sein.

[8] G. HALLER (1987/17ff) weist darauf hin, dass «Wertfreiheit» stets von den dominierenden Kräften gefordert wird, weil so ihre Machtbasis undiskutiert bleibt. Eine 'wertfreie' Wissenschaft ist deshalb stets affirmativ-konservativ.

[9] J. SPECK (1980/705); H. WANNER (1982/40); G. BÄUERLE (1984). Das Erkennen der Wertbasis von Wahrnehmung und Handeln ist auch für die Fachdidaktik von Bedeutung; vgl. dazu R. HANTSCHEL (1986b).
Vgl. ferner die konsequente Weiterführung des Gedankens in der Auffassung des Konstruktivismus zur subjektiven Konstituierung der «Wirklichkeit» (P. WATZLAWICK 1981). Ferner J. SPECK (1980/343ff); J. MITTELSTRASS (1974).

[10] Dies wiederum ist ein weiteres (ausserwissenschaftliches) Werturteil.

[11] R. HANTSCHEL (1984/138f).

gezogen über zukünftiges zielgerichtetes Handeln, über Massnahmen, die zu Verbesserungen führen.[12]

Solches Handeln orientiert sich also stets an *Zielen*; Werterhellung ist Voraussetzung für das Erarbeiten von *Entscheidungsgrundlagen*. Daraus folgt, dass für eine «handlungsorientierte Wissenschaft wie die Geographie» (wenn sie das sein will!) «normative Aussagen von grundlegender Wichtigkeit» sind (HANTSCHEL/THARUN 1980/21);[13] sie umfassen zwei Phasen: eine diagnostische und eine präskriptive (oder normative i.e.S.).

Normen sind ausser-wissenschaftlich vorgegeben

Das eigentliche *Werturteilsproblem* liegt nun darin, dass die Normen oder Zielsetzungen als solche ausserwissenschaftlich, das heisst individuell oder gesellschaftlich-politisch vorgegeben sind, und auch auf diesen Ebenen formuliert, diskutiert und kritisiert werden müssen: «Die Ziele (der Praxis) können hingegen nicht wissenschaftlich bestimmt werden, sondern nur kraft Dezision» (J. HABERMAS 1968); und K. GANSER (1978/2) meint: «Wissenschaft, die Politik ersetzen will, ist ebenso zum Scheitern verurteilt, wie Politik, die von der Wissenschaft die Vorgabe der Normen erwartet».[14]

Es ist bemerkenswert, dass sich gerade die Nationalökonomie (wohl infolge ihrer langen normativen Tradition) oftmals der Tatsache nicht mehr bewusst ist, dass auch ihre Zielsetzungen (zum Beispiel Wohlstandsmaximierung) nicht *ex divino* erfolgten oder als wissenschaftliche 'Gesetze' gefunden wurden. Vielmehr müssen sie als gesellschaftlich getragene, historisch bedingte *positive Setzungen* erkannt werden, und damit Kritik und Veränderung zugänglich sein.[15]

Die Wissenschaften selbst können dabei als ihre eigene Leistung aufzeigen, welche *Konsequenzen* sich aus bestimmten Zielsetzungen (und unter bestimmten Rahmenbedingungen) ergeben, und mit welchen Massnahmen sie allenfalls erreichbar wären.[16] Aber aus wissenschaftlicher Erkenntnis entstehen nicht automatisch bestimmte einheitliche, allgemeingültige Wertungen; diese hängen mindestens sosehr von der Wertbasis ab, sie sind *nicht kognitiv determiniert*. Oder mit andern Worten: Es gibt keine «quasi 'natürliche' und absolute (...) Wertordnung» (P. WEICHHART 1980a/532).

[12] Methodisch entspricht dies (insbesondere bei iterativen Verfahren) dem Prinzip des Regelkreises (J.W. FORRESTER 1968).

[13] Vgl. auch R. HANTSCHEL (1984/138): «Mit der Forderung nach Handlungsbezug (...) tritt neben die Aufgaben des Faches, (...) Raumstrukturen zu erfassen und vor allem zu erklären, auch die Perspektive der Bewertung solcher Strukturen anhand von Normen und der Umsetzung analysierter Zusammenhänge in Handlungsanweisungen.»
Oder umgekehrt formuliert: Das Normendefizit der Geographie ist ein wesentlicher Bestimmungsgrund ihrer mangelnden Praxisrelevanz.

[14] Zit. nach W.A. JÖHR (1979/310).
Ebenso R.E. TRAIN (1972/121): «Policy-making neither can nor should become totally 'scientific'. Vital decisions will always depend ultimately on the values we hold and on the way we express these values through the political system.» (Zit. nach J. KUMM 1975/402).
Vgl. als typisches Beispiel aus der Praxis die Diskussion um Grenzwerte im technischen Umweltschutz: H.H. DIETER (1986).

[15] Vgl. zum Beispiel das 'magische' Ziel-Viereck: «Vollbeschäftigung, Preisstabilität, aussenwirtschaftliches Gleichgewicht, Wachstum» gemäss § 1 Stabilitätsgesetz der BRD. Zur Kritik vgl. vor allem K.W. KAPP (1961/37f).

[16] Vgl. dazu die Szenario-Technik (G. STIENS 1982).

Werturteile

Umstritten sind deshalb (im Gegensatz zur Wertbasis und zur Werterhellung) die *Werturteile* i.e.S., das heisst die persönliche Bevorzugung bestimmter Wertungen durch den Wissenschafter, und die Verknüpfung solcher Werturteile mit Tatsachen-Aussagen. Kontrovers sind solche Werturteile vor allem dann, wenn sie nicht den akzeptierten gesellschaftlichen Normen entsprechen, wenn ihre *Legitimationsbasis* ausschliesslich im persönlichen Bereich liegt. So ist es verständlich, dass immer wieder versucht wird, Bewertungen und Zielvorstellungen als «aus den Gegebenheiten der Wirklichkeit deduziert» herauszustellen – ein untauglicher Versuch, weil über Wertvorstellungen nicht auf der kognitiven, sondern nur auf der *normativen Argumentationsebene* diskutiert werden kann; sie lassen sich nicht aus Fakten deduktiv begründen. Sie sind deshalb auch nicht «wahr» oder «falsch», sondern «gültig» bzw. «ungültig».[17] D. BIRNBACHER (1980a/106f) bezeichnet solche Schlüsse von deskriptiven Prämissen auf Werturteile als «naturalistische Fehlschlüsse».[18]

Demgegenüber scheint eine einleuchtende Lösung darin zu liegen, nach dem Vorschlag von H. ALBERT (1961/641) auf persönliche Werturteile i.e.S. zu *verzichten*; damit könnte wissenschaftliches Arbeiten in diesem Sinne wertneutral sein.

Ziel-Mittel-Hierarchien

Dieser *Ausweg* aus dem Dilemma (wenn es überhaupt als solches verstanden wird) ist aber nur ein *scheinbarer*: die Ableitung konkreter Massnahmen aus den Zielsetzungen führt nämlich in der Regel über eine ganze Stufenleiter von (mehr oder weniger konkreten) Zwischenzielen, also mittelbaren Zwecken im Hinblick auf das Oberziel. Dadurch erweitert sich die einfache Ziel-Mittel-Relation zu einer komplexen Zielhierarchie. Zudem sind sozio-ökonomische Wirkungsmechanismen und – für die Geographie bedeutsam – besonders auch die räumlichen Aspekte solcher Prozesse oft ungenügend geklärt; die Stringenz solcher Ableitungen ist nicht zwingend. Zwischenziele in bezug auf eine bestimmte Zielsetzung mögen in einem Zielkonflikt zueinander stehen; verschiedene (mehr oder weniger wirksame) Massnahmen mögen zur Diskussion stehen.

Daraus folgt, dass man *keine klare Grenze* ziehen kann zwischen ausserwissenschaftlich gesetztem Ziel und 'objektiv' (also werturteilsfrei) abgeleitetem Mittel. Es muss offenbleiben, wo «unmittelbare» und wo bloss «mittelbare Wertungen» erfolgen (G. MYRDAL 1958/269). Abgesehen davon bedeutet auch das stillschweigende Akzeptieren von Wertungen Dritter in diesem Kontext ein persönliches Werturteil. J. MITTELSTRASS (1972/42f) hält fest, dass die Wissenschaften die Praxis verändern, und er schliesst daraus, dass es «keine Autonomie der Wissenschaften» gebe.

---

[17] J. SPECK (1980/455); P. WEICHHART (1980a/233f).
[18] Ebenso bei U. BECK (1988/62ff): «Das naturalistische Missverständnis . . .». – Sehr pointiert ausgeführt am Beispiel der Ökologie bei J. DAHL (1982).

Wertung und Engagement

Mit andern Worten: Die *wissenschaftliche Leistung* und das persönliche (bzw. politische) *Engagement* bleiben *untrennbar* vereint in der Person des Wissenschafters, und das Postulat ihrer strikten Trennung wie zum Beispiel bei P. WEICHHART (1980a/535): «Eine Vermengung ökologischer Fakten und ethischer Forderungen (. . .) ist strikte zu vermeiden», ist in dieser Form unerfüllbar, und bedeutet eine «hoffnungslose Überforderung» jedes Forschers und Lehrers (D. ALDRUP 1980).[19]

Deshalb verlangt die 'Kritische Theorie' der Frankfurter Schule gerade, es seien nicht «Werte von Tatsachen abzuspalten», was bedeute, «dem puren Sein ein abstraktes Sollen gegenüberzustellen». Eine solche Separation von *Erkenntnis* und *Interesse* wäre eine Fiktion oder eine Selbstaufgabe; eine «strikte Trennung von deskriptiven und normativen Aussagen» würde die «Eigenständigkeit und Verantwortlichkeit» der Wissenschaft und des Wissenschafters gefährden.[20]

So ist es wenig sinnvoll, das 'Wertengagement' einfach abzulehnen; aber es muss bestimmten *Regeln* folgen. A. RIKLIN (1981/62ff) hat dazu die vierfache Bedingung der Explizitheit, Plausibilität, Aufrichtigkeit und Vorläufigkeit formuliert. Das bedeutet, dass die *Schnittstelle* zwischen Wertungen und Fakten *offengelegt* werden soll, und dass die normativen Aussagen einer Argumentation und auch einer Revision zugänglich sein sollen.[21]

In konsequenter Vollendung der normativen Stufe wissenschaftlichen Arbeitens entwirft schliesslich J. GALTUNG (1979) das Bild einer «dreiseitigen» Wissenschaft, deren Ziel es nicht nur ist, das Bessere aufzuzeigen, sondern Wirklichkeit *neu* zu schaffen durch wechselseitige Anpassung der drei Pole 'Fakten – Theorie – Werte'. Es handelt sich also um ein emanzipatorisches und zugleich aktivistisches Wissenschaftsverständnis, welches auf *Veränderung* angelegt ist, und die dritte Stufe wird zur normativ-operativen Stufe.[22]

---

[19] Vgl. dazu auch W. HABER (1981): «Ökologie ist eine wissenschaftliche Disziplin, (. . .) darüber hinaus aber auch eine Denkweise, (. . .) eine Lebensanschauung (. . .) geworden.» – «Auch ein Wissenschafter ist ein Mensch, der (. . .) an der weltanschaulichen Diskussion (. . .) engagiert teilnimmt.» – «So geht der Zwiespalt (zwischen wissenschaftlichem Zweifel und ethischer Überzeugung) mitten durch den Forscher hindurch.»
P. WEICHHART (1986b/8f) schliesst sich später dieser Auffassung an, insbesondere auch unter dem Gesichtspunkt, dass Wissenschafter über Wissen verfügen, welches sie zu verantwortlichem Handeln geradezu verpflichtet. Wesentlich ist ferner die Tatsache, dass Wissenschafter «Leitfiguren der sozialen Meinungsbildung» sind, und auch deswegen besondere Verantwortung tragen (1986b/21).
[20] J. HABERMAS (1963/149f); HANTSCHEL /THARUN (1978/249).
Vgl. dazu ferner P. FORNALLAZ (1982/2).
[21] Ähnlich fordert K. KÜHNE (1982/92f), Wertungen sollten «hypothetisch» (weil zeit- und gesellschaftsabhängig) formuliert und einer rationalen, argumentativen Diskussion unterstellt werden. – Ebenso D. BIRNBACHER (1980a/108); G. MYRDAL (1971/277f).
Vgl. dazu auch HANTSCHEL/THARUN (1980/21): « (. . .) die Aufnahme von Wertprämissen in Aussagezusammenhänge» ist «explizit» kenntlich zu machen.
Ebenso P. WEICHHART (1980a/535; 1986b/24). Hingegen lehnt er (im Sinne einer «vernünftigen Arbeitsteilung») einen eigentlichen 'Aktivismus' ab.
[22] KONEGEN/SONDERGELD (1985/30) gliedern die normative Aussagen in «präskriptive» und «technologische (Zweck-Mittel-)» Aussagen. Zusammen mit den diagnostischen Aussagen entspricht

3.3 Evolutive Erkenntnisprozesse

Zum Problem-Begriff

Mit dem Einbezug normativer Fragestellungen gewinnt nun auch der *Problem-Begriff* schärfere Konturen: Stets geht es um eine «ungelöste Aufgabe oder Frage» (H. SCHMIDT 1974/524), aber je nach der Stufe des wissenschaftlichen Arbeitens handelt es sich um Fragen sehr unterschiedlichen Charakters.[1] Vgl. dazu Abb.33-1.

Stufe	Problem := Diskrepanz zwischen ../..	Problemlösung (Erkenntnis) besteht in:	Konstitutives Element	Orientierung
deskriptiv	vorhandenes Faktenwissen/ benötigtes Faktenwissen (Daten-Lücke)	Ausweitung von Faktenwissen	Fakten	erkenntnis-
explikativ	Empirie/Theorie (Theorie-Lücke)	Verbreiterung od. Verfeinerung der Theorie-Basis	Gesetze	orientiert
normativ (-operativ)	Ist-Zustand/Soll-Zustand (Entscheidungs-Bedarf, Handlungs-Defizit)	Handlungs-Strategien, Massnahmen	Werte	entscheidungs-/ handlungs-orientiert

Abb. 33-1: Stufen wissenschaftlichen Arbeitens

- Auf der deskriptiven Stufe besteht eine Diskrepanz zwischen den vorhandenen Daten und dem Informationsbedarf: es fehlt *Faktenwissen*; Kenntnisse über einzelne Sachverhalte sollen beigebracht werden. Das Ergebnis der Problemlösung besteht in einer Ausweitung empirischer Daten.
- Auf der explikativen Stufe besteht eine Diskrepanz zwischen dem vorhandenen Theoriewissen, dem «aktuellen Theoriehorizont» (H. KÖCK 1982/229) und den vorliegenden Fakten, also eine *Theorielücke* oder ein ungeklärter Widerspruch zwischen Theorie und Empirie. Problemlösung bedeutet hier Verbreiterung oder Verfeinerung der Theoriebasis.[2]

das den drei Bereichen des *why – what – how* der Ziel-Mittel-Pyramide.
Auch D.M. SMITH (1977/10f) subsumiert zur normativen Stufe die «implementation»; ähnlich H.G. ROEPKE (1977/482) die «intervention».
Vgl. ferner T. HERMANSEN (1972/14f), welcher vier Stufen unterscheidet: «descriptive – positive – normative – control». Zit. nach E.A. BRUGGER (1982/8).

[1] Die konstitutiven Elemente der drei Stufen sind: Fakten – Gesetze – Werte; bzw. «fact – logic – assessment» (L. BAUER 1986)
[2] Entsprechende Sätze werden auch als «(empirisch-) kognitive» Aussagensysteme bezeichnet (E. GROCHLA 1969/388; J. PIAGET 1976). Erkenntnis fliesst also im wesentlichen aus Theorien bzw. Gesetzen.
Im Unterschied dazu sind in Abb. 33-1 beide Stufen, deskriptive und explikative, zusammenfassend als «erkenntnis-orientiert» bezeichnet.

– Auf der normativen Stufe schliesslich konstituiert eine Diskrepanz zwischen
Ist- und Soll-Zustand 'draussen' in der 'Wirklichkeit', in der 'realen Welt' ein
Problem: es besteht ein *Handlungsdefizit*.[3] In diesem Sinne problemorientierte Ansätze führen zu Problemlösungen in Form von Massnahmen-Strategien
und Handlungsvorschlägen; sie sind also entscheidungs- und handlungsorientiert.[4]

Auf Grund dieser Ableitung ergibt sich nun auch deutlich, dass die Stufen
aufeinander bezogen sind: Jede Stufe ist notwendige *Voraussetzung* der nächsthöheren Stufe. Dies bedeutet zunächst, dass ohne Faktenwissen keine Ausweitung der Theoriebasis und keine (diagnostische) Bewertung denkbar ist.

Darüber hinaus heisst dies: im Hinblick auf die Handlungsvorschläge der
dritten, normativen Stufe – als der 'eigentlichen Aufgabe' der Wissenschaft[5] –
kommt den Ergebnissen der Beschreibung und Erklärung zwar eine unabdingbare Notwendigkeit zu; ohne sie gibt es keine fundierten Handlungsstrategien.
Sie sind aber nicht mehr länger nur Selbstzweck, vielmehr haben sie eine
eminente *instrumentelle Bedeutung* im Dienste der praxisorientierten Problemlösungen.[6]

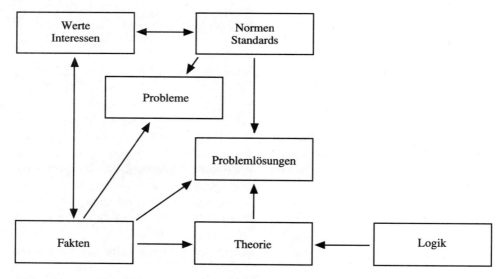

Abb. 33-2: Problemlösungen entstehen durch die Verknüpfung von Fakten,
Theorie und Normen

---

[3] Hier ist freilich an die G.C. LICHTENBERG zugeschriebene Sentenz zu erinnern, dass man wohl
unterscheiden müsse zwischen Dingen, welche man ändern könne und jenen, die man hinzuneh-
men habe. Mit andern Worten: Ein Handlungsdefizit besteht nur insofern, als es um Probleme
mit *Handlungsspielraum* geht.
[4] W.A. JÖHR (1979/308ff); HANTSCHEL/THARUN (1980/21); W. NOHL (1982/163).
Eine ganz andere Art der 'Problemlösung' kann natürlich auch durch die Anpassung der Norm
an die Ist-Werte erfolgen. Vgl. als ein Beispiel dazu H. DREISSIGACKER (1980).
[5] Ob die normative Stufe tatsächlich als die 'eigentliche Aufgabe' betrachtet werden soll, bedarf
allerdings noch der Klärung. Vgl. dazu ausführlich Teil 6 «Normative Metatheorie».
[6] Vgl. dazu R. HANTSCHEL (1984/138); sowie W.A. JÖHR (1979/202f).

Deshalb fordert die *Kritische Theorie* der Frankfurter Schule auf allen drei Stufen eine *emanzipatorische* Haltung, welche darauf abzielt, die Interessenzusammenhänge deutlich zu machen und Alternativen aufzuzeigen. Demgegenüber verstärkt traditionelles Erkenntnisinteresse (also eine unkritische Werthaltung) die bestehenden Strukturen, sie wirkt *affirmativ*.

So erscheinen die drei Stufen nicht nur als aufeinander aufbauende Phasen im Prozess des wissenschaftlichen Arbeitens, sondern darüberhinaus auch als Stadien eines sich erweiternden *Wissenschaftsverständnisses*, von der Beschreibung über die Erklärung zur Gestaltung.[7]

Wissenschaftliche Prozesse

Die bisherigen Überlegungen führen zu einem linearen Prozess-Schema, wie in Abb. 33-3 dargestellt.[8] Darin kommen einmal als zentrales Element die *wissenschaftlichen Leistungen* zum Ausdruck, wie sie spezifisch auf den drei Stufen Schritt für Schritt erbracht werden. Ebenso wird dargestellt, was (neben den Vorleistungen der vorangehenden Stufe) an zusätzlichen Eingaben in den Prozess einfliesst. Diese Art der Darstellung will deutlich machen, dass bei diesen zusätzlichen Eingaben die Schnittstellen zu sehen sind zwischen dem wissenschaftlichen Prozess im engeren Sinne und *externen* Vorgaben, die in Anspruch genommen werden.

Im Einzelnen geht es um folgende Schritte:

– Auf der deskriptiven Stufe, der Beschreibungs-Ebene, liegen Daten zunächst als 'atomistische' Fakten, das heisst ungeordnet vor. Sie werden durch *Beschreibung* und *Klassifikation* geordnet (strukturiert);[9] dies kann in verbaler bzw. graphischer Form oder unter Einsatz von statistischen Methoden in formalisierter Form erfolgen.[10]

– Auf der explikativen Stufe, der Erklärungs-Ebene, werden Nomologische Hypothesen eingeführt und an den vorliegenden Daten getestet; im positiven Fall ergeben sich daraus neue *Gesetze*. Daraus lassen sich (unter Beizug von Szenarien) *Projektionen* ableiten, also prognostische Aussagen.[11]

[7] Wieweit innerhalb der Geographie als wissenschaftlicher Disziplin dieses Verständnis reicht, wird im Kapitel 5.2 «Normative Geographie» diskutiert.

[8] Vgl. dazu E. WIRTH (1979/140ff) sowie bereits R.J. CHORLEY (1964/129) und P. HAGGETT (1965/20), welche für die deskriptive (und zum Teil explikative) Stufe ähnliche Schemata vorlegten. Ferner G. SCHÖNFELDER (1984/165) mit den «Arbeitsschritten: Inventarisierung – Zustandsanalyse – Diagnose – Folgeprognose – Bewertung – Empfehlung».
In bezug auf die berechtigten Einwände gegenüber einem linearen Ablaufschema vgl. den zusammenfassenden Abschnitt «Evolutive Erkenntnisprozesse».

[9] Eine weitere Möglichkeit der Strukturierung ungeordneter Daten ist die Typisierung; sie erfordert die Einführung eines Idealtypus.

[10] Hierbei sind die Methoden der beschreibenden und der schliessenden Statistik zu unterscheiden, das heisst «exploratory» bzw. «explanatory statistics» (BARTELS/KETELLAPPER 1979).
Allerdings wurde schon darauf hingewiesen, dass eine statistische Aussage keine eigentliche Erklärung sein kann, sondern nur ein 'Indiz' (H.M. BLALOCK 1964); insofern ist der Begriff «explanatory statistics» zu relativieren, das Begriffspaar «beschreibende/analytische Statistik» vorzuziehen (BAHRENBERG/GIESE 1975/6f, 89).

[11] Von Prognosen i.e.S. ist nur dann zu sprechen, wenn den Voraussagen eine hohe Eintretenswahrscheinlichkeit zugesprochen werden kann. Vgl. dazu EIDG. STATISTISCHES AMT (1977/10); sowie F. KNESCHAUREK (1978/14).

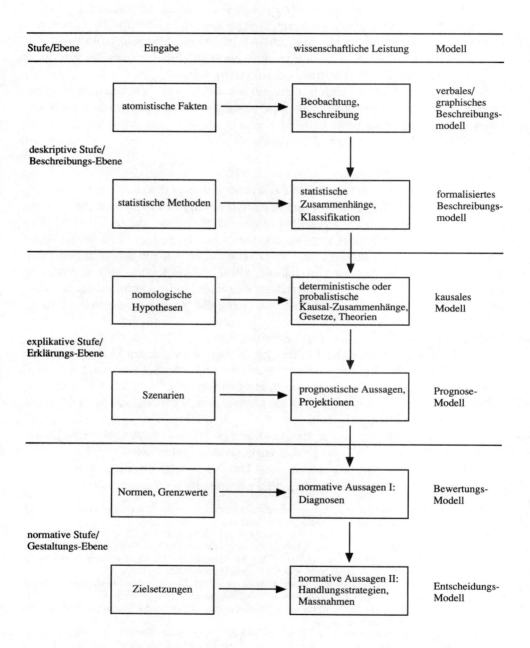

Stufe/Ebene	Eingabe	wissenschaftliche Leistung	Modell

Abb. 33-3: Schema des wissenschaftlichen Arbeitsprozesses

– Auf der normativen Stufe, der Gestaltungs-Ebene, erfolgt im ersten Schritt eine *Bewertung* oder Diagnose eines bestimmten Sachverhaltes, wozu Normen (Grenzwerte) beigezogen werden müssen. Zur Realisierung von Zielsetzungen werden schliesslich (als Entscheidungsgrundlagen) – unter Einbezug der nomologischen Aussagen – *Massnahmen-Strategien* formuliert.

Modelle

Die Ergebnisse der einzelnen Arbeitsschritte (das heisst die entsprechenden Aussagen-Systeme) können nun auch mit *Modellen* in Beziehung gebracht werden: Modelle werden hier umfassend verstanden als Abbildungen von Sachverhalten,[12] wobei durch Vereinfachung die dem jeweiligen Zweck entsprechenden Besonderheiten hervorgehoben werden. Dabei sollen die abgebildeten Sachverhalte als ein irgendwie geordnetes Ganzes (also ein 'System') verstanden werden können.[13] Die Einschränkung nur auf die Abbildung von theoretischen Aussagensystemen[14] erscheint gerade im Zusammenhang mit den hier diskutierten drei Phasen wissenschaftlichen Arbeitens als wenig sinnvoll, da ja die Produkte aller Arbeitsschritte dokumentiert (und das heisst: *abgebildet*) werden müssen.[15]

Besonders hervorzuheben sind in diesem Zusammenhang *Karten* und kartenähnliche Darstellungen wie auch Diagramme als Modelle, als *nicht-verbale Abbildungen* oder Aussagen-Systeme:[16] Sie ermöglichen die stark verdichtete Abbildung von komplexen Aussagen, insbesondere auch über räumliche Strukturen und Koinzidenzen, und ergeben durch die Synopse einen gleichzeitig kompakten und transparenten Zugang zu relevanten Sachverhalten. Für diesen Zweck sind sie verbalen (und das heisst: linearen) Abbildungen weit überle-

---

[12] Der Modell-Begriff wird oft in unklarem oder auch willkürlich einschränkendem Sinne verwendet, etwa bei der Beschränkung auf theoretische Modelle, so bei D. BARTELS (1970a/14). Vgl. dazu Anmerkung 13.

[13] H. STACHOWIAK (1965/438); E. GROCHLA (1969/384).
J. GÜSSEFELDT (1979/323ff): «Jede Abbildung bestimmter Strukturen und Relationen von definierten Elementen heisst Modell».
P. HAGGETT (1965/19): «In model building we create an idealized representation of reality in order to demonstrate certain of its properties».
E. WIRTH (1979/130f, 144): «Die drei Hauptmerkmale aller Modelle sind Abbildung, Verkürzung und Subjektivierung»; «Modellbildung ist Wechselbeziehung der drei Komponenten 'Original – Subjekt – Modell'»; «Modelle sind vereinfachte, fragestellungsbezogene Abbildungen (von Systemen)».

[14] So zum Beispiel bei D. HARVEY (1967a/552): «A model may be regarded as the formal presentation of a theory»; ebenso D. HARVEY (1969/144ff).
Ähnlich D. BARTELS (1970a/14); ABLER/ADAMS/GOULD (1972/45f); A.G. WILSON (1972/32); H. KÖCK (1980b/374).

[15] Vgl. dazu E. GROCHLA (1969/383f); ferner R.L. ACKOFF et al. (1962/108f): «Scientific models (. . .) relate the knowledge we have about different aspects of reality. – They are our descriptions and explanations of reality. – A scientific model is (. . .) a set of statements about reality. These statements may be factual, law-like, or theoretical.» (zit. nach D. HARVEY 1969/145).
Analog J. JEFFERS (1982); E. WIRTH (1979/129f); sowie J. GÜSSEFELDT (1979/325); es werden dort folgende «Aussagearten» unterschieden: deskriptive, präskriptive und hypothetische. Allerdings besteht ein innerer Widerspruch, wenn eingangs lediglich die Rede von der Abbildung von «empirischen Relativen» ist (1979/323).

[16] Vgl. dazu C. BOARD (1967); D. HARVEY (1969/369ff); G. SCHÖNFELDER (1984).

gen,[17] vor allem wenn noch mit der 'dritten' Dimension Farbe gearbeitet werden kann.

Karten i.w.S. als Abbildungsmedium sind vor allem auf der deskriptiven Stufe gebräuchlich; sie können aber auch auf der explikativen und normativen Stufe (zum Beispiel als Entscheidungsunterlage oder als *Plan*, das heisst als Festsetzung) verwendet werden.

Zur *Systematisierung* von Modellen liegen verschiedene Vorschläge vor, insbesondere solche nach dem Merkmal der Abbildungstechnik.[18] Hier steht indessen die Aussageart als Kriterium im Vordergrund, sodass von deskriptiven, explikativen und normativen Modellen, bzw. – in Anlehnung an E. GROCHLA (1969/386) – von Beschreibungs-, Erklärungs- und Entscheidungs-Modellen gesprochen werden soll. Entsprechend den sechs unterschiedenen Prozess-Schritten (je zwei auf jeder Stufe) ergibt sich das in Abb. 33-4 dargestellte differenzierte Begriffs-System.[19]

Normative Modelle werfen besondere Probleme auf. Typische Modellstrukturen sind Entscheidungsbäume bzw. Matrizen mit Lösungsalternativen einerseits und Prüfkriterien andererseits. Die kritischen Elemente dabei sind die einzelnen Zielerfüllungs- oder *Bewertungsfunktionen*, sowie insbesondere die *Aggregation* von Teilwerten zu einem 'Gesamt'-Urteil. Das Problem besteht darin, dass Bewertungs- und Entscheidungsmodelle die effektiven Strukturen solcher Prozesse korrekt abbilden sollen; reale Indifferenz- bzw. Substitutionsentscheide sind indessen schwer fassbar, jedenfalls selten linear. Zudem müssen die Modelle der beschränkten Transparenz und Rationalität der *Entscheidungsprozesse* Rechnung tragen; es kommt weniger auf höchste Datengenauigkeit an als auf offene und mehr noch verdeckte Zielsetzungen und Abwägungen, in welche Argumentations- und Interessenzusammenhänge eingehen.[20]

EDV-gestützte *Expertensysteme* tragen in der Regel solchen Restriktionen zu wenig Rechnung: Sie gehen von einem stringenten Set von Entscheidungsregeln, völliger Transparenz und Rationalität aus, und eignen sich deshalb nur für rein technische Systeme.[21]

---

[17] Dies ist anhand jeder Karten-(ähnlichen) Darstellung leicht nachvollziehbar, zum Beispiel aus dem Bereich der Grundbuch- und Zonenpläne: Der Aufwand für eine verbale Aussage wäre immens, und würde dennoch nicht die nötige Genauigkeit und Dichte erreichen. – Als eindrückliches literarisches Beispiel etwa U. ECO (1980/411).

[18] So etwa bei H. STACHOWIAK (1965/439ff); R. MINSHULL (1975/24ff); HAGGETT/CHORLEY (1967/25); ferner E. WIRTH (1979/144ff); und stark vereinfacht J. GÜSSEFELDT (1979/325).

[19] Vgl. dazu die Terminologie bei E. GROCHLA (1969/382ff); H. STACHOWIAK (1965/461); E. WIRTH (1979/149ff); HAGGETT/CHORLEY (1967/25); I.S. LOWRY (1965/158f).

[20] Vgl. dazu vor allem H.J. SCHEMEL (1985); ferner E. BUGMANN (1975); sowie die Kontroverse um die Nutzwertanalyse.

[21] Vgl. dazu M. LUSTI (1985); SCHNUPP/LEIBRANDT (1988).

E. Grochla 1969/382ff	Erfassungs-/ Beschreibungs-M. = deskriptive AS	Erklärungs-Modelle = empirisch-kognitive AS	Entscheidungs-Modelle = praxeologische AS
I.S. Lowry 1965/158f	descriptive models	predictive models	planning models
Haggett/Chorley 1967/25	descriptive models	predictive models	–
E. Wirth[1] 1979/143	–	Erklärungs-/ Prognose-M. = prospektive Modelle	Entscheidungs-/ Planungs-Modelle = operative Modelle
E. Wirth 1979/149ff	deskriptive Modelle	theoretische Modelle	finale Modelle
J. Güssefeldt 1979/324	deskriptive Modelle	hypothetische Modelle	präskriptive Modelle

M. Boesch 1989			
Stufe	deskriptiv	explikativ	normativ
Ebene	Beschreibungs-E.	Erklärungs-Ebene	Gestaltungs-Ebene
Modell-Typen	verbale/graphische bzw. formalisierte Beschreibungs-M.	kausale Modelle Prognose-Modelle	Bewertungs-Modelle Entscheidungs-M.

M. = Modelle   AS = Aussagen-Systeme   E. = Ebene
[1] nach Stachowiak (1965/461)

Abb. 33-4: Übersicht über die Terminologie betreffend Modelle

Evolutive Erkenntnisprozesse
Das simple lineare Schema des Erkenntnisfortschrittes ermöglicht zwar die Darstellung der entscheidenden Prozess-Schritte und der Schnittstellen zu den Eingaben in den fortschreitenden Erkenntnisprozess, ferner die klare Darstellung der Terminologie; aber es bedarf zweier entscheidender *Erweiterungen*:
– In konkreten Erkenntnisprozessen kommt es zwischen den erwähnten Prozess-Schritten zu Sprüngen und Rückkoppelungen. *Vernetzung* statt Linearität ist dafür die adäquate Abbildung.[22]

---

[22] R.J. Chorley (1967/60) weist auch darauf hin, dass die verschiedenen Prozess-Schritte «in parallel or in series» ablaufen können.

– Erkenntnisgewinn ist ja nicht ein einmaliger Ablauf, sondern ein *evolutiver Prozess*, der zur Selektion und Akkumulation von Wissen führt;[23] dabei entstehen mit der Erweiterung des Erkenntnisstandes wechselweise neue Datenlücken und neue Theorielücken, die im «Äquilibrationsprozess» (das heisst dem steten Überwinden von Unausgewogenheiten und Widersprüchen in einem neuen Gleichgewichtszustand auf höherem Niveau) erneut geschlossen werden (J. PIAGET 1976). Damit erweitert sich die Linearität des Erkenntnisfortschrittes zum *Spiralmodell*: Eine Umdrehung der Spirale entspricht dabei dem oben linear dargestellten Ablauf von Beschreibung über Erklärung zur Gestaltung.[24]

Der Einbezug der normativen Stufe, der Gestaltungsebene, oder allgemeiner ausgedrückt: der explizite *Praxisbezug* wissenschaftlicher Tätigkeit lässt die Frage nach dem Kontext des Erkenntnisfortschrittes in einem neuen Licht erscheinen. Er ergibt sich nicht einfach spontan aus einer Unausgewogenheit von Empirie und Theorie an sich, sondern vielmehr als Folge eines Defizites an wissenschaftlichen Erkenntnissen (deskriptiven und explikativen) gegenüber den aktuellen Erfordernissen der Gesellschaft. Die Theorie der Evolution der Erkenntnisprozesse hebt gerade auch ab auf eine gegenseitig wirkende Dynamik aller drei Elemente, welche Wissenschaft konstituieren: *Fakten, Theorien, Werte*.

L.I. VOROPAY (1977/614) spricht – wohl in Anlehung an T.S. KUHN (1962) – in diesem Zusammenhang gar von einer «Krise», welche dann überwunden wird, wenn sich die Disziplin erfolgreich den neuerdings *relevanten Fragestellungen* zuwendet.[25] Ob einer solchen Neuorientierung das Prädikat «revolutionär» zukommt, ist hier nicht weiter von Bedeutung; dabei mag eine Rolle spielen, wie eng (bzw. umfassend) der 'Paradigma'-Begriff verstanden wird.[26] Entscheidender ist die scheinbar paradoxe Schlussfolgerung, dass gerade durch den Praxisbezug auf der normativen Stufe überhaupt erst wieder empirische und theoretische *Erkenntnisfortschritte* möglich werden.

Wieweit diese Schlussfolgerung auch für die Geographie gelten soll, und was dies konkreter bedeuten könnte – diese *grundsätzliche* Frage um Zulässigkeit bzw. Notwendigkeit einer normativen Stufe wird in Kapitel 5.2 «Normative Geographie» aufgenommen.

[23] Die These von der Akkumulation der Erkenntnis gilt selbst unter Annahme einer «revolutionären Theoriendynamik» (J. SPECK 1980/653). – Zur «Evolutionären Erkenntnistheorie» vgl. RIEDL/WUKETITS (1987); insbesondere G. VOLLMER (1987); ferner R. RIEDL (1979).

[24] Vgl. R. RIEDL (1979/104); danach H. KÖCK (1982/235), hervorgegangen aus einem geschlossenen Kreismodell zur Abbildung des «Prozesses chorologischer Modell- und Theoriebildung» (H. KÖCK 1980b/376). Ferner auch R. SATTLER (1986/45ff). – Zur Bedeutung der Spirale vgl. ferner HARTMANN/MISLIN (1985); besonders G. FANKHAUSER (1985).

[25] Für L.I. VOROPAY (1977/614ff) beginnt die aktuelle Neuorientierung der Geographie um 1930 (nach tiefer Krise um die Jahrhundertwende), mit der Zuwendung zu komplex-dynamischen (human-ökologischen) Fragestellungen: zunächst in der Phase der Datensammlung (remote sensing!), dann ab 1970 beginnende theoretische Systematisierung, die schliesslich gegen Ende des Jahrhunderts in die Phase der Anwendung ausmünden wird (was gleichzeitig auch einen höheren sozialen Status bedeutet!). – Vgl. dazu auch CHORLEY/HAGGETT (1967/35ff).

[26] J. SPECK (1980/468f; 651ff).

4 Zur Kritik am Szientismus

Man erzählt sich, daß alles mit einem
Fehler im Programm begann . . .

4.1 Kritik an der Analytischen Wissenschaftstheorie

Monolithische Wissenschaft oder . . .
Dieses kohärente Bild einer Wissenschaft, welche sich in ihrer Gesamtheit geradezu gesetzmässig auf *nomothetische Erklärung* und Gestaltung hin entwikkelt, ist brüchig geworden. Die Vorstellung von der einen (monolithischen) wissenschaftstheoretischen Basis erscheint als Illusion. Die *scientific method* ist in den letzten Jahren vermehrt kritisiert worden – vor allem in ihrem Anspruch, d i e wissenschaftliche Methode zu sein, d e r Ansatz, welcher als einziger 'objektive Wahrheit' (zumindest vorläufige) liefern könne.[1]

Insbesondere wird die absolute Übertragung des neopositivistischen Konzeptes der Analytischen Wissenschaftstheorie (durch den Kritischen Rationalismus) auf die *Sozialwissenschaften* als gescheitert betrachtet.[2] Diese Überhöhung und die teilweise unüberlegte, mechanistische, unkritische, ja irreführende Anwendung naturwissenschaftlicher Methodologie auf andere Problembereiche wird als *Szientismus* bezeichnet und kritisiert.[3]

Die *Kritik* ist ein allgemeines Phänomen, vor allem in der Wissenschaftstheorie: H. SCHNÄDELBACH (1984/10) spricht nicht nur von einer «Krise des szientistischen Glaubens», sondern von einer allgemeinen *Rationalitätslücke*, welche Wissenschaft insgesamt in Frage stelle. In den Sozialwissenschaften ist insbesondere die Kritik durch die Frankfurter Schule zu erwähnen;[4] eine vergleichbare Diskussion wird neuerdings aber auch in den Naturwissenschaften geführt.[5] Damit ist deutlich geworden, dass es nicht um ein (erneutes) Auseinanderfallen

---

[1] Die Diskussion wird vor allem im anglo-amerikanischen Bereich geführt. So konstatiert W. ZELINSKY (1975/123): «Science has become the dominant religion of the late twentieth century.» Allerdings zeichne sich angesichts vieler ungelöster sozialer und Umweltprobleme ein Umdenken ab: «the reign of the Church of Science may be quite brief because of basic defects in its methods and philosophy.»
Ähnlich spricht B. MARCHAND (1979/265) vom «myth of positivism which believes hypocritically in an 'objective', i.e. unbiased science which could find Truth independently of any ideological framework.»
Und M. CURRY (1985/116) stellt fest: «. . . the belief that there is some natural, universal form of rationality is ungrounded.» – «. . . methods (. . .) of human and physical geography must be recognized as largely resting on convention, as largely the result of historical process rather than of the convergence of various endeavors along some increasingly rational path.»

[2] Ausführlich K.W. KAPP (1961).

[3] Der Begriff «Szientismus» geht auf F.A.v. HAYEK (1955) zurück.
Dazu J.F. HART (1982/5): «I am not attacking science. What I am attacking is scientism (. . .) Of course, we should use the tools and techniques of science when they are appropriate because we would be fools indeed if we failed to use the sharpest tools and the best techniques that are available, but we would be even bigger fools if we presumed that the tools and techniques of the physical sciences were invariably the best, or that they could cast much insight into human affairs.»

[4] Vor allem E. TOPITSCH (1965); T.W. ADORNO et al. (1969); J. HABERMAS (1970); ferner K.W. KAPP (1961). Vgl. dazu W.A. JÖHR (1979/308ff); ferner T.S. EBERLE (1984). Für die Situation in der Psychologie geben REXILIUS/GRUBITZSCH (1986) einen guten Überblick. – In geringerem Masse trifft das Gesagte auch auf die Wirtschaftswissenschaften zu. Vgl. dazu F. KAMBARTEL (1979); sowie H. ULRICH (1985).

[5] Zur Diskussion in den Naturwissenschaften vgl. vor allem PRIGOGINE/STENGERS (1979); J. DE ROSNAY 1975; F. VESTER (1978; 1984a); G. ALTNER (1986); R. SATTLER (1986) sowie R. RIEDL (1987).

von Natur- und Sozialwissenschaften geht, sondern um eine grundsätzliche Diskussion, die quer durch *alle* Disziplinen verläuft.[6]

Hier soll vor allem die Diskussion im geographischen Kontext verfolgt werden.[7] Eingeleitet durch den epochalen Aufsatz von F.K. SCHAEFER (1953), der die Geographie dem Positivismus[8] öffnete, und unterstützt durch die *Quantitative Revolution* (I. BURTON 1963), schien die *scientific method* mit D. HARVEYS Klassiker *Explanation in Geography* (1969) endgültig als geographische Einheitsmethodologie etabliert zu sein.[9] Stattdessen setzt sich – jedenfalls faktisch – mehr und mehr ein wissenschaftstheoretischer Pluralismus durch.[10]

... wissenschaftstheoretische Pluralität?

Die Kritik am Szientismus ist nämlich sehr *vielschichtig* und kommt aus den verschiedensten Quellen; sie nimmt teils traditionelle Positionen wieder auf, teils geht es um ganz neue Aspekte. Entspricht es wohl einer dialektischen (bzw. symmetrischen?) Grundstruktur menschlichen Denkens,[11] solche Vielfalt dennoch durch das Identifizieren von *Polaritäten* klar zu ordnen? Zu erwähnen sind etwa die Gegensätze zwischen 'Erklären' und 'Verstehen', zwischen 'kategorialen' und 'dialektischen' Paradigmata, zwischen 'analytischen' und 'hermeneutischen' Ansätzen, zwischen «sophisticated-fragmented» und «unsophisticated-fused treatment», sowie zwischen «value-free» als Ideal der positivistischen Richtung und «value-oriented» als Haltung der normativ-kritischen (und anderer) Richtungen.[12] Dies alles sind jedoch allzu starke Verkürzungen: Die nicht-analytischen Richtungen lassen sich keineswegs als neue *Einheitsmethodologie* zusammenfassen.

---

[6] Vgl. dazu vor allem auch J. PORTUGALI (1985).

[7] Vgl. dazu E. RELPH (1981/135), P. SEDLACEK (1982), sowie P. WEICHHART (1986a/84). Bei E. WIRTH (1979) ist der Begriff als solcher nicht aufgeführt, wohl aber manche der entsprechenden Kritikpunkte. Zum Scheitern des neopositivistischen Konzeptes ferner explizit E. WIRTH (1984a/75f; 1984c); sowie kritisch F. SCHAFFER (1986/486ff).

[8] *Positivismus* wird hier und im folgenden unspezifisch als Sammelbegriff für die Ansätze der positivistischen Tradition verwendet, also speziell auch für die neo-positivistischen Ansätze der Wiener Schule bis hin zum Kritischen Rationalismus. Vgl. dazu auch R.J. JOHNSTON (1983/11ff), ferner M. BOWEN (1981).

[9] N. SMITH (1979/356) bezeichnet D. HARVEYS *Explanation in Geography* als «milestone in geographic thought», aber auch als «gravestone of geographic positivism».

[10] Genauer muss hier von 'Pluralität' die Rede sein. Zur begrifflichen Differenzierung von Pluralismus und Pluralität vgl. ausführlich im Kapitel 6.1 «Pluralismus und Praxisbezug».
Vgl. dazu bereits R.J. CHORLEY (1973); ausführlich J. BIRD (1979); ferner P. SEDLACEK (1979); R.J. JOHNSTON (1979/220); HARVEY/HOLLY (1981); J.L. PATERSON (1984/105ff); sowie M. CURRY (1985).

[11] Vgl. R. WILLE (1988): «Sowohl das natur- und geisteswissenschaftliche Denken als auch die Künste und die Prinzipien menschlichen Handelns neigen dazu, sich in Strukturen symmetrischer Natur auszuformen.»

[12] Vgl. dazu J.L. PATERSON (1984/105ff); R.J. JOHNSTON (1979/123f); G.P. CHAPMAN (1977/2); J. BIRD (1978/137; 1979/119).
Vgl. dazu aber auch die Diskussion über «multiple-paradigme sciences» (HARVEY/HOLLY 1981/13ff).

In Relation zum Positivismus kann man einiges als vordergründige oder *periphere* Kritik bezeichnen; manches ist hingegen fundamental oder *radikal*.[13] Periphere Kritik zielt in der Regel auf bessere Ergebnisse unter Beibehaltung der Forschungsansätze, während radikale Kritik gerade diese selbst grundsätzlich in Frage stellt.[14]

Insgesamt ist es eine *Reaktion* auf den szientistischen Monismus, auf die vorangehende Dominanz der *philosophy of science* als Ausdruck einer «mechanistischen Kosmologie» (A.N. WHITEHEAD 1978).[15] Trotz der Renaissance nicht-analytischer Ansätze muss aber der positivistischen Methodologie weiterhin ein hoher Stellenwert zugestanden werden.[16]

Die Beurteilung der Pluralität ist *kontrovers*. G.P. CHAPMAN (1977/2) beispielsweise hält die wissenschaftstheoretische Auffächerung in der Reaktion auf den Positivismus für «unvermeidlich», aber auch für «wertvoll»; er hofft immerhin, dass die Leistungen des Positivismus Bestand haben.[17] Und R.B. NORGAARD (1989) konstatiert, dass nur ein «methodologischer Pluralismus» in der Lage sei, die aktuellen wissenschaftlichen Probleme hochkomplexer Systeme zu lösen.

Demgegenüber bemängelt etwa P. SEDLACEK (1982a/12ff) gerade diese aufkommende Pluralität mit der Behauptung, eine Disziplin ohne «Einheitsmethode» zerfalle in «verschiedene Lehrgebäude, denen nur noch die Bezeichnung gemein» sei, und hofft auf eine «Überwindung des Pluralismus durch gemeinsames Verständnis». Damit wird die alte Kontroverse um die *Einheit der Disziplin* (bzw. die Grundlegung solcher Einheit: Forschungsgegenstand? Methodik? Forschungsperspektive? Paradigma?) weitergeführt.[18] Nach der Entwicklung der Sachverhalte und der Entscheidungskriterien wird diese Diskussion im Kapitel 6.3 «Leitbild Geographie» aufgenommen werden.

Periphere Kritik und ...

Die *periphere Kritik* am Szientismus soll hier nur kurz gestreift werden, ohne ausführlicheres Eingehen auf die meist methodischen Probleme. Die Argumente lassen sich knapp zusammenfassen: Die angegangenen Fragen (vor allem im Bereich Umwelt-Wirtschaft) sind sehr komplex, die Problemlage diffus. Demge-

[13] Die Unterscheidung *peripher / radikal* korrespondiert mit den beiden Phasen «normale Wissenschaft» und «wissenschaftliche Revolution» bei T.S. KUHN (1962). Der Begriff radikal hat hier also keinen Bezug zur (marxistischen) *radical geography* (R.J. JOHNSTON 1979/175ff).

[14] So etwa bei P. FEYERABEND (1975/21ff) mit seinem «anything goes», also der totalen Absage an die Dominanz der analytischen Theorie POPPERscher Prägung.
Vgl. dazu M. CAMHIS (1979/78ff); sowie M. CURRY (1985).

[15] Zur Kritik an der mechanistischen Kosmologie vgl. vor allem auch S. GIEDION (1948).

[16] Vgl. dazu etwa J.L. PATERSON (1984/105ff); ferner auch P. WEICHHART (1986b/24): «... die gegenwärtig dominierende neopositivistische Orientierung unseres Faches...».

[17] G.P. CHAPMAN (1977/2): «...(that) the results of the positivist attitude will not be totally eroded».

[18] Ähnlich D. BARTELS (1968b).
Hingegen D. BARTELS (1973/24) sowie HARVEY/HOLLY (1981/13f) mit dem Hinweis auf «multiple-paradigme sciences»; ferner B. MARCHAND (1979/258) mit seiner Kritik an den «sterilen Dichotomien», welche jeden wissenschaftlichen Fortschritt blockieren.

genüber ist die Datenbasis *schmal*, Daten zum Teil unzuverlässig oder wenig aussagekräftig; oft handelt es sich um 'weiche' Daten (wie zum Beispiel Umfrage-Ergebnisse oder Sozialindikatoren). Daraus lassen sich schwerlich Gesetze ableiten. So herrscht, gemessen an den *schwachentwickelten* Theorieansätzen, dennoch ein Datenüberfluss, und verfügbare Daten bestimmen die Forschungsfragen.[19] – Für geographische Fragen im speziellen kommt das ungelöste Problem der räumlichen Autokorrelation dazu.[20]

Auf der andern Seite besteht (aus der Sicht der Praxis) ein *Zwang zum Handeln*. So führt der gewohnte nomologische Perfektionismus in dieser Situation dazu, dass eine grosse Klasse von (komplexen) Problemen entschieden wird, bevor die Wissenschaft dazu etwas Gültiges sagen konnte; oder es wird endlos lange geforscht, und die Probleme ungelöst vor sich hergeschoben.[21] – Umgekehrt wird aber auch befürchtet, dass durch unkritische Aufnahme wissenschaftlicher Ergebnisse eine Manipulierbarkeit von Systemen angenommen wird, die gar nicht existiert.[22]

Insgesamt geht die periphere Kritik (trotz dieser ernüchternden Bilanz) doch davon aus, dass es sich bei diesen und weiteren Problemen um solche der Methodik handle, welche sich also durch Verbesserungen der *Forschungsmethoden* lösen lassen – und dies impliziert: innerhalb des herrschenden positivistischen Grundansatzes.

... radikale Kritik

Nicht so die *radikale Kritik*: Der Szientismus ist grundsätzlich abzulehnen, er hat sich als (wissenschaftliche) Sackgasse erwiesen. Demgegenüber sind es nicht-analytische Ansätze, die weiterführen.[23]

Zwei Hauptbündel an Argumenten lassen sich erkennen; beide münden letztlich in den Vorwurf des *Reduktionismus*:[24]
– Kritik an der analytischen Wissenschaftsmethodologie
  Die Reduktion einer komplexen Wirklichkeit auf isolierte Teilprobleme (unter völlig unrealistischen *ceteris paribus*-Bedingungen), und das damit verbundene *lineare* Denken müssen überwunden werden;[25]

[19] So kritisiert etwa N. GINSBURG (1973/2): «The most important questions tend not to be asked because they are the most difficult to answer». Vgl. dazu ferner die Kritik bei D. HÖLLHUBER (1982/13f); sowie N. SMITH (1979/360); D. SLATER (1975). Ebenso H. KROMREY (1983/23).
[20] Vgl. dazu vor allem CLIFF/ORD (1973); ferner R.J. JOHNSTON (1979/105ff).
[21] U. KIAS (1985/269f). Vgl. dazu als Beispiel aus der Praxis J. BUCHER (1983).
[22] G. ALBERT (1984/491).
[23] Für die system-theoretische Ausrichtung gilt dies wohl nicht mit voller Prägnanz, stellt sie doch eine evolutive Überwindung des Szientismus dar. Vgl. vor allem G.P. CHAPMAN (1977/2f); R.J. JOHNSTON (1979/111ff).
[24] R.J. JOHNSTON (1979/144) identifiziert als Reaktion auf den Positivismus drei Hauptanliegen:
  – Neuorientierung in Richtung 'humanistische' Perspektive;
  – Rückbesinnung auf den 'synthetischen' Charakter der Geographie;
  – wieder stärkere Betonung von Einzelstudien (*unique events*) statt allgemeinen Theorien.
[25] So ULRICH/PROBST (1988): «Anleitung zum ganzheitlichen Denken und Handeln». – GOMEZ/PROBST (1987/6ff) unterscheiden sieben Denkfehler beim linearen Ansatz von Problemlösungen: Objektivität des Problems, lineare Kausalität, Statik, Prognostizierbarkeit, Kontrollierbarkeit, Durchsetzbarkeit, Lösbarkeit.

– Kritik am szientistischen Menschenbild

Die Reduktion des Menschen auf ein aussengeleitetes Glied bestimmter Gruppen mit *vorgegebenen* Verhaltensmustern, die Analyse menschlichen Tuns im Sinne des 'Funktionierens' (das heisst: der Mensch aufgefasst als 'Maschine', zum Beispiel beim Bild des *homo oeconomicus*), die Aufhebung des *Individuellen*: all dies wird menschlicher Existenz und ihren aktuellen Problemen nicht gerecht.

Divergenz der Auffassungen

Interessanterweise ergibt sich daraus aber keine neue Einheits-Methodologie; vielmehr liegt eine Vielzahl von Ansätzen vor, bei denen über die genannten Argumente hinaus kaum Gemeinsamkeiten auszumachen sind. Sie lassen sich in *drei Forschungsrichtungen* gruppieren, welche heute als Alternativen zum Positivismus/Szientismus im Vordergrund stehen:[26]

- *system-theoretische* Ausrichtung: evolutive Überwindung des linearen Denkens;
- *phänomenologisch-hermeneutische* Ausrichtung: Verstehen als Leitlinie wissenschaftlicher Zielsetzung (hieher gehören auch 'humanistische' und 'idealistische' Ansätze);
- *strukturalistische* und *normativ-kritische* Ausrichtungen: gesellschafts- kritische, entscheidungs- und handlungsorientierte Ansätze.

Die *Divergenz* der Auffassungen kommt auf vielfältige Weise zum Ausdruck, so im Verhältnis zu Theorie/Abstraktion, in bezug auf die Aggregationsebene (Mikro- oder Makro-Perspektive), in bezug auf das Verständnis menschlichen Tuns (Handeln oder Verhalten?) oder etwa betreffend den normativ-operativen Charakter wissenschaftlicher Tätigkeit.[27]

So betont der System-Ansatz theoretisches Denken in stark *aggregierten* Kategorien (eventuell basierend auf Experimenten oder Simulation von Prozessen, ganz in der szientistischen Tradition), währenddem phänomenologische und einzelne gesellschaftskritische Ansätze eine ausgeprägte *Rückkehr zur Lebenspraxis* und zur Mikro-Ebene zeigen, und damit als Reaktion auf die voran-

---

[26] Vgl. dazu J.L. PATERSON (1984/105ff); daneben finden sich aber auch andere Gliederungen:
J. HABERMAS (1968/) unterscheidet neben den empirisch-analytischen Ansätzen zwei weitere Klassen, und zwar historisch-hermeneutische und kritisch-emanzipatorische Ansätze.
G.P. CHAPMAN (1977/1) nennt drei «Reaktionen» auf den «logischen Positivismus», nämlich System-Theorie, Strukturalismus und Phänomenologie;
N. SMITH (1979/361) identifiziert die Ablösung des «kategorialen» (=positivistischen) Paradigmas durch das «dialektische» Paradigma, innerhalb dessen drei Richtungen erkennbar sind: logico-linguistischer Ansatz, phänomenologischer Ansatz, marxistischer Ansatz.
D. GREGORY (1978) stellt der *positivist explanation* entgegen:
– 'reflexive explanation' (hermeneutische Richtung);
– 'structural explanation' (strukturalistische Richtung);
– 'committed explanation' (gesellschaftskritische Richtung).
Die populärwissenschaftliche Gegenüberstellung von «mechanistischem» und «ganzheitlichem Weltbild» (P. FORNALLAZ 1986/28ff) ist eine erhebliche Verkürzung.
[27] Vgl. für einen Überblick R. HANTSCHEL (1984).

gehende Phase einer theorieorientierten, quantitativen Ausrichtung der Sozialwissenschaften mit meist stärker aggregierten Ansätzen verstanden werden
müssen.[28]

Kontrovers ist sodann die Auffassung über den Charakter menschlichen
Tuns: Wieweit ist es blosses *Verhalten* (nach vorgeprägten Reaktionsmustern),
wieweit ist es zielgerichtetes *Handeln*? Wie gross ist der Handlungsspielraum
angesichts struktureller oder konstitutioneller Zwänge und Grenzen?

Erneut scheiden sich die Meinungen auch an der alten Frage, ob Wissenschaft (nur) auf *Erkenntnis* gerichtet sei, oder auch auf Handeln. Soll dann
solches Handeln positiv-affirmativ (konservativ) sein, oder im Gegenteil norma-
tiv-kritisch (progressiv), und auf welche kognitive Basis soll es sich stützen?[29]

Von besonderer Brisanz erweist sich schliesslich die Frage, wieweit geographische Problemstellungen (bzw. geographisches Arbeiten) durch *Raumbezug*
geprägt seien. Ohne Zweifel lässt sich nach der Dominanz der *spatial science* ein
«shift of emphasis from space as such» (N. SMITH 1979/361) beobachten, und
zwar bei allen Ansätzen. Diese Akzentverschiebung geht aber sehr verschieden
weit, letztlich bis hin zur faktischen Aufgabe des räumlichen Bezuges in einer
«'Geographie' als Gesellschaftswissenschaft» (U. EISEL 1980).[30]

Wissenschaftstheoretische Pluralität
Zusammenfassend ergibt sich das Bild einer sehr weitgehenden *Pluralität*, die in
sich selbst widersprüchliche Züge aufweist, und die insgesamt mit dem traditionellen (positivistischen) Wissenschaftsverständnis mannigfach kollidiert.[31] In
den Perspektiven einer 'Neuen Wissenschaft' (M. FERGUSON 1980; F. CAPRA
1982) fliessen einige dieser Aspekte zusammen; allerdings erscheint das neue
Paradigma noch als sehr *diffus*, und es hat sich bisher kaum als besonders
tragfähig und ergiebig gezeigt.[32] Diese «Wende» könnte sich indessen als bedeutend tiefgreifender und nachhaltiger erweisen als die 'Quantitative Revolution',

---

[28] So konstatiert R.J. JOHNSTON (1979/157): «There was a shift in emphasis from the aggregate to
the individual, an increase in (. . .) research conducted at the micro-scale . . .».

[29] Vgl. zu diesen beiden Fragen H. SEIFFERT (1985/15ff); zur Begrifflichkeit P. LORENZEN (1981/
109).

[30] So etwa bei G. HARD (1986/82): «Die Sozialgeographie sollte 'Räume' (. . .) als Bestandteile
sozialer Kommunikation auffassen». Und A. EVRENSEL (1985/112) fordert, die sozialgeographische Forschung sollte «in erster Linie nicht dem 'Raum', sondern dem sozialen Problem treu
sein.» – An den Beispielen wird deutlich, wie aus einer Sozialgeographie «ohne Gesellschaftsbezug» eine solche ohne 'Raumbezug', ohne «bornierte Verräumlichung» (G. HARD 1987b/25),
werden soll. – Ferner B. WERLEN (1987a).
Auf der andern Seite des Spektrums steht etwa W.J. COFFEY (1981) mit seinem «General Spatial
Systems Approach», ganz in der Tradition der *Theoretical Geography* von W. BUNGE (1966).

[31] Vgl. dazu nochmals P. FEYERABEND (1975).

[32] Natürlich im Sinne des herrschenden Wissenschaftsverständnisses, das heisst im Sinne des zu
überwindenden Szientismus (sic!). – Gemeint ist hier der wissenschaftlich orientierte Kern der
New Age–Bewegung, so etwa das neue Verständnis kognitiver Prozesse unter dem Einfluss
neuro-biologischer Erkenntnisse (M. FERGUSON 1980/73ff). Nicht gemeint sind hingegen die
mannigfachen esoterischen und mystischen Strömungen unter derselben Bezeichnung, die Anlass zu aufklärerischer Kritik, teils polemischen Stils etwa unter dem Stichwort: «Die Sanfte
Verblödung» (H. PESTALOZZI 1985), geben.

welche man zweifellos als den Höhepunkt (und Abschluss?) der analytischen Phase verstehen kann.[33]

Wieweit die *Geographie* als Disziplin in der Lage ist, diese Entwicklung mitzutragen und mitzuprägen, ist vorderhand eine offene Frage. Angesichts einer gewissen methodologischen Orientierungslosigkeit (einerseits), und der Vehemenz, mit der einzelne Standpunkte als *allein-richtig* vertreten werden,[34] muss man die Chancen eines kreativen Pluralismus moderner Forschungsrichtungen wohl eher skeptisch beurteilen.[35]

Dazu trägt auch ein eigenartiges Zusammentreffen bei, und zwar das erneute Hervortreten traditioneller Ansätze der *Landschaftsforschung*. Es erfolgt unter dem Stichwort 'Ganzheitliche Betrachtungsweise' und nimmt die Kritik am Szientismus zum Anlass für die Rückkehr zur traditionellen Deskription als Forschungsziel. So meint etwa M. SCHWICKERATH (1976/9) in der Einleitung zu seiner Arbeit «Hohes Venn – Nordeifel. Ganzheitliches Erfassen und Erleben der Landschaft»: «In der gesamten Wissenschaft unserer Zeit bricht sich der unbezwingbare Wille Bahn, aus der Zerstückelung der wissenschaftlichen Einzelbetrachtung (. . .) herauszukommen und zu einer ganzheitlichen Auffassung zu gelangen. Kein Problem, soweit es nicht rein lebenskundlich ist, erfordert aber so bedingungslos eine ganzheitliche Betrachtungsweise wie das der Landschaft.»[36] Und W. TIETZE (1978/205) plädiert für eine Abwendung vom «Messen» und eine vermehrte Beschäftigung mit «Qualität» als einem komplexen Phänomen, welches sich nur beschreiben lasse. Andererseits warnt bereits W. GERLING (1965/15f) in diesem Zusammenhang vor einem Rückfall der Geographie in die «ganzheitliche Landschaftsforschung»; Aufgabe der Geographie sei «Problemforschung».[37]

Vermag die traditionelle Landschaftsforschung den Ansprüchen moderner Forschung nicht-analytischer Richtung zu genügen? Ist sie nicht eher eine (bequeme) *Sackgasse*, die zur Weiterentwicklung der Disziplin wenig beiträgt?[38]

---

[33] Vgl. nochmals Anmerkung 9.

[34] Vgl. etwa den dogmatischen Monismus einer «gesellschaftswissenschaftlichen» Anthropogeographie (U. EISEL 1980) bzw. die Polemik um die Münchner Sozialgeographie oder die *Theoretische Geographie* von E. WIRTH (1979).

[35] Vgl. nochmals Anmerkung 10.
H.J. FORNECK (1989/9) stellt ein «atomisiertes» Nebeneinander, eine 'Neue Unübersichtlichkeit' der verschiedensten wissenschaftlichen Diskurse ohne Verständigungsmöglichkeit fest.
J. BIRD (1979) beurteilt die Situation für die anglo-amerikanische Geographie positiver; ähnlich BAILLY/BEGUIN (1982).

[36] Ganz ähnlich bei R.C. HARRIS (1971), der als Ziel der Geographie als einer 'synthetischen' Disziplin das 'Verstehen der Landschaft' (= «understanding of landscape») sieht; sowie bei J.F. HART (1982/1): «The highest form of the geographer's art is the production of evocative descriptions that facilitate an understanding and an appreciitiation of regions».
Vgl. dazu auch R.J. JOHNSTON (1979/145).

[37] Ähnlich CHOJNICKI/WROBEL (1976), welche einen problemorientierten «integral *holistic* approach» fordern. – Analog für die Biologie: R. SATTLER (1986).

[38] G. HARD (1973a/125ff): «Der vorwissenschaftliche Geist ist aber gierig nach Einheit und Allzusammenhang. Sein Kennzeichen ist der Missbrauch des Begriffes 'Wechselwirkung'».
Vgl. dazu besonders J. PORTUGALI (1985), welcher deutlich auf die «holistische» Tradition der Geographie verweist, aber auch auf die anspruchsvollen Konturen eines (an der modernen Physik orientierten) integrativen Wissenschaftsverständnisses.

4.2 System-theoretische Ansätze

Evolutive Überwindung linearen Denkens

Unter den drei genannten alternativen Forschungsrichtungen nimmt der *System-Ansatz* insofern eine Sonderstellung ein, als man ihn durchaus auch als Fortsetzung des Positivismus verstehen kann, als *evolutive Überwindung* des linearen Denkens.[1] Vermehrt hat sich die Forschung in jüngerer Zeit komplexeren Sachverhalten, «vernetzten Systemen» (F. VESTER 1978; 1984b) zugewandt – bzw. Probleme als komplexe Sachverhalte aufgefasst! – für deren Untersuchung der linear-analytische Ansatz der traditionellen Naturwissenschaften eigentlich nicht adäquat ist.[2] Es erscheint daher naheliegend, die vorhandene quantitative Methodik entsprechend auszubauen und weiterzuentwickeln.[3] Diese generelle Auffassung ist geradezu Allgemeingut geworden;[4] in der Forschungspraxis kommt sie indessen nicht voll zum Tragen – wohl ein erster Hinweis darauf, dass der methodologische Sprung doch grösser ist als angenommen, die methodischen Probleme schwieriger.[5]

Der System-Ansatz wird als *integral-ganzheitlich* verstanden. Er stellt den Versuch dar, die Komplexität der Realität zu strukturieren und modellhaft abzubilden, ohne Segmentierung in isolierte Sachbereiche, ohne unzulässige Reduktion auf lediglich paarweise Relationen. Zentrales Interesse kommt dem Funktionieren eines Systems zu, welches oft durch Synergieeffekte geprägt ist und weitgehend als *Selbstorganisation* mit Selbstregulation (also einer gewissen

[1] So meint etwa G.P. CHAPMAN (1977/2), zur Überwindung der «reduktionistischen Ansätze» im traditionellen Positivismus sei dessen Verwerfung keineswegs erforderlich, vielmehr stelle der System-Ansatz «an improvement of the power of the consistent approach» dar. Konsequenterweise bezeichnet er seine Position als «systems positivistic» (1977/4).
Ähnlich bei A.G. WILSON (1981/4; 38) in bezug auf die Systemanalyse, welche allerdings nur den ersten Schritt in Richtung auf eine Allgemeine Systemtheorie darstelle.
[2] Dieser Ansatz wird auch «analytisch-mechanistisch» (H. WALTER 1985/17) oder «technokratisch» (F. CAPRA 1982/107ff; D. MERCER 1984) genannt. – Vgl. dazu das Beispiel bei F. VESTER (1984a/24).
[3] CHORLEY/HAGGETT (1967); J.W. FORRESTER (1968; 1969); D. MEADOWS et al. (1972).
[4] Vgl. zum Beispiel F. CAPRA (1982) sowie die populärwissenschaftlichen Arbeiten von F. VESTER (1978; 1984a) oder – beliebig herausgegriffen – als Beispiel aus der Praxis: C. FINGERHUTH (1985): «Die Stadt – ein System. Ganzheitliche statt sektorielle Betrachtung. Stadtentwicklung, Erneuerung und Reparatur in Basel.»
E. WIRTH (1979/101) bezeichnet das «Denken in Systemen» als «von der gegenwärtigen Wissenschaft bevorzugte Grundorientierung».
Vgl. dazu auch G.P. CHAPMAN (1977/2): «Confronted with complex wholes, biologists, and even sociologists, sincerely doubted whether the numerous languages of the logicians were adequate to the task of explaining observable facts. (. . .) these languages (were) inherently reductionist. All of them were the languages of relata, of the complex as the sum of simple parts, and none of them were languages of organized complexity. Clearly then it was necessary for some overriding new concept to be offered: a new class of language to make statements about these irreducible wholes. This new concept is the concept of 'system'.»
[5] Vgl. allgemein K.D. AURADA (1982); Beispiele aus konkreten Projekten: die Schlussberichte der MAB-Programme, vor allem P. MESSERLI (1986); sowie H.P. FRANZ (1984) oder H. APEL (1983); ferner O. HEGG (1984).

Autonomie) aufgefasst wird. Die 'Umwelt' des Systems kann dabei als Störfaktor auftreten.[6]

Bei genauerer Betrachtung lassen sich nun allerdings innerhalb dieser offenen Formulierung sehr *divergierende* Auffassungen des System-Ansatzes ausmachen:[7] auf der einen Seite die «System-Analyse», fest in der positivistischen Tradition verankert, und auf der andern Seite die «(Allgemeine) System-Theorie», jene radikal überwindend.[8] Dieser Umstand zeigt wohl deutlich genug die Faszination und das Potential des System-Ansatzes auf – und auch die Quelle der diesbezüglichen Missverständnisse.[9]

System-Analyse

Bei der System-Analyse liegt das Hautpinteresse auf der Erforschung der Struktur singulärer Systeme, das heisst auf der expliziten und detaillierten Darstellung der wesentlichen *Systemelemente* sowie der zugehörigen funktionalen *Wechselwirkungen*.[10] Solche komplexe (das heisst nicht paarweise, nicht-lineare, oft rekursive) Zusammenhänge werden modelliert im Sinne des Operations Research,[11] nicht zuletzt mit dem Ziel einer effektiven Operationalisierung und optimalen Steuerung solcher Systeme, was eine ganz klare Identifikation der Systemelemente und eine quantitative Erfassung aller ihrer Wechselwirkungen voraussetzt.

Was diese Perspektive für die Geographie konkret bedeutet, macht G.P. CHAPMAN (1977)[12] deutlich; Ausgangspunkt dazu ist die konzise System-Definition nach ROTHSTEIN.[13] Danach ist ein System eine Menge von miteinander verbundenen Objekten, die zusammen ein *funktionierendes Ganzes* bilden. Sowohl das System als Ganzes wie auch seine Teile müssen aber Objekte i.e.S. (also: Realobjekte) sein; blosse Aggregate oder abstrakte Klassen fallen nicht darunter. Das bedeutet insbesondere, dass Systeme eine klar abgegrenzte und

---

[6] Vgl. dazu vor allem H. HAKEN (1977); A.G. WILSON (1981/8); W.J. COFFEY (1981/25); ferner BENNETT/CHORLEY (1978/25); E. WIRTH (1979/102); R. HANTSCHEL (1984/140); speziell für Ökosysteme W. HABER (1984/57ff).

[7] W.J. COFFEY (1981/16ff) gliedert diese Vielfalt in drei unterscheidbare «systems approaches», nämlich «systems analysis», «systems theory» und «general systems theory».

[8] Bezeichnend hiefür ist der Titel bei F. VESTER (1984a): «Neuland des Denkens».

[9] Dazu kommt, dass der System-Begriff oft zu einer Leerformel degeneriert, wenn er umgangssprachlich völlig diffus verwendet wird. Vgl. dazu als Beispiel E. WIRTH (1979/109).

[10] H. SEIFFERT (1985/127ff) nennt diesen analytischen Ansatz (in Anlehnung an ROPOHL) das «strukturale Konzept», im Unterschied zum «funktionalen Konzept» der Systemtheorie (*black box*-Modelle«), und zum »symbolischen Konzept« (Allgemeine Systemtheorie). Ähnlich bei A.G. WILSON (1981/37f).

[11] Vgl. dazu die Gleichsetzung von Systemanalyse und Operations Research (W.J. COFFEY 1981/18).

[12] Zu G.P. CHAPMAN vgl. besonders D. STEINER (1979). Ferner BENNETT/CHORLEY (1978); R. HUGGETT (1980); A.G. WILSON (1981).

[13] G.P. CHAPMAN (1977/4): «Systems theory (. . .): its aim (is) studying complex functioning wholes.»
   G.P. CHAPMAN (1977/80): «A system is a set of objects where each object is associated with a set of feasible alternative states; and where the actual state of any object selected from this set is dependent in part or completely upon its membership of the system. An object that has no alternative states is not a functioning part but a static cog.»

strukturierte *körperhafte Ganzheit* aufweisen müssen. Das System hat eine 'Gestalt' (*morphology*); seiner klaren Abgrenzung als 'Entität' (*entitation*) kommt primäre Bedeutung zu. Die einzelnen Teile müssen mit dem Ganzen deutlich verbunden sein (1977/17ff; 124f).[14]

Zudem gilt, dass jedes System-Element ein Objekt mit *variablen* Eigenschaften ist, welche durch das System bestimmt sind. Mit andern Worten: Das System als solches funktioniert, es hat einen 'inneren Stoffwechsel' (*physiology*), der im wesentlichen durch das System selbst gesteuert wird.[15] Das Hauptinteresse der System-Analyse liegt auf den *internen Relationen* und Entscheidungen; die externen Einflüsse sollen minimiert werden. Wohldefinierte *quasi-geschlossene* Systeme entsprechen diesem Idealbild (1977/20; 293ff).[16]

Daraus folgt für G.P. CHAPMAN klar, dass ein Wald, eine Stadt nicht als Systeme betrachtet werden können, weil ihnen als bloss *räumliche Aggregate* sowohl Gestalt wie auch eigenbestimmtes Funktionieren weitgehend fehlen. Ja, dies trifft in gewissem Sinne selbst bei den Ökosystemen zu.[17] Umsomehr spricht schliesslich G.P. CHAPMAN einer 'Region' jeglichen Systemcharakter ab: Sie ist ja kein klar definiertes Objekt sondern eine sehr *diffuse Grösse*, ohne vorgegebene Umgrenzung und Substanz, und sie funktioniert auch nicht 'als Ganzes' (sie hat ja auch kein Steuerungszentrum) (1977/11ff).

Paradoxerweise sind damit gerade die klassischen 'geographischen Systeme', etwa bei A.G. WILSON (1981/9ff); B.J.L. BERRY (1964b) oder P. DANSEREAU (1978), von der Systemanalyse *ausgeschlossen*,[18] und es fragt sich, wie denn bei derart rigoroser (an Einzelorganismen und technischen Objekten orientierter) System-Definition die angestrebte Überwindung des positivistischen Reduktionismus in der Geographie möglich werden könnte?

---

[14] G.P. CHAPMAN (1977/17f): «An object (. . .) can be observed as a discrete entity (. . .) they have boundaries, that is exterior limits to their being which define their morphology (. . .) Objects exist in the real world. Therefore objects are volumes (. . .) with structurally bound parts.»

[15] Der vollständige Katalog der notwendigen System-Eigenschaften umfasst: taxonomy, morphology, composition, physiology, ecology, chorology, chronology (G.P. CHAPMAN 1977/19).

[16] Vgl. dazu G.P. CHAPMAN (1977/20): «Wholeness can be exemplified by considering the ratio of the external trade of a country to its internal trade. If the ratio of the former to the latter is high, then the economic situation inside a country is to a great extent dependent on external conditions, and the economy of that country exhibits little wholeness.»

[17] Vgl. dazu besonders G.P. CHAPMAN (1977/19f): «ROWE tests the concept of ecosystem in similar terms. The ecosystem is a volumetrically inclusive whole (. . .). A dissection and inventory of parts is possible. These parts may be classified; thus we have satisfied composition and taxonomy. The physiological viewpoint is the functioning of the whole as a system with internal activity. (. . .) ROWE concludes that the ecosystem is a first order object of study. I have some reservations about this, because although it is a structurally inclusive whole, morphology is not easily satisfied, and hence ecology is difficult to define precisely. (. . .) But however much wholeness is accepted as a viable term in systems theory, it still leaves the definition of the ecosystem in any one place as a rather arbitrary matter.»
Ferner auch bei G.P. CHAPMAN (1977/18; 51).

[18] Es ist bemerkenswert, dass sich G.P. CHAPMAN selbst keineswegs an seine rigorose Interpretation des System-Ansatzes hält, wenn er als Beispiele Städte oder Regionen verwendet (1977/59ff; 339ff)!

System-Theorie

Der Widerspruch wird erklärbar durch den Unterschied zwischen System-*Analyse* und System-*Theorie*, der damit deutlich wird. Komplexität und Interdependenz der Erkenntnisobjekte bei gleichzeitiger Diffusität der Abgrenzungen generieren Probleme (insbesondere Synergieeffekte bzw. «holistic behaviour» A.G. WILSON 1981/8), die mit reduktionistisch-analytischen Methoden (auch der System-Analyse) nicht zu lösen sind. Die System-Theorie erscheint demgegenüber als Möglichkeit, adäquate Lösungswege zu finden. Dazu bedarf es allerdings einer Öffnung und *Erweiterung* in mehrfacher Hinsicht:[19]

- von quasi-geschlossenen auf *offene, dynamische* Systeme, die aus ihrer Umwelt oft entscheidende Impulse empfangen, und die einer Evolution (Sukzession) fähig sind;[20]
- von Systemen mit klarer Entität und Struktur auf schlecht abgrenzbare und *unklar strukturierte* Systeme;[21]
- von technischen Systemen, die aus fest verbundenen materiellen Realobjekten aufgebaut sind, auf *soziale* Systeme, deren immaterielle Strukturen (wie z.B. Informations-, Macht- und Entscheidungsstrukturen) entscheidend werden;[22]
- von der Isolierung und vollständigen Abbildung einiger direkt interessierender Elemente (bzw. ihrer Zustände) zur selektiven Erfassung von repräsentativen (oder *kritischen*) Elementen im Sinne von *Makro-Indikatoren* für die Darstellung des Systemzustandes,[23] das heisst Übergang vom «reduktionistischen» (analytischen) zu einem «holistischen» (integralen) Modus;[24]

---

[19] Vgl. dazu auch die Übersicht bei J.DE ROSNAY (1975/95f).

[20] F. VESTER (1984a/29f; 44f) bezeichnet gerade offene Systeme als Systeme *sensu stricto*, weil nur sie überlebensfähig seien. Das Konzept der geschlossenen Systeme gilt als Relikt einer mechanistischen Tradition.

[21] Dies gilt auch für 'geographische' Systeme: A.G. WILSON (1981/22f; 39f) bezeichnet die Systemabgrenzung als «relatively arbitrary», wobei Fragestellung und Auflösung (Masstab) wichtige Kriterien sind. Unter Umständen ergibt sich dann auch eine System-Hierarchie. Systeme vom Typ «disorganized complexity» sind für die Geographie besonders bedeutsam.
Vgl. dazu auch H. LESER (1984/352): «Systeme sind 'willkürlich', das heisst vom Untersuchungszweck und -ziel bestimmt, abgrenzbar»; die Beispiele verdeutlichen, dass damit die (abstrakte) Systemstruktur gemeint ist. – Ferner E. WIRTH (1979/105), der für «räumliche Systeme» einen Systembegriff befürwortet, welcher auf «Ganzheit» verzichtet.
In den Wirtschafts- und Sozialwissenschaften gilt das Problem der Systemabgrenzung und -strukturierung wegen der Bedeutung von *ill-structured problems* als zentral. Vgl. dazu G.J.B. PROBST (1981/198ff); P.B. CHECKLAND (1979); I.v. BÜLOW (1988/49ff).
Vgl. ferner auch J. MAURER (1985/112ff).

[22] Vgl. dazu aber H. SEIFFERT (1985/100), der «gegenständliche» Systeme («Wirklichkeit») und «gedankliche» Systeme («Aussagen über die Wirklichkeit») unterscheidet, wobei die Systemtheorie nur «gegenständliche» Systeme behandle (1985/114)!
Ähnlich gliedern BENNETT/CHORLEY (1978) in *hard systems* und *soft systems*.

[23] Vgl. dazu die Begriffe «Kontroll-Parameter» (als relevante Input-Grösse) und «Ordnungs-Parameter» (als repräsentative Zustandsgrösse) in der synergetischen System-Theorie von H. HAKEN (1977). Ferner F. VESTER (1984a/45f).

[24] W.J. COFFEY (1981/25f). – Vgl. dazu vor allem A.G. WILSON (1981/8f): «The interesting questions are concerned with (. . .) studying complex systems and (. . .) behaviour of whole systems of interest which (. . .) arises from interdependence and wholeness.» – Ferner L.v. BERTALANFFY (1968).

– von der detaillierten, vollständigen Erfassung system-interner Prozesse oder Funktionsabläufe auf die Untersuchung der Wechselwirkungen von Teilsystemen höherer Aggregationsstufen, gar auf das Verhalten des Systems als Ganzes in Reaktion auf Veränderungen der Umwelt. Das heisst also: der Übergang vom mikroskopischen zum *makroskopischen Modus*.[25]

Bemerkenswert ist allerdings das (verbreitete) Urteil, das «funktionale» Konzept der System-Theorie (das sogenannte *black box*-Modell) sei «primitiver» als das «strukturale» der System-Analyse und kaum «wissenschaftlich ernst zu nehmen» (H. SEIFFERT 1985/128) – es deutet darauf hin, dass der analytisch-mikroskopische Modus nach wie vor als überlegen gilt.

Räumliche Systeme
Bei 'räumlichen Systemen' handelt es sich um *offene Systeme* mit schlecht definierter Struktur, die keine Einheit, keine «Ganzheit» im Sinne von G.P. CHAPMAN aufweisen. Für die Geographie heisst dies, dass der System-Ansatz vor allem in der Form der System-Theorie bedeutsam ist; damit erscheint eine Erweiterung des analytisch-mechanistischen Denkens grundsätzlich möglich. Dies impliziert allerdings eine *methodologische Neuorientierung*, so die Überwindung der Vorstellung einer Identität von Erkenntnisobjekt und Realobjekt.
Am Beispiel *Stadt* (bzw. 'Region' oder auch 'Ökosystem') bedeutet dies, dass man 'Stadt' nicht als Realobjekt, als funktionierende ontologisch vorgegebene Einheit begreift, sondern als Metapher für das (manchmal nur lose gekoppelte) *Zusammenwirken* verschiedenster materieller und immaterieller Elemente, Akteure und Prozesse in einem bestimmten Raum. Auch dieser Raum selbst wird nicht als Entität aufgefasst, sondern als Konkretisierung, als real fassbare Lokalisation dieses vielfältigen Zusammenwirkens.[26] Städte und Regionen erweisen sich dabei als besonders offene und diffuse Systeme, weil nicht nur ein zentrales Steuerungsorgan fehlt, sondern (im Unterschied etwa zu einem Betrieb)[27] auch keine einheitliche Zielsetzung der Akteure gegeben ist – die Selbstorganisation basiert vielmehr auf *konkurrierenden Interessen* und oft sehr eingeschränkten Informationen. Damit erhalten Nischentheorie und Kommunikationstheorie besondere Bedeutung als Erklärungsansätze der Systemdynamik.[28] Die Untersuchung solcher «Regionalsysteme» zielt auf «abstrahierende Betrachtung allgemeiner Zusammenhänge, Strukturen und Regelhaftigkeiten» räumlich benachbarter Sachverhalte, distanzieller Relationen und raumwirksamer Prozesse.[29]

---

[25] A.G. WILSON (1981/41ff); E. FREHLAND (1984).
Vgl. dazu auch J.DE ROSNAY (1975); ferner F. VESTER (1984a/30; 42ff).
[26] Vgl. dazu T. HÄGERSTRAND (1976/331f): «. . . what is at stake here is not (. . .) the understanding of unique areas but a deeper insight into the principles of *togetherness* . . .».
[27] Oder zu einer Fussballmannschaft! Vgl. dazu GOMEZ/PROBST (1987/13f).
[28] Vgl. dazu H. HAKEN (1981/87ff); J. HABERMAS (1981); ferner speziell für das politische Teilsystem A. WASCHKUHN (1987).
[29] E. WIRTH (1979/126), mit Rekurs auf T. HÄGERSTRAND (1976/331f).

Damit wird eine klare Abgrenzung deutlich zum Ansatz einer deskriptiven Totalsynthese in der traditionellen Landschaftsforschung.[30] Trotzdem wird nun aber gerade die *integrale* Beschäftigung mit dem Raum, das heisst der wachsende Widerstand gegen das Herauslösen isolierter Elemente aus einem Zusammenhang, zum Ziel dezidierter Kritik einer «gesellschafts-wissenschaftlichen» Orientierung innerhalb der Geographie (U. EISEL 1980). Danach wäre 'Raum' weder Basis- noch Zielbereich menschlichen Tuns (und damit in sich selbst von Bedeutung), sondern lediglich «Mittel zur Zielerreichung» menschlichen Handelns, also bloss eine instrumentelle Grösse (B. BUTZIN 1982/101). Diese *utilitaristische* oder anthropozentrische Haltung kontrastiert allerdings scharf mit den aktuellen Bestrebungen – bis hin zu einer *Umweltethik*[31] –, den «Menschen wieder stärker eingebunden in den Gesamtzusammenhang der 'Umwelt'» zu sehen (R. HANTSCHEL 1984/142), und seine kulturellen Wurzeln auch im Sinne der materiellen Kultur wieder stärker zu beachten.

Diskrepanz zwischen Konzept und Forschungspraxis

Zusammenfassend ergibt sich, dass Idee und Konzept der *System-Theorie* geeignet erscheinen, die Unzulänglichkeiten der szientistischen Vorgehensweise bei der Untersuchung komplexer Systeme zu überwinden, gerade in Anbetracht aktueller Probleme und von der spezifischen Fachtradition der Geographie her beurteilt. So weist E. NEEF (1982/241f) darauf hin, dass die Geographie beim Umbruch vom «universalistischen Denken» zur «analytischen Methodologie» im ausgehenden 19. Jahrhundert «schwer gelitten habe». Gerade heute aber seien «universalistische Denkformen (. . .) unentbehrlich»!

Dazu kommt, dass an die (Allgemeine) System-Theorie die Hoffnung geknüpft ist, dieser Ansatz werde sich zu einer neuen *Einheitsmethode* für alle Wissenschaften entwickeln, und alle Disziplinen durchdringen.[32] Und tatsächlich hat ja der System-Ansatz in vielen natur- und sozialwissenschaftlichen Disziplinen befruchtend gewirkt.[33]

Vgl. dazu aber nochmals G.P. CHAPMAN (1977/55f): «The whole has never been and never will be simply the sum of the parts, unless the whole is an areal aggregate and not an object. The whole, the system, the object, the gestalt, exists in its own right as more than the sum of the parts. It defines its own space. The identification of the space within which it exists cannot precede the identification of the object. – (. . .) object and system come first, and space comes second, more or less relevant, but always ancillary.»
Der Widerspruch liegt dabei nicht in der Absage an die Vorstellung von Raumeinheiten als eigenständigen Grössen, sondern in der Negation, *areal aggregates* als 'Objekte' (nämlich: Erkenntnisobjekte, nicht Realobjekte) und damit als Systeme begreifen zu können.

[30] Es besteht allerdings die Gefahr, dass unter dem Namen 'Geosystem' das Landschaftskonzept erneut reaktiviert wird: «The Landscape as a Geosystem» (J. DEMEK 1978).

[31] Zur Umweltethik vgl. H. LENK (1983); H. SACHSSE (1984); K.M. MEYER-ABICH (1984); H. JONAS (1979; 1986); B. GLAESER (1986/45ff).

[32] Vor allem L.v. BERTALANFFY (1968).
Vgl. dazu auch G.P. CHAPMAN (1977/7); W.J. COFFEY (1981/45); ferner A.G. WILSON (1981/8): Systeme aller Art werden untersucht, woraus folgt: «. . . we take a one-culture view of arts and science» – in Anspielung auf C.P. SNOW (1963).

[33] Vgl. etwa ULRICH/PROBST (1984); G.J.B. PROBST (1987).

Aber gemessen an diesen hohen Erwartungen hat sich die *Forschungspraxis* bisher nicht voll entwickeln können, einmal wegen methodischer Probleme und der mangelnden Operationalität systemtheoretischer Erkenntnisse. Wichtiger aber noch aus grundsätzlich-strukturellen Gründen: Ein wissenschaftlicher Umbruch kann nur erfolgreich sein, wenn er sich tatsächlich als «Revolution» im Sinne von T.S. KUHN (1962) durchzusetzen vermag. Dieser Paradigmenwechsel ist bislang noch nicht erfolgt, weder wissenschaftsintern, noch in der Öffentlichkeit. Dabei ist zu fragen, ob nicht ein akzeptierter methodologischer Pluralismus anstelle des Denkschemas 'Einheitsmethode' weiterführen könnte.

4.3 Humanistische Ansätze

Bedeutend diffuser als die System-orientierten Ansätze präsentiert sich das Feld der *phänomenologisch-hermeneutischen* Ausrichtungen,[1] wobei bereits diese Sammelbezeichnung wenig präzis erscheinen mag: Es geht nicht nur um phänomenologische Ansätze i.e.S., sondern um alle Ausrichtungen, bei denen das *Verstehen* oder *Interpretieren* (anstelle des 'Erklärens') Leitlinie der wissenschaftlichen Zielsetzung ist.[2] Im anglo-amerikanischen Raum hat sich für diese Ausrichtungen der (im Deutschen ungebräuchliche) Begriff «Humanistic Geography» (LEY/SAMUELS 1978) herausgebildet.[3]

Damit wird freilich nur der Kerngehalt der Neuorientierung charakterisiert; die solcherart zusammengefassten Ansätze basieren auf sehr unterschiedlichen Reaktionen auf den Positivismus/Szientismus, der sich damit fast durchgängig als Orientierungspunkt (oder eigentliche Referenzgrösse) erweist.[4] Dabei wird auch zurückgegriffen auf traditionelle Ansätze, die weiterentwickelt werden.

---

[1] LEY/SAMUELS (1978/5): «... no one program for action or paradigme of thought would suffice to describe all the manifestations of the humanist endeavor.»

[2] Vgl. dazu J. SPECK (1980/271ff); KONEGEN/SONDERGELD (1985); sowie speziell T.S. EBERLE (1984); ferner H. SPIEGELBERG (1982).

[3] Vgl. immerhin F. SCHAFFNER (1986/487f).
Bereits Ende der Sechziger Jahre hat J.J. PARSONS (1969) den Weg zu einer *Humanistischen Geographie* gewiesen.
Vgl. dazu ferner vor allem R.J. JOHNSTON (1983/52ff).
Eine eher konstruktivistische als empirische Richtung innerhalb dieses Ansatzes ist die «idealistic geography» (L. GUELKE 1974).

[4] E. RELPH (1981/128): «... humanistic approaches are united at least in their distaste for scientisme and the reduction of human beings to mere units of behaviour in deterministic theories and quantitative models».
A.-L. SANGUIN (1981/561): «La géographie humaniste (...) représente une réponse au défi de la dictature intellectuelle de l'approche 'quantitativiste' en géographie. L'alternative humaniste est une réaction contre la logique néo-positiviste, (...) une réponse a une géographie scientifique trop dogmatique, trop abstraite, trop mécaniste et trop étroite ...»
T.S. EBERLE (1984/1): «Phänomenologie (...) will das Individuelle vor der Macht des Allgemeinen retten ...»

Kritik des Reduktionismus

Ausgangspunkt der Neuorientierung ist – ähnlich wie bei den System-orientierten Ansätzen – der Vorwurf des positivistischen *Reduktionismus*, allerdings weniger unter einer methodischen als vielmehr unter einer anthropologischen Perspektive: Positivistische Methodologie ist charakterisiert durch 'objektive' Erkenntnisse, die gewonnen werden durch reproduzierbare Sachverhalte in einem Theorierahmen. Dies bedeutet eine 'Atomisierung' der Erfahrung, der Wirklichkeit, in über- (bzw. durch-)schaubare Kompartimente und die *Trennung* von *Geist* und *Materie*, von 'Subjekt' und 'Objekt'.[5]

Die cartesianische Fragmentierung der Realität beinhaltet fundamentale Zweifel an ihrer Existenz selbst – KANT bedauert, dass der «Beweis der Realität der Aussenwelt» bisher nicht gelungen sei! Und letztlich führt diese Grundhaltung (wohl ungewollt) zu einer mechanistischen Lebensfeindlichkeit, die in Nihilismus mündet.[6]

Durch diese «Zerlegung der Einheit vom Menschen in seiner Umwelt in zwei Elemente» als 'Kunstgriff' der analytischen Wissenschaften (B. BUTZIN 1982/ 100) geht die Unmittelbarkeit des Erlebnisses und der Bezug zur *Lebenspraxis* verloren. Stattdessen wird die Alltagserfahrung auf einige Datensätze reduziert und in eine a priori-Struktur, ein Modell, gezwungen.[7]

Daraus entsteht der Gegensatz zwischen 'objektiven' Sachverhalten und ihrer (individuellen oder sozialen) Perzeption, zwischen «Realität» (als objektiver Kategorie) und «Praxis» (P. SEDLACEK 1982c/189), so zum Beispiel ganz zentral der Unterschied von «space» und «place» (Y. TUAN 1979). Die *Subjektivität* der menschlichen Erfahrung eines 'Erlebnisraumes', der auch 'Aktivitätsraum', ja 'Satisfaktionsraum' ist,[8] ist offensichtlich, und betrifft gerade die Umwelt der (human)geographisch besonders relevanten mittleren Grössenordnungen, des «Mesokosmos».[9] In letzter Konsequenz bedeutet die Position der *Lebensphilo-*

---

[5] Kurz und prägnant hat dies L. WITTGENSTEIN (1921/11) formuliert: «Die Welt zerfällt in Tatsachen!» – ein symbolischer Aphorismus, der von der Wirklichkeit eingeholt wird!

[6] KANT zit. nach DIEMER/FRENZEL (1967/36); vgl. dazu M. FOUCAULT (1966); ferner E. KAESER (1987/36ff); sowie LEY/SAMUELS (1978/16f).

[7] A.-L. SANGUIN (1981/561): «L'espace vécu est le monde de l'expérience immediate antérieur a celui des idées scientifiques».
E. WIRTH (1984a/76): «Die ungeheuer komplexe Welt menschlicher Handlungssituationen (. . .) verarmt zur Datenbasis (. . .), abstrahiert von der Wirklichkeit, (. . .) vom lebensweltlichen Kontext».
Vgl. dazu A. BUTTIMER (1976/277): «Scientific procedures which separate 'subjects' and 'objects', thought and action, people and environments are inadequate to investigate this lifeworld».
Auch G. OLSSON (1980/8e) betont den Graben zwischen Wissenschaft und Praxis, und zwar unter dem Aspekt der gegenseitigen Kommunikationslücke: « . . . the two languages of social science and human action differ radically (. . .) that it seems impossible to translate their messages into each other. And yet, that impossibility is exactly what we manage to perform. Not, admittedly, in our classrooms, laboratories, or planning offices. But in our daily lives.»

[8] D. BARTELS (1981/7ff). Vgl. dazu E. WIRTH (1979/288ff); D. HÖLLHUBER (1982/27ff); ferner O.F. BOLLNOW (1963).

[9] G. VOLLMER (1984/250) macht den grundlegenden Auffassungsunterschied – die «szientifische Bruchstelle» (G. HARD 1985/26) – explizit deutlich, wenn er sagt: «Science (. . .) had to start mesocosmically, to advance beyond this mesocosm gradually and to free themselves from the grip of mesocosmic intuition, natural language and everyday experience. Synergetics is a further step in this direction». – Zum Konzept des «Mesokosmos» ferner G. VOLLMER (1985).

sophie, dass nur die eigene Erfahrung wirklicher Erkenntnis zugänglich sei.[10] G. HARD (1985/17ff) weist nun zu Recht darauf hin, dass die Thematisierung des «Alltags» in der traditionellen Geographie implizit stark verwurzelt ist – gerade daher rührte ja dann das Defizit an 'Wissenschaftlichkeit' oder (je nach Standort) 'Verwissenschaftlichung'.

Szientistisches Analysieren kann und will ja den subjektiven Dimensionen der Alltagswelt niemals gerecht werden; stattdessen werden – aus humanistischer Sicht – *Scheinprobleme* gelöst und praxisferne Fehlschlüsse gezogen.[11] Dies gilt allgemein für die konservativen Perioden der «normalen Wissenschaft», in welchen die etablierten Methoden und Konzepte Vorrang haben vor neuen Problemen, aber auch neuen Erkenntnissen; formelle und Verfahrensfragen dominieren über inhaltliche (materielle) Fragen.[12]

Dazu kommt, dass durch die humanistische Kritik die prägende Kraft 'objektiver Erkenntnis' ohnehin negiert und ihr eine eher passive Rolle zugeschrieben wird; die 'Irrationalität' von Entscheiden ist unübersehbar (B. MARCHAND 1979/265). Demgegenüber wird *Topophilia* zum Inbegriff der emotionalen Identifikation des Menschen in 'seiner' Umwelt.[13] Aus dieser affektiven Bindung entwickelt sich «Territorialität» (R.D. SACK 1986). Sie illustriert, dass es keine objektive Grundlage menschlichen Erkennens und Tuns gibt: sie sind immer *subjekt-abhängig*.

Lebenswelt als Bezugspunkt

Es ist nun das Ziel der humanistischen Ansätze, die Verwissenschaftlichung des Alltags – und das heisst umgekehrt: die 'Entfremdung der Wissenschaft' von der Alltagswelt – zu überwinden und die Wissenschaft (wieder) zu *humanisieren*,[14] indem diese subjektive Erlebniswelt, die *Lebenswelt*, zum Bezugspunkt sozialwissenschaftlicher Forschung wird.[15] Damit verschiebt sich auch das Interesse von der Makroebene auf die Mikroebene, es wendet sich dem einzelnen Menschen zu. Mit Hilfe phänomenologischer Methoden sollen die Sinngehalte menschlichen Handelns erschlossen, menschliches Handeln rekonstruiert werden. Der Rekurs auf die *Betroffenheit* jedes einzelnen, auf seine Bedürfnisse und Möglichkeiten sollte dann auch ein neues Verständnis von Verantwortung für

[10] Vgl. dazu H. SEIFFERT (1985/22); sowie R.J. JOHNSTON (1983/86).
[11] Ein eindrückliches Beispiel solcher Fehlschlüsse durch die *scientific logic* gegenüber der *psychologic* ist bei D. REICHERT (1985) dargestellt.
Vgl. aber auch die Begriffe «subjektive Logik» bzw. «subjektive Rationalität» (P. WEICHHART 1986a/87) für intersubjektiv kaum nachvollziebare Umdeutungs- und Argumentationsprozesse.
[12] T.S. KUHN (1962); M. CAMHIS (1979/87).
[13] Y. TUAN (1974/4): «Topophilia is the affective bond between people and place or setting.» – Als Beispiel: E. WIRTH (1979/293).
[14] BÖHME/ENGELHARDT (1979); I. WALLACE (1978).
[15] Das Konzept der «Lebenswelt» (*life-world*) als Gegenstand und Bezugspunkt sozialwissenschaftlicher Forschung geht auf E. HUSSERL (1954) und A. SCHÜTZ (1954) zurück.
Vgl. dazu O. SCHWEMMER (1987/202ff); ferner T.S. EBERLE (1984).
Für die Geographie vor allem A. BUTTIMER (1976); ferner N. SMITH (1979/366); P. JÜNGST (1984); und W. ISENBERG (1985); sowie R.J. JOHNSTON (1979/157).

Mitmenschen und Umwelt auslösen, welches den grenzenlosen Machbarkeits-
glauben des Rationalismus relativiert: Statt bestehende Trends zu extrapolieren
sollen sie auf *neue Sinngehalte* hin korrigiert werden.[16]

Dabei müssen – als Antwort auf den szientistischen Reduktionismus – drei
Dimensionen berücksichtigt werden:[17]
- die *menschliche* Individualität,
- die *gesellschaftlichen* Strukturen,
- die komplexen Relationen zur *materiellen* (natürlichen und gebauten)
  Umwelt.

In der spezifischen Ausrichtung als *Ethno-Science* sollen sich daraus letztlich – statt abgehobene Theorien – ganz praktische Hilfestellungen im Alltag
ergeben: Aufgabe der Wissenschaft ist die «systematische Weiterführung der
'Lebenspraxis'» (P. SEDLACEK 1982b/202); wissenschaftliche Erkenntnisse sollen
von den Betroffenen selbst in lebensweltlichen Zusammenhängen praktisch
umgesetzt werden. G. HARD skizziert dazu das Bild einer Geographie als *«folk
science»*, mit einem «Hang zur Lebenswelt-Nähe, zur 'Physiognomie', zur 'unmittelbaren' Beobachtung in 'originaler' Begegnung, zum Einzigartigen und
Besonderen, zu einem alltagsnahen Hyperempirismus und Hyperinduktivismus
. . .». Eine solche 'Geographie als Didaktik' wäre «eine Stelle, wo (. . .) Transformation von lebensweltlichen in wissenschaftliche Interessen und Theoreme
stattfinden könnte», kurz, eine «Geographie als Vermittlung» zwischen 'richti-
ger' Wissenschaft und Lebenspraxis![18]

Dabei kommt es weniger auf 'absolute' Wahrheiten als vielmehr darauf an,
dass Aussagen als brauchbar für die Bewältigung von *Alltagsproblemen* gelten
können: «validation» statt «verification» ist der Prüfstein für eine Aussage.[19]

Diese Akzentverschiebung in der wissenschaftlichen Fragestellung – zurück
zum Individuellen – spiegelt sich gerade auch im derart wiederentdeckten Alltag: auch der lebensweltliche *Zeitgeist* wendet sich vom Aufbruch zu grossen
Würfen ab und zieht sich ins Pragmatische, ins Private zurück.[20]

---

[16] So E.U.v. WEIZSÄCKER (1986): «Lasst uns die Trends erkennen, aber lasst uns die Erkenntnis der
Trends vor allem dazu verwenden, die Zukunft zu gestalten, und lasst uns gegen diejenigen
Trends kämpfen, die wir nicht wollen.»
Und konkreter A. BUTTIMER (1976/291): «Together these routes into the exploration of life world
should elicit a sense of finiteness, of human scale and feasibility, as opposed to the implicit faith
in infinity, optimization, and reckless extrapolation of trends of our 'rational' models of
behavior. It should evoke a sensitivity to nature, sound, smell, and touch, so blunted by our
technologically paved-over physical milieu.»
Ähnlich CHOJNICKI/WROBEL (1976/345).

[17] I. WALLACE (1978).

[18] G. HARD (1979/38ff; 1982/9ff). E. KAESER (1987/36) bezeichnet solche lebenspraktische Erfahrung als «Kleines Wissen».

[19] J.M. BLAUT (1979b/1).
Das bedeutet dann auch die Entwicklung einer neuen, dazu kongruenten Fachdidaktik. Sie zielt
ab auf «Raumverhaltenskompetenz» als Beitrag der Geographie zum allgemeinen Lernziel
«Befähigung zur Daseinsgestaltung» (H. KÖCK 1978).

[20] Als Beispiel dazu aus dem politischen Alltag: das klägliche Schicksal von CK-73 (Leitbilder der
Landesplanung), GEK (Gesamtenergiekonzept), GVK (Gesamtverkehrskonzept), CH-91 (700-

Erfahrungen statt Gesetze

Diese Auffassung wird zusätzlich gestützt durch die Einsicht, dass der szientistische Ansatz ja auch von den Ergebnissen her eine *Sackgasse* war: Das Forschen nach Gesetzmässigkeiten war wenig erfolgreich (trotz des extremen Reduktionismus) – in den Sozialwissenschaften gibt es gar keine entdeckbaren 'Gesetze', sondern nur eine Ansammlung von Erfahrungen, mit Ansätzen zu Verallgemeinerungen. Ein zentraler Grund dafür ist gerade die *Komplexität* der Sachverhalte und Relationen, welche die analytische Methodik scheitern lassen.[21]

Somit wird der Verlust der 'Einmaligkeit', des Besonderen gar nicht aufgewogen durch universell brauchbare Aussagen, das szientistische Ziel ist unerreichbar.[22] Allerdings: Dass allgemeingültige Aussagen in den Sozialwissenschaften nicht Gesetzes-Charakter haben, sondern ein «historisch-kulturelles Relativ» sind, hat schon H. ALBERT (1960) formuliert![23] Es drängt sich somit eine Differenzierung auf: Den *universellen* Gesetzen der Naturwissenschaften stehen nicht nur *individuelle* Interpretationen der Kulturwissenschaften gegenüber; vielmehr finden sich dazwischen Aussagen der empirischen Sozialwissenschaften, die wir als *generell* gültige Regularitäten im Sinne von H. ALBERT bezeichnen können. Dabei gibt es verschiedene Formen der Verallgemeinerung, der Erklärung, insbesondere die *deduktive* (kausale) und die *intentionale* (teleologische) Erklärung.[24]

Jahr-Feier). A. ITEN (1989/40) nennt das die «neue Nüchternheit»; keine Visionen zu haben entspreche dem Selbstverständnis unserer Politik.
Und privater (an einem Beispiel aus der populären Kunst): der Song *Easy to be Hard* aus dem Musical HAIR. Er stellt die persönliche Betroffenheit gegen die 'coole' Distanz gerade sozial engagierter Leute: «Do you only care about the bleeding crowd? How about a needing friend?»

[21] L. GUELKE (1971/50f): «The new geography (. . .) has not yet produced any scientific laws and (. . .) appears unlikely to produce them in the future. The theories and models (. . .) are not amenable to empirical testing . . . The new geographers insisted on (. . .) logical and internally consistend theories and models. Yet, non of their theoretical constructs were ever complex enough to describe the real world accurately. They had achieved internal consistency while losing their grip on reality.»
Für den Bereich der Politischen Geographie stellt P. SCHÖLLER (1957) fest, dass «Raumwissenschaften» (ähnlich wie die Geschichte) nicht über «Gesetze der Entwicklung» verfügten.
Vgl. dazu ferner E. WIRTH (1984a/75): «. . . dass eine 'streng nomologische Ausrichtung auf das Allgemeine', auf Gesetzmässigkeiten und umfassende Theorien offensichtlich doch nicht den 'Königsweg' darstellt» (. . .) weshalb sich viele Sozialwissenschaftler «wieder stärker dem 'Einmaligen' und 'Besonderen' zuwenden». Ebenso E. WIRTH (1984c/7f). – Dabei kommen andere Erklärungsmodi als die analytische Kausalität zum Tragen (1979/49f).

[22] R.C. HARRIS (1978/126) sieht die vor-szientistische Position deshalb bestätig: Es besteht ein unauflösbarer Widerspruch zwischen der Komplexität geographischer Sachverhalte und dem Zwang der *scientific method* zu deren drastischen Reduktion; so geht das Spezielle, Einmalige verloren, und damit auch das spezifisch 'Geographische': «such a mind is contextual, not law-finding» – deshalb lehnt er die szientistische Methodologie für die Geographie ab.
Vgl. dazu als Beispiel L. HOLZNER (1981): «Die kultur-genetische Forschungsrichtung in der Stadtgeographie – eine nicht-positivistische Auffassung».

[23] Überdies weist I. PRIGOGINE (1980) mit Nachdruck darauf hin, dass auch in den Naturwissenschaften neben zeitinvarianten Gesetzmässigkeiten (im Sinne der klassischen Naturwissenschaften) irreversible Prozesse eine immer bedeutendere Rolle spielen.

[24] Vgl. dazu allgemein J. SPECK (1980/175ff); K.R. POPPER (1964/73ff); KONEGEN/SONDERGELD (1985); O. SCHWEMMER (1987/93ff). Ferner ABLER/ADAMS/GOULD (1972/49ff); E. WIRTH (1979/ 47; 1984a/76ff). – B. WERLEN (1983/104) weist zudem auf einen wichtigen Unterschied hin: Eine Kausalerklärung gibt die «hinreichende Bedingtheit», eine «teleologische» Erklärung hingegen (nur) «notwendige Bedingtheit» an.

	Exakte (Natur-) Wissenschaften	empirische Sozial- wissenschaften	Kultur- wissenschaften
Charakter der Aussage	universell	generell	individuell
Form der theoretischen Aussage	Gesetz	Regularität	Interpretation

Abb. 43-1: Übersicht über die drei Modi theoretischer Aussagen

Intentionale Erklärung

Intentionale Erklärung basiert darauf, menschliches Handeln als sinngeleitetes Tun zu verstehen, und zielt ab auf die rationale Rekonstruktion von Handlungssituationen, auf die Erhellung der Motive, Absichten, Ziele – den *Sinn* – solchen Handelns; handlungsleitende Wertsysteme im jeweiligen kulturellen Kontext werden dargelegt, Handlungsmuster werden sichtbar. Und so können allgemeine Grundzüge, die *Spielregeln* menschlichen Handelns aufgezeigt werden, welche über individuelle Zufälligkeiten hinausführen.

Jedenfalls ist für das Konzept der *Sinnrationalität*[25] von zentraler Bedeutung, dass die naturwissenschaftliche Kausalität im behavioristischen Ansatz überwunden wird. Das verhaltenstheoretische Reiz-Reaktions-Schema (*stimulus – response*) als Grundmuster menschlichen Tuns – gerade auch in der Form des *homo-oeconomicus*-Modells – ist eine ungebührliche Verkürzung.[26] Mit seiner Überwindung verliert auch eine deterministische 'Theoretische Geographie' (W. BUNGE 1966) als mechanistische 'Geometrie menschlichen Verhaltens' ihr Fundament.

---

[25] Für die Erklärungen der Erfahrungswissenschaften hat bereits W. SOMBART (1930/253) den Begriff «Sinngesetze» geprägt.
Der Begriff «Sinnrationalität» (Zweckrationalität, Wertrationalität) geht zurück auf M. WEBER (1921/19ff) bzw. O. SCHWEMMER (1976/13): «Handlungen sollen durch objektive Zwecke (. . .) gedeutet und erklärt werden»; «. . . die Annahme der Sinnrationalität der Handlungen ist dabei ein methodisches Prinzip und keine empirische Behauptung».
Vgl. dazu H. SCHNÄDELBACH (1984/9); sowie P. SEDLACEK (1982c/159); P. WEICHHART (1986a/85ff); B. WERLEN (1987a).

[26] Vgl. dazu H.-G. GADAMER (1972); A. BUTTIMER (1976/290); G. BECK (1982/57ff).
Der behavioristische Reduktionismus wird geradezu als «Abbau des Menschlichen» gesehen (K. LORENZ 1985). Vgl. dazu A. BUTTIMER (1976/290): «To heal the wasteland and to erode the anachronisms and injustices in our current modes of regionalizing space demands more (. . .); a radical reorientation of thought and vision within geography is also required».

Verhaltenstheorie ist der Struktur des menschlichen Tuns nicht adäquat: Der Mensch ist keine blosse 'Reaktions-Maschine'; sein Tun ist nicht einfach natur-gesetzlich-psychologisch determiniertes Verhalten, auch nicht ausschliesslich zweckrationale Nutzenmaximierung, sondern interessengeleitetes, *zielgerichte-tes Handeln*. Verhaltensweisen sind «erlernte Regungen» (LORENZEN/SCHWEM-MER 1975/174ff); Handeln hingegen beruht auf Denken (dem *inneren* Reden) und Reden (d.h. Argumentieren); es ist deshalb «verantwortliches Tun» (P. LO-RENZEN 1981/110). Und J. HABERMAS (1981) spricht vom «Kommunikativen Handeln», welches «im Idealfalle die ungehinderte Realisierung einer frei (. . .) gebildeten Intention» ist (O. SCHWEMMER 1987/193). Dabei ist der Mensch nicht als rein ökonomisches, vielmehr als ein *soziales Wesen* zu sehen: Er handelt aus vielen und sehr unterschiedlichen Motiven; Gewinnstreben ist keineswegs sein einziger Impuls.

Menschliche Handlungen sind damit Mittel auf bestimmte *Ziele* hin, sie sind «relativ zu Sinngehalten, Zwecken, Interessen (. . .) zu deuten», und damit also nicht fassbar mit dem Ursache-Wirkungs-Schema. An seine Stelle tritt die *Grund-Folge*-Relation: «Handeln ist dann verstanden, wenn die Gründe (das heisst die Absichten, Zwecke in einer bestimmten Situation) dazu rekonstruiert sind» (P. SEDLACEK (1982b/203f).[27] Freilich: Die «korrekte 'Sinnerschliessung' (das heisst die Interpretation) von Handlungen stellt ein fundamentales metho-dologisches Problem dar» – wohl nicht minder als das Kausalitätsproblem! Um einer unbestimmten Beliebigkeit hermeneutischen Verstehens zu begegnen, ist ein Mindestmass an *Nachprüfbarkeit*, an intersubjektiver Transparenz erforder-lich.[28] Als besonders schwierig wird sich dabei die faktische Differenzierung von Intention, Handlung und Wirkung erweisen, weil sich die «internen» und «exter-nen Bedingungen», das heisst die «Regeln unserer Kultur» bzw. die Natur-Gesetze sozusagen als Filter dazwischen schieben.[29]

---

[27] Im Grundsatz bereits bei E. WEIGT (1957/32).
L. GUELKE (1974/193): «(the idealistic approach is) a method by which one can rethink the thoughts of those whose actions one seeks to explain».
L. GUELKE (1974/197): « . . . the explanation of an action is complete when the agent's goal and theoretical understanding of his situation have been discovered . . . One has to discover what he believed, not why he believed it».
E WIRTH (1979/50): «Erklärung in diesem Sinne ist rationale Rekonstruktion von Handlungssi-tuationen». Es geht nicht um die Frage *Warum?*, sondern *Wozu?*.
[28] B. WERLEN (1983/103); R.J. JOHNSTON (1983/85).
Auch KONEGEN/SONDERGELD (1985/158ff) betonen die Notwendigkeit von intersubjektiver Transparenz; diese ist gleichsam zentrales Kriterium von 'Wissenschaftlichkeit'. Der 'Objektivi-tätsbegriff' hingegen sei, «konsequent zu Ende gedacht, sinnleer».
[29] O. SCHWEMMER (1987/196ff). – Vgl. auch Abb. 44-1.

Handeln als sinngeleitetes Tun

Zusammenfassend ergibt sich der folgende Überblick über die divergierenden Auffassungen von Tun als *Handeln* oder *Verhalten*:[30]

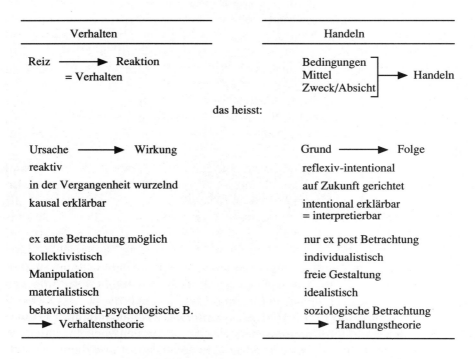

Abb. 43-2: Tun als Verhalten oder Handeln

Nun fragt es sich natürlich, ob mit solcher kategorialen Polarität nicht eine *Blickverengung* verbunden ist, die gerade auch der humanistischen Kritik am szientistischen Reduktionismus zuwiderläuft. Ausdruck solcher Einengung ist etwa die strikte Identifikation von 'Psychologie' mit dem «verhaltenstheoretischen» (das heisst behavioristischen, kausal-analytischen) Ansatz FREUDscher Richtung und von 'Soziologie' mit dem «handlungstheoretischen» (das heisst hermeneutischen) Ansatz (B. WERLEN 1983/101f). Dabei gibt es zum Beispiel seit ADLER eine «humanistische Psychologie»![31]

Aus der Prämisse 'Psychologie : = Verhaltenstheorie; Soziologie : = Handlungstheorie' ergeben sich zwangsläufig auch zwei «grundsätzlich voneinander abzugrenzende (unvereinbare) Forschungskonzeptionen in der Sozialgeographie»; und daraus folgt «These 1: Wenn Sozialgeographie ihr Forschungsziel erreichen will, dann sollte sie nicht verhaltenstheoretisch entworfen werden,

---

[30] Vgl. dazu vor allem O. SCHWEMMER (1987); W. SCHLUCHTER (1980); ferner KAMLAH/LORENZEN (1973/131f).

[31] A. MASLOW (1968); V. FRANKL (1972). Vgl. dazu E. RELPH (1981/129); sowie J. SPECK (1980/523ff).

sondern handlungstheoretisch». Konzeptionen, welche das Reiz-Reaktions-Schema und das Grund-Folge-Schema als Modelle menschlichen Tuns irgendwie *kombinieren*, werden als «diffus» abgelehnt (B. WERLEN 1986/68).

Dazu müssen aber doch folgende Fragen gestellt werden:

– Ist menschliches Tun tatsächlich fixiert auf den Modus 'Handeln'? Ist es nicht vielmehr eine *unauflösbare* Kombination von Handeln und Verhalten?

– Treten nicht gerade im ökonomischen Bereich häufig *invariante* Zwecke auf, mithin ein Tun, das auch als Verhalten interpretiert werden könnte, zumindest in sozio-kulturell relativ homogenen Gruppen?[32]

– Findet nicht die Selbstbestimmtheit menschlichen Handelns ihre Grenzen auch in der Selbstregulation sozialer Systeme, an den *diffusen* Prozessen innerhalb der vorgegeben sozialen Strukturen? Denn es gilt ja, dass die «resultierende Ordnung in sozialen Systemen nicht das geplante und willentlich angestrebte Ergebnis ist» (G.J.B. PROBST 1987/23).

– Wird der individuelle Handlungsspielraum nicht etwas überschätzt? Ist er nicht mehr oder minder stark eingeengt durch gesellschaftliche Konventionen, *Sachzwänge*, Machtstrukturen – kurz, durch strukturelle Gegebenheiten? Gleicht dann Handeln nicht immer mehr doch reflexivem Verhalten?[33]

Die auf M. WEBER (1921) zurückgehende kategoriale Differenzierung ist dort im *idealtypischen* Sinne zu verstehen; in der empirischen Realität sei hingegen «die Grenze sinnhaften Handelns gegen ein bloss (. . .) reaktives (. . .) Sichverhalten durchaus flüssig» (1921/19). Konsequenterweise versucht dann J. HABERMAS (1981), den handlungstheoretischen Ansatz weiterzuentwickeln, indem er psychologische und soziologische Theoriebildung verknüpft und damit Verhalten und Handeln, die *beiden Modi* menschlichen Tuns, wieder *zusammenführt*.[34]

Handeln muss ferner als eingebettet in die strukturellen Gegebenheiten einer Gesellschaft verstanden werden: *agency* und *structure* (A. GIDDENS 1984) stehen komplementär nebeneinander; sie sind rekursiv aufeinander bezogen, (re)produzieren sich wechselseitig. Strukturen haben damit einen dualistischen Charakter, indem sie sowohl Basis wie auch Resultat menschlicher Handlungen sind.[35] A. GIDDENS versucht deshalb, die Dichotomie objektivistischer Strukturtheorien und subjektivistischer Handlungstheorien zu überwinden, indem er die Strukturierung der Gesellschaft und das Handeln des Einzelnen als *rekursive Prozesse* neu formuliert.[36]

---

[32] Vgl. dazu P. SEDLACEK (1982b/205).

[33] O. SCHWEMMER (1987/196) versteht Handeln als «Erzeugnis eines *autonomen Subjekts*».

[34] Vgl. dazu auch KONEGEN/SONDERGELD (1985/163ff).
Ähnlich sieht O. SCHWEMMER (1987/268ff) die «Handlungswirklichkeit» interpretierbar im Zusammenhang von Handlungstheorie, Lebenswelttheorie und Systemtheorie. – Ferner W. SCHLUCHTER (1980) zum Konzept von T. PARSONS.

[35] A. GIDDENS (1979/69): « . . . the duality of structure, which relates to the fundamentally recursive character of social life, and expresses the mutual dependence of structure and agency (. . .) the structural properties of social systems are both the medium and the outcome of the practices that constitute those systems.» – Vgl. dazu auch R.J. JOHNSTON (1983/104).

[36] Auch D. GREGORY (1981/11) versucht eine Synthese zwischen individualistischem und strukturalistischem Standpunkt herzustellen. – Ähnlich A.M. HAY (1979/22) und R.J. BENNETT (1981a/24).

4.4 Von handlungstheoretischen zu normativ-kritischen Ansätzen

Tun als Handeln verstehen

Mit der reflektierten Auffassung von menschlichem Tun als Handeln statt Verhalten verschiebt sich auch innerhalb der (Sozial-) Geographie das Forschungsinteresse, und zwar vom 'Raum an sich' auf das *menschliche Handeln* selbst. Danach steht dessen Rekonstruktion im Zentrum handlungstheoretischer Ansätze. Der Raum wird hingegen zur blossen Testgrösse, er erhält «Mittelcharakter zur Zielerreichung» menschlichen Handelns (B. BUTZIN 1982/ 101). Auch die Raumwirksamkeit dieses Handelns und die daraus resultierende räumliche Entwicklung verlieren an eigenständiger Bedeutung.

Das bedarf näherer Klärung: Immerhin gibt der Raum einen (mehr oder weniger bedeutenden) Teil der *Basis* ab für zukünftiges Sein und Handeln. Die Verächtlichkeit für die «altgeographische» physische Welt als *conditio humana*, das heisst also die *Abkoppelung* des 'nackten' Menschen von seiner materiellen Umgebung, von der Natur, erscheint im Lichte aktueller Umweltprobleme entweder naiv, oder *verantwortungslos*.[1] Paradoxerweise wird so unter dem Titel wissenschaftstheoretischer Rigorosität ein neuer (und weitgehender) Reduktionismus vertreten: Der Mensch interessiert nur bezüglich «sozialer Kommunikation» und «Handlunsgkoordination», der Raum nur als ein «spezifisches soziales Konstrukt, nicht als ein physisches Phänomen».[2]

Ein so konzipierter handlungstheoretischer Forschungsansatz muss somit gleichsam als *transitorischer* Paradigmenwechsel betrachtet werden, tragen doch zwei inhärente Schwierigkeiten bereits den Anstoss zur Weiterentwicklung in sich. Dies mag auch der Grund dafür sein, dass er in der deutschsprachigen Geographie bis jetzt kaum breitere Wirkung entfaltet.[3] Zudem stellt sich ja die Frage, ob als Reaktion auf die szientistische Phase gerade ein so eingeschränktes Paradigma die einzige Option für die (Sozial-)Geographie sei, selbst um den Preis eines weitgehenden *Identitätsverlustes*. Darüber soll im Kapitel 6.2 «Relevanzkriterien» diskutiert werden.

---

[1] Vgl. dazu als aktuelles Beispiel das SNG-Rundschreiben betr. Umweltproblematik. Ferner allgemein T. CARLSTEIN (1986).

[2] G. HARD (1986/79; 82). Vgl. dazu vor allem U. EISEL (1980); ferner P. SEDLACEK (1982b/200f); G. BECK (1982/57ff; 69ff); B. BUTZIN (1982/100); sowie B. WERLEN (1986).
Vgl. ferner das Konzept der *Territorialität* bei C. RAFFESTIN (1986a/94): «Le paradigme de la territorialité renverse l'ordre habituel de la géographie puisque le point de départ n'est pas l'espace mais les instruments et les codes des acteurs . . .». «La clé du déchiffrement n'est pas dans la réalité matérielle qu'est l'espace mais dans la sémiosphère que le groupe humain mobilise pour transformer cette réalité matérielle.»
Ähnlich bei J.-B. RACINE (1986/65) unter dem Titel «la reconnaissance de l'intentionalité»: «. . . la terre est (. . .) une écriture à déchiffrer . . .»; «L'espace (. . .) est le support des finalités de chacun . . .» «. . . une géographie des espaces sociaux revient à découvrir l'intention en jeu dans ce rapport à la terre»

[3] Auch R.J. JOHNSTON (1983/120) stellt kaum eine über Kritik hinausgehende breitere Wirkung fest. U. EISEL (1982/125ff) sieht hingegen eine «allgemeine Lockerung des 'räumlichen Paradigmas'».
Vgl. nun allerdings B. WERLEN (1987a).

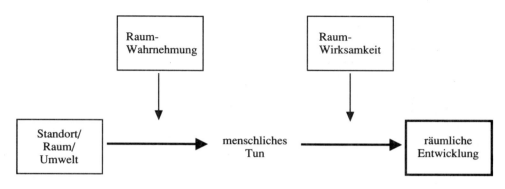

Raumorientierte Ansätze

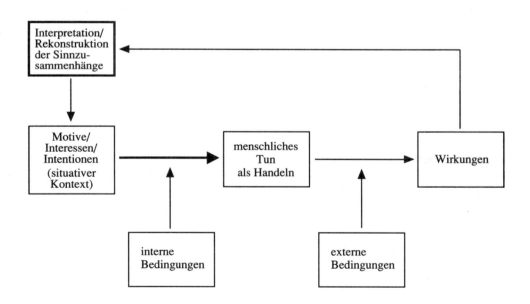

Handlungsorientierte Ansätze

Abb. 44-1: Raum- und handlungsorientierte Ansätze. Die primären Erkenntnisinteressen (Raumbezug vs. Handlungstheorie) sind hervorgehoben. Vgl. O. SCHWEMMER (1987/195).

Dilemma 'Anwendungsbezogenheit'

Das eine grundsätzliche Dilemma mit humanistischen und handlungszentrierten Ansätzen ergibt sich um die *Anwendungs-Bezogenheit*. Aus der Ablehung des instrumentellen Charakters szientistischer Erkenntnis[4] resultiert eine gewisse Skepsis gegenüber der praktischen Umsetzung wissenschaftlicher Resultate ganz generell: Humanistische Ansätze sind zunächst eher *kontemplativ* als operativ (R.J. JOHNSTON 1979/154).

Unter dem Eindruck der *Relevanz*-Diskussion wird aber die Forderung nach Anwendungsbezug über 'reine Erkenntnis' hinaus auch aus humanistischer Perspektive teilweise anerkannt, ja bei der Ethno-Science geradezu zur eigentlichen Zielsetzung erhoben. Und unter gesellschaftskritischer Perspektive entwikkelt sich aus der Verbindung der Rekonstruktion handlungsleitender Zwecke und Interessen mit ihrer Überprüfung in bezug auf gesellschaftsrelevante Werte und Normen ein *normativ-kritisches* Verständnis für dieses Handeln, und eine Basis für *Veränderungen*.

Grundlage dazu ist ein gewandeltes Verständnis der Gesellschaft: Das Bild 'vollkommener Harmonie' (zum Beispiel in der Neoklassischen Nationalökonomie) hat dem Wissen um anhaltende *Interessengegensätze* Platz gemacht. Daraus ergibt sich ein wachsendes Interesse für die Macht- und Einfluss-Strukturen in einer Gesellschaft (mit den entsprechenden Konflikten) und ihre Auswirkungen auf das Handeln, währenddem in der szientistisch orientierten Geographie Konflikte 'harmonisiert' und damit verschleiert werden.

So jedenfalls interpretiert U. EISEL (1979; 1981) die traditionelle Anthropogeographie: Sie decke die sich ausweitende Beherrschung und Ausbeutung 'abstrakter' Natur zu durch die Vorstellung eines *harmonischen* Verhältnisses des Menschen zur 'konkreten' Natur. Und G. BECK (1982/74) kommt zum Schluss, dass beim sozialgeographischen Ansatz «nicht die eigentlichen Sorgen und Nöte der Menschen interessieren», sondern «das Reagieren (. . .) auf vorgegebene (. . .) (Umwelt-) Bedingungen . . . Damit wird von jenen Verhältnissen abstrahiert, die diese (. . .) Bedingungen bestimmen (. . .): die Bedingungen der gesellschaftlichen Verhältnisse».[5] Solcherart würden Handlungsweisen als invariante Gesetzmässigkeiten ausgegeben und also durch den Erkenntnisprozess selbst *gefestigt*, ja perpetuiert, obschon sie tatsächlich veränderbar seien.[6] Unter ideologiekritischen Perspektiven wird dann szientistische Erkenntnis überhaupt, ihre Gewinnung und Anwendung, in einer Art ontologischer Überhöhung wesenshaft mit *Manipulation*, *Ausbeutung* und *Zerstörung* identifi-

---

[4] Vgl. für den Begriff des «Instrumentalismus» in diesem Zusammenhang D. GREGORY (1978/40f): «Instrumentalisme regards theories as devices whose utility is at stake».

[5] Vgl. dazu ferner N. SMITH (1979/359f; 368ff); D. SLATER (1975); D.R. STODDART (1981); B. BUTZIN (1982).

[6] Als klassisches Beispiel dazu darf wohl G. OLSSON (1978) *On the mythology of the negative exponantial* gelten.
    B. MARCHAND (1979/265) spricht vom «myth of empiricisme which bows to the tyrannical power of 'facts', and accepts blindly the status quo.»

ziert: Szientistische Wissenschaft dient nur den 'Verwertungsinteressen der herrschenden Klassen'.[7]

Die verwendete Methodik unterstützt solche Erkenntnis-Interessen: Unberechtigte *Homogenitätsannahmen* führen dazu, dass Abweichungen von Arbeitshypothesen lediglich als «Störfaktoren» (*noise*) betrachtet werden, folglich vernachlässigt werden können. Die Entscheidung, welches «wesentliche» Faktoren seien, ist arbiträr.[8]

Demgegenüber muss eine *kritisch-emanzipatorische* Wissenschaft diese Zusammenhänge aufzeigen, und – wo nötig – auf Veränderung hinwirken. Es geht ihr nicht um mechanistische Prognosen, sondern um die *reformerische Kraft* von Zukunftsaussagen, das heisst das Aufzeigen und Begründen von Sinngehalten (also Normen, Zwecken, Interessen), die in einer Gesellschaft wirksam werden sollten.

So fliessen bei P. SEDLACEK (1982b) – in Anlehnung an die *Konstruktive Wissenschaftstheorie* von P. LORENZEN (1974) – Elemente der humanistischen Geographie, gesellschaftskritische und normativ-entscheidungsorientierte Ansätze zusammen: «... eine normativ orientierte (...) Handlungswissenschaft wird sich jedoch auf eine hermeneutische Verstehensleistung nicht beschränken können» (...) «... durch eine 'Kultur-Kritik' (...) werden in einer normativen Genese die Sinngehalte der faktischen Genese (...) überprüft; dies ermöglicht eine 'Kultur-Reform'», nämlich Veränderungen in der Gesellschaft: «Die kritische Kulturgeschichte hat – im Gegensatz zur Naturgeschichte – keine prognostische Kraft, aber reformerische Kraft». Dabei erhält *Gerechtigkeit* eine zentrale Bedeutung als Prüfstein von Sinngehalten und Interessen, damit von Handlungen; ja, sie wird geradezu zum «Hauptthema» der konstruktiven Wissenschaftstheorie.[9]

Allerdings dürfen wissenschaftliche Resultate keine technokratische Manipulation der Betroffenen auslösen, sondern es müssen Möglichkeiten zur freien *Lebens(raum)-Gestaltung* aufgezeigt werden, gerade auch zur Emanzaption aus bisherigen Trends, welche in den 'ehernen Gesetzen' des Szientismus festgeschrieben werden.[10] So soll zum Beispiel «(bebaute Umwelt ...) nicht nur unter dem Gesichtspunkt des ökonomisch Optimalen und Funktionalen» betrachtet werden, sondern auch «in ihrer Bedeutung für (...) das lebenspraktische Handeln», wobei «Möglichkeiten zur freien Intentionsverwirklichung» offengelassen werden sollen (B. WERLEN 1983/108).

---

[7] W. ZELINSKY (1975/127) : «Science's hidden agenda is how to win control and manipulate the phenomena being analyzed.»
Ferner U. EISEL (1980/494ff); sowie G. BECK (1982/77ff). Vgl. dazu auch P. FORNALLAZ (1986/59f).

[8] G. BECK (1985/35ff).

[9] P. SEDLACEK (1982b/210); P. LORENZEN (1975/258); P. LORENZEN (1978/14).

[10] I. WALLACE (1978/103f).
G. BECK (1982/84): «Vorzustellen ist eine Wissenschaft, welche die Menschen dazu befähigt, mehrheitlich selbst-bewusst zu entscheiden und selbst-tätig zu handeln.»
Ferner MITCHELL/DRAPER (1982); G. HARD (1979); P. SEDLACEK (1982c/159).

Dabei kann hier die Frage nur gestreift werden, wieviel *Gestaltungsfreiheit* dem Einzelnen überhaupt zukommt: Humanistische Auffassung ist im Kern *individualistisch*. Ihr steht in dieser Beziehung eine strukturalistische (oder: «holistische») Auffassung gegenüber, wonach die Einbindung eines Einzelnen in seine sozio-kulturelle und ökonomische Situation so stark sei, dass er praktisch über keinen Handlungsspielraum mehr verfüge (J.S. DUNCAN 1980); das atomistische Bild der humanistischen Richtung sei naiv: hinter individuellen Erfahrungen und Handlungen stehen *Einfluss-Strukturen*, welche die Entscheidungsfreiheit stark einschränken.[11] Aus dieser Perspektive gewinnt «idiographisches Denken» eine neue Bedeutung, und zwar als *Widerstand* gegen die «universellen Tendenzen» und die «forcierte Angepasstheit» in der Industriegesellschaft (U. EISEL 1982/137f).[12]

Dilemma 'Raumbezug'

Das zweite Dilemma betrifft den *Raumbezug*: Obzwar dieser in den Handlungstheoretischen Programmen sozialgeographischer Provenienz marginalisiert wird, taucht er doch bei der anwendungsbezogenen Realisierung solcher Vorschläge unweigerlich wieder auf,[13] und zwar deshalb, weil sich Handlungen zwar einerseits an abstrakten übergeordneten Zielen orientieren mögen, letztlich aber ganz *konkrete* Massnahmen betreffen – oft raumwirksame, ja direkt *raumgestaltende* Massnahmen sind. So lässt sich etwa die Maxime 'Gerechtigkeit' nicht als solche verwirklichen, sondern nur durch (materielle und/oder gesellschaftliche) Rahmenbedingungen, die als gerecht beurteilt werden, zum Beispiel 'gerechte räumliche Strukturen', das heisst solche räumliche Strukturen, die Einzelne nicht übermässig benachteiligen.[14]

Soweit es also nicht nur um Verstehen, um die Deutung von Handlungen geht, sondern um die *Einflussnahme* auf zukünftiges Tun (im Sinne einer «Kul-

---

[11] R.J. JOHNSTON (1979/153): «. . . humanistic approaches (. . .) ignore the constraints on social action which are so much part of the life-world of the actors».
N. SMITH (1979/368): «The destruction of place occurs at the behest of objective societal forces that humanisme (. . .) cannot fully apprehend».
Vgl. dazu ferner R.J. JOHNSTON (1983/87ff); sowie ISNARD/RACINE/REYMOND (1981/10).

[12] E. RELPH (1981/139ff): «. . . the view that people should behave rationally in geographical, two-dimensional space (. . .) that cities and industries and transportation routes should be arranged in the most efficient way (. . .) will diminish the distinctiveness and individuality of (. . .) communities and places. It involves the imposition of generalizations onto specific landscapes; it breeds uniformity and placelessness.»
Vgl. dazu R.J. JOHNSTON (1979/156).
So wird beispielsweise 'Regionalismus' in diesem Sinne zum «Kampfprogramm» einer neuen 'Autonomiebewegung' (U. EISEL 1982/137f).

[13] So bezeichnet zum Beispiel P. SEDLACEK (1982a/13) den 'Raumwissenschaftlichen' Bezug der traditionellen Geographie als «mythische Klammer», sieht dann aber die neue Kulturgeographie in der Lage, «im politischen Felde der räumlichen Organisation der Gesellschaft (. . .) Orientierungen für die Lösung gesellschaftlicher Flächennutzungs- und anderer 'regionaler Konflikte'» anzubieten (1982b/209ff). – Später dazu etwas kritischer: P. SEDLACEK (1986/414ff).
Vgl. dazu etwa auch G. HARD (1985); ähnlich B. WERLEN (1987a/161ff). – Paradoxerweise wird von den Kritikern des 'altgeographischen' Raumes jenem wieder vermehrt Bedeutung beigemessen – auf dem Umweg über den Soziologen A. GIDDENS!

[14] R. HANTSCHEL (1982/265ff); B. BADCOCK (1984); GREGORY/URRY (1985).

tur-Reform»), wird «räumliche Ordnung» zu einem «handlungsleitenden Zweck» (P. SEDLACEK 1982b/209f). Damit stellt sich aber sogleich die Anschlussfrage: Was für eine räumliche Ordnung? Letztlich geht es also darum, die 'rechte' (= gerechte?, = effiziente?) Raumordnung zu erkennen, zu skizzieren, und Mittel aufzuzeigen, um sie herbeizuführen – und der Raum bzw. die raumwirksamen Massnahmen werden wieder zum *primären Forschungsziel* einer so konzipierten (Sozial-)Geographie.

Für die verschiedenen Ebenen in solchen *Ziel-Mittel*-Hierarchien hat P. LORENZEN (1978) die Begriffe «praktische» und «technische Relationen» eingeführt. Daran anknüpfend unterscheidet P. SEDLACEK (1982b/210) «'praktische' und 'technische' Aufgaben der Kulturgeographie»; sie beziehen sich auf die «Zweckbestimmung bzw. Mittelwahl bei der Herstellung räumlicher Ordnungen».

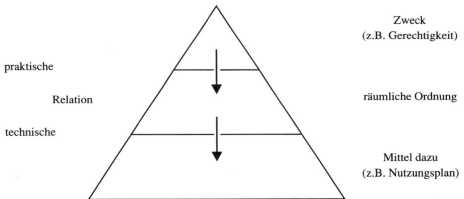

Abb. 44-2: Praktische und technische Relationen in Ziel-Mittel-Hierarchien.

Dabei muss allerdings berücksichtigt werden, dass räumliche Entwicklung das Resultat vielfältiger Prozesse ist:

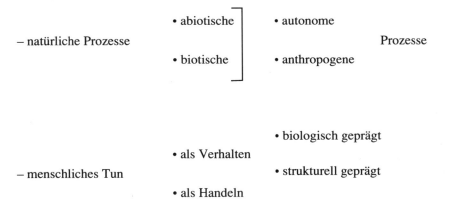

Abb. 44-3: Raumwirksame Prozesse

Komplementäre Ansätze

Da nun Handlungstheorie nur gerade den Prozessmodus 'Handeln' berücksichtigt, wird sie deshalb genausowenig *alleinige* Basis für die Gestaltung des Lebensraumes sein können wie zum Beispiel ein naiver naturdeterministischer oder ein rein behavioristischer Ansatz.

Darüber hinaus impliziert der Begriff *Raumwirksamkeit*, dass individuelles Handeln und Verhalten – einmal ungeachtet individueller Sinngehalte – häufig erst in der Form strukturell gebündelter Massenphänomene ihren Niederschlag im Raum finden; die *Makro-Ebene* muss also weiterhin als gültiges Forschungs-Feld betrachtet werden.

Letztlich ergibt sich aus diesen Überlegungen die Notwendigkeit der *Komplementarität*[15] von subjektiven und objektiven Ansätzen: Diejenigen sozialgeographischen Konzepte gewinnen an Bedeutung, die zwar an der humanistischen Kritik am Szientismus anknüpfen und *explizit* auf sozialwissenschaftlichen Erkenntnissen[16] aufbauen (ja: zu deren Fortentwicklung beitragen), den individuellen Entscheidungsprozess aber als subsidiäres Forschungsziel betrachten gegenüber dem primären Erkenntnisinteresse *Raumbezug* – im Sinne eines subjektiven Erlebnisraumes als Handlungsbasis, aber auch im Sinne der Raumwirksamkeit dieses Handelns und der konstruktiven *Anwendungsbezogenheit* wissenschaftlicher Erkenntnisse.[17]

4.5 Wissenschaftstheoretische Pluralität

Zusammenfassend lässt sich feststellen, dass sich die wissenschaftstheoretische Situation ganz generell und damit auch für die Geographie in den letzten zwanzig Jahren[1] grundlegend verändert hat. Was zunächst als gleichsam gesetzmässige geradlinige Entwicklung aussah: hin zur Kulmination und Dominanz

---

[15] Zur Komplementarität vgl. ausführlich in Kapitel 6.3 «Leitbild Geographie».

[16] Im Kapitel 4.3 «Humanistische Ansätze» wird gerade in diesem Kontext auf J. HABERMAS, O. SCHWEMMER und A. GIDDENS verwiesen.

[17] Vgl. dazu neben P. SEDLACEK (1982b) vor allem R. HANTSCHEL (1986a/128ff) sowie D. HÖLLHUBER (1982/27): «Der (Entscheidungs-)Prozess ist nicht das Forschungsziel, sondern ein Grundrahmen humangeographischer Forschung».
Ferner P. WEICHHART (1986a/88): «Sollen die kultur- und sozialräumlichen Strukturen in einem bestimmten Ausschnitt der Erdoberfläche (. . .) erklärt werden, dann ist es notwendig, (. . .) die dahinterstehenden Handlungsabläufe zu rekonstruieren, wobei (. . .) auf die Wert- und Sinnzusammenhänge zurückgegriffen werden muss.»
Selbstverständlich ist hier stets der p-Raum gemeint und nicht etwa der abstrakte d-Raum (vgl. dazu Kapitel 2.3 «Raumbegriffe»). Deshalb zielt auch das Argument, «So war auch nie die Geschichtswissenschaft eine 'Zeitwissenschaft', sondern . . .» (U. EISEL 1982/129) daneben.

[1] Das heisst seit D. BARTELS (1968b) und D. HARVEY (1969). Vgl. dazu auch J.-P. JETZER (1987) für die analoge Situation in der Nationalökonomie.

einer Einheitsmethodologie – nämlich des *Kritischen Rationalismus*,[2] entwickelte sich alsbald in diametral entgegengesetzter Richtung: auf die Ausdifferenzierung alternativer wissenschaftstheoretischer Positionen, auf *Pluralität* hin. Das szientistische Paradigma, die 'mechanistische Kosmologie', befindet sich also sozusagen in einem Reifezustand: Zu voller Prägnanz gelangt, zeichnet sich doch bereits eine Relativierung der bisherigen Selbstverständlichkeit und der *Übergang* zu etwas Neuem ab.[3]

Neben der Vertiefung und Erweiterung der traditionellen *phänomenologisch-hermeneutischen* Ansätze werden neue Denkrichtungen entwickelt, insbesondere *systemtheoretische* und *normativ-kritische* Ansätze. Das bislang gewohnte polare Denken in strengen Dichotomien, die Zuordnung ganzer Disziplinen zum 'Verstehen' oder 'Erklären' werden dieser Situation nicht gerecht: Quer durch alle Fachgebiete hindurch ziehen sich solche Diskussionen, wird Hegemonie abgelöst durch die *Koexistenz* verschiedener Denkrichtungen. So muss auch das Bild von den «Zwei Kulturen» (C.P. SNOW 1963) korrigiert werden – auf überraschende Weise: Ist eine neue ganzheitlich-pluralistische und gleichzeitig «relativistische Kosmologie», ein *post-szientistisches* Paradigma im Entstehen begriffen?[4]

Postszientistisches Paradigma?

Die Umrisse eines solchen neuen Weltbildes beginnen sich unter dem Stichwort *Wendezeit* (F. CAPRA 1982) allmählich abzuzeichnen – vorerst diffus, widersprüchlich. Und es wird deutlich, dass Wissenschaftstheorie (als Zweig der Erkenntnistheorie) nur verstanden werden kann als eingebettet in einen grösseren Rahmen, in eine bestimmte *Lebensphilosophie*. Befindet sich diese selbst im Wandel, zum Beispiel beim Übergang von materiell dominierten Werten zu mehr spirituellen Werten – vom *Haben* zum *Sein* (E. FROMM 1976), so kann es (zumindest vorübergehend) auch keine allgemeingültige einheitliche Wissenschaftstheorie geben: auch die Grundannahmen des Rationalismus/Szientismus, nämlich die Existenz von objektivem, universellem, ewig gültigem und konsistentem Wissen, geraten zunehmend in Zweifel.[5]

---

[2] *Science* als Inbegriff von Wissenschaft überhaupt!

[3] Vgl. dazu H.J. STÖRIG (1961/II-331ff).

[4] M. CURRY (1985/112); P. SEDLACEK (1982c/189).
Für die Situation in der anglo-amerikanischen Geographie vgl. J.L. PATERSON (1984/105ff) sowie HARVEY/HOLLY (1981/14) mit dem Hinweis auf *multiple-paradigme sciences* nicht nur als Realität, sondern als Notwendigkeit für ausreichende Problemlösungskapazität.
Ferner vor allem R.J. JOHNSTON (1983/129ff): «Human geographers (. . .) must either choose between a variaty of approaches or seek to fashion a middle course incorporating elements of those approaches.»
Auf der Ebene der Fachtheorie vgl. zum Beispiel MEIER/METTLER (1988), welche für die Ökonomie bzw. die Wirtschaftspolitik als Alternative zum «orthodoxen Paradigma» ein «evolutives Paradigma» entwerfen, welches auf einem «kognitiven Menschenbild» und situativen Entscheiden unter dynamischen sozio-politischen Rahmenbedingungen basiert – also ein 'relativistisches' Konzept. – Ähnlich C. LUTZ (1986), der vor allem die Entwicklung der «Teilrationalität des Industriezeitalters» zu einer «echten Rationalität», eingebettet in eine «Kommunikationsgesellschaft», postuliert.

[5] R.B. NORGAARD (1989/44).

Es kann hier nicht darum gehen, der Frage nach einem post-szientistischen Paradigma als einem epochalen Umbruch weiter nachzugehen: Ist die *Postmoderne* eine neue Epoche, ist sie das 'Ende der Aufklärung'?[6] Ein knapper Blick auf die zentralen erkenntnistheoretischen Charakteristiken des Rationalismus/ Szientismus[7] – und als Kontrapunkt dazu auf die Epochen davor und danach – sollen immerhin einen Zweifel signalisieren: Muss man nicht den Szientismus eher als *Etappe* denn als Ziel der Evolution unseres Erkennens (als Prozess und als Ergebnis verstanden) interpretieren?

erkenntnistheor. Paradigma	Ontologie	Epistemologie	Methodologie	Ziel
Scholastik	Schöpfung	Offenbarung	Auslegung	Gott erkennen
Rationalismus/ Szientismus	Beweis	objektive Fakten	Logik	Natur erklären/ aneignen/ beherrschen
Postmoderne/ Relativismus/ Pluralismus	Wahrnehmung	subjektive Erfahrung	Interpretation	Sinngebung

Abb. 45-1: Epochen des Erkennens

Dabei meint

– *ontologisches* Prinzip: Was kann als existent, als bestehend angenommen werden?
– *epistemologisches* Prinzip: Was ist die Quelle des Wissens? Was kann man gesichert wissen? Welches Wissen ist qualifiziert als Basis für allgemeine Erkenntnis?
– *methodologisches* Prinzip: Wie kann man (aus gesichertem Wissen) allgemeine Erkenntnis gewinnen? Welches sind die (Denk-)Methoden dafür?

---

[6] Zu dieser Diskussion vgl. vor allem W. WELSCH (1988); ferner A. WELLMER (1985); J.F. LYOTARD (1979).
Speziell aus geographischer Sicht: D. HARVEY (1988); J. HASSE (1988).
[7] Vgl. dazu H.J. STÖRIG (1961); I. BOCHENSKI (1954); M. FERGUSON (1980); W. BÖCKMANN (1985); R. RIEDL (1987); sowie R.J. JOHNSTON (1983/4f), dessen Überblick hier – tabellarisch konzentriert – wiedergegeben sei. Vgl. Abb. 45-2.
H.J. FORNECK (1989/6ff) gliedert die Tradition des wissenschaftlichen Diskurses in «Humanismus – Positivismus/Szientismus – Kritische Theorie – Postmodernismus» mit drei markanten Brüchen je dazwischen, nämlich der «realistischen Wende», der «kritisch-emanzipatorischen Wende» und der «psychologischen Wende».

Prinzipien des Rationalismus

Ausgangspunkt der Kritik ist ja das Ziel der Wissenschaft an sich. Und so sind gerade die drei zentralen Charakteristiken des Rationalismus bzw. Szientismus – nämlich Objektivität, Kausalität und Reduktivität – die eigentlichen *Kernpunkte* der Auseinandersetzung, und die Ansatzpunkte für die Weiterentwicklung der Erkenntnistheorie. Dabei kann es wohl nicht darum gehen, sich dieser Prinzipien überhaupt zu entledigen; bloss der absolute Geltungsanspruch, der Ausschluss von Alternativen (je nach Fragestellung) muss korrigiert werden.

Objektivität als epistemologisches Prinzip ist fraglich geworden, weil es (vielleicht abgesehen von trivialen Sachverhalten) keine vom Beobachter unabhängige Tatsachen gibt. Jede Aussage basiert auf (subjektiver) Selektion. Das Infragestellen der Objektivität kulminiert im *Konstruktivismus*: Er benennt die Wirklichkeit als «erfunden» (P. WATZLAWICK 1981); Objektivität soll «in Klammern» geschrieben werden (H.R. MATURANA 1982), und KONEGEN/SONDERGELD (1985/156ff) schlagen vor, «den Objektivitätsbegriff aus der wissenschaftstheoretischen Debatte zu entlassen». An die Stelle der Objektivität tritt die *intersubjektive Transparenz*.[8]

---

[8] Dazu R.J. JOHNSTON (1983/134): «. . . the concepts of value-freedom and objectivity are under increasing challenge».
Ins Absurde überhöht bei D. REICHERT (1987).
Für die Situation in der Soziologie vgl. BERGER/LUCKMANN (1969); J. MATTHES (1985).

approach	epistemology	ontology	methodology	aim
empiricist	personal experience	what we see exists	presentation of facts	description
positivist	objective experience	what can be verified exists	verification ⟶ sc. method	explanation justification
humanistic	subjective experience	what we perceive exists	interpretation of individual worlds	understanding
structuralist	ideas, reasoning	(hidden) structures of power define what can be apprehended	construction of theories about real structures	revealing

Abb. 45-2: Charakteristiken wissenschaftlicher Ansätze (nach R.J. JOHNSTON).

Kausalität als ontologisches Prinzip bedeutet: Nur was bewiesen ist existiert![9] Dieser Satz ist umstritten, weil es (ganz abgesehen vom Problem der Axiomatik) offensichtlich relevante Sachverhalte gibt, ohne dass sie durch deduktiv-nomologische Ableitungen auf bestimmte Ursachen zurückgeführt werden können.[10] Und neben die Kausalität tritt die *Finalität* als Erklärungsmodus für intentionales Handeln.

Analytische *Reduktion* als methodisches Prinzip ist die Basis der *Logik*, denn nur durch die Aufspaltung der Welt in fassbare Einzelheiten, durch Gliederung von Komplexität in einzelne Sätze, und durch Isolierung dieser Sätze mittels der *ceteris paribus*-Klausel kann ein logisch stringenter Beweis geführt werden. Nun zeigt ja gerade der Disput um Objektivität, dass jede Erkenntnis, jede Aussage, ja selbst jede Erfahrung auf einem selektiven Ausschnitt der Wirklichkeit beruht – Reduktion muss also sein. Indessen wird als Kernpunkt der methodologischen Diskussion das Ausmass der Isolierung von Aussagen erkennbar: Der *Kontext* muss gewahrt bleiben, mehrere Aussagen müssen verknüpft, die übermässige Separation muss überwunden werden.

Komplementäre Alternativen[11]
Die Alternativen zu den Prinzipien des Rationalismus/Szientismus lassen sich damit knapp zusammengefasst umschreiben mit:
- *persönliche Erfahrung* und Engagement, verbunden mit Transparenz, statt Objektivität und fiktiver Wertfreiheit;
- *intentionale Logik* an Stelle deterministischer Schlüsse, Finalität statt Kausalität, das heisst Folgerungen auf Ziele hin statt aus Sachzwängen heraus;
- *ganzheitlich-makroskopische* Perspektive statt analytische Ansätze, zyklischer statt linearer Denkmodus, Integration statt Separation von Aussagen.

Wie bereits betont wäre es indessen verfehlt, diese Alternativen als ausschliessende Gegenpositionen zum Szientismus zu verstehen; vielmehr stellen sie (aufgefächert in viele Varianten) ergänzende, *komplementäre Positionen* dar: Die wissenschaftstheoretische Pluralität ist ein Faktum.[12]

Ein Ausdruck solcher aufeinander bezogenen Pluralität ist zu erkennen im Versuch, die traditionelle Dichotomie *Verstehen/Erklären* bzw. den Dreischritt 'Beschreiben – Erklären – Voraussagen' als methodologische Grundprinzipien neu zu ordnen; dazu muss der Begriff 'Erklären' *viel weiter* gefasst werden als im Szientismus üblich: Er muss neben dem «kausalen» (deduktiv-nomologischen) Erklären auch Platz bieten für «Erklärungen im eingeschränkten Sinn»,

---

[9] Kritisch dazu J. ANDEREGG (1977a/14): «Wo einzig die Frage nach dem 'Warum?' als legitim anerkannt wird, reduziert sich das Interesse an der Wirklichkeit auf jene Phänomene, die dem Erklären zugänglich sind, oder anders: nur insofern wird einem Phänomen Wirklichkeit zugestanden, als es erklärbar erscheint».

[10] Es sei nochmals an KANT erinnert, der bedauert, dass der «Beweis der Realität der Aussenwelt» bisher nicht gelungen sei (DIEMER/FRENZEL 1967/36). Vgl. ferner nochmals M. BUNGE (1979).

[11] Aus feministischer Sicht wird diese Alternative als «weiblicher» Denkmodus dem «männlichen» gegenübergestellt (E. WISSELINCK 1984).

[12] Vgl. nochmals M. CURRY (1985); sowie A. HOLT-JENSEN (1980/103; 143).

also für «partielles Erklären» und «Erklärungsskizzen», aber auch für «teleologische Erklärungen», also «verstehendes», «deutendes», «intentionales» Erklären.[13]

Alle genannten Modi von 'Erklären' bestehen nebeneinander in der Realität, damit auch in Disziplinen, die realitätsbezogen sind.[14] Nur extrem reduzierte 'artifizielle' Disziplinen können sich allenfalls auf Fragestellungen beschränken, die lediglich e i n e n Erklärungs-Modus beanspruchen. Mit der vermehrten Zuwendung zu praktischen Problemen und (damit verbunden) der beginnenden Überwindung allzu rigoroser Segmentierung der Erkenntnisbereiche ergibt sich also zwingend eine *Ausweitung des Erklärungsbegriffes*. Damit wird auch das Dualismus-Dogma von D. BARTELS wissenschaftstheoretisch widerlegt.

Die Herausforderung des Relativismus[15]

Aus der Sicht des traditionellen Wissenschaftsverständnisses stösst diese hier nur in Umrissen angedeutete ganzheitlich-pluralistische bzw. relativistische Auffassung auf erhebliche Schwierigkeiten; *fünf* Problemkreise sind erkennbar, die ganz knapp skizziert werden sollen. Sie bedeuten eine *fundamentale Herausforderung* für die Evolution der Wissenschaft.

– *Unbestimmtheits*-Problem: Eine Position des «Sowohl als auch» (E.P. FISCHER 1987), die konstruktivistische Relativierung der Wirklichkeit, Alternativen zur klassischen Logik,[16] ein bewusster Verzicht auf *Eindeutigkeit* im metatheoretischen wie auch im fachtheoretischen Bereich, das Offenlassen von Fragen . . . all dies widerspricht szientistischem Standard.

– *Entitäts*-Problem: Einer im Grunde immer noch an Realobjekten als Erkenntnis-'Gegenstand' orientierten Auffassung widerstrebt die Vorstellung von Konstrukten, schlecht abgegrenzten, *offenen Systemen* und diffusen Problemen.[17]

– *Genauigkeits*-Problem: Auf der methodischen Ebene besteht weiter die Vorstellung, dass sich mit hinreichender Genauigkeit analytischer Datenerfassung und -verarbeitung jedes Problem lösen lasse; die Implikationen *unscharfer* Informationen werden übergangen, makroskopische Indikatoren allenfalls als provisorischer Verlegenheitsbehelf hingenommen.[18]

– *Wert*-Problem: Basierend auf der Fiktion der Wertfreiheit besteht nach wie vor ein dreifaches *Normendefizit*, nämlich in bezug auf die mangelnde Transparenz der Wertbasis, auf das mangelnde Interesse für die Werterhellung und

---

[13] KONEGEN/SONDERGELD (1985/88ff; 116; 166ff); O. SCHWEMMER (1987/93ff).

[14] Vgl. dazu das Handlungsschema bei O. SCHWEMMER (1987/195), das deutlich die komplementäre Wirkung von Finalität und Kausalität aufzeigt: die «Widerständigkeit der *inneren* und der *äusseren* Natur», d.h. die «Regeln unserer Kultur» wie auch die Natur-Gesetze sind bestimmend dafür, wie sich aus den Intentionen des Subjektes sein 'Handeln' und daraus wiederum die 'Wirkungen' ergeben.

[15] Vgl. dazu HOLLIS/LUKES (1982); J. MATTHES (1985/64).

[16] G. OLSSON (1980/85ff); D. REICHERT (1985). P. WEICHHART (1986a/88) betont die Bedeutung der «subjektiven Rationalität», der «subjektiven Logik».

[17] P.B. CHECKLAND (1979); G. ALTNER (1986); I.v. BÜLOW (1988).

[18] J. MAURER (1985); B. SCHMID (1979).

das mangelnde Wertengagement. Dass Feststellungen allein noch keine Handlungen auslösen, geschweige denn schon eine Problemlösung sind, wird ignoriert mangels Einsicht in individuelle, soziale und politische Entscheidungsprozesse.

– *Praxis*-Problem: Durch die Verbindung von Wissenschaft und Praxis verliert 'Anwendung' ihren rein instrumentellen Charakter; sie wird zum *Innovationsfeld* der wissenschaftlichen Evolution. Und umgekehrt kann sich die Wissenschaft nicht länger der *Verantwortung* für die Folgen ihrer Ergebnisse entziehen. Diese Einsichten – heute noch zu wenig verankert – werden in Zukunft eine entscheidende Rolle spielen.

Praxis-Bezug

Diese Schwierigkeiten müssen überwunden werden. Dabei kommt dem Einfluss der *Praxis* (bzw. der Forderung nach Praxisbezug) eine entscheidende Rolle zu: Der für sie wesentliche Bereich befindet sich sozusagen im Mittelfeld *zwischen* den verschiedenen rigorosen (wissenschafts-)theoretischen Positionen. Diese mögen von abstraktem Interesse sein, sie sind aber *realitätsfern* und auch unerreichbar. So werden zum Beispiel im menschlichen Tun die Grenzen von Kausalität wie auch Finalität deutlich; beide Erklärungsmodelle je für sich sind unzureichend.[19] Diese Einsicht findet ihren literarischen Ausdruck bei H. HESSE (1922/113): «Von jeder Wahrheit ist das Gegenteil ebenso wahr! Nämlich so: eine Wahrheit lässt sich immer nur aussprechen und in Worte hüllen, wenn sie einseitig ist. Einseitig ist alles, was mit Gedanken gedacht und mit Worten gesagt werden kann, alles einseitig, alles halb, alles entbehrt der Ganzheit, des Runden, der Einheit. (. . .) Die Welt selbst aber, das Seiende um uns her und in uns innen, ist nie einseitig.»

Auch in bezug auf *inhaltliche* Dimensionen überspielt die Praxis den Reduktionismus der 'reinen' Wissenschaft: Hier stossen die verschiedensten Sachbereiche aufeinander und beeinflussen sich, ohne Rücksicht auf *Disziplingrenzen* und systematische Klassifikationen. Will die Wissenschaft wirklich praxisrelevant sein, muss sie vermehrt traditionelle Disziplingrenzen *überschreiten*.

Die Praxis ist aber nicht nur eine *Herausforderung* an die Wissenschaft, die man allenfalls ignorieren könnte, und eine Abnehmerin ihrer Erkenntnisse, sondern sie stellt in der heutigen Situation mehr dar: eine Reservoir an Gedankenanstössen, ein Experimentierfeld für grenzüberschreitende Ansätze, ein Modell für die Überwindung des szientistischen Separatismus. Wesentliche *innovative Impulse* gehen von der Praxis aus; ohne ihre Anforderungen und Anregungen, nur im 'Elfenbeinturm' wirkend, wird es einer Disziplin szientistischer Ausrichtung schwerer fallen, sich mit den neuen Denkrichtungen konstruktiv auseinanderzusetzen,[20] an der *Evolution* der Erkenntnisprozesse zu partizipieren.

[19] Vgl. dazu KONEGEN/SONDERGELD (1985/163f).
[20] Deshalb plädieren zum Beispiel KONEGEN/SONDERGELD (1985/162ff) für eine «praktische Wissenschaftstheorie», das heisst eine metatheoretische Reflexion mit explizitem Praxisbezug. Und R.J. JOHNSTON (1983/134) bemerkt dazu: «. . . theory and practice are inseparably linked».

Dabei besteht gerade für die Geographie eine *Chance*: Das seit HUMBOLDT tradierte Selbstverständnis einer integrativen Disziplin könnte sich im Rahmen der entstehenden ganzheitlich-pluralistischen Wissenschaftsauffassung entfalten, und das mehr oder weniger latente Unbehagen an der Fragmentierung der Fragestellungen im Szientismus aufheben. Mit dem Übergang vom rigorosen Positivismus zu einem relativistischen Pluralismus und in der Orientierung an konkreten Problemen der Praxis (von der globalen bis zur lokalen Ebene) sind die äusseren Bedingungen dazu gegeben.[21]

---

[21] So etwa CHOJNICKI/WROBEL (1976/345). – Auf der Ebene der praktischen Umsetzungen etwa R. NÄGELI (1986/335), der das Bild einer «realistischen» Regionalforschung entwirft, welche weniger nach 'reinen' Gesetzen sucht, sondern «nach *realen* Handlungsabläufen, Handlungsspielräumen und Handlungszwängen *realer* Individuen in unserer ebenso *realen* Welt.» Dazu fordert er Komplementarität von Mikro- und Makroebene, individueller und struktureller Gegebenheiten im Sinne von A. GIDDENS.

III
Konzepte

5 Zentrale Fragestellungen

Auch die Schlafenden verändern
den Lauf der Welt.

HERAKLIT

5.1 Raumwissenschaftlicher Orientierungraster

5.1.1 Die Struktur des Rasters

Es war das Ziel der vorangehenden Kapitel, zwei Orientierungsdimensionen zu entwickeln, um den Grundbegriff *Raumwissenschaft* in einem umfassenden Sinne zu umreissen. Die beiden Dimensionen sind der *Raum*-Begriff in seiner Vielschichtigkeit einerseits, und ein mehrstufiger *Wissenschafts*-Begriff in einem ausgeprägt pluralistischen Umfeld andererseits.[1] Sie spannen einen Raster auf, dessen Felder die unterschiedlichsten Ansätze – traditionelle und aktuelle Auffassungen von Geographie – besetzen.

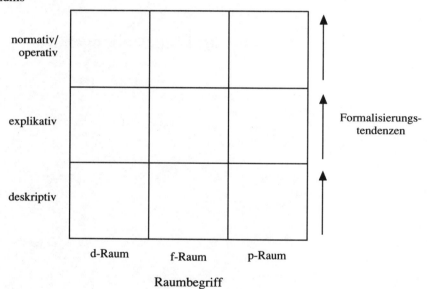

Abb. 51-1: Ordnungsraster für unterschiedliche Auffassungen von 'Raumwissenschaft'

Diese Perspektive macht unmittelbar klar, dass es nicht um eine ontologische Fixierung e i n e r Auffassung von Raumwissenschaft gehen kann, sondern dass die Begrifflichkeit offen ist und auch einem steten Wandel unterliegt. Die Vielfalt von Ansätzen und Richtungen in der Disziplin lässt sich dadurch aber in einen *Orientierungsraster* einordnen, welcher in doppelter Hinsicht leistungs-

---

[1] Vgl. Kapitel 2.3 «Raumbegriffe» bzw. Kapitel 3.3. «Evolutive Erkenntnisprozesse»; auf die dort entwickelte Begrifflichkeit wird hier explizit abgestützt.

fähiger ist als traditionelle Gliederungen nach Sachgebieten.[2] Bei diesen geht es um eine Ordnung nach rein inhaltlichen Kategorien, was zu mehr oder weniger sinnvollen Systematiken von 'Bindestrich'-Geographien[3] führt, deren methodologischer Status jedoch völlig ungeklärt und in der Regel ziemlich heterogen ist.

Demgegenüber resultiert im Ordnungsraster 'Raumwissenschaft' eine aussagekräftige *methodologische* Gliederung: Sowohl der im jeweiligen Raumbegriff implizierte Komplexitätsanspruch wie auch das Leistungsverständnis im Sinne der Stufen wissenschaftlichen Arbeitens sind unmittelbare Ordnungskriterien. So bilden methodologisch gleichartige *Fragestellungen* die einzelnen Klassen der Systematik, ungeachtet ihrer inhaltlichen Ausrichtung.[4]

Damit kommt (zweitens) ein wesentlicher Ansatzpunkt für eine normative Metatheorie direkt zum Tragen: Was sind bedeutungsvolle, *leistungsfähige* Fragestellungen und Ansätze?[5] Eine Antwort darauf muss primär eine methodologische sein, denn interessante bzw. wichtige oder aktuelle Probleme gibt es wohl in allen Sachbereichen der traditionellen Gliederung. Entscheidend aber ist, *was* für Fragen dazu gestellt werden und welcher Art die Antworten sind: ob (trivial) beschreibend, ob erklärend oder entscheidungs- und handlungsorientiert. Je nach Kenntnisstand und gesellschaftlichen Rahmenbedingungen ändert sich dabei der Stellenwert einzelner Klassen von Fragestellungen; ein *evolutives Moment* wird sichtbar, welches eine normative Metatheorie berücksichtigen muss.[6]

Nach dem szientistischen Verständnis spielt neben der Stufe des Wissenschaftsanspruches auch der *Formalisierungsgrad* von Aussagen eine bedeutende Rolle: Auf allen Stufen sollten generell quantitative Methoden eingesetzt und (allgemeine) Sätze angestrebt werden, die über partikulare Tatsachensätze, Theoreme und Entscheide hinausgehen.[7] Allerdings stellen die Formalisierungstendenzen der 'Quantitativen Revolution' kein einheitliches Forschungsprogramm dar, sondern kommen unabhängig von der Fragestellung zum Einsatz. Daraus ergibt sich das Dilemma, ob der weitere wissenschaftliche Fortschritt in der Vertiefung auf derselben Stufe gesucht werden soll, oder ganz im Gegenteil im qualitativen Schritt zu den Ansätzen auf der nächsthöheren Stufe, unter Inkaufnahme von Formalisierungsverlusten.[8]

---

[2] Vgl. dazu etwa H. LESER (1980/28); sowie P. HAGGETT (1975/583f): «These conventional divisions are important (. . .) But perhaps a more helpful way of structuring geography is by how it approaches its problems. (. . .) we have distinguished three different approaches: spatial analysis, ecological analysis, regional complex analysis.»

[3] So etwa A. MORI (1977/187). Dazu kritisch V.A. ANUCHIN (1973/62).

[4] Diese Systematik überlagert also die traditionelle Gliederung nach Sachgebieten, ergänzt sie, ohne jene ersetzen zu wollen.

[5] Vgl. Kapitel 6.3 «Leitbild Geographie»

[6] Vgl. dazu nochmals das Spiral-Modell bei L.I. VOROPAY (1977); bzw. R. RIEDL (1979).

[7] Vgl. etwa das Konzept zunehmender Abstraktion der Modellbildung bei E. WIRTH (1979/167ff). Diese führt hin zur «Theoretischen Kulturgeographie» als (zumindest implizit) höchstwertiger Aussageform. Dabei spielt die «inhaltliche Erfüllung» eine untergeordnete Rolle. Zum metatheoretischen Stellenwert der 'Quantitativen Geographie' vgl. E. GIESE (1980).

[8] Dies wird etwa deutlich in der Diskussion um die ungenügende Formalisierung systemtheoretischer Ansätze, beim Übergang von analytischen zu systemischen Perspektiven. Vgl. dazu ausführlich P. MESSERLI (1986).

Zur Tradition des Chorologie-Begriffs

Die Terminologie zur Bezeichnung der unterschiedlichen Ausrichtungen raumwissenschaftlicher Ansätze basiert auf den Wurzeln *topos* (= Ort, Stelle) und
vor allem *chora* (= Landstrich, Gegend),[9] kombiniert mit gebräuchlichen Suffi-
xen. Von zentraler Bedeutung ist dabei der Begriff *Chorologie*. Er erfuhr durch
A. HETTNER (1927/121ff) die entscheidende Prägung: Danach umfasst die «chorologische Auffassung» *zwei* Perspektiven, nämlich die «Verschiedenheit von
Ort zu Ort nebst dem räumlichen Zusammenhang der neben einander liegenden
Dinge» wie auch den «ursächlichen Zusammenhang der an einer Erdstelle
vereinigten verschiedenen Naturreiche und ihrer verschiedenen Erscheinungen»
(1927/129). Beide Perspektiven gehören bei A. HETTNER *untrennbar* zusammen;[10] sie seien im folgenden *formale* bzw. *funktionale Chorologie* (oder kurz:
Chorologie I und II) genannt, wobei die letztere wiederum gegliedert wird in
empirische und *allgemeine Chorologie*.[11]

Der Begriff Chorologie wurde in den Jahrzehnten nach A. HETTNER in der
Geographie kaum mehr verwendet; erst bei E. NEEF (1956) taucht er – wohl auf
dem Umweg über die systematische Biologie[12] – wieder auf, allerdings auf die
formale Bedeutung der Lagebeziehungen *reduziert*, währenddem die kausalen
Wechselwirkungen nun als «landschaftliche» Betrachtungsweise den Kern einer
Geographie als «Landschaftslehre» ausmachen (E. NEEF 1967).[13] Wie A. HETT-
NER betont auch E. NEEF, dass beide Perspektiven (das «chorologische» und das
«landschaftliche Axiom») eng zusammengehören (1967/24).[14] In der methodo-

---

[9] Vgl. dazu G. WAHRIG (1980) sowie vor allem E. NEEF (1963/250); ferner W. TIETZE (1968);
     J. SCHMITHÜSEN (1976/78); und D. BARTELS (1968b/87ff).

[10] «Nur in der Anwendung dieser *beiden* Gesichtspunkte liegt das Wesen der Geographie»
     (A. HETTNER 1927/130).
     Die berechtigte Kritik am ontologisierenden Teil dieser Aussage, wie auch abweichende Auffas-
     sungen über Geographie sollten den Blick doch nicht so weit verengen, dass der komplementäre
     Dualismus im Begriffsverständnis A. HETTNERs überhaupt ausgeblendet wird.

[11] Den beiden Perspektiven zugeordnet sind seit H. BOBEK (1957/131) die Bezeichnungen «horizon-
     tale» bzw. «vertikale Verflechtungen». Vgl. ferner die Begriffe *interconnection* und *interrelation*
     bei E.L. ULLMANN (1954).

[12] *Chorologie* wurde in der systematischen Biologie reduziert zur reinen Verbreitungslehre (allge-
     mein: REICHELT/WILMANNS 1973/11ff; P. MÜLLER 1977/16; als Beispiel: R. WALDIS 1987/61ff),
     währenddem die *Ökologie* sich den kausalen Zusammenhängen widmet. Im Unterschied zur
     Ökologie verzichtet allerdings die funktionale Chorologie auf eine a priori-Spaltung des Er-
     kenntnisbereiches in Bezugsobjekt und Umwelt.

[13] Eine davon abgeleitete, ganz spezielle Bedeutung haben «chorologisch» (oder «chorisch») und
     «topologisch» (oder «topisch») bei E. NEEF (1963) und später bei G. HAASE (1976) bzw. H. LESER
     (1976/202ff) im Zusammenhang mit der Grössenordnung (oder *Dimension*) der Bezugsgebiete
     landschaftsökologischer Untersuchungen: Während sich die 'topologische Dimension' auf «ho-
     mogene Raumeinheiten» bezieht, umfasst die 'chorologische Dimension' Gebiete mit «heteroge-
     nem Aufbau». Daran anschliessend folgen die 'regionische' und die 'geosphärische Dimension'.
     Die Abgrenzungen sind allerdings nicht absolut, sondern eine Frage der Abstraktionsstufe.
     Vgl. dazu vor allem auch H. BOBEK (1957/131f): Der Vorstellung von Homogenität von Ökoto-
     pen «liegt deutlich ein bestimmter, nicht notwendig in der Sache selbst, sondern im Beschauer
     verankerter *Massstabwillen* zugrunde.»
     Zur Frage der Massstäblichkeit in der Geosystemforschung vgl. ferner vor allem V.B. SOCAVA
     (1977).

[14] Paradoxerweise kritisiert E. NEEF (1967/23) (ob in Unkenntis der Quellen?) die HETTNERsche

logischen Konzeption von J. SCHMITHÜSEN (1976) nimmt dann die Frage nach den Wechselwirkungen als *Synergetik* eine zentrale Stelle in der Geographie ein.[15]

Bei D. BARTELS (1968b) hingegen verschwinden mit der 'Landschaft' auch die kausalen Wechselwirkungen, zurück bleibt eine Chorologie als Raumwissenschaft im Sinne der *spatial analysis*, und zwar stark formalisiert als «chorologische Systemforschung», welche auf «Theorien regionaler Systeme» (im Sinne von W. CHRISTALLER bzw. W. BUNGE) zielt. Seither meint *chorologisch* nur mehr «in distanziellem Zusammenhang gesehen, raumfunktional verbunden».[16] Mit der späteren (durchaus zutreffenden) Feststellung, dass der d-Raum *an sich* weder erklärt werden kann noch selbst kausale Erklärungen liefert, wird dann diese Art von 'Raumwissenschaft' überhaupt als «unmöglich» erklärt und abgeschafft.[17]

Ganz im Gegensatz zu D. BARTELS soll hier nun aber wieder an den *komplementären* Bedeutungsgehalt bei A. HETTNER angeknüpft werden: formale und funktionale Chorologie sind zwei *zentrale Grundformen* geographischer Arbeitsweisen, freilich nicht die einzigen. Und sie entsprechen (oft nur implizit) einem weitverbreiteten Selbstverständnis innerhalb der Disziplin[18] – darauf ist ergänzend aufzubauen.

5.1.2 Die Ansätze zum d-Raum

Ausgehend von den Überlegungen zum tradierten Begriffsverständnis von Chorologie sollen nun die einzelnen Felder im raumwissenschaftlichen Orientierungsraster belegt werden, und zwar ausgehend vom d-Raum über den f-Raum zum p-Raum.

Auffassung von Geographie als reine Chorologie, als 'Raumwissenschaft': sie sei ungenügend, und zwar wegen der fehlenden «landschaftlichen» Perspektive.
Ähnlich unscharf ist der engl. Ausdruck *chorology*: Währenddem er zum Beispiel bei B.T. ASHEIM (1979) mit *science of space* gleichgesetzt wird, identifiziert R.D. SACK (1974) *chorology* gerade mit der traditionellen, 'regionalen' Schule von R. HARTSHORNE und bezeichnet sie gegenüber der *spatial analysis* als «thesis and antithesis in a geographical dialectic».

[15] Ähnlich bei H. UHLIG (1970/27) und H. LESER (1980/65), welche die chorologische Analyse als «erste Stufe» bezeichnen, der eine zweite folgen müsse, nämlich die Untersuchung von Systemzusammenhängen.
Der Begriff *Synergetik* hat im Rahmen der System-Theorie neuerdings eine sehr grosse Bedeutung erlangt, die sich allerdings nicht mit der Begriffsbildung bei J. SCHMITHÜSEN (1976) deckt. Vgl. dazu vor allem H. HAKEN (1981), wo sie geradezu zum alles-erklärenden Prinzip erhoben wird.

[16] D. BARTELS (1968b/7; 111; 134). Analog bei G. BAHRENBERG (1972/11ff); und G. HARD (1973a/ 181ff).

[17] So vor allem U. EISEL (1980; 1982). Ähnlich bereits B.T. ASHEIM (1979); ferner G. BAHRENBERG (1988/73).

[18] Vgl. dazu etwa E. WEIGT (1957/34); und neuerdings wieder J.-L. PIVETEAU (1987/148): «...
l'approche spécifique de la géographie repose sur (. . .) le croisement d'un double regard: un regard vertical (ou axe *écologique*) et un regard horizontale (ou axe *chorologique*).» – Ebenso R.J. JOHNSTON (1983/3): «... it is this twin focus (of vertical and horizontal relationships) (. . .) and the integration of the two sets of relationships that provides the discipline with its identity and integrity.»

Choristik

Choristik ist eine traditionelle und als solche auch die *elementarste* geographische Fragestellung. F. MARTHE (1877) sprach vom «Wo-der-Dinge» als Hauptaufgabe der Geographie – ein seither fortbestehendes tiefverwurzeltes Paradigma.[19] Unter Choristik ist das Ordnen eines «Basisbereiches» nach der Lage der einzelnen Elemente der Grundmenge X, also die Lagebestimmung von Objekten, Sachverhalten oder Ereignissen x_{ij} zu verstehen. Dabei gehören diese Elemente nur einer Sachkategorie, einer Objektklasse an; es handelt sich um ein *einschichtiges*, sachlich eindimensionales Ordungsgsmuster, welches im einfachsten Falle eine Abbildung als Punktkarte zulässt. Die wohldefinierte Objektklasse X kann aber auch unterteilt und strukturiert werden, nach unterschiedlichen Ausprägungen von x. Aus diesen Analysen resultieren klassenlogisch definierte 'Areale' und 'Zonen' mit leeren und (allenfalls unterschiedlich) besetzten 'Stellen'.[20]

Diese elementare Fragestellung muss heute trivial erscheinen;[21] jedenfalls kann sich eine moderne Raumwissenschaft gewiss nicht darin erschöpfen. Dies gilt besonders auch deshalb, weil mittlerweile immer mehr Disziplinen die Bedeutung der *d-räumlichen* Dimension in ihren Problemstellungen erkannt haben und ebenfalls mit dem choristischen Ansatz, also mit d-räumlicher Differenzierung operieren.[22] A. HETTNER (1927/123f) weist übrigens die choristische Betrachtung eindeutig den «systematischen Wissenschaften» als Aufgabe zu!

Die Choristik bildet allerdings die *Basis* für alle weitergehenden Fragestellungen, sei es bei einer Ausweitung des räumlichen Komplexitätsgrades im Hinblick auf kausale bzw. intentionale Analysen von Koinzidenz-Situationen, sei es bei einer weitergehenden relationslogischen Formalisierung choristischer Ergebnisse im Hinblick auf formal-chorologische Aussagen.

Formale Chorologie

Formale Chorologie (oder kurz: Chorologie I) beinhaltet Aussagen über distanzielle Regelhaftigkeiten: Aus der relationslogischen Analyse von choristisch geordneten Datenmengen (das heisst Punktverteilungen, Arealbesetzungen) kann man *qualitative* Aussagen über formale Zusammenhänge im d-Raum gewinnen, etwa im Sinne des «Geographischen Formenwandels» (H. LAUTEN-

---

[19] D. BARTELS (1968b/87) bezeichnet sie als das «wichtigste Deskriptionsschema» der Geographie, und umgangssprachlich wird 'geographisch' oft mit 'choristisch' im Sinne von 'gebietsweise aufgeteilt, regionalisiert' gleichgesetzt. Vgl. dazu im Kapitel 2.2 «Die Region» den Abschnitt zur «Regionalisierung».

[20] D. BARTELS (1968b/87ff). – Bei umfassenden (heterogenen) Objektkategorien und entsprechend tiefer klassenlogischer Strukturierung ist der Übergang zu Fragestellungen im f-Raum fliessend. Vgl. zu diesem weiten Verständnis von Choristik vor allem D. BARTELS (1968b/91ff); ferner H. KÖCK (1982/231ff). – Das 'Feld' gehört hingegen als zentraler relationslogischer Begriff eindeutig zur formalen Chorologie.

[21] Immerhin ist in 'Pionierstadien' der Erkenntnis das Sammeln und Ordnen von Basisdaten eine unabdingbare Leistung.

[22] Vgl. dazu allgemein I. HEILAND (1968/662f) und für die Ökonomie G. FISCHER (1973a/51ff); sowie als Beispiel G. FISCHER (1980).

SACH 1952). Entlang von Gradienten, Baum- oder Netzstrukturen oder anderen Konfigurationen variieren Dichte oder Qualität der besetzten Stellen, und zwar in bestimmter *Regelhaftigkeit*: es resultieren 'Felder' oder hierarchische Netzwerke wie zum Beispiel Zentrale-Orte-Strukturen.[23] Neben die Koinzidenz als Ausdruck von «vertikalen Beziehungen (*interrelations*)» tritt die «Fernwirkung» als Ausdruck «distanzieller, horizontaler Beziehungen (*interconnections*)» – beide sind (wie bereits betont) fundamentale raumwissenschaftliche Konzepte.[24]

Solche Theorieansätze distanzieller Relationen sind allerdings nicht erklärender Art, sondern (nur) *beschreibender* Art. Denn Distanz ist nur indirekt die Ursache eines Formenwandels, eines Gradienten. Dahinter stehen innere Zusammenhänge des erfassten Prozesses, so etwa Kosten i.w.S., die man für Distanzüberwindung in Kauf nehmen kann oder will. Ändern sich Transportsysteme und ihre Kosten (oder andere Parameter bzw. Präferenzen), ergeben sich neue Distanzabhängigkeiten. Distanzielle Zusammenhänge bzw. formal-chorologische Aussagen sind damit Abbildungen der *effektiv* verursachenden Kräfte, welche allerdings bei solchen Analysen im einschichtigen d-Raum gar nicht in die Betrachtung eingehen, damit unsichtbar bleiben. Erst funktionale Zusammenhangsanalysen in komplexeren Raumsystemen oder andere sachlogische Argumente können zur Klärung kausaler bzw. intentionaler Abhängigkeiten mit *distanziellen* Auswirkungen ('Nachbarschaftseffekte', 'Fernwirkungen') führen.[25]

Topometrie

Als *Topometrie* schliesslich soll die quantitativ formalisierte relationslogische Analyse einschichtiger Basisbereiche bezeichnet werden: Über die qualitative Aussage hinaus wird die Beschreibung 'objektiviert' und verdichtet durch die Einführung von Kennziffern. Die Lage der einzelnen Stellen und allenfalls die Ausprägung von x_{ij} werden in *metrischen Skalen* bestimmt, «ausgemessen». Punktverteilungen und Ausprägungsprofile können so in parametrischer Form dargestellt werden.[26]

---

[23] In Anknüpfung an J.W. WATSON (1955) und W. BUNGE (1966) bezeichnet D. BARTELS (1968a/134) solche Strukturen als «Regionalsysteme» bzw. «regionale Systeme», die Gradienten als «Distanzfunktion» und den ganzen Ansatz «chorologische Systemforschung» bzw. (mit W. MÜLLER-WILLE) als «funktional-chorologisch» (1968/111) – damit wird eine Autonomie des d-Raumes suggeriert, was später (mit einer gewissen Berechtigung) als *Raumfetischismus* vehement kritisiert wird und zur generellen Ablehnung einer solchen 'Raumwissenschaft' führt.

[24] D. BARTELS (1968b/108ff). Vgl. zum Begriffspaar *interrelation – interconnection* bzw. «vertikale – horizontale Verflechtungen» vor allem E.L. ULLMANN (1954); sowie H. BOBEK (1957/131); ferner E. NEEF (1967/21ff). Dazu die Anmerkung 18 zur Bedeutung dieser Konzepte in der Geographie.

[25] Vgl. dazu vor allem G. OLSSON (1967); sowie G. HARD (1973a/188f): «Schon dem oberflächlichen Blick kann überdies nicht verborgen bleiben, dass die Distanzvariablen mehr komplexe Indikatoren als unabhängige Variable darstellen und im allgemeinen einen ganzen Komplex von spezifisch sozialen Variablen reflektieren – und diese Verhaltens- und Einstellungsvarianten (und nicht die Distanzen) sind letztlich die Grössen, die in eine Theorie einzusetzen wären.»

[26] G. HARD (1973a/182). Typisch für topometrische Aussagen sind Funktionsgleichungen von der Art $X_{ij} = f(i,j)$. Deshalb verwendet D. BARTELS (1968b/7; 116ff) für den «3-geographischen» (das heisst «chorologischen») Ansatz auch den Ausdruck «raumfunktional» und verweist auf W. MÜLLER-WILLES Begriff «funktional-chorologisch» (1968b/111). Vgl. dazu nochmals Anmerkung 23.

Ein bekanntes Beispiel dafür ist die *nearest-neighbor*-Methode; daneben sei etwa an Entropiemodelle, zentritrope Gradienten oder Trendoberflächen erinnert.[27] Hierbei ist ein besonders schwieriges Problem die räumliche *Autokorrelation*, zunächst methodisch, dann aber vor allem wegen der distanziellen Autonomie, die Nachbarschaftseffekten zuzukommen scheint.[28] Im Zuge der 'Quantitativen Revolution' hat die Bedeutung topometrischer Ansätze stark zugenommen. Umsomehr gilt es nochmals festzuhalten, dass damit keine Erklärungen gefunden werden, sondern allenfalls Indizien oder sachlogische *Hypothesen*, die in weitergehenden mehrschichtigen Kausalanalysen überprüft werden müssen.[29]

Choristik, formale Chorologie und Topometrie sind die raumwissenschaftlichen Ansätze im *d-Raum* auf der deskriptiven Stufe. Die übrigen Felder der d-Raum-Perspektive sind nicht besetzt: Es gibt (wie bereits erläutert) weder d-räumliche Erklärungen im Sinne der Theoretischen Geographie (als abstrakte Verteilungs- oder Bewegungs-'Gesetze'),[30] noch sind rein d-räumliche, abstrakte Normvorstellungen sinnvoll.[31] Immer ist der d-Raum (nur) *Abbildung* materieller Prozesse und Handlungen. Jene müssen erklärt und allenfalls beeinflusst werden, im Hinblick auf die Gestaltung des p-Raumes als Teilaufgabe gesellschaftlicher Problemlösungen.

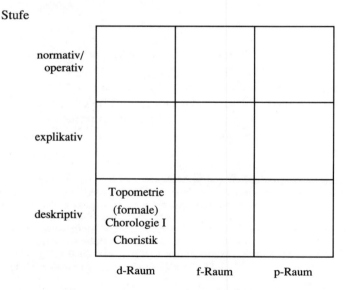

Abb. 51-2: Die raumwissenschaftlichen Ansätze der d-Raum-Perspektive

[27] BAHRENBERG/GIESE (1975/86ff); D. STEINER (1977).
[28] Zur räumlichen Autokorrelation vgl. vor allem CLIFF/ORD (1973).
      Bereits das von E. NEEF (1967/23ff) formulierte «chorologische Axiom», welches die Bedeutung von «Nah- und Fernbeziehungen» für alle geographischen Sachverhalte betont, muss als Ausdruck räumlicher Autokorrelation verstanden werden.
[29] Vgl. dazu auch E. GIESE (1980/256): «. . . dass die blosse Anwendung der raffiniertesten Techniken noch keinen Erkenntnisfortschritt beinhalten.»

5.1.3 Die Ansätze zum f-Raum

Der *f-Raum* stellt den Übergang vom einschichtigen, abstrakten Raumverständnis zum prozessualen Raumbegriff dar: Er ist zwar mehrschichtig aufgebaut, das heisst sachdimensional vielfältig ausgestattet, aber er ist *statisch*.[32] Typische Abbildungsformen des f-Raumes sind topographische Karten und bildhafte Landschafts- bzw. Stadtansichten[33] mit entsprechenden Begleittexten.

Chorographie

Chorographie (oder 'Kosmographie') ist die traditionellste Aufgabe der Geographie, und sie korrespondiert wohl immer noch mit einem verbreiteten Allgemeinverständnis von Geographie.[34] Unter Chorographie ist das oft breit angelegte *Beschreiben* aller möglichen Sachverhalte, Zustände, Eigentümlichkeiten eines bestimmten Gebietes zu verstehen. Diese Sachverhalte werden zusammenhangslos *nebeneinander* gestellt.[35] Nicht nur Lage, Umgebung und materielle (ortsfeste) 'Ausstattung' werden dabei erfasst, sondern auch Klimaverhältnisse, Wirtschaftsstrukturen, Lebensweisen und vieles mehr. Die berühmten enzyklopädischen Werke der frühen Neuzeit, allen voran die sechsbändige «Cosmographey» von S. MÜNSTER (1588), sind die klassischen Beispiele der chorographi-

---

[30] Vgl. dazu nochmals die klassischen Vertreter E.L. ULLMANN (1954) und vor allem W. BUNGE (1966).
Kritisch dazu bereits A. HETTNER (1927/234): «Die (geographischen) Figuren bilden einen wichtigen Gegenstand der Untersuchung; aber ihre Auffassung artet leicht in Spielerei aus und hat zu vielen unfruchtbaren geometrischen Konstruktionen Anlass gegeben.»

[31] Rein d-räumliche Normen sind allenfalls im Bereich ästhetischer Wertvorstellungen denkbar, etwa im Rahmen städtebaulicher Entwürfe (Beispiel: Brasilia). Allerdings zeigt sich auch dabei, dass der Verzicht auf prozessuale Einbindung zu steriler Monumentalität führt (M. TRIEB 1977).

[32] Die Zeitdimension spielt allenfalls im Sinne einer 'historischen' Erklärung heutiger – als *statisch* verstandener – Zustände eine Rolle, nicht aber im Sinne von prozesshafter aktueller Dynamik: Die Gestaltungskraft der Würmeiszeit wird dargestellt, währenddem die Raumwirksamkeit des Autobahnbaus ignoriert wird.

[33] In jüngerer Zeit in der Form von Diapositiven.

[34] Chorographie, vor allem die Beschreibung naturräumlicher Gegebenheiten, wird weiterum für Geographie schlechthin gehalten. Vgl. dazu allgemein D. BARTELS (1974/12f); ferner als Beispiel etwa O. BOUSTEDT (1975/173ff).

[35] E. NEEF (1967/130) verwendet für das (ontologisch verstandene) zusammenhanglose Nebeneinanderstehen von Sachverhalten den Begriff *synchorisch*, für zusammenwirkende Elemente hingegen *synergetisch*. Beide Ausdrücke können aber auch im konstruktivistischen Sinne verwendet werden und bringen dann das entsprechende Realitätsverständnis des chorographischen (bzw. chorologischen) Ansatzes zum Ausdruck.
Auch J. SCHMITHÜSEN (1976/91f) betont den fundamentalen Gegensatz von additiver Beschreibung und zusammenhangsorientierter Darstellung – mit dem Verweis auf die entsprechende Unterscheidung von *cosmographia* und *geographia* bei APIAN.

schen Arbeitsweise.[36] In den *regionalen Studien* (in Form von Gebietsmonographien) und in der Landes- und Länderkunde haben sie ihre Fortsetzung gefunden.[37]

Solchen Arbeiten kommt nicht selten ein recht hoher *Gebrauchswert* (wohl auch im Sinne einer praktischen Allgemeinbildung) zu.[38] Sie können auch wertvoll sein, wenn aus derartigen breiten Bestandesaufnahmen Material in systematische, problemorientierte Analysen eingeht,[39] oder etwa dann, wenn dies zu vermehrter Verknüpfung relativ abstrakter ökonomischer Ansätze mit konkreten gebietsbezogenen 'Realitäten' führt.

Allerdings kommt in der chorographischen Arbeitsweise die bereits erwähnte Verwechslung von Realobjekt und Erkenntnisobjekt und in der Regel eine Überschätzung der physiognomischen Methodik als zentrale Erkenntnisquelle zum Ausdruck.[40] Die heutige Beurteilung misst der Chorographie nurmehr *propädeutische* Bedeutung zu.[41]

---

[36] Vgl. dazu nochmals J. SCHMITHÜSEN (1976/89ff).
Als ein Beispiel sei der folgende Text angeführt:

Der Statt S.Gallen gelegenheit
Diese Statt S.Gallen ligt wol im Gebirg / und etwas rauher art / hat aber ein lustgelend von gutem Lufft und Wasser / und zimlich fruchtbaren Güteren / hat viel Volcks / und ein wolhabende stattliche Burgerschafft / die führt ein grossen Leinwat gewerb / hat geschickte und vieler Spraachen verstendige Kauffleut / deren Handel sich gar nahe in alle Christenheit erstreckt / und aller umbligender Landschafft / als nemlich dem Landt zu Appenzell / dem Rheinthal / des Gotthaus Leuten / dem Thurgow / und der Graffeschafft Tockenburg / nicht kleinen nutz und geniess schaffet / und darzu jhren auch guten geniess hat / wiewol die Gewerbsleut / wie in allen Gewerbshendlen / jren nutz mit grosser wagnuss schaffen müssen / die Nachbawrschafft aber jhren nutz unnd gewin ohn gefahr unnd wagnuss vor der thür hat. Sunst mag die Statt alle notturfft der nahrung und erhaltung ab gemelten Landschafften / mit Fisch / Fleisch unnd andern gar wol haben / und bekompt sich meisten ab umbligenden Lands des Bodensees / von dem sie ein ringe Teutsche meil ligt.

S. MÜNSTER, Cosmographey, Drittes Buch, Cap(itel) LXXXXIX, Basel 1588. S. 563 der Reprint-Ausgabe 1977.

[37] Vgl. dazu allgemein (kritisch) R. STEWIG (1979/182).
Ein gelungenes Beispiel solcher Chorographie in der Tradition von S. MÜNSTER ist das Gemeinschaftswerk der Bündner Geographen «Die Bündner Gemeinden in Bildern», Chur 1986ff.

[38] Vgl. dazu These 11 bei E. WIRTH (1970/449).

[39] So zeigt zum Beispiel R. STEWIG (1979/184ff), wie der chorographische Ansatz der traditionellen Landeskunde überwunden und eine theoriegeleitete problemorientierte regionale Darstellung entwickelt werden kann.

[40] Vgl. dazu P. WEICHHART (1975/26ff).

[41] Dazu R. STEWIG (1979/182): «Die Methodik des Länderkundlichen Schemas ist: enzyklopädisch, topographisch, additiv, statisch, deskriptiv, physiognomisch, monodisziplinär, idiographisch; alle Adjektive sind im beurteilenden Sinne negativ zu verstehen.»
W. TIETZE (1981) allerdings hält die Länderkunde, die «beschreibende Zusammenfassung geowissenschaftlicher Forschungsresultate», nach wie vor für die «prominenteste Form der Angewandten Geographie»; sie diene hauptsächlich dem Zweck «enzyklopädischer Darstellung». Und E. WIRTH (1970/447) wiederum ist – differenzierend – der Meinung, dass «nur die vielen schlechten, kompilatorischen Länderkunden, die ja leider auch heute noch geschrieben werden, nicht aber die Länderkunde als (. . .) wichtige Aufgabe der geographischen Wissenschaft» vom Vorwurf «regionalistischer Idiographie» betroffen würden, und hält fest: «Länderkunde wird immer eine zentrale Aufgabe der geographischen Wissenschaft (. . .) bleiben» (1969/186).

Formale Chorometrie

Chorographie ist auch weitergehender *Formalisierung* zugänglich, soweit sie als Choristik wohldefinierter mehrdimensionaler Objektklassen aufgefasst werden kann, das heisst sofern an jeder Stelle (oder für jedes Teilgebiet) gleichartige Sachverhalte registriert werden. Diese lassen sich unter Verwendung geeigneter Skalen nach Lage- und Sacheigenschaften *systematisch* erfassen, es ergibt sich ein mehrfach verschränkter Datensatz. Eine solche «geographische Datenmatrix» oder «VH-Matrix» stellt einen ersten Formalisierungsschritt dar.[42]

Auf dieser Ausgangsbasis aufbauend kann das Datenmaterial weiter geordnet und klassifiziert werden. Im Unterschied zur Topometrie stehen dabei *klassenlogische* Analysen im Vordergrund, das heisst also die Gliederung des Basisbereiches X nach den mehrdimensionalen Sacheigenschaften. Deren Verschränkung (das heisst Kombination) und damit also das Koinzidenz-Prinzip bestimmen die Klassenzugehörigkeit, und das bedeutet hier gleichzeitig die 'Regionszugehörigkeit'. Dieser Forschungsansatz soll deshalb *Formale Chorometrie* heissen. In der Form verschiedener multivariater statistischer Verfahren wie Varianzanalyse, Faktorenanalyse und Distanzgruppierung wurde die dazu nötige Methodik entwickelt.[43]

Diese Analysen bringen eine *Informationsverdichtung* im Sinne der Beschreibenden Statistik. Gerade hier wird aber deutlich, dass man nicht der Versuchung erliegen darf, Korrelation mit *Kausalität* zu verwechseln. Ein direkter inhaltlicher Erklärungswert kommt chorometrischen Aussagen nicht zu. Hingegen sind sie sehr leistungsfähig zum Testen von sachlogisch begründeten Hypothesen und in bezug auf formales quantitatives Schliessen im Rahmen von gesicherten statistischen Zusammenhängen.[44] Damit erweist sich die formale Chorometrie als sehr wichtiges intrumentelles *Bindeglied* zwischen der deskriptiven und der explikativen Stufe.[45]

Chorographie und formale Chorometrie sind die raumwissenschaftlichen Ansätze der *f-Raum*-Perspektive auf der deskriptiven Stufe. Ähnlich wie beim einschichtigen d-Raum gilt auch für den f-Raum, dass es keine 'Erklärung' der 'Realobjekte an sich' geben kann, sondern nur solche über damit zusammenhängende Aussagen – also immer *Prädikat*- bzw. *Prozess*-Aussagen. Und so müssen auch Ordnungsvorstellungen über den f-Raum – und seien sie ästhetischer Natur – auf den Umweg über die gestaltbildenden Prozesse verwiesen werden.

---

[42] B.J.L. BERRY (1964a/26f); D. STEINER (1978/84).
[43] BAHRENBERG/GIESE (1975). – Zu den Regionalisierungsverfahren vgl. Kapitel 2.2 «Die Region».
[44] Vgl. dazu vor allem H.M. BLALOCK (1964/9ff), wo streng zwischen statistisch gesicherter Voraussage und kausaler Schlussfolgerung unterschieden wird.
[45] Dies gilt vor allem für Zusammenhangsanalysen zwischen einzelnen Variablen (wie zum Beispiel die Faktorenanalyse), währenddem Methoden der objektgebundenen Querschnittsanalysen (wie zum Beispiel die Distanzgruppierung) näher bei der deskriptiven Chorographie stehen.

Chorosophie

Nun gehört ja auch das Begriffsfeld *Landschaft* zum f-Raum,[46] und die rein additiv-deskriptive 'Landschaftskunde' in der Form von Landschaftsbeschreibungen ist der Chorographie zuzuordnen. Darüberhinaus führen aber Ansätze, welche versuchen, die 'Landschaft' und ihre Wirkungen auf den Menschen zu 'verstehen', zu 'deuten'. Besonderes Gewicht haben dabei deterministische Konzepte, welche von der Vorstellung einer prägenden (geradezu: schicksalshaften) Kraft der 'Landschaft' auf den Menschen ausgehen.[47] Weiter sind hier einzuordnen die Beschäftigung mit Landschaftsästhetik,[48] also dem Wirken des Landschaftsbildes auf den Menschen sowie die Geomantie.[49] Alle genannten Richtungen haben eine gewisse Tradition.[50] Sie gehen über die deskriptive Stufe hinaus und gehören sinngemäss auf die explikative Stufe. Deshalb sollen sie als spezielle Klasse von Fragestellungen *Chorosophie* genannt werden. Zweifellos haben sie in jüngerer Zeit an Bedeutung verloren, sind gar in ihrem wissenschaftlichen Wert umstritten,[51] doch sollen sie hier zumindest eingeordnet werden, ohne dass wir uns weiter damit befassen.

Aus den Bereichen Siedlungsgestaltung und Umweltpsychologie gibt es neuere Hinweise auf Wechselwirkungen zwischen der *formalen* Ausgestaltung der Umwelt und *menschlichem Befinden*. Allerdings sind diese Ansätze der explikativen Stufe des p-Raumes zuzuordnen; sie basieren ja auf einem differenzierten Menschenbild, das eingebettet ist in eine breite sozialpsychologische und kulturelle Diskussion, und das sich insbesondere von deterministischen Reflexen klar distanziert.[52]

Somit ergeben sich die Fragestellungen der Chorographie, der Formalen Chorometrie und der Chorosophie als die raumwissenschaftlichen Ansätze der *f-Raum*-Perspektive.

---

[46] Vgl. dazu ausführlich Kapitel 1.3 «Disziplinhistorischer Exkurs» und Kapitel 2.3 «Raum als Schlüsselbegriffe».

[47] Besonders krass bei E. EGLI (1959/10): «Erdbild als Schicksal: (. . .) Auch die Natur aber ist für den Menschen Schicksal. Die Volkswirtschaft ist primär getragen und gelenkt vom Gehalt der Landschaft» – eine geradezu unglaubliche Aussage!
Ferner etwa E. EGLI (1975); H. WEISS (1981; 1987).

[48] Vor allem G. GROSJEAN (1984; 1986); D.E. COSGROVE (1984); ferner T. SCHEURER (1986); H.J. LOIDL (1981); R. BAUMGARTNER (1984); N. FELLER (1979); neuerdings M. SMUDA (1986).

[49] Geomantie als die Beschäftigung mit (geheimnisvollen) Erdkräften und Kraftfeldern. Vgl. dazu etwa J. MICHELL (1969); N. PENNICK (1979; 1985).

[50] Schon A. HETTNER (1927/128) kritisierte die Landschaftskunde SCHLÜTERs, weil sie nur «vom äusseren Bild, (. . .) wie es sich den Blicken darbietet», ausgehe, und bezeichnete sie als *ästhetische* Geographie.

[51] Vgl. dazu etwa H.-D. SCHULTZ (1980/412ff).

[52] Vgl. dazu etwa C. SITTE (1909); M. TRIEB (1977); M. BOESCH (1985); M. SCHNEIDER (1986).

Stufe

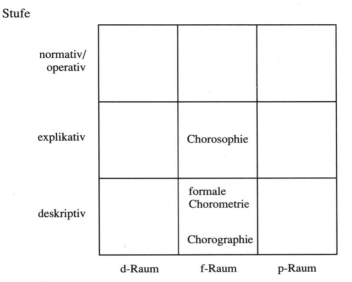

Abb. 51-3: Die raumwissenschaftlichen Ansätze der f-Raum-Perspektive

5.1.4 Die Ansätze zum p-Raum

p-Raum steht als Metapher für die prozesshaft verflochtene konkrete Wirklichkeit, die ihre Spuren im Raum hinterlässt: Der Mensch transformiert diesen Raum durch seine Tätigkeit, aber auch selbst durch seine blosse Anwesenheit und Betrachtung; der p-Raum wird durch den Menschen in einem *rekursiven Prozess* – materiell oder/und virtuell – erst geschaffen. Die Zeit gewinnt als zusätzliche Komponente der Fragestellung eine fundamentale Bedeutung.[53]

Raumwissenschaft dieser Perspektive bedeutet, sich den raumwirksamen Wechselwirkungen, dem funktionalen Zusammenwirken zwischen einzelnen Teilen (oder Elementen) dieser sowohl physischen wie auch sozio-ökonomischen Wirklichkeit und den damit verknüpften Bewusstseins- und Entscheidungsprozessen zuzuwenden, und dabei – zumindest tendenziell – traditionelle Disziplingrenzen zu überschreiten. Nicht nur der «ursächliche Zusammenhang der an einer Erdstelle vereinigten verschiedenen Naturreiche», sondern auch «das Geistige», das *Handeln* des Menschen muss betrachtet werden, sonst wird der «innere ursächliche Zusammenhang der Dinge unterbrochen» (A. HETTNER

---

[53] Vgl. dazu nochmals im Kapitel 2.3 «Raum als Schlüsselbegriffe» die Ausführungen zum p-Raum.
Zur Rekursivität des p-Raumes vor allem H. REYMOND (1981/262): «L'espace géographique est le résultat physique anthropomorphique d'une création sociale continue, qui explore et utilise les contraintes d'un rapport dimensionnel précis.» – Ferner H. LEFEBVRE (1986): «La production de l'espace».
Die fundamentale Bedeutung der 'Zeit' kann hier nur angedeutet werden. Vgl. dazu vor allem M.D. AKHUNDOV (1982); I. PRIGOGINE (1980); R. CORAZZA (1985).

1927/129). Geographie nach diesem Verständnis ist also stets *Human-Geographie*, Natur und Mensch umfassende Raumwissenschaft.[54]

Es wäre eine eigene umfassende Untersuchung wert, den disziplinhistorischen Stellenwert und die Entwicklung der HETTNERschen Konzeption der Geographie als *Chorologische Wissenschaft* (1927/121ff) sowie ihre spätere Rezeption zu rekonstruieren. Sein grundlegendes theoretisches Konzept ist von ihm selbst höchstens ansatzweise umgesetzt worden und geriet – durch seine Arbeiten zur Länderkunde (1925; 1933) völlig überdeckt – praktisch in Vergessenheit.

In den Konzepten von C. TROLL, H. BOBEK, H. CAROL, E. NEEF und J. SCHMITHÜSEN kommt dann der *integrativen* (oder: synergetischen)[55] *Betrachtungsweise* wiederum ein hoher Stellenwert zu, freilich vom Totalitätsanspruch des Landschaftskonzeptes geprägt und mit teilweise ungenügendem Einbezug des Menschen. Heute gewinnt sie aus den bereits dargelegten praktisch-politischen und wissenschaftstheoretischen Gründen wieder zunehmend an Bedeutung.[56]

Funktionale Chorologie

Die *funktionale Chorologie* ist damit in den Grundzügen umrissen: Sie meint die Thematisierung klar definierter ökonomisch-ökologischer *Wechselwirkungsprozesse* mit räumlicher Relevanz (mittlerer Grössenordnung), und ist charakterisiert durch ihren integrativen bzw. synergetischen Ansatz, welcher die Grenze zwischen Natur- und Kulturwissenschaften, zwischen Mensch und Umwelt bewusst zu überwinden versucht, ohne einem Totalitätsanspruch zu verfallen. Im expliziten Einbezug des handelnden Menschen, im Verzicht auf einen anmassenden und uneinlösbaren Totalitätsanspruch, in der Konzentration auf wohldefinierte, umschreibbare Wirkungskomplexe liegt der zentrale Unterschied zur *Geosynergetik* nach J. SCHMITHÜSEN.[57]

Diese integrative Betrachtungsweise ist (neben der d-räumlichen, formal-chorologischen Betrachtungsweise) die zweite wesentliche *Wurzel* geographischen Denkens;[58] sie ist Ausdruck der Verbindungsfunktion von 'Raum', und

[54] A. HETTNER (1927/127): «Geographie als Raumwissenschaft: Die Ausdehnung der Geographie auf die Natur und den Menschen ist keine Willkür, sondern ist tief im Wesen der Dinge begründet.» – Die berechtigte Kritik an der *ontologisierenden* Begründung sollte dennoch nicht den Blick verstellen auf eine Einsicht, die im Kern (wieder) hochaktuell ist: Die Emanzipation des Menschen von der Natur geht nach heutigem Stand der Erkenntnisse nicht beliebig weit.
[55] Vgl. nochmals Anmerkung 15.
[56] Vgl. dazu auch C. JAEGER (1987).
[57] J. SCHMITHÜSEN (1976/71): «Geosynergetik (Landschaftslehre): Kennzeichnend ist das Prinzip der Totalbetrachtung des Zusammenbestehenden im Raum der geosphärischen Substanz.» Zur neueren Bedeutung des Synergetik vgl. nochmals Anmerkung 15.
[58] Formale und funktionale Chorologie sind die beiden fundamentalen raumwissenschaftlichen Perspektiven, so wie sich in der Biologie die Chorologie und die Ökologie als zentrale Fragestellungen ergänzen. – Einbezug des Menschen und seines Tuns in das naturwissenschaftliche Beziehungsnetz als Ziel integrativer Betrachtungsweise sollte also aus geographischer (und das heisst hier: raumbezogener) Sicht zur Verdeutlichung eher als 'Human-Chorologie' statt als 'Human-Ökologie' (H.H. BARROWS 1923) bezeichnet werden. Beschränkt sich hingegen das sachliche Argumentationsspektrum auf naturwissenschaftliche Sachverhalte unter Einbezug (d- und f-) räumlicher Dimensionen, ist die Bezeichnung 'geographische Ökologie' (R.H. MACARTHUR 1972) sinnvoll. Damit könnte wohl manche Unschärfe geklärt werden.

findet durch Koinzidenzen ihre empirische Basis. Für die Aussagen der funktionalen Chorologie braucht es eine ausreichende deskriptive Basis, wobei zu beachten ist, dass die Abbildung von Prozessen, Wirkungsketten, Entscheidungs- und Handlungsabfolgen ungleich anspruchsvoller ist als die Beschreibung statischer Sachverhalte im f-Raum.

In der funktionalen Chorologie sind solche Wirkungszusammenhänge *qualitativ* formuliert; das Interesse gilt oft mehr dem Raum selbst (das heisst der Abbildung) als den zugrundeliegenden Prozessen und Entscheidungen, und oft mehr dem Einzelfall als einer allgemeinen Aussage. Dennoch zielt funktionale Chorologie über die Beschreibung hinaus auf Erklärungen, auf generell gültige Aussagen natur- und sozialwissenschaftlicher Ausprägung. Zur weiteren Unterscheidung zwischen mehr deskriptiv-idiographischen und mehr explikativ-nomothetischen Aussagen soll deshalb die funktionale Chorologie weiter gegliedert werden in *empirische Chorologie* und *generelle Chorologie*; freilich: Die Grenze zwischen beiden ist mit Bestimmtheit unscharf, ja sie mag arbiträr genannt werden. Aber wenn der geringe Formalisierungs-, Abstraktions- und Generalisierungsgrad solcher quasi-nomothetischen Aussagen unbefriedigend erscheinen mag, so ist dies kein prinzipieller Mangel, sondern eine Forschungslücke, die möglicherweise gar nicht geschlossen werden kann, ohne die Fragestellung aufzugeben.

Funktionale Chorometrie

Zumindest für einen Teilbereich von Problemen, nämlich für die Makro-Ebene, die «objektive Perspektive»,[59] ist in Umrissen heute eine stärker formalisierte, gar quantifizierbare Chorologie II erkennbar: Diese methodisch anspruchsvolle Forschungsrichtung soll *funktionale Chorometrie* (oder auch 'System-Chorometrie') genannt werden. Auf dem Systemansatz und seinen Methoden beruhend, wird versucht, komplexe dynamische Zusammenhänge abzubilden. Die erkennbaren (oder vermuteten) *Ursache-Wirkungs-Schemata* bzw. einzelne konkrete Systemkomponenten werden in ihren Verknüpfungen als Gleichungssysteme formuliert, und der Verlauf einzelner Variablen simuliert.[60] Es erscheint möglich, dass bei gesicherten theoretischen Grundlagen mit diesem Ansatz Aussagen über nicht allzu komplexe Raumentwicklungsprozesse im Sinne von kohärenten *Projektionen* gewonnen werden können.[61] Einstweilen sind aber die meisten bekanntgewordenen Beispiele weniger der explikativen als der (explorativ-) deskriptiven Stufe zuzuordnen.

[59] B. WERLEN (1987a). – Ob eine 'Handlungstheorie' oder andere komplexe sozialgeographische Konzepte auch für die Mikro-Ebene (die «subjektive Perspektive»), oder gar für eine Verknüpfung von Mikro- und Makro-Ebene zu formalisierten theoretischen Aussagen im Sinne allgemeiner Fachtheorien führen werden, wird sich zeigen müssen.

[60] Vgl. dazu vor allem die FORRESTER-Schule mit System Dynamics, Urban Dynamics und dem DYNAMO-Konzept (J.W. FORRESTER 1968). Für eine Anwendung in der ökonomisch orientierten Umweltforschung vgl. J. KUMM (1975); für eine Anwendung im Rahmen des MAB-Programmes vgl. H. APEL (1983); für eine Anwendung in der Lehre vgl. das DYSIS-Konzept von H. BOSSEL (1985).

[61] Zum Begriff der Projektionen vgl. nochmals F. KNESCHAUREK (1978/14). – Für die Problematik einer «Prognostischen Geographie» vgl. H. ELSASSER (1976).

Chorotaxie

Demgegenüber sollen – einem Vorschlag von H. REYMOND (1981) folgend – als *Chorotaxie*[62] diejenigen raumwissenschaftlichen Ansätze bzw. Aussagen benannt werden, die als explikativ i.e.S. gelten können. Die Chorotaxie bildet das Kernstück einer *theorieorientierten* Raumwissenschaft.[63] Ihre Aussagen sind als zentrale Teile (sozusagen als 'harter Kern') eingebettet in eine *Prozess-Struktur* der räumlichen Entwicklung, die aus dezisionistischen u n d deterministischen Elementen zugleich besteht:[64] Aus einer Ausgangssituation A_0 ergibt sich etappenweise – aufgrund von Entscheidungen/Handlungen einerseits und notwendigen Konsequenzen solcher Handlungen andererseits – eine (räumliche) Endsituation E_i, die nicht genau vorhersehbar, aber auch nicht beliebig ist.[65] In der Terminologie von H. DÜRR (1986/200) treten also sowohl «G-S»- wie auch «S-G»-Beziehungen auf, das heisst beidseitige Wechselwirkungen zwischen materiell-räumlichen und personell-operativen Sachverhalten. Damit ist auch die dort aufgeworfene Frage nach dem Charakter 'geographischer' Theorien sinnvoll geklärt. Vgl. Abb. 51-4.

Es ist die Aufgabe der Chorotaxie, diesen *Prozessbaum* mit den Optionen und Handlungsspielräumen einerseits und den Entscheidungsfolgen andererseits aufzuzeigen.[66] Dabei gilt, dass die zugehörigen Streubereiche desto geringer sind, je enger die Koppelung ist zwischen Ausgangslage und Entscheid, bzw. zwischen Entscheid und seinen (räumlichen) Folgen.

Die Verknüpfung von Entscheidungen und ihren Folgen bedeutet auch eine Verschränkung von *politik-orientiertem* Denken und sozial-, wirtschafts- und natur-*wissenschaftlichen* Erkenntnissen. Daraus wird ersichtlich, dass für eine praxisorientierte Disziplin eine rigorose Trennung dieser Bereiche nicht zielführend sein kann. Umgekehrt werden damit auch die hohen Anforderungen bezüglich *Transparenz* der Wertbasis, Vorgaben und Annahmen deutlich.

---

[62] «Chorotaxie» steht vereinfachend für «Geo-Choro-Taxologie» (H. REYMOND 1981/254).

[63] H. REYMOND (1981/258): «La *chorotaxie*, coeur de la géographie humaine théorique, . . .»

[64] H. REYMOND (1981/259ff) erweitert (im Sinne von S. LUPASCO die Bedeutung von 'Determinismus', indem er unterscheidet «une vision linéaire 'unilogique' du déterminisme (. . .) d'une déterminisme de rétroactions 'plurilogiques' (. . .) Ce déterminisme de rétroaction (. . .) intègre l'ancien déterminisme 'mécanique linéaire' en lui assignant une place précise à l'intérieur d'une structure plurilogique (. . .), à l'intérieur du concept 'systémo-dialectique' de la chorotaxie».

[65] H. REYMOND (1981/255f): «. . . on distingue un processus de production d'espace, spatialement probabiliste (. . .), et un processus d'interaction d'espace, spatialement déterministe (. . .) pour lequel le 'où' est 'aréalement' repéré dans ses limites principales» . . . «les issues de choix de production d'espace sont spatialement probabilistes, les conséquences de l'issue sélectionnée sont spatialement déterministes».
Vgl. dazu das Konzept der «collateral processes» bei T. HÄGERSTRAND (1976/332). Solche Prozesse verlaufen (durch die räumlichen Einbindungen bedingt) unter wechselseitigen Restriktionen ab und zeigen deutlich auf inhärente Grenzen: « . . . the most important findings which a study of collateral processes would provide have to do with the nature of finitude.»
Ferner CHOJNICKI/WROBEL (1976); BAILLY/RACINE/WEISS-ALTANER (1978/346); G. OLSSON (1980/85ff); H. LEFEBVRE (1986); P. WEICHHART (1986a).
E. WIRTH (1979/91ff) weist in diesem Zusammenhang auf die Bedeutung der «Persistenz» hin.

[66] Eine analoge Darstellung verwendet J. MAURER (1986), um das Öffnen und Schliessen von Entwicklungspfaden in der Raumplanung zu illustrieren.

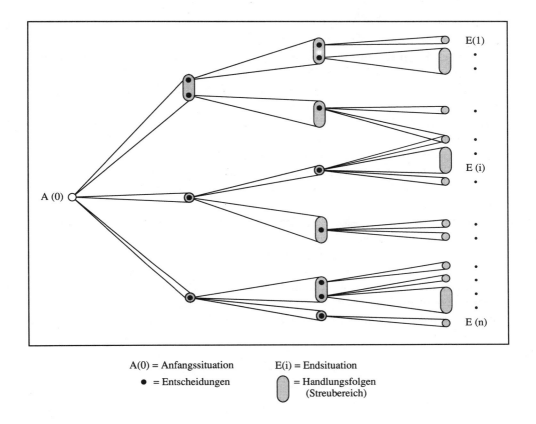

A(0) = Anfangssituation   E(i) = Endsituation

● = Entscheidungen   ▢ = Handlungsfolgen (Streubereich)

Abb. 51-4: Mehr oder weniger determinierte Handlungsfolgen als Konsequenzen von Entscheidungen in einem Entscheidungsbaum sind das Kernstück des Chorotaxie-Konzeptes.

Dieses Chorotaxie-Konzept, welches letztlich auf eine abgerundete *Theorie der räumlichen Entwicklung* und der *raumwirksamen Massnahmen* hinführt, ist erst in Umrissen erkennbar und materiell nur zum Teil ausgefüllt. Wichtige Beiträge liegen aus dem ökonomisch-technischen Bereich vor in Form verschiedenster Standort- und Raumstruktur-Theorien sowie regionaler Wachstums- und Entwicklungstheorien.[67] Dabei taucht auch die Frage auf, welche Akteure wesentlich zur räumlichen Entwicklung beitragen. So schlägt etwa D. BÖKE-MANN (1982) vor, 'Standorte' als «Produkte politischer Entscheidungen», als «von Gebietskörperschaften produzierte Güter» aufzufassen. Ganz andere Aspekte werden beigetragen durch räumlich orientierte sozialwissenschaftliche Theorien (zum Beispiel aus der Umweltpsychologie, aus der Handlungstheo-

---

[67] Vgl. dazu als Einführung den Überblick bei R. NÄGELI (1986/323ff); sowie ausführlich L. SCHÄTZL (1978).

rie)[68] sowie durch raumorientierte ökologische Theorien wie etwa die 'Insel-theorie' (MACARTHUR/WILSON 1967).

Bei aller Faszination, die von der Vorstellung umfassender Theoriegebäude (im Sinne von *Mega-Theorien* bzw. Universaltheorien) ausgehen mag, gilt es doch kritisch zu bleiben gegenüber den Möglichkeiten explikativer Aussagen über derart komplexe, mehrstufige Systeme. Die Vermutung könnte sich in Zukunft immer stärker bestätigen, dass Chorotaxie nicht mehr sein kann als ein *Konglomerat* von einzelnen Theoremen über Handlung und räumliche Entwicklung, die mehr oder minder lose nebeneinander stehen, und die von Fall zu Fall (selektiv) beigezogen werden.[69] Gemessen an einem (allzu?) hohen Ziel ist das eine eher ernüchternde Perspektive – aber trotzdem noch ein genügend ambitiöses Programm.

Und hier wird nun nochmals der veränderte Stellenwert der *regionalen Geographie* – als 'Nachfolgerin' der traditionellen Landes- (bzw. Länder-)kunde – sehr deutlich sichtbar: Sie ist nicht mehr letztes Ziel wissenschaftlichen Arbeitens, um ihrer selbst willen, sondern einerseits *empirische Basis* für die Theorie-bildung im Rahmen der Chorotaxie, und andererseits Abnehmerin dieser allgemeinen Erkenntnisse zur Anwendung in konkreten Fällen, in einer problemorientierten *Angewandten Geographie*.[70]

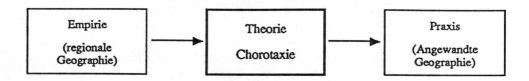

Abb. 51-5: Der neue Stellenwert der Regionalen Geographie

Nun zeigt bereits ein kursorischer Blick auf die laufende wissenschaftliche Arbeit, zum Beispiel durch die Auswertung der im «Rundbrief» des Zentralverbandes Deutscher Geographen jeweils angezeigten aktuellen Hefte der verschiedenen Publikationsreihen geographischer Institute, dass wohl eine grosse Zahl empirischer, regionaler Studien greifbar ist, dass hingegen ihre Aufarbeitung im Sinne der Chorotaxie bedeutend weniger stark vertreten ist. Damit bestätigt es sich, dass hier tatsächlich noch ein wichtiges *Forschungsfeld* offensteht.

---

[68] So etwa G. LEIDIG (1985): «Raum-Verhalten-Theorie».
[69] Vgl. dazu auch H. DÜRR (1986/209): «Eine oder gar d i e geographische Theorie? Mitnichten! Statt dessen: viele, alle möglichen Theorien!»
[70] F. SCHAFFER (1986/494): «Der Forschungsprozess beginnt und endet in der Praxis.» – Vgl. ferner SCHAFFER/POSCHWATTA (1986).
Die Triade *Empirie – Theorie – Praxis* wird von L. SCHÄTZL (1978ff) beispielhaft realisiert.
Vgl. ferner dazu den Vorschlag zu einer «Reformulierung des regionalgeographischen Paradigmas» durch R. NÄGELI (1986), welcher in dieselbe Richtung zielt.

Orthochorie

Schliesslich führt ein echt anwendungsbezogenes, entscheidungs-orientiertes Wissenschaftsverständnis zur *Orthochorie*:[71] Sie umfasst Ansätze und Aussagen normativer Art, thematisiert die 'anzustrebende', die als 'günstig' oder 'richtig' beurteilte räumliche Ordnung, aufbauend auf den Erkenntnissen, die durch die Chorotaxie gewonnen wurden.[72]

Orthochorie bedarf einer *expliziten Wertbasis*, auf die sie sich bezieht; sie selbst generiert indessen keine Ziele, sondern (nur) davon abgeleitete Unterziele und Massnahmen. Die (Ober-)Ziele sind vielmehr wissenschafts-extern vorgegeben, sei dies in Form bestehender, allgemein akzeptierter normativer Systeme (insbesondere auch raumbedeutsamer staatlicher Gesetze), sei dies in Form persönlicher Wertungen, die als solche transparent gemacht werden. So ist zum Beispiel die Frage nach der *gerechten Stadtstruktur* (B. BADCOCK 1984) oder die Frage nach der «ökologischen Effizienz» räumlicher Strukturen (M. BOESCH 1981a) zu verstehen.

Solche Fragen, wie denn die 'räumliche Ordnung' gestaltet werden sollte, betreffen sowohl die (f-räumliche) Flächennutzung und Ausstattung, wie auch (d-räumliche) Organisationsstrukturen. Beide zusammen sind Abbildung bisheriger und Substrat zukünftiger Entscheidungen und Prozesse, bilden also mit dem sozio-ökonomischen System eine *rekursive Struktur*. Daraus folgt, dass die Optimierung materieller räumlicher Systeme wiederum nicht um ihrer selbst willen erfolgt, sondern im Hinblick auf übergeordnete Ziele. Dabei wird die Aufgabe dadurch anspruchsvoll, dass in der Regel zwischen Nutzungsansprüchen *Zielkonflikte* bestehen, die ausgetragen und entschieden werden müssen. Dies ist weit mehr als blosse Koordination von Nutzungen. Letztlich muss also eine 'gute' räumliche Ordnung ökonomischen, sozialen u n d ökologischen Ansprüchen genügen.[73] Zu ihrer Ableitung kann Szenario-Technik wertvolle Entscheidungshilfe leisten.

Die Orthochorie ist diejenige Ausrichtung der Disziplin, welche am deutlichsten über bestehendes, tradiertes Fachverständnis hinausgeht; allerdings ist sie erst *in Umrissen* erkennbar. Insbesondere in der deutschen Geographie hat eine grundsätzliche Diskussion über eine normativ-operative Orientierung der Diszi-

---

[71] ortho- bedeutet *recht, richtig* und ist in verschiedenen Disziplinen als Präfix für die normativ-handlungsbezogene Ausrichtung gebräuchlich. So befasst sich etwa die Orthodontie umfassend mit der Korrektur von Zahnfehlstellungen und -entwicklungen.

[72] Orthochorie stellt den Rahmen dar, nach dem H. REYMOND (1981/255) fragt: «Est-il possible de proposer un cadre qui lie la logique chorotaxique et un référentiel éthique collectif?« – Und seine Antwort darauf: »Cette description déterministe des conséquences (. . .) de plusieurs choix spatiaux, autorise une pratique effective de la géographie critique, en en permettant l'utilisation dans la phase dialectique qui aura à décider quelles images sont compatibles avec un choix de société, quelles images doivent en être retranchées» (1981/256).
Ähnlich bei FERRIER/RACINE/RAFFESTIN (1978); sowie auch CHOJNICKI/WROBEL (1976/343f).

[73] Vgl. dabei zum Konzeptionellen insbesondere H. FLÜCKIGER (1979); sowie LENDI/ELSASSER (1985). Als Beispiele nochmals M. BOESCH (1981a) oder etwa G. WEINSCHENCK (1986) zum Zielkonflikt zwischen landwirtschaftlicher und ökologischer Effizienz.
Zur Szenario-Technik in der Raumordnungspolitik vgl. WETTMANN/FARKI (1978); G. STIENS (1982).

plin nur ansatzweise stattgefunden. Der wegweisende Anstoss von K. GANSER (1970/186) hat höchstens auf der pragmatischen Ebene ein gewisses Echo ausgelöst; seine Aufforderung zu einer «der Gesellschaft verpflichteten Wissenschaftsauffassung», zu einer *kritischen, konstruktiven* oder *engagierten* Wissenschaft[74] beginnt erst allmählich zu wirken. Diese Entwicklung gilt es im folgenden Kapitel 5.2 «Normative Geographie» genauer zu betrachten und allfällige Defizite aufzuzeigen.

Funktionale Chorologie (gegliedert in empirische und generelle Chorologie), funktionale Chorometrie, Chorotaxie und Orthochorie sind damit umschrieben als die raumwissenschaftlichen Ansätze der *p-Raum*-Perspektive auf deskriptiver, explikativer und normativ-operativer Stufe. Dabei wird der aufbauende Zusammenhang der drei Stufen bzw. der zugehörigen Fachrichtungen deutlich sichtbar.

Stufe

	d-Raum	f-Raum	p-Raum
normativ/ operativ			Orthochorie
explikativ			Chorotaxie generelle Chorologie II
deskriptiv			funktionale Chorometrie empirische Chorologie II

Abb. 51-6: Die raumwissenschaftlichen Ansätze der p-Raum-Perspektive.

---

[74] Vgl. dazu etwa I.P. GERASIMOV (1976); D. BARTELS (1978); H. REYMOND (1981); MITCHELL/ DRAPER 1982; D. HÖLLHUBER (1982); R. HANTSCHEL (1986a).

5.1.5 Überblick

Zusammenfassend ergibt sich ein *raumwissenschaftlicher Orientierungsraster*, dessen Felder nicht alle besetzt sind (vgl. Abb. 51-7). Unabhängig von der materiellen Füllung der verschiedenen Ansätze, Fragestellungen und Perspektiven wird eine methodologische Gliederung nach den *Stufen* des Wissenschaftsverständnisses (deskriptiv/explikativ/normativ) und nach der *Komplexität* des Raumbegriffes (d-Raum/f-Raum/p-Raum) sichtbar. Neben den bekannten Begriffen Choristik, Chorographie und Chorologie, stehen neue Bezeichnungen: Topometrie, Chorometrie, Chorotaxie, Orthochorie. Sie alle werden in ihren Perspektiven und ihren Aussagemöglichkeiten umschrieben, wobei zum Teil erhebliche Abweichungen zum tradierten Begriffsverständnis herausgearbeitet werden. Basierend auf dieser Ordnung sollen im folgenden Teil 6 «Normative Metatheorie» die verschiedenen Ansätze einer *Relevanz-Prüfung* unterzogen werden; mit andern Worten geht es um die Frage, welche Ansätze unter gegebenen Umständen besonders nützlich oder notwendig seien.

Die methodologische Diskussion innerhalb der deutschsprachigen Geographie hat sich den drei Stufen des Wissenschaftsverständnisses bisher mit unterschiedlichem Gewicht gewidmet; währenddem über die Bedeutung der explikativen Stufe seit W. BUNGE (1966) und D. HARVEY (1969) ein kontinuierlicher Diskurs geführt wird,[75] ist eine Diskussion über *Normative Geographie* noch kaum in Gang gekommen.[76] Demgegenüber ist die Differenzierung des Raumbegriffes und ihre Konsequenzen für die Disziplin immer wieder ausführlich thematisiert worden. Ein Ergebnis davon ist die Besetzung der mit den Raumbegriffen korrespondierenden Begriffsfelder. Um die entsprechenden Zusammenhänge anzudeuten, sollen diese Begriffsfelder hier skizziert werden; die Übersicht lässt nochmals einen aufschlussreichen Blick auf die Disziplingeschichte zu.[77]

---

[75] Vgl. dazu etwa die Kontroverse um die *Theoretische Geographie* von E. WIRTH (1979).

[76] Vgl. dazu das folgende Kapitel 5.2 «Normative Geographie».

[77] Dazu werden die folgenden Quellen verwendet: E.L. ULLMANN (1954); E. NEEF (1956/90); H. UHLIG (1956/1ff); H. BOBEK (1957/130); H. CAROL (1957/96f); E. NEEF (1967/130f); D. BARTELS (1968b/7); D. BARTELS (1968b/118); E.J. TAAFFE (1974); P. HAGGETT (1975/583); J. SCHMITHÜSEN (1976/67ff).

Stufe

	d-Raum	f-Raum	p-Raum
normativ/ operativ			Orthochorie
explikativ		Chorosophie	Chorotaxie generelle Chorologie II
deskriptiv	Topometrie (formale) Chorologie I Choristik	formale Chorometrie Chorographie	funktionale Chorometrie empirische Chorologie II

	d-Raum	f-Raum	p-Raum
E. L. ULLMANN (1954) quality of location:	situation ⟶ (spatial) interaction		site ⟶ (man-land) relations
H. BOBEK (1957/130) Zusammenhang:	horizontal		vertikal
D. BARTELS (1968b/92) Zusammenhang:	interconnection		interrelation
H. UHLIG (1956/1ff)/ H. CAROL (1957/96f) Betrachtungsrichtungen:		formal	funktional
E. NEEF (1956/90) Landschafts-		Physiognomie	Physiologie
E. NEEF (1967/130) Kausalbereiche:	topologisch	synchorisch	synergetisch
J. SCHMITHÜSEN (1976/67ff)		Choretik	Synergetik
R. D. SACK (1974/439ff) viewpoints:	spatial	chorological	
P. HAGGETT (1975/583)/ E. J. TAAFFE (1974) modes of analysis:	spatial	regional	ecological
D. BARTELS (1968/b/7) Geographieverständnis:	3-geographisch	2-geographisch	

Abb. 51-7: Der vollständige raumwissenschaftliche Orientierungsraster mit den zu den drei Raumbegriffen gehörenden Begriffsfeldern

5.2 Normative Geographie

Die Auffassungen über die Wünschbarkeit, ja Notwendigkeit, einer Fortentwicklung wissenschaftlicher Disziplinen zu einer dritten, *normativen Stufe* sind auch innerhalb der Geographie (wie anderswo) äusserst kontrovers. Auf der einen Seite steht das traditionelle Ideal einer 'wertfreien, objektiven', gleichsam neutralen oder 'autonomen' Wissenschaft, die sich (zum Teil ausdrücklich) auf die Stufen der Beschreibung und Erklärung beschränkt.[1]

Dem steht auch in der Geographie die (neuere)[2] Überzeugung gegenüber: Die Auseinandersetzung mit *Werten*, Normen, Zielsystemen, Interessen, Macht, Entscheidungen und ihren Konsequenzen, letztlich also mit *Politik* (weil der Raum ein öffentliches Gut ist), gehört ebenso zu den Aufgaben einer Wissenschaft wie Beschreibung und Erklärung. Dies gilt insbesondere dann, wenn die Geographie zur Lösung praxisbezogener Probleme beitragen will. Die Geographie kann sich dieser Herausforderung der *Praxis* auf die Dauer nicht entziehen. Diese Haltung ergibt sich nicht zuletzt auch aus einer zunehmenden Betroffenheit der Wissenschafter selbst über drängende aktuelle Anliegen, wie sie zum Beispiel bei W. ZELINSKY (1970) deutlich zum Ausdruck kommt.[3]

5.2.1 Die anglo-amerikanische Diskussion

Für den *anglo-amerikanischen* Bereich zeichnen MITCHELL/DRAPER (1982) in «Relevance and ethics in geography» diese Positionen umfassend nach.[4] Ihr Ausgangspunkt ist die Frage nach der *Relevanz* der Disziplin; sie erscheint eng verknüpft mit Praxisorientierung und Anwendung. Dabei ist nun allerdings aufschlussreich, dass sie ein Dilemma zwischen 'ausgewogener Analyse' einer *reinen* Wissenschaft und dem etwas 'fragwürdigen, spezifischen Gesichtspunkt' der *angewandten* Wissenschaft ausmachen und als Hauptproblem bezeichnen, obschon ihnen klar ist, dass es keine 'wertfreie' Forschung gibt.[5] Kernpunkt des

---

[1] So etwa noch bei JAMES/MARTIN (1972/384ff).

[2] D.R. STODDART (1975; 1981) hat allerdings auf die frühen Arbeiten von KROPOTKIN und RECLUS hingewiesen; aber diese erscheinen nicht als repräsentativ für die damalige Zeit. Vgl. dazu auch M.M. BREITBART (1981) und G.S. DUNBAR (1981).

[3] W. ZELINSKY (1970/498): «. . . genuine progress in human welfare, ultimate success in the prolonged struggle to become fully human, and most immediately, evading disaster of a truly major magnitude for man and most of his fellow passengers on Spaceship Earth may well hinge upon the promptest sort of corrective action». – W. ZELINSKY war 1971 Mitbegründer der Gruppe SERGE (The Socially and Ecologically Responsible Geographers). Vgl. dazu R.W. KATES et al. (1971). – D. HARVEY (1973/129): «There is an ecological problem, an urban problem, an international trade problem, and yet we seem incapable of saying anything of depth or profundity about any of them». – Vgl. ferner D.R. STODDART (1981).

[4] Vgl. ferner auch R.J. JOHNSTON (1979/159ff); R.J. JOHNSTON (1983); R.J. JOHNSTON (1986/100ff); sowie umfassend L. LAUDAN (1984).

[5] MITCHELL/DRAPER (1982/17): «Value-free research is not possible since even selection of a research problem reflects somebody's interests and values. Consequently, perhaps the issue is not *whether* interests are served by geographical research, but rather *whose* interests are or should be served.» – Vgl. ferner D.M. SMITH (1977/370f).

Problems ist ein – nach ihrer Auffassung – unauflösbarer *Zielkonflikt* zwischen «research commitment» und «advocacy commitment».[6]

Damit nehmen sie selbst eine Mittelstellung ein, indem sie zwar Bedeutung und Einfluss von Interessen und Werten auf die Wissenschaft anerkennen (insbesondere wenn es um die praktische Anwendung geht), dies aber nicht als wissenschafts-immanente Einsicht, sondern sozusagen unter Druck von aussen. Das *Ideal* einer 'reinen' Wissenschaft bleibt für sie bestehen.[7] Diese Auffassung – seit den späten 60er Jahren verstärkt kritisiert – scheint nicht mehr offen manifest zu sein; dennoch mag sie für viele weiterhin wegleitend sein, wenn man etwa die Zahl wissenschaftlicher Beiträge in Fachzeitschriften als Massstab heranzieht.[8]

Die Notwendigkeit einer *Normativen Geographie* ist demgegenüber mit Nachdruck vertreten worden. Der konstatierte Mangel an Relevanz wird nämlich – ironischerweise – als Erbe der 'Quantitativen Revolution' mit ihrer positivistischen Ausrichtung betrachtet.[9] Die Ironie ist eine doppelte: Zum einen hat sich die einst so erfolgversprechende 'Quantitative Revolution' als Sackgasse erwiesen, und zudem gehören gerade prominente Vertreter jener Richtung heute zu ihren überzeugendsten Kritikern, so B.J.L. BERRY, W. BUNGE, R.J. CHORLEY, T. HÄGERSTRAND, D. HARVEY, L.J. KING, G. OLSSON.[10] Kernpunkt der Kritik ist das Argument, dass *Angewandte Geographie* mit gesellschaftlicher Relevanz nicht einfach darin bestehe, beliebige Daten zu liefern, sondern zu aktuellen Problemen *Stellung* zu nehmen, Entscheide zu beeinflussen.[11] – Allerdings: «Geography (. . .) has neither an explicit nor an implicit normative base» (P. HALL 1974/49). Das heisst: Die tiefere Ursache der mangelnden Relevanz liegt im *Normendefizit*, das eng mit der positivistischen Auffassung verbunden ist.[12]

---

[6] MITCHELL/DRAPER (1982/11f; 16ff; 33ff). Dies widerspricht allerdings der an anderer Stelle geäusserten Meinung, es bestehe keine derartige Dichotomie, sondern ein fliessender Übergang von praxisorientierten zu mehr theoretischen Arbeiten (MITCHELL/DRAPER 1982/17).

[7] Vgl. dazu auch H. CAROL (1964); S.H. COOPER (1966); G.T. TREWARTHA (1973); L. GUELKE (1979).

[8] Vgl. dazu auch H.G. ROEPKE (1977/482): «The motives for involvement in applied geography (. . .) are largely economic, and many geographers would happily go back to purely academic activities if it were feasible.»

[9] L.J. KING (1976/293); S.S. DUNCAN (1979/1). Vgl. auch die umfassende Kritik von W. ZELINSKY (1975) an der *philosophy of science*.

[10] R.J. CHORLEY (1973).

[11] Vgl. dazu B.J.L. BERRY (1972/79): «. . . it is a mischaracterization to think of research as merely providing data or information»; sowie M. CHISHOLM (1971/67f): «The danger with empirical science is the absence of guidance at the normative level as to which of various options one should take. (. . .) The challenge to human geography is to define such norms.»

[12] Damit erklärt sich dann auch die völlig gegenteilige Beurteilung der Praxisrelevanz geographischer Arbeiten bei JAMES/MARTIN (1972/364): «There are almost endless applications of the geographical point of view to the problems of the real world.»
Vgl. ferner R.J. JOHNSTON (1979/168f).

Normendefizit

Dieses Normendefizit ist ein dreifaches:[13]

- Auf der untersten (oder besser: innersten) Ebene fehlt es an Transparenz der forschungsleitenden Interessen, der *Wertbasis*. Es soll vermehrt nach den Zielen der Forschungstätigkeit gefragt werden, und es sind vermehrt Problemstellungen anzugehen, die von offensichtlicher *Aktualität* sind.[14] Dabei gilt für die Werturteile i.e.S. – ganz spezifisch beim *welfare approach* (D.M. SMITH 1977/16): «The more values impinge on scholastic activity, the more discipline is needed.» D.M. SMITH weist aber (zu Recht) darauf hin, dass die traditionelle Haltung der 'Erkenntnis um ihrer selbst willen' natürlich auch ein Werturteil beinhaltet, ebenso wie die Dominanz theoretischer Ansätze gegenüber anderen Fragestellungen (1977/370).

- Auf der mittleren Ebene fehlt es an genügenden Kenntnissen über raumwirksame *Entscheidungsprozesse*. Praxisrelevanz bedeutet ein Eingehen auf die Entscheidungsmechanismen, auf die ihnen zugrundeliegenden Werte, Normen und Interessen, daran anknüpfend Aussagen zur Raumwirksamkeit von Entscheiden, und schliesslich ein Aufzeigen von entsprechenden *Handlungsalternativen*.[15] Daraus entwickelt sich ein neues Verständnis von Geographie: «a paradigm of locational and environmental decision-making (. . .) as a guiding orientation for (. . .) geographic research» (B.J.L. BERRY 1973/4).[16] Eine solche Umkehrung der Argumentation muss als eigentlicher «hierarchical jump in geographic explanation» im Sinne von T.S. KUHN verstanden werden.[17] – BERRY/CONKLING/RAY (1976) und I.G. SIMMONS (1979) haben beispielhaft gezeigt, dass dieser entscheidungs-orientierte Ansatz auch in einem Lehrbuch fruchtbar gemacht werden kann.

- Auf der obersten Ebene fehlt es an der *Umsetzung* von Erkenntnissen in die Praxis, also am 'Wertengagement'. Die Forschung ist nicht nur vermehrt auf aktuelle Probleme und Entscheidungsprozesse hin zu orientieren, sondern sie muss selbst *aktiv* werden. Abstraktes Wissen soll in konkrete Problemlösungen umgesetzt werden; und entsprechende Vorschläge sollen auch vertreten werden. So betont etwa B.J.L. BERRY (1972/79): «an effective policy-relevant geography involves (. . .) becoming part of society's decision-making apparatus»; und als Folge ergibt sich: «such an extension implies a focus on directive or purposive behavior which at its *highest* level brings us into the world of policy and social action» (B.J.L. BERRY 1973/11).

---

[13] Vgl. dazu nochmals H. ALBERT (1961); sowie Kapitel 3.2 «Die Normative Stufe».

[14] MITCHELL/DRAPER (1982/13f). Auch D. SLATER (1975/174) kritisiert den positivistischen Ansatz mit seiner «inverted methodology which allows data to define problems rather than the reverse». Vgl. ferner vor allem D. HARVEY (1972/6); sowie R.E. PAHL (1967/219f); J.T. COPPOCK (1970/25); B.J.L. BERRY (1972/77ff); DICKENSON/CLARKE (1972/26); A. BUTTIMER (1974); M.J. WISE (1977/1f).

[15] B.J.L. BERRY (1972/78f).

[16] Auch D.M. SMITH (1977/370) entwirft das Bild einer *policy-oriented geography*, wobei gelte: «. . . policies should be judged according to their effects on general welfare»; also eine ganz klar auf ein Oberziel ausgerichtete Fragestellung.

[17] B.J.L. BERRY (1973/19). Vgl. ferner B.T. ROBSON (1971).

Involvement

Ein solches *involvement* wird also nicht etwa als Abstieg in die 'Niederungen des Alltags' verabscheut, sondern gewissermassen als Krönung der Disziplin ganz im Sinne von A. LÖSCH (1944/2) verstanden. Und eine derart fortentwickelte Geographie wäre in der Lage, beizutragen zu «definition and pursuit of desirable collective ends – aware of the actual tendencies and capabilities of imperfectly organized collectivities, and sensitive to individual needs, capabilities, and limitations» (B.J.L. BERRY 1973/20). Damit in engem Zusammenhang steht eine Entwicklung des Planungsprozesses von einem reaktiven zu einem aktiven, *zielorientierten* Modus, der nicht einfach den Trend optimal verwaltet, sondern mehr will: «decide on the *future desired* and allocate resources so that trends are changed or created accordingly. Desired future may be based on present, predicted or new values» (1973/16).

Eine davon abweichende, differenzierte Position nehmen – wie bereits diskutiert – die Vertreter der *humanistic geography* ein (so Y. TUAN, R.C. HARRIS, A. BUTTIMER, E. RELPH). Sie lehnen zwar nicht die Normative Stufe als Ganzes, wohl aber eine direkte Einmischung ab: «the scientist's role is neither to choose or decide for people, nor even to formulate the alternatives for choice, but rather (. . .) to enlarge their horizons of consciousness to the point where both the articulation of alternatives and the choice of direction could be theirs» (A. BUTTIMER 1974/29). Daraus ergibt sich eine indirekte Form von *involvement*: Klar Stellung zu beziehen zu aktuellen Problemen und vielleicht mittelbar etwas zu verändern (ohne jedoch selbst an Entscheidungsprozessen teilzunehmen) ist möglich durch ein entsprechendes Engagement im Bereich *education* (Erziehung/Ausbildung/Weiterbildung). Für viele, die 'technokratische Manipulation' und/oder direkten (politischen) 'Aktivismus' ablehnen, ist dies offensichtlich eine sinnvolle Alternative.[18]

Was ein politik-orientiertes Programm für die geographische Forschung inhaltlich bedeuten könnte, hat zum Beispiel N. HELBURN (1982) aufgezeigt, indem er die abstrakte Formel «Quality of life» in konkrete raumbezogene Ziele umsetzt. Dabei ist er sich der persönlichen Wertbasis solcher Ableitungen voll bewusst; jeder soll sie auch frei wählen können. Aber er warnt davor, zu unkritisch zu sein, sonst hätten die Empfehlungen lediglich «the curative power of cosmetics» (1982/455).

Tatsächlich sind B.J.L. BERRY und andere diesbezüglich kritisiert worden: 'etablierter Ansatz', 'Pragmatismus' und 'Verstärkung des status quo' heissen einige der Vorwürfe aus der Perspektive derjenigen 'unabhängigen Intellektuellen', welche 'fundamentale Änderungen' für nötig erachten. Aus dieser Sicht erfolgt die Öffnung zu einer Angewandten Geographie häufig nicht aus Engagement für ein besonderes Anliegen, sondern aus reinem *Opportunismus*, wie er in B.J.L. BERRYS berühmten Satz «If we as geographers fail to perform in policy-relevant terms, we will cease to be called on to perform at all» hineingelesen werden kann.[19]

---

[18] Vgl. dazu R.J. JOHNSTON (1979/173ff; 199).
[19] G. OLSSON (1978/116). – Ebenso A.T. BLOWERS (1972/291); D.M. SMITH (1973); und D. HARVEY

Radical geography

Aus solcher normativ-kritischen Haltung heraus hat sich eine eigentliche *radical geography* entwickelt, mit Arbeiten sowohl auf theoretisch-methodologischer Ebene,[20] wie auch in einzelnen konkreten Themenbereichen, vor allem Stadtgeographie.[21] Charakteristisch für diese Richtung sind drei Gesichtspunkte: *thematisch* die Auseinandersetzung mit den Zielen 'Wohlfahrt' und 'Gerechtigkeit', *normativ* die dezidierte Stellungnahme für Randgruppen und Unterprivilegierte, und *methodologisch* die Verknüpfung von fundierten Forschungsarbeiten strukturalistischer Ausrichtung mit einer 'aktivistischen' Haltung.[22]

Die Vehemenz der polemischen Auseinandersetzung um die *radical geography* hat allerdings das Grundanliegen einer auch für andere Werte *offenen* Normativen Geographie in den Hintergrund gedrängt: Fortentwicklung der Geographie auf die Normative Stufe bedeutet keineswegs ein generelles Festlegen der ganzen Disziplin auf eine bestimmte (marxistische, liberale, konservative, ...) Haltung, sondern das Fragen nach *Grundwerten* und ihrer fachspezifischen Bedeutung. Insofern ist die marxistisch orientierte *radical geography*[23] nur eine mögliche Variante innerhalb einer allgemeinen Normativen Geographie im Sinne der *Orthochorie*.[24]

Ausblick

Eine solche *Öffnung* und Entwicklung scheint sich abzuzeichnen. So stellen etwa ABLER/ADAMS/GOULD (1972/573) nüchtern fest: «Questions will shift (. . .) to a greater concern with where things can be and where things should be (. . .); Geography will continue to be an explanatory, predictive, and prescriptive science», eine Entwicklung, die PATTISON als bereits in Gang gekommen betrachtet: «. . . geography is entering a new phase. The first phase involving much of the early descriptive work was one simply of presentation; the second (. . .) was one of investigation; now we may be moving into a third phase, that of intervention» (H.G. ROEPKE 1977/482). Ebenso fordert L.J. KING (1976/294) «an economic and urban geography that will be concerned explicitly with social change and policy», und D.M. SMITH (1977/9f) unterscheidet fünf grundlegende Aufgaben der Geographie, und zwar verstanden als *sequential tasks*: «descrip-

---

(1974); sowie etwa R. PEET (1975) am konkreten Beispiel einer *geography of crime*. – Vgl. ferner H.G. ROEPKE (1977/482); MITCHELL/DRAPER (1982/15).
Umgekehrt kritisierte B.J.L. BERRY (1972/78), er vermisse «any profound commitment to producing constructive change by democratic means».

[20] So D.M. SMITH (1977); R. PEET (1977); D. GREGORY (1978); S.S. DUNCAN (1979); J.M. BLAUT (1979a).
[21] So D. HARVEY (1973); M. CASTELLS (1977); B. BADCOCK (1984).
[22] R.J. JOHNSTON (1979/175ff); MITCHELL/DRAPER (1982/32f). Vgl. dazu auch W.-D. SCHMIDT-WULFFEN (1980).
[23] Aus sowjetischer Sicht ist die *radical geography* allerdings «not firmly based on Marxist-Leninist theory and displaying evidence of anarchist and ultra-left views.» Zudem sei sie «prone to excesses in its outright rejection of quantitative techniques and of behavioral geography» (S.B. LAVROV et al. 1980).
[24] Vgl. dazu R.J. JOHNSTON (1979/159ff; 183ff).

tion, explanation, evaluation, prescription, implementation». Dabei stellt er klar, dass es um eine Verschränkung von traditionellen und neuen Aufgaben gehe: «the scope of human geography structured around the welfare theme includes both normative a n d positive elements» (D.M. SMITH 1977/14).

Die folgende *Übersicht* zeigt (im Zusammenhang der drei Stufen des wissenschaftlichen Arbeitens) die in der Literatur verwendete Nomenklatur für die einzelnen Arbeitsschritte.[25] Dabei wird der Umbruch seit D. HARVEY (1969) deutlich: Er setzte noch die *explanation* als höchstes Ziel.

Stufe	D. HARVEY (1969)	ABLER/ADAMS/ GOULD (1972)	H.G. ROEPKE (1977)	D.M. SMITH (1977)
deskriptiv	description	observation description classification	presentation	description
explikativ	explanation	explanation prediction	investigation	explanation
normativ- operativ	– – –	prescription	intervention	evaluation prescription implementation

Abb. 52-1: Nomenklatur für die normative Stufe

---

[25] Vgl. dazu vor allem ausführlich ABLER/ADAMS/GOULD (1972/32ff) für die deskriptive und explikative Stufe sowie D.M. SMITH (1977/9ff) für die normative Stufe.

5.2.2 Die deutsche Diskussion

Die Problematik einer Normativen Geographie in den Umrissen, wie sie vor allem B.J.L. BERRY (1973) oder D.M. SMITH (1977) skizziert haben, ist in der *deutschen Geographie*[26] bisher kaum explizit diskutiert worden.[27] Stärker wohl als in der anglo-amerikanischen Geographie ist hier die traditionelle Auffassung einer *wertneutralen* Wissenschaft – meist unausgesprochen – vertreten, eine Auffassung mithin, die der Wissenschaft das Sammeln von Erkenntnis durch Beschreibung und Erklärung zuordnet; davon seien klar zu trennen Aussagen über die «Wirklichkeit, wie sie sein sollte», und das (wertgeleitete) *Handeln* als Aufgaben der Praxis, der Politik, etwa in Raumplanung, Natur- und Umweltschutz (P. WEICHHART 1980a/531ff). Dies ungeachtet der Einsicht, dass Werte eine «wesentliche Grundlage aller wissenschaftlichen Tätigkeit» seien; dies sei allerdings nicht das «eigentliche Werturteilsproblem», vielmehr die Frage, ob «Werte oder Normen Inhalte und Ziele wissenschaftlicher Aussagen sein kön-

---

[26] Gemeint ist hier die Geographie in der BRD, Österreich und der Schweiz.
Die Situation in der DDR (sowie auch in den osteuropäischen Staaten) muss gesondert berücksichtigt werden. Dabei spielen natürlich unterschiedliche ordnungspolitische Rahmenbedingungen und Wissenschaftsverständnis eine entscheidende Rolle.
So erwähnen D. SCHOLZ et al. (1978/14) Beobachtung, Beschreibung und Erklärung als die Stufen geographischen Arbeitens, währenddem das NEEFsche Konzept praxisbezogen auf Bewertung und – letztlich – Gestaltung des komplexen Mensch-Umwelt-Systems ausgerichtet ist (H. BARTHEL 1983; K. MANNSFELD 1985).
E. NEEFs Mitarbeiter und Schüler haben dieses Konzept weiterentwickelt und umgesetzt. Vgl. zum Beispiel H. RICHTER (1985) mit dem klaren Bezug auf das Landeskulturgesetz 1970; ferner E. NIEMANN (1982) oder G. SCHÖNFELDER (1984/164f), der (unter Hinweis auf praxisbezogene Landschaftsforschung und Landschaftsplanung) folgende Arbeitsschritte unterscheidet: «Inventarisierung – Zustandsanalyse – Diagnose – Folgeprognose – Bewertung – Empfehlung». Ähnlich bei O. BASOVSKY (1984/31). – Ein eindrückliches Beispiel dieser Arbeitsweise findet sich etwa bei SCHMIDT/SCHOLZ (1984) zur Frage optimaler wirtschaftsräumlicher Strukturen.
Sehr weit entwickelt erscheint das Konzept einer *Normativen Geographie* bei MAZUR/DRDOS (1984), indem ihren Überlegungen zum «Landschaftspotential» ein ganz bewusster, expliziter Übergang von einem Ausbeutungsziel der Naturverwertung zu einer nachhaltigen Nutzung zugrundeliegt. Vgl. ferner CHOJNICKI/WROBEL (1976).
I.P. GERASIMOV (1976; bzw. 1979) bezeichnet normenbezogene, praxisorientierte Ansätze, welche über die traditionelle, deskriptive Geographie hinausgehen, als *konstruktive Geographie*, die zu einem «höheren Niveau der Entwicklung» hinführt. – Auch J.G. SAUSCHKIN (1978/258ff) betont die gesellschaftliche Bedeutung von Wissenschaft als «unmittelbare Produktivkraft»; zu ihren *konstruktiven* Aufgaben zählen insbesondere auch Erkenntnisse über «Steuerung von räumlichen Systemen». – Ähnlich auch CHOJNICKI/WROBEL (1976): «... modern geography must re-orientate (to an) *active* approache (...) geography is now facing (...) the need for a rational control of the development of spatial systems».
Für die Situation in der französisch-sprachigen Geographie vgl. vor allem BAILLY/BEGUIN (1982): Die Struktur des Textes bringt die Entwicklung von der deskriptiven zur explikativen und schliesslich zur normativen Stufe explizit zum Tragen. («la vision classique; la vision néo-positiviste; les visions comportementale et radicale – l'évolution de la géographie humaine»).
Vgl. ferner ISNARD/RACINE/REYMOND (1981), vor allem die Forderung J.-B. RACINES bezüglich der «problématiques» (d.h. Fragestellungen der Disziplin): «... de l'implicite à l'explicite»; ähnlich schon C. RAFFESTIN (1974).
[27] So auch die Feststellung von P. WEICHHART (1986b/27f), speziell mit Bezug auf den Berliner Geographentag 1985. Er spricht in diesem Zusammenhang von «Verweigerungshaltung» der Wissenschafter, von «Ignoranz» und «naivem Pragmatismus». – Vgl. ferner auch F. SCHAFFER (1986/486ff); P. SEDLACEK (1986/411ff).

nen oder sollen». Diese Frage sei zu verneinen. – Deutlich grenzen auch P. GRESCH (1981/157ff)[28] und die Zürcher Definition 1980

> *Die Geographie untersucht Natur und Gesellschaft mit dem Ziel, räumliche Systeme und Prozesse zu erklären.*

die normative Ebene von der Wissenschaft aus (H. WANNER 1982/38).[29]

Aufgabe der 'Wertfreiheit'?

Offensichtlich hat der wegweisende Diskussionsanstoss von K. GANSER (1970/184ff) nur ein geringes Echo ausgelöst; er postulierte die «endgültige Aufgabe eines 'pseudowertfreien' Wissenschaftsverständnisses zugunsten einer gesellschaftlich verantwortlichen Grundeinstellung zum wissenschaftlichen Arbeiten».[30] Er wollte klarmachen, dass man «aus einer deskriptiven Faktenakkumulation noch keine Entscheidungsrichtlinien» beziehen könne, und fordert deshalb eine «prognostische und diagnostische Arbeitsweise». Dabei bedeutet Diagnose nichts anderes, als «bestimmte Aussagen (. . .) mit vorhandenen Wertvorstellungen der Gesellschaft (. . .) zu konfrontieren», was zu einem «rationalen Verhalten des Menschen» beitragen würde. So verstanden sei die *Diagnose* «wohl eine der wichtigsten Aufgaben einer der Gesellschaft verpflichteten Wissenschaftsauffassung», eine «stets bedeutsamer werdende Erkenntnisdimension wissenschaftlichen Arbeitens».

Daran anschliessend haben G. STIENS (1978/435f) und R. HANTSCHEL (1982/259ff) zum Werturteilsproblem in der neueren Geographie übereinstimmend nachgewiesen, dass gerade 'wertfreie' wissenschaftliche Aussagen einen erhebli-

---

[28] P. GRESCH (1981/158f) zum Unterschied von Geographie und Raumplanung: «Unterschiede im Wesen: Geographie, wie es auch im Begriff selber zum Ausdruck kommt, ist primär auf Beschreibung ausgerichtet (. . .) Raumplanung andererseits ist auf Handlung ausgerichtet. Handlungen werden durch Entscheide ausgelöst. Mit dem Einbezug von Entscheiden wird zum Ausdruck gebracht, dass die Zukunft nicht als determiniert, sondern durch Zielsetzungen beeinflussbar angesehen wird. Aussagen darüber, was in Zukunft sein soll, stellen eine politische Willensäusserung dar. Somit hat Raumplanung im Unterschied zur Geographie nicht nur eine wissenschaftliche Dimension» – deutlicher könnte wohl die Fixierung von Geographie auf Beschreibung und (als Wissenschaft) auf Determinismus nicht formuliert werden, aufgebaut auf der peinlichen Verwechslung von Begriff und Ausdruck, und begründet durch ein triviales Ontologieverständnis.
«Unterschiede bezüglich des Zeithorizontes: Geographie befasst sich mit vergangenen und gegenwärtigen räumlichen Ordnungen. Fragen der Art: *Was war? Was ist?* sind typisch. Anders bei der Raumplanung: Ihr Zeithorizont liegt in der Zukunft – *Wie könnte sich der Raum entwickeln? Was soll sein?* lauten hier die Fragen». – Bei derartigem '(Zeit)horizont' wundert es nicht, dass eine solche Geographie keine Zukunft haben kann!

[29] Vgl. ferner auch H. LESER (1980/62ff); E. LICHTENBERGER (1978); sowie P. WEICHHART (1975/117ff).
Kritisch dazu allerdings G. BÄUERLE (1984/3ff): Nach den Erfahrungen in den Sozialwissenschaften und der Bedeutung für die räumliche Entwicklung sei es erstaunlich, dass die Thematik der Werte und Wertungen in den Raumwissenschaften so stark vernachlässigt wurde. – Ferner dann auch P. WEICHHART (1986a; 1986b).

[30] R. HANTSCHEL (1986b) weist auch auf das enorme Gewicht der persönlichen (sozial geprägten) Wertbasis für Wahrnehmung, Entscheiden und Handeln hin, und auf die Bedeutung dieser Erkenntnis für die Fachdidaktik.

chen *Verwertungszusammenhang* aufweisen, also einen wesentlichen Gehalt an ökonomischen, sozialen, letztlich politischen Interessen. So dienen ökonomische Gleichgewichtsmodelle wie auch regionale Anpassungsmodelle (im Sinne der «grossräumigen raumfunktionalen Arbeitsteilung») als «geometrischer Determinismus» lediglich den Harmonisierungs- und Beschwichtigungsbemühungen gegenüber konkurrierenden Ansprüchen von Betroffenen. Die ökonomische Effizienz wird – ungeprüft – auch als soziale und ökologische Effizienz (durch die «ökologischen Ausgleichräume») ausgegeben.

Neuerdings fordert nun auch P. WEICHHART (1986a/88) eine verstärkte Hinwendung der Geographie zu *normativen Fragestellungen*: «An erster Stelle (dringlicher Befassung) muss die Beschäftigung mit den Phänomenen *Wert* und *Sinn* genannt werden, die bisher in der Forschungspraxis der Humangeographie (...) völlig unzureichend oder gar nicht thematisiert wurden. Es wird notwendig sein, Werte nicht nur als unabhängige (...) Variable zu betrachten, also auch auf die *Genese von Werten* einzugehen.»[31] Eine Auseinandersetzung mit diesen Fragen erscheine schon deshalb geboten, weil die Problematik der *Wertverschleierung* im Kontext wissenschaftlicher Aussagen auffalle, weil «implizite Wertstrukturen nicht erkannt oder ihre Existenz gar geleugnet» werde (1986b/6).

Schon K. GANSER (1976/399) ging konsequenterweise noch einen Schritt weiter, indem er forderte: «Wissenschaft (...) muss ihre Rolle neu definieren, (...) sich entschlossener von der Deskription weg zur Fundierung von Lösungsmöglichkeiten bewegen». – «Beschreiben, erklären, kontrollieren, prognostizieren, bewerten und handeln sind jedoch ein Denkzusammenhang. Man sollte ihn nicht ohne Not innerhalb einer Disziplin zerreissen und auf mehrere Disziplinen aufteilen.» Damit verbunden ist das explizite Wahrnehmen von *Verantwortung*; bei gegebenem Wissensstand besteht geradezu eine Verpflichtung dazu.[32]

Theorie – Empirie – Politik

L. SCHÄTZL (1978ff) vertritt mit seinem Lehrbuch «Wirtschaftsgeographie – Theorie/Empirie/Politik» ein Konzept, welches der Forderung von K. GANSER entspricht. Ausdrücklich betont er, die Geographie sollte sich «in stärkerem Masse als bisher an der Theoriebildung und an der regionalpolitischen Diskussion beteiligen» (1978/7) und sich mit «Gestaltungsmöglichkeiten von Raumsystemen» (1981/9) beschäftigen.[33] Dabei kommt indessen – ähnlich wie beim Natio-

---

[31] Ähnlich spricht sich auch G. BAHRENBERG (1987) für einen Übergang von empirisch-deskriptiven zu normativ-kritischen Ansätzen aus. – Ebenso MAIER/WEBER (1986/334ff); P. SEDLACEK (1986/412ff).

[32] «Wissen verpflichtet!». Dazu ausführlich P. WEICHHART (1986b/7ff).

[33] Vgl. bereits L. SCHÄTZL (1974), wonach sich als «Aufgaben der Wirtschaftsgeographie ergeben: (1) Erklärung der räumlichen Ordnung der Wirtschaft; (2) empirische Erfassung, Beschreibung und Analyse der räumlichen Prozesse; (3) Lenkung des räumlichen Prozessablaufes ...»
Ähnlich bei E. WIRTH (1979/131): «Aufgabe der geographischen Wissenschaft ist es ja, die reale Welt entweder zu erkennen und zu erklären, oder (...) aufzuzeigen, wie man auf sie einwirken kann». – Er verfolgt dieses Konzept allerdings nicht weiter.

nalen Forschungsprogramm 5 «Regionalprobleme» (Fischer/Brugger 1985) – das Normendefizit der Geographie indirekt zum Ausdruck, indem die Triade Empirie-Theorie-Politik schwergewichtig *regionalökonomisch* gefüllt wird.[34]

Es stellt sich mit andern Worten die Frage, was es neben 'regionalen Einkommensdisparitäten' an weiteren (wirtschafts-) geographisch relevanten Normen einzuarbeiten gilt, etwa im Sinne der dreifachen (ökonomischen – sozialen – ökologischen) *Effizienz von Raumsystemen* (M. Boesch 1981a). Aufschlussreich dürften dazu die Resultate des Nationalen Forschungsprogrammes 22 «Nutzung des Bodens in der Schweiz» sein, indem auch bei diesem Programm das zentrale Ziel im «Herausarbeiten von Handlungsempfehlungen» (und nicht im «Beschreiben aktueller Verhältnisse» und «Erklären von (. . .) Zusammenhängen» besteht (NFP 22 «Boden», Ausführungsplan 1985/3).

Einen vielversprechenden Ansatz vertritt D. Bökemann (1981/297f), indem er der «Popperschen *Logik der Forschung* (verstanden als Produktionsprinzip für informative Sätze) eine *Logik der Planung* (als Produktionsprinzip für normative Sätze)» gegenüberstellt. Dies wird später konkretisiert zu einem «Plädoyer für gerechte Siedlungen» (D. Bökemann 1982/26), ohne dass hinreichend geklärt würde, welche räumlichen Dispositionen dies bedeuten könnte.

Geringe Problemlösungsvalenz

Das dreiteilige Konzept der Wirtschaftsgeographie nach L. Schätzl muss wohl als Ausnahme gelten,[35] und es erstaunt deshalb nicht, dass zehn Jahre nach K. Gansers wegweisendem Appell D. Höllhuber (1981/255ff) eine ernüchternde Bilanz ziehen muss, indem er (aus stadtgeographischer Perspektive) feststellt, dass Beiträge der Humangeographie zur Problemlösung praktisch nicht vorhanden seien, und wenn, dann zeichneten sie sich aus «durch eine Reihe einengender Charakteristika, die ihre Problemlösungsvalenz *gegen Null* tendieren lassen». Als Ursache dieses Mankos stellt er in erster Linie den positivistisch-deskriptiven Ansatz der Disziplin (notwendigerweise verbunden mit einer unkritisch-affirmativen Haltung) heraus;[36] demgegenüber postuliert er eine *stellungneh-*

---

[34] Vgl. dazu ferner P. Güller (1979/46).
[35] Mit starker Betonung der Praxis auch bei F. Schaffer (1986).
Vgl. immerhin die Gliederung «deskriptiv – prognostisch – normativ» bei M.M. Fischer (1982/13ff); analog bei Elsasser/Wegelin (1980/12) oder etwa das Schema «Erklärung – Prognose – social engineering» bei J. Güssefeldt (1980/31).
Einen Sonderfall stellt wohl O. Wernli (1983/129f) dar. Er verwendet den Normbegriff (*Idealnorm – Realnorm*) als Vergleichsbasis für Strukturanalysen, und sieht im Herausarbeiten einer «schwächeren oder stärkeren Übereinstimmung von Norm und Wirklichkeit (. . .) zur Hauptsache die geographische Erkenntnis: die Umwelt zeigt (. . .) ihre geographische Struktur». Daraus ergibt sich «von selbst, dass die Herleitung von klaren Normen zu einer grundlegenden geographischen Tätigkeit» wird. Als Beispiel erwähnt er «Vorstellungen darüber, wie eine für Pflanzen, Tiere und Menschen gesunde Umwelt beschaffen sein sollte». Diese Ausweitung des «einseitigen Einsatzes des kausalen naturwissenschaftlichen Denkens» um die normative Betrachtungsweise werde auch eine «Verbesserung der Beziehung zwischen Mensch und Umwelt» bringen, da Konsequenzen unseres Tuns deutlich würden.
[36] D. Höllhuber (1981/260) weist auch (zu Recht) darauf hin, dass die positivistische Haltung mit ihrem *Was ist, ist* ebenfalls eine Stellungnahme, nämlich eine affirmative, sei. Vgl. dazu auch M. Boesch (1983/41).

mende Geographie, wobei gelte, dass «erst die Bewertung (. . .) aus räumlichen Mustern (. . .) Grundlagen für das Entscheidungsverhalten» mache (1981/263).

Ähnlich argumentieren HANTSCHEL/THARUN (1978/249f; bzw. 1980/21): «Für eine handlungs- und anwendungsorientierte Wissenschaft wie die Geographie erscheint (. . .) es von grundlegender Wichtigkeit, auch *Wertungen* in Aussagensysteme zu integrieren, um daraus normative Gesetzesaussagen abzuleiten.» Der «normative Handlungsbezug, der vorhandene Technologien als Ausfluss einer nomothetischen Wissenschaft ergänzt, (. . .) erscheint als dringende Notwendigkeit . . .».

Neben der Frage der Praxisrelevanz sehen sie auch grundsätzlich eine Gefahr für die *Eigenständigkeit* der Wissenschaft, wenn «Werturteile (. . .) aus der Wissenschaft ausgeschieden und in das Feld der Politik abgedrängt werden», und D. HÖLLHUBER (1981/261) betont die «Gefahr der Isolierung» einer Disziplin, wenn sie (wie die Geographie) auf normative Fragestellungen verzichtet. Er plädiert dafür, dass die diesbezügliche Diskussion «bald an Stärke und Tiefe» gewinne. Es hat dieser Diskussion um positivistische bzw. normative Standpunkte allerdings kaum gedient, dass eine solche 'engagierte' Entwicklung der Disziplin hauptsächlich aus (neo-)marxistischer Richtung kommt.[37] Wer so argumentiert, übersieht freilich den grundsätzlichen Charakter einer *Normativen Geographie*: Sie braucht keinesfalls auf den 'radikalen' Ansatz fixiert zu sein.

Handlungstheorie statt Praxisrelevanz?

Indessen – in den «zehn Jahren nach Kiel» (P. SEDLACEK 1979) und darüber hinaus hat die deutsche Geographie ihre wissenschaftstheoretische Diskussion (wenn überhaupt) einem *andern Thema* gewidmet: der Ablösung einer (wie auch immer) räumlich (bzw. raumwissenschaftlich) orientierten Geographie durch eine gesellschaftswissenschaftlich-handlungstheoretische (nicht etwa: handlungs-orientierte) Disziplin (U. EISEL 1980; B. WERLEN 1987a), verknüpft mit einiger Kritik am Szientismus.[38] Dabei ist die Frage der *Praxisrelevanz* und ihre Grundlegung durch eine Normative Geographie weitgehend unbeachtet geblieben.[39] Allerdings ist nicht hinreichend geklärt, ob im Konzept von P. SEDLACEK (1982b) wirklich nur die Intention einer Handlung bzw. ihre «Sinngehalte» im Hinblick auf abstrakte Oberziele (vor allem 'Gerechtigkeit') kritisiert werden, nicht aber ihre räumlichen Auswirkungen vor dem Hintergrund orthochorischer Festsetzungen. Dies ist jedenfalls anzunehmen, denn «Kulturgeographie knüpft (lediglich) an am Artefakt der räumlichen Ordnung», welche hingegen kein eigenständiger Interessenbereich ist, auch nicht in bezug auf die «Kulturreform» (1982b/209f).

---

[37] Wenig beigetragen zur Akzeptierung solcher Fortentwicklung der Disziplin hat auch die oftmals arrogante Selbstverständlichkeit, mit der gesellschaftspolitisch-ideologisch gestützte Normen hereingenommen und als disziplin-immanent ausgegeben wurden. Wie auch immer ist dies eine klare Missachtung der Forderung, die Schnittstelle zwischen Sachverhalten und ihrer Bewertung sei transparent zu machen.

[38] Vgl. vor allem P. SEDLACEK (1982); ferner auch E. LICHTENBERGER (1978); E. WIRTH (1984a) sowie G. BECK (1985).

[39] Ähnlich schon bei U. EISEL (1980); sowie zum Beispiel bei J. OSSENBRÜGGE (1985). Vgl. dazu P. WEICHHART (1986b/5f).

Und so fordert R. HANTSCHEL (1986a/128) erneut «eine Weiterentwicklung des Faches unter drei Aspekten:
- Veränderung des Anwendungsbezugs zum Handlungsbezug;
- Erweiterung des systemanalytischen Ansatzes durch den der System-steuerung;
- Einbezug normativer Theorien in die Forschung.»

Solche Forderungen zeigten klar, dass es sich dabei nicht um eine «Bestands-analyse (...) der deutschen Geographie» handle. Mit andern Worten: Die Desiderata K. GANSERS sind immer noch offen.

Diese Feststellung mag zunächst widersprüchlich erscheinen, liegen doch nicht wenige 'angewandte' Arbeiten vor, beispielsweise aus dem Sachgebiet 'Landschaftsplanung'.[40] Geographische Analysen sind vermehrt *anwendungsbe-zogen* geworden. Doch ihre Praxisrelevanz ist nicht klar erkennbar; die «zahlrei-chen praktischen Anwendungsmöglichkeiten (...) stehen diametral den tat-sächlichen Anwendungen gegenüber» (H. LESER 1976/387). Allerdings nicht (wie H. LESER vermerkt) wegen der «naturwissenschaftsfern betriebenen Raum-ordnung und Planung», sondern weil bei solchen Arbeiten häufig der normative (bzw. politische) Charakter der Aussagen fehlt oder zumindest unklar bleibt, oder weil die *Wertprämissen* und ihre Legitimation *nicht erkennbar* sind.[41] Gerade die Feststellung, Raumordnung und Planung würden «naturwissen-schaftsfern» betrieben, dem Ökologen hingegen seien die genannten Zusammen-hänge offenkundig, ist deutlicher Hinweis auf ein Normendefizit: Welche Werte vermitteln denn die Naturwissenschaften, und wie gehen sie ein in die Interes-senabwägungen in der Raumplanung? Kognitive Erkenntnis allein ist nicht handlungswirksam. Das häufig erkennbare kasuistische Vorgehen widerspricht zudem dem Legalitätsprinzip öffentlichen Handelns.[42]

Auf weitere Probleme dieses «Aufeinandertreffens zweier *grundverschiedener* Denkweisen» macht U. KIAS (1985/269) aufmerksam, so insbesondere die man-gelnde Bereitschaft zu einer «Reduktion der gewohnten naturwissenschaftlichen Aussageschärfe» zugunsten einer gewissen «planerischen Pragmatik». Bezeich-nenderweise fehlen dann aber dort Hinweise darauf, woher denn die Normen stammten, die in den aufgeführten «Bewertungsverfahren» wirksam werden sollten, und was sie beinhalteten.[43]

---

[40] Grundsätzlich SCHAFFER/POSCHWATTA (1986); MAIER/WEBER (1986); P. SEDLACEK (1986/413f). – An Beispielen aus der Schweiz seien etwa genannt: E. BUGMANN (1975); K. EWALD (1978); G. GROSJEAN (1984); R. BAUMGARTNER (1984); E. BUGMANN et al. (1986).

[41] M. BÜRGIN et al. (1985/11): «Mit dem Ansatz zur Bestimmung der *Formalen Umweltqualität* (BUGMANN 1975) war (...) eine möglichst wertfreie Landschaftsbewertung angestrebt wor-den.» – Deutlicher kann das Missverstehen der normativen Stufe wohl kaum ausgedrückt werden!

[42] Vgl. nochmals A. KÖLZ (1985/51); ferner H. AEMISEGGER (1981).

[43] Vgl. dazu schon TRACHSLER/KIAS (1982). – Mit G. BÄUERLE (1984) und BORCHERDT/KUBALLA (1985) liegen nun allerdings Arbeiten vor, die sich explizit dem Bewertungsproblem mit transpa-renter Normenbasis zuwenden.

Engagierte Geographie

Es genügt offensichtlich nicht, dass «alle Ergebnisse wegen ihres räumlichen Bezuges direkt anwendbar» sind (H. LESER 1976/386). Vielmehr muss die Reduktion von 'Anwendung' auf «Analyse» und die entsprechende *Abtrennung* der Wissenschaft von der «Umsetzung» in der Prozessabfolge «Analyse – Ziele – Vorschläge – Handlung» überwunden werden – durch eine *engagierte Geographie* als «Vermittler zwischen wissenschaftlichen Analysen und Handlung».[44] Sonst sind wissenschaftliche Ergebnisse der Beliebigkeit ihrer Verwertung ausgeliefert.

Das Normendefizit in der Geographie, die mangelnde praktische Aussagekraft ihrer Ergebnisse, ist ein ganz zentraler Punkt ihrer ungenügenden Praxisrelevanz. Die Geographie hat ihre *politische Unschuld* noch weithin bewahrt; der Preis dafür ist ihre *Belanglosigkeit*.[45]

[44] R. HANTSCHEL (1984/141ff).
Dazu P. WEICHHART (1986a/88): «Inwieweit die Sozialgeographie (beim Übergang zu normativen Fragestellungen) von einer empirischen Analyse der bestehenden handlungswirksamen Wertesysteme zu einem aktiven präskriptiven und damit 'eingreifenden' Ansatz fortschreiten soll, wird wohl dem einzelnen Wissenschaftler überlassen bleiben müssen.»
Zum Terminus und Konzept der *Engagierten Geographie* im Rahmen einer Normativen Metatheorie vgl. ausführlich Kapitel 6.3 «Leitbild Geographie»; ferner bereits M. BOESCH (1979; 1986; 1987).

[45] Vgl. DAUM/SCHMIDT-WULFFEN (1980).
Es ist kennzeichnend für diesen Zustand, dass eine «Politische Geographie» (U. ANTE 1981; K.-A. BOESLER 1983) immer noch als unkritische 'Geographie der politischen Systeme' (sprich: Staaten) im Sinne von M. SCHWIND (1972) (miss)verstanden wird; ganz im Unterschied etwa zur Politischen Ökonomie oder zur «Politischen Ökologie» (B. GLAESER 1986), welche die (macht-) politische Dimension und den Einfluss von effektiven Entscheidungsmechanismen und Konflikten in die disziplinären Erkenntnisobjekte einbringen. – Vgl. hingegen das «Plädoyer für eine Politisch-ökonomische Wirtschaftsgeographie» (E.W. SCHAMP 1984); ferner J. OSSENBRÜGGE (1983): «Politische Geographie als räumliche Konfliktforschung»; P. SEDLACEK (1986/411ff); sowie (implizit) E.A. BRUGGER (1982).

6 Normative Metatheorie

Die Gefahr enthüllt das
Nein zum Nichtsein
als primäre Pflicht.

H. JONAS

6.1 Pluralismus und Praxisbezug

Aus den Überlegungen im Teil 4 «Zur Kritik am Szientismus» geht klar hervor, dass zwei Charakteristiken die aktuelle wissenschaftstheoretische Situation kennzeichnen: eine ausgeprägte *Pluralität* und eine verstärkte Orientierung auf die *Praxis* hin. Dieser Praxisbezug kann unterschiedlich verstanden werden: entweder pragmatisch als Handlungsbezug im Sinne einer Wissenschaft als 'Problemlösungs-Instanz', oder aber – kritischer – in der Hinwendung zur Alltagswelt in Sinne der 'Lebensweltforschung'.

Von der faktischen Pluralität ...

Pluralität der Ansätze und bewusster Bezug auf eine komplexe, in sich widersprüchliche Praxis – beides deutet darauf hin, dass sich das traditionelle Wissenschaftsverständnis, die 'mechanistische Kosmologie', in einer *Ablösungsphase* befindet. Freilich: Verständlicherweise ist erst ein Anfangsstadium des Paradigmenwechsels erreicht; Kritik am Bisherigen ist deutlicher zu erkennen als die Konturen von Alternativen. Immerhin muss die Vorstellung von einer monolithischen Wissenschaftstheorie, im Sinne des Kritischen Rationalismus, als überholt bezeichnet werden. Paradoxerweise ist es gerade POPPERS Skeptizismus, welcher die Entwicklung vom «monistischen Certismus» zu einem echten *(meta)theoretischen Pluralismus* einleitete, das heisst zu einem kooperativen Nebeneinander von alternativen Theorien aller Stufen.[1] Die Idee einer alle Disziplinen umfassenden Einheitsmethodologie hat sich verflüchtigt unter der berechtigten Kritik des *Reduktionismus*. «Die Annahme, dass es einen einzigen Wissenschaftsbegriff gebe, (...) scheint nicht länger plausibel (...) es scheint nicht wahrscheinlich, dass die gegenwärtigen (...) Untersuchungen der Natur, des Menschen und der Gesellschaft sich auf ein einziges formales Paradigma der 'Wissenschaft' reduzieren werden» (J. SPECK 1980/745).

Die daraus entstandene *Divergenz* der Auffassungen ist vielschichtig – die Pluralität ist offensichtlich:[2] Quer zu den zwei Hauptsegmenten wissenschaftstheoretischer Orientierung, nämlich den analytischen und nicht-analytischen Ansätzen, verlaufen die *vier Stufen* wissenschaftlichen Arbeitens, die deskriptive, die explikative, die normative und die operative Stufe.[3] Vgl. dazu Abb. 61-1.

---

[1] Vgl. dazu J. SPECK (1980/485f).

[2] D. BARTELS (1970b/451): «Die Pluralität der Anschauungen (...) ist also in einer Disziplin institutionell unvermeidlich.»
M. CURRY (1985/109) spricht von «many types of rationality».
Ein metaphorischer Ausdruck für diesen Wandel sind Prolog und Epilog in GOULD/OLSSON (1982): «A search for common ground», und «A ground for common search». – Die Titel signalisieren auch den Übergang von der sicheren Erkenntnis als Besitz zur Erkenntnis als unsicherem Prozess.

[3] Diese Darstellungsweise – Pyramide/Stufen – impliziert unvermeidlicherweise auch eine Wertung; und sie ist auch beabsichtigt (im Sinne einer persönlichen Stellungnahme). Begründet wird sie im Teil 3 «Stufen wissenschaftlichen Arbeitens». – Das Stufenmodell ist ein universelles Gliederungsprinzip, etwa bei PLATO (Volk – Wächter – Gebildete); bei N. HARTMANN (Materie – Leben – Seele – Geist); ähnlich bei TEILHARD DE CHARDIN; bei MASLOW (Grundbedürfnisse – soziale Bedürfnisse – Selbstverwirklichung): immer ist die Basis das unverzichtbare Fundament, aber nicht das Ziel der Entwicklung.

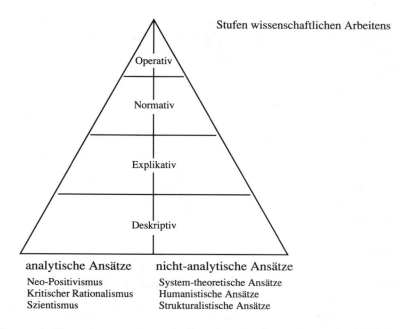

Abb. 61-1: Die zwei Hauptsegmente und die vier Stufen wissenschaftlichen Arbeitens

Daraus folgt, dass die Auffassungen von 'Wissenschaft', von 'wissenschaftlichem' Arbeiten und 'Wissenschaftlichkeit' sehr *heterogen* sind. Diese Pluralität verläuft mehr oder weniger quer durch alle Disziplinen hindurch; mit Sicherheit trifft das für die Geographie zu.[4]

... zum programmatischen Pluralismus?
Entspricht dieser faktischen Pluralität (von der metatheoretischen Ebene über die Fachtheorien bis hinein in die Alltagsarbeit) ein *echter Pluralismus*, das heisst eine bestimmende Grundhaltung in der Wissenschaft, die sich – im Bewusstsein der Unmöglichkeit einer Einheitsmethodologie – die Vielfalt geradezu zum Programm macht? Deren Toleranz nicht nur darin besteht, andere Ansätze wohlwollend zu ignorieren?[5]

Diese Frage ist wohl – angesichts einer widersprüchlichen Situation – nicht leicht zu beantworten; indessen kann sie hier offen bleiben, denn wichtiger als das bisher Erreichte ist die Frage nach dem *Potential* einer pluralistischen

---

[4] Vgl. dazu J. BIRD (1979); R.J. JOHNSTON (1979/220); E. WIRTH (1979/68f); M. CURRY (1985); P. WEICHHART (1987); G. BAHRENBERG (1988/75);
[5] So auch P. WEICHHART (1987). – Für R.B. NORGAARD (1989/37f) ist ein aktiver Pluralismus, «a conscious methodological pluralisme», geradezu die notwendige Bedingung, damit wissenschaftliches Arbeiten – angesichts der komplexen Probleme der Praxis – überhaupt noch fruchtbar werden kann. Der methodische Purismus der orthodoxen Ökonomie «seems to reflect stronger pressures within the disciplin for conformity than for truth».

Grundhaltung. Dabei genügt ein (naives) Bekenntnis zur Vielfalt keineswegs,[6] stellt doch ein solcher aktiver Pluralismus – das heisst ein pluralistisches Wissenschaftsverständnis – gegenüber der Situation mit (scheinbar) gesicherter Einheitsmethodologie einige Probleme.

Zunächst ist es offensichtlich, dass ein Unterschied gemacht werden muss zwischen *Vielfalt* und *Chaos*:[7] Das wegen seiner Vordergründigkeit erste Problem des Pluralismus ist die Beliebigkeit. Nicht jede beliebige Aussage kann für sich Wissenschaftlichkeit beanspruchen, wenn dieser Begriff selbst noch irgend einen Sinn haben soll.[8] Dem entspricht das *Orientierungsproblem*: Woran lassen sich brauchbare von unbrauchbaren Ansätzen für bestimmte Fragestellungen unterscheiden? Und wenn es also Kriterien, Masstäbe braucht – wer setzt sie? Ist es ausreichend, 'Erkenntnisgewinn' als alleiniges Kriterium der Wissenschaftlichkeit anzunehmen?

Kritisierbarkeit und Sinnfrage

Daraus ergibt sich das zweite Problem: die *Kritisierbarkeit*. Unterschiedliche Ansätze bzw. ihre Ergebnisse müssen also der Kritik zugänglich sein. Kritik bedeutet Argumentation, mithin bedarf es – auch über die Grenzen unterschiedlicher Ansätze hinweg – einer gemeinsamen *Sprache*.[9] Diese kann weder durch Begründung noch durch Bewährung geschaffen werden, sondern nur durch Verständigung: Begründung (meist in der Form axiomatischer Setzungen)[10] wie auch Bewährung, also der Rekurs auf Erfahrungs-Evidenz, schliessen Argumentation aus. Daraus folgt, dass ein 'Pluralismus', der auf axiomatischer Dogmatik beruht oder auf die 'Bewährung des Bewährten'[11] abzielt, hier nicht gemeint sein kann. Demgegenüber setzt bei der *Verständigung* die Argumentation bereits bei der Begrifflichkeit ein.[12] Echter Pluralismus bedeutet damit eine Vielfalt von metatheoretischen Ansätzen, die miteinander kommunizieren können.

---

[6] Vgl. zum Beispiel D. BARTELS (1982/32): «... it seems quite appropriate to work towards what we might call a 'new Chinese atmosphere', where many flowers bloom and multiple paradigmes are tested within geography at the same time». – Schon früher sprach er sich für eine «pluralistische Koexistenz auch in der Wissenschaft» aus (1970/451).

[7] So beklagt etwa B.J.L. BERRY (1980/449): «Pluralisme in contemporary geography has gone beyond the creative liberty of variety and degenerated into license that threatens the future of the profession.»

[8] Vgl. dazu D. BARTELS (1968b/6): «... dies hiesse allerdings, von der (...) Antinomie in aller Darstellung von Wissenschaftsinhalten, von der inneren Dialektik zwischen Wirklichkeit und Idealität abzusehen. Blosse Deskription tatsächlicher Forschung geht an der Normfunktion des Wissenschaftsbegriffes (...) vorbei». Hier also war der Wissenschaftsbegriff (nämlich der rationalistische) noch völlig intakt.
P. FEYERABEND (1980/9f) schlägt demgegenüber nicht wissenschaftsimmanente Kriterien, sondern die Erfahrungen und Erwartungen der Gemeinschaft *freier Menschen* als Masstab vor.

[9] Im Sinne der Konstruktiven Wissenschaftstheorie (F. KAMBARTEL 1975).

[10] Zur Problematik einer Begründung der Begriffsbasis vgl. P. SEDLACEK (1980/8f) mit dem Verweis auf das *Münchhausen*–Trilemma: unendlicher Regress, tautologischer Zirkel bzw. axiomatische Setzung sind die drei möglichen Ausformungen von Begründungsversuchen. Meist wird die Axiomatik als das kleinste Übel betrachtet.

[11] P. SEDLACEK (1980/11) verwendet dafür den Begriff «Theorien-Darwinismus».

[12] Offensichtlich besteht auch hier eine Art *Münchhausen*-Situation. Vgl. dazu J. SPECK (1980/345f).

Drittens muss die Frage nach dem *Sinn* einer pluralistischen Wissenschaft gestellt werden: Ist Vielfalt der Ansätze (die wir ja in der Geographie in ausreichendem Masse feststellen können) oder gar nur rein quantitatives Anwachsen der Zahl wissenschaftlicher Arbeiten ein ausreichender Leistungsausweis? Geht es um Innovation, ist das Neue an sich schon das Ziel? Oder muss sich ein pluralistisches Wissenschaftsverständnis nicht an einem (neuen) *Fortschrittsbegriff*[13] orientieren, der qualitative Entwicklung auf ein Ziel hin fordert? So wird gelegentlich Skepsis gegenüber dem traditionellen Fortschrittsbegriff zu einer neuen Kardinaltugend erhoben.[14]

In diesem Zusammenhang weist M. CURRY (1985/116f) zu Recht darauf hin, dass der traditionelle, monistische Wissenschafts- und Fortschrittsbegriff im Sinne der Akkumulation von Wissen auf ein umfassendes *Theoriegebäude* hin überwunden werden muss, weil ja (aus jener Sicht) Pluralismus einem unerträglichen Verzicht auf solchen 'Fortschritt' und damit einer Art 'Selbstaufgabe' gleichkommt. Dieses Dilemma – die enge Verknüpfung der Fortschrittsidee mit e i n e r universalen Form der Rationalität – ist tatsächlich ein zentrales Problem der aktuellen metatheoretischen Diskussion.[15] Dabei ist es klar, dass wissenschaftliche Erkenntnisziele eingebunden sind in übergeordnete *gesellschaftliche Ziele* und Werthaltungen; Erkenntnisgewinn um seiner selbst willen ist fragwürdig geworden – ja, mit Blick auf den Entstehungs- und Verwertungszusammenhang unmöglich. Und so mündet diese Frage schliesslich ein in die Diskussion über die *Leitvorstellungen* (das 'Leitbild') einer Disziplin.[16]

Normativer Diskurs

Zusammenfassend wird deutlich (was nicht unbedingt zu erwarten war): Echter Pluralismus führt offensichtlich zu einer Diskussion über Massstäbe, Kriterien, Ziele, also mitten hinein in eine normative Diskussion; pluralistisches Wissenschaftsverständnis verlangt auch nach einer *normativen Metatheorie*. Das bedeutet insbesondere auch die Konstitution einer ganzen Hierarchie von Ziel-Mittel-Relationen, ausgehend von oder hinführend zu den übergeordneten Oberzielen, welche ihrerseits Bezug nehmen auf die grossen Zeitprobleme in einer Gesellschaft.[17] Freilich kann das gerade wieder nicht dogmatische Allgemeinverbindlichkeit heissen, sondern Entwicklung von Kriterien, Transparenz der Standpunkte, und Argumentation darüber, ohne den untauglichen An-

---

[13] Vgl. dazu vor allem M.J. WISE (1977); sowie A. BUTTIMER (1981).
[14] H. JONAS (1986); C.v. KROCKOW (1987).
[15] Vgl. dazu J. SPECK (1980/743).
[16] So betont P. SEDLACEK (1982c/160), das «eigentlich Fragwürdige» (das heisst *des Fragens* *Würdige*) sei, «welche Art der Wissenschaft wir wollen», wobei dieses 'Wollen' relativ zu gesellschaftlich begründeten Zielen, keineswegs als Selbstzweck, zu rechtfertigen sei. – Und auch D.M. SMITH (1977/370) wendet sich gegen eine Wissenschaft um ihrer selbst willen. Vgl. dazu vor allem auch K. AERNI (1986).
[17] So schlägt B.J.L. BERRY (1980/455) dazu «a distinctively American set of preferences» vor, «dominated by (. . .) individual efforts in the private sector»; währenddem D.M. SMITH (1977/ 373) «liberation of (. . .) poverty, ignorance, disease, economic exploitation, racial discrimination» und M.J. WISE (1977/2) «. . . peace and poverty» anspricht.

spruch auf abschliessenden Konsens.[18] Zur Dialogfähigkeit ist die entsprechende *Mitsprache-Kompetenz* zu entwickeln: Der metatheoretische Diskurs muss aus der Domäne weniger Spezialisten hineingeleitet werden ins wissenschaftliche Alltagsbewusstsein. Andernfalls führt gerade Pluralität zum Verlust an Rationalität.[19]

Die Frage nach der Spannung zwischen Pluralität und Pluralismus zeigt auf, dass eine offene Diskussion über Leitbilder wissenschaftlicher Disziplinen notwendig ist: Was bedeutet 'Fortschritt der Geographie'? Dies darf allerdings – das sei hier nochmals betont – nicht zu irgendwelchen abschliessenden (engen) Präskriptionen auf ganz bestimmte Forschungsansätze hin führen.[20] Aus der pluralistischen Auffassung über wissenschaftliches Arbeiten, über die 'Möglichkeit von Wissenschaft' ergibt sich vielmehr, dass zunächst allgemein über *Prinzipien der Wissenschaftlichkeit* argumentiert werden muss. Daran können dann einzelne Ansätze gemessen werden. D. BARTELS (1970b) hat gezeigt, wie aus einem monistischen Instrumental-Rationalismus über verschiedene Stufen «anwachsender Rationalität» schliesslich die methoden- und interessen-kritische Ebene erreicht wird. Auf dieser Ebene geht es schliesslich (unter Zuhilfenahme von Relevanz-Kriterien) um die «konstruktive Entscheidung: Auf welche Basistheorie(n) richten und konzentrieren wir unser Fach?» Das «Aufstellen von Mindestkriterien für die Relevanz der auszuwählenden Paradigmen» bedeutet dazu «metatheoretische Unterstützung» (1970b/456). Der Entscheid soll also im Rahmen einer *Normativen Metatheorie* erfolgen.

---

[18] Vgl. dazu R.J. JOHNSTON (1979/220): «There is no normal science, no consensus over a disciplinary matrix, no agreement over the right exemplars»; und J.F. HART (1982) warnt sogar: «We must be wary of all attempts to force geography into any procrustean mold, whether scientific, descriptive, analytic, or what have you».
Auch D. BARTELS (1973/24) beurteilt Pluralität positiv: «Plurality of points of view at any one time is thus unavoidable in a discipline and our reaction to this should not be one of dismay but a recognition of the need for a corresponding expansion of democratic forms of pluralistic coexistence in science which accepts these situations of conflict between different 'statements of truth'.»
Demgegenüber geht P. SEDLACEK (1982a/18f) weiterhin davon aus, dass die «normativen Bemühungen» zu einem «gemeinsamen fachlichen Fundament» führen müssen, damit ein «konsistentes Lehrgebäude» möglich werde.

[19] Vgl. dazu nochmals D. BARTELS (1970b); ferner die neun Argumente von G. HARD (1973b) zu dieser Forderung. Auf die entsprechenden Konsequenzen in bezug auf die Ausbildung und die damit zusammenhängenden Umsetzungsprobleme wird hier nicht weiter eingegangen.
Für die Probleme eines *Normativen Unterrichts* vgl. H.-D. FEIL (1977).
H.J. FORNECK (1989/10) zeigt für den Bereich der Bildungswissenschaften, was die mangelnde Dialogfähigkeit in methodologischen Fragen, die «wissenschaftliche Unübersichtlichkeit», für Konsequenzen hat: Sie führt zu Orientierungslosigkeit, Beliebigkeit, Gleichgültigkeit und schliesslich zu einem Zurückfallen in vorwissenschaftliche Aussagen «vor jeder Qualifikation», also zum «Ende der Aufklärung» als dem «Programm der Moderne».

[20] Vgl. als jüngere Beispiele monistischer Konzepte etwa P. SEDLACEK (1982b/209ff) oder B. WERLEN (1987a). – Kritisch dazu P. WEICHHART (1987/54): «The acceptance of the relativity of knowledge and a reflection on the «game-metaphor» could perhaps be regarded as a useful therapeutic against the arrogance of some recent methodologic discussion, an arrogance which is expressed by messianic monisme of epistemologies . . . ».
Vgl. zum Widerspruch von konstruktiv-kritischer Haltung einerseits und monistischen Absolutheitsansprüchen auch R. HANTSCHEL (1986b/146).

Praxisbezug: Gesellschaft und Politik

Auch die Öffnung der Wissenschaft zur (Lebens-)Praxis hin führt zu derselben Notwendigkeit. Von Bedeutung sind hier zwei Beziehungen: das Verhältnis Wissenschaft-*Gesellschaft* und das Verhältnis Wissenschaft-*Politik*.[21]

Die pluralistische Gesellschaft ist auch gegenüber der Wissenschaft *mündig* geworden. Zunehmend selbstbewusster diskutiert sie – kontrovers – über Ziele und Qualität wissenschaftlichen Tuns; die als selbstverständlich angegebenen wissenschaftsimmanenten Kriterien werden nicht mehr unbedingt kritiklos hingenommen. P. FEYERABEND (1980/12ff) wendet sich gegen den «Elitismus der Wissenschaften» und plädiert stattdessen für einen pluralistischen *Relativismus*, welcher jedem ermöglicht, seine ihm eigenen Masstäbe anzuwenden.[22] Diese Diskussion muss von der Wissenschaft aufgenommen werden, will sie nicht Gefahr laufen, sich von der Gesellschaft zu isolieren. Ein daraus wachsender «Theorienpluralismus» erweist sich dabei auch als ein «höchst nützliches Forschungsinstrument», weil dadurch die Gefahr von rationalistischen Sackgassen reduziert wird.

Das Verhältnis Wissenschaft-Politik ist *ambivalent*. Gegenüber einer traditionellen Abgrenzungshaltung, welche die Aufgabe der Wissenschaft höchstens im Liefern von 'neutralen' Entscheidungsgrundlagen sieht und sich von der offenen Diskussion kontroverser Themen distanziert,[23] gewinnt allmählich eine Alternative an Bedeutung: das *engagierte* Wissenschaftsverständnis. Aus der Einsicht in die Wert- und Interessengebundenheit jeglichen Tuns und die unauflösbare Verschränkung von Bürger und Wissenschafter in einer Person folgt, dass auch jede wissenschaftliche Tätigkeit (und sei es durch Abstinenz) eine mehr oder minder aktive Teilnahme an der Gestaltung der Politik sei.[24] Dabei liegt die Grenze des Engagements nicht im Verzicht auf Meinungsäusserung, sondern im *Verzicht* auf *Machtausübung*, weil nur so die Wissenschaft ihren moralischen Anspruch auf Freiräume aufrechterhalten kann. Daraus aber ergibt sich zwingend die Forderung nach normativer *Transparenz*: Die Standpunkte der Beteiligten und die Rolle wissenschaftlicher Arbeiten im Entscheidungsprozess müssen offenliegen.

---

[21] Unter 'Wissenschaft' wird hier primär die tradierte Institution gemeint.

[22] P. FEYERABEND (1980/12): «... in einer freien Gesellschaft verwendet ein Bürger die Masstäbe der Tradition, der er angehört ...»; «... die 'epistemischen Kriterien', die entscheiden, was als Wissen gilt und was nicht, sind die der Tradition ...».

[23] Vgl. dazu E.A. BRUGGER (1981/285); A. KOLLER (1988/10ff).

[24] Vgl. dazu J. GALTUNG (1979).

Qualitätskriterien

Alle Überlegungen führen damit zu demselben Schluss: Forschung und Lehre müssen sich orientieren und messen lassen an bestimmten Qualitätskriterien; sie müssen relevant sein. Als Argumentationsprinzip sollen deshalb fünf *Relevanz-Kriterien* unterschieden werden:[25]

- – wissenschaftliche Relevanz
- – didaktische Relevanz
- – gesellschaftliche Relevanz
- – ethische Relevanz
- – fachpolitische Relevanz.

'Relevanz-Kriterien' bedeutet dabei: unterschiedliche Dimensionen der *Argumentation* über *Wissenschaftlichkeit* werden diskutiert, nicht absolute Massstäbe. Mit andern Worten bleiben hier die 'Grenzwerte' auf den 'Messlatten' offen. Ihre Festsetzung ergibt sich aus Argumentation und Konvention, eventuell entscheiden 'Märkte' wie zum Beispiel derjenige betreffend die Verwendung von Forschungsmitteln, über einzelne Dimensionen.[26]

Die fünf Dimensionen spannen Nischen auf für die Entfaltung der einzelnen Disziplinen; sie weisen hin auf die Kernbereiche, welche einzelne Disziplinen belegen können oder sollen; sie sind die notwendigen Bedingungen wissenschaftlichen Arbeitens. Dabei sind sie miteinander verknüpft und untereinander nicht notwendigerweise widerspruchsfrei; im Gegenteil, *Zielkonflikte* sind zu erwarten, Interessen sind gegeneinander abzuwägen.[27] Umgekehrt können auch gewisse *Synergie-Effekte* erwartet werden, etwa wenn gesellschaftlich aktuelle Themen wirkungsvoll erforscht und didaktisch geschickt umgesetzt werden – was sich fachpolitisch niederschlägt durch einen hohen Anerkennungsgrad.[28]

---

[25] D. BARTELS (1970b/456f) schlägt hierfür drei Kriterien vor: gesamtgesellschaftliche, didaktische und wissenschaftliche Relevanz.
Demgegenüber hält E. WIRTH (1979/68) dafür, dass es zur «Pluralität geographischer Forschungsansätze» «keine überzeugenden Kriterien der Auswahl» gebe und verfolgt diesen Gedanken nicht weiter. Damit wird jede Argumentation verunmöglicht.
P. WEICHHART (1986b) unterscheidet eine Verantwortung des Wissenschafters gegenüber acht «Objektbereichen»; diese überschneiden sich mit den fünf Relevanzkriterien, wie sie im folgenden entwickelt werden, und sie differenzieren sie zum Teil bedeutend weiter aus.

[26] Vgl. dazu auch J.-P. JETZER (1987/486): «Das heisst aber, dass die Kriterien der Wissenschaftlichkeit (. . .) der Diskussion ebenso fähig sind wie die Ergebnisse wissenschaftlicher Tätigkeit selbst.»

[27] Dies trifft vor allem zu für den Konflikt zwischen gesellschaftlicher und ethischer Relevanz. – Vgl. dazu auch P. WEICHHART (1986b/20f).

[28] So hat K. GANSER (1976/403ff) auf die mehrfache Bedeutung der Raumordnungs-Thematik für die Geographie hingewiesen.

6.2 Relevanz-Kriterien

Was soll wissenschaftliche, didaktische, gesellschaftliche, ethische und fachpolitische Relevanz bedeuten? Zunächst wird unmittelbar klar, dass durch diese Gliederung ein engerer (einfacher, 'klassischer') und ein *erweiterter* Begriff von *Wissenschaftlichkeit* unterschieden wird. Erkenntnisgewinn um seiner selbst willen ist fragwürdig, ja unmöglich geworden; er muss eingebunden sein in das soziale Umfeld, in dem sich Wissenschaft abspielt. Die Wissenschaft als bedeutsames soziales Teil-System steht mit drin in der «kollektiven, gestuften Verantwortung» für die Entwicklung unserer Gesellschaft.[1]

Durch diese Begriffs-Struktur wird es möglich, der notwendigen *Öffnung* auch traditioneller Richtungen argumentativ gerecht zu werden. Die abstrakten Kriterien müssen allerdings inhaltlich gefüllt werden, um überhaupt sinnvoll zu sein,[2] wobei dieser Konkretisierungsprozess schrittweise vertieft werden kann. Hier soll nur eine erste Annäherung erfolgen.

Wissenschaftliche Relevanz[3]

Wissenschaftliche Relevanz oder Wissenschaftlichkeit *sensu stricto* bezieht sich in formaler Hinsicht auf die gültigen *Standards* der einzelnen (unterschiedlichen) Richtungen: sind es in der klassischen Mathematik und Physik die Selbst-Evidenz, Notwendigkeit und Ewigkeit der Theorien, so im Positivismus die Zuverlässigkeit (Reproduzierbarkeit) der Fakten, die Stringenz der logischen Deduktionen und die *Allgemeingültigkeit* der Erkenntnisse, und im Kritischen Rationalismus zudem die Nachprüfbarkeit, das heisst die Bewährung von Theorien gegenüber neuen empirischen Befunden.[4] Ganz allgemein kommt deskriptiven oder Basissätzen nur propädeutische Bedeutung zu.[5] – Ähnliches gilt für die

---

[1] P. WEICHHART (1986b/8ff; 22); ähnlich BAILLY/RACINE/WEISS-ALTANER (1978/347).

[2] D. BARTELS (1970b/456) hat in diesem Zusammenhang auf die Gefahr tautologischer Aussagen hingewiesen: 'relevant ist, was relevant ist'. Solche Sätze können nur in sinnvolle und argumentierbare umgeformt werden durch inhaltliche Füllung, zum Beispiel: 'wissenschaftlich relevant ist, was widerspruchsfrei ist', etc.
Vgl. dazu nochmals die Hinweise zum *Münchhausen*-Trilemma im Kapitel 6.1 «Pluralismus und Praxisbezug» (Anmerkung 10).

[3] Analog dazu bei P. WEICHHART (1986b/14f) die «Verantwortung gegenüber der Wissenschaft als System von Aussagen», die «Verpflichtung zur wissenschaftlichen Wahrheit».

[4] Vgl. dazu J. SPECK (1980/737ff); ähnlich bei E. WIRTH (1979/37ff) mit Verweisen auf H. STACKOWIAK (1969).
D. BARTELS (1968b/32) führt (unter offensichtlichem Bezug auf den Kritischen Rationalismus) aus, «hypothetische Sätze und Theorien sind offenbar dann (mehr oder weniger) befriedigend, wenn sie folgende (. . .) Eigenschaften besitzen: hohen Informationsgehalt, grosse Allgemeinheit, leichte Überprüfbarkeit, Widerspruchslosigkeit, hohe Wahrscheinlichkeit, Relevanz und Evidenz.»

[5] Vgl. dazu den von K.R. POPPER (1935/83ff) angewandten Begriff des «Informationsgehaltes» einer Theorie, welcher wesentlich von ihrer «Allgemeinheit» abhängt.
Ferner A. DIEMER (1964/22): «Wissenschaft ist (. . .) ein nach Prinzipien der klassischen Logik geordnetes Ganzes allgemeiner, das heisst begründeter und wahrer Sätze über einen thematischen Bereich. Individuelle und empirische Sätze sind nicht von wissenschaftlichem Belang.»
Vor diesem Hintergrund sind die Bemerkungen von B.J.L. BERRY (1964a/33) zum Theoriedefizit in der Geographie zu verstehen: «The gap between general theory and actual observation is still considerable.»

nicht-analytischen Richtungen, die freilich formalen Kriterien weniger zugänglich sind. Neben die kausale Erklärung treten andere Formen allgemeingültiger Aussagen und Interpretationen. Grundsätzlich wichtiger werden die *Argumentationsfähigkeit* von Aussagen sowie sprach-, wert- und interessenkritische Bezüge.[6]

Daraus folgt die Forderung nach wissenschaftstheoretischer *Transparenz*: Im pluralistischen Umfeld bedeutet Kritisierbarkeit von Ansätzen und Ergebnissen, dass die jeweilige 'metatheoretische Infrastruktur', dass heisst die metatheoretische Basis[7] einzelner Arbeiten, klar ersichtlich ist. Theorien und Forschungspraktiken müssen dann mit dem erkenntnistheoretischen und methodischen Wissen der jeweiligen Richtung in *Einklang* stehen; sie müssen *korrekt* sein.[8] Ganz abgesehen von der Forderung nach Widerspruchslosigkeit geht es hierbei auch um die Frage der Effizienz wissenschaftlichen Arbeitens: D. BARTELS (1970b/457) hat darauf hingewiesen, dass nur eine verlässliche Basis im jeweiligen metatheoretischen Umfeld ein sicheres und zielgerichtetes Arbeiten ermöglicht.

Für die Beurteilung der *Wissenschaftlichkeit* spielen ja neben den methodischen auch inhaltliche Aspekte eine bedeutende Rolle, so Innovation und *Kreativität*: neue Einsichten sollen gewonnen, bestehende konsolidiert, modifiziert oder eliminiert werden, Forschungslücken und kommende Problemfelder frühzeitig erkannt werden. Mit andern Worten: Wissenschaftlichkeit bedeutet auch, dass die Ergebnisse 'fruchtbar' sind,[9] dass ein echter *Erkenntnisgewinn* resultieren soll.

Didaktische Relevanz[10]

Mit der *didaktischen Relevanz* geht es um die Verständlichkeit der wissenschaftlichen Ergebnisse. Dabei wird hier 'didaktisch' in einem weiten Sinne verwendet: Es sind alle *Kommunikationsprozesse* (nicht nur die 'lehrhaften')[11] zwischen

---

6	So weist J.-P. JETZER (1987/485) nach, dass die Nationalökonomie, «wenn sie sich als Wissenschaft nicht aufgeben will», die Kriterien der Wissenschaftlichkeit (im Sinne POPPERS) «nicht zu restriktiv auslegen» dürfe, weil der Einfluss von 'Schätzungsurteilen' und 'Werturteilen' als «Erkenntnisquellen» erheblich sei, was «einen Einbruch in den Bereich des 'wahrheitsfähigen' wissenschaftlichen Wissens» bedeute.

7	Das heisst der jeweils gewählte «Basisbereich» (D. BARTELS 1968b/10f) bzw. die «Basistheorie» (D. BARTELS 1970b/454ff).

8	Vgl. dazu D. STEINER (1983/111): «Das methodische Schema des wissenschaftlichen Forschens und Erkennens erscheint in verschiedenen Varianten (. . .); es sollte zu Resultaten führen, die mit Eigenschaften wie allgemeingültig, intersubjektiv überprüfbar, widerspruchsfrei, berechenbar, objektiv, präzis usw. charakterisiert werden können.»

9	P. FEYERABEND (1980/87ff) widerspricht dem «fundamentalen Massstab der Konsistenz» von Theorien (das heisst der Forderung nach Widerspruchslosigkeit) gerade mit dem Argument, dass inkonsistente Theorien durchaus fruchtbar sein könnten.

10	Analog dazu bei P. WEICHHART (1986b/18) die «Verantwortung für die Lehrinhalte», für die Studierenden.

11	So kann didaktische Relevanz i.w.S. auch als *kommunikative Relevanz* umschrieben werden. Zum engeren Verständnis von 'didaktischer Relevanz' vgl. H. EBINGER (1971/9; 93ff). – Entsprechend sollen dann «transferfähige Einsichten und Fähigkeiten (. . .) der Umweltauseinandersetzung im Rahmen individueller Lebenspraxis dienlich sein» (D. BARTELS 1970b/457). – Identisch auch bei B. WERLEN (1986/146).

Forschung und forschungsexternen Gesprächspartnern gemeint. Sie alle wollen (in der einen oder andern Form) von wissenschaftlichen Erkenntnissen lernen, und schliesslich werden diese – nach längerem Dissipationsprozess – Allgemeingut.[12]

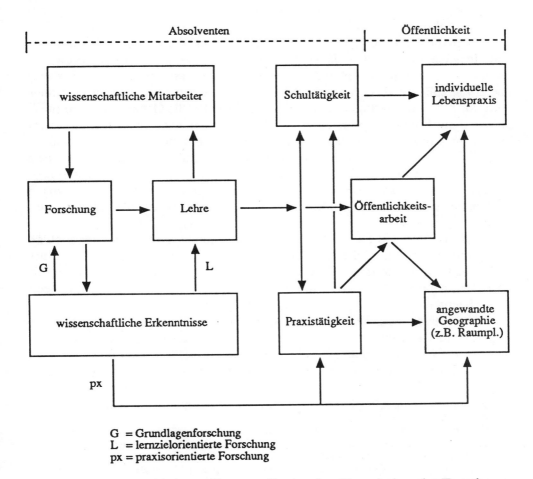

G   = Grundlagenforschung
L   = lernzielorientierte Forschung
px = praxisorientierte Forschung

Abb. 62-1: Die verschiedenen Kommunikationskanäle zwischen der Forschung und ihren Abnehmern

Daraus folgt, dass über das *Primärwissen* der Forschungspraxis laufend informiert werden muss; es dient wenig, wenn es nur in den Forschungsinstituten bleibt.[13] Und selbst innerhalb der Forschergemeinschaft steigt die Bedeutung

---

[12] D. BARTELS (1972/206). – In diesem Sinne ist jede Kommunikation ein Lernprozess, und umgekehrt auch der Schulunterricht «wissenschaftliche Praxis» (R. HANTSCHEL 1986b/145).
[13] Es sei denn, der Rückzug in die Selbstisolation, auf «innere Befriedigungsdimensionen» (D. BARTELS 1972/208) werde als Strategie gewählt.

von *Verständigungsfragen* bei zunehmender Pluralität der Ansätze und wenn man berücksichtigt, dass viele Forschungsprogramme heute interdisziplinär – oder zumindest multidisziplinär – angelegt sind und deshalb einen anspruchsvollen *Informationsaustausch* erfordern.[14] Ein solcher muss also über die Grundlagenforschung und die gebräuchlichen wissenschaftlichen Publikationen hinaus funktionieren.

Durch die nach wie vor gültige Verknüpfung von Forschung und Lehre[15] ist zweitens die *Hochschulausbildung*[16] angesprochen: Welches ist der Bezug zwischen Forschungsprojekten und Lernzielen bzw. Lehrangeboten? Was für Kompetenzen sollen gefördert werden? Konkreter können diese Fragen allerdings nur vor dem Hintergrund von Ausbildungszielen für die Geographie beantwortet werden: Einerseits befinden sich die Schulen immer noch in einer Reformphase, und andererseits treten neben die Schule schon seit Jahren immer stärker praxisorientierte Berufsfelder.[17] Zudem betonen Schule und Praxis ihr Interesse an vermehrtem wissenschaftlichem Informationsfluss, an einer verstärkten *Wissenschaftsorientierung* (H. KÖCK 1980a/71ff).[18] All dies muss Auswirkungen haben auf Lehre und Forschung, und auf die Art und Weise, wie beide verbunden sind.

Dabei ist nicht nur an die Primärausbildung, sondern immer stärker auch an die (eventuell autodidaktische) *Weiterbildung* zu denken. Sehr deutlich wird hier auch die wichtige Rolle, welche die Hochschulabsolventen in Schule und Praxis bei der späteren Umsetzung von Primärwissen in 'nutzbares' Wissen beim Endabnehmer (Schüler oder Auftraggeber) spielen.

Neben diesen (zum Teil mehrfach) gebrochenen Umsetzungskanälen gewinnt – gerade mit der zunehmenden Praxisorientierung – auch der direkte Informationsfluss zwischen Forschung und *Öffentlichkeit* bzw. Politik an Bedeutung, sei es in Form von Auftragsforschung, sei es durch anwendungsorientierte Eigen-

---

[14] Vgl. dazu allgemein FEYERABEND/THOMAS (1986), ferner zum Beispiel die Erfahrungen aus dem NFP 5 «Regionalprobleme» (E.A. BRUGGER 1981/285f).
H.J. FORNECK (1989) warnt vor der Gefahr mangelnder Verständigungskompetenz und sieht als deren Folge Orientierungslosigkeit und schliesslich einen allgemeinen Verlust an Rationalität.

[15] D. BARTELS (1972/207) hat allerdings auf das Dilemma der zunehmenden Doppelbelastung hingewiesen in einer Zeit, welche an beide Funktionen immer höhere Anforderungen stellt.

[16] Die Literatur zeigt allerdings ein relativ geringes Gewicht der eigentlichen Hochschul-Didaktik, verglichen mit der Didaktik der Sekundar- und Mittelschulstufe.
Und CH. BORCHERDT (1972/217) stellt fest, dass «viele Hochschullehrer (. . .) der Hochschuldidaktik geringschätzig, gleichgültig, ahnungslos oder ablehnend gegenüberstehen.»
Vgl. dazu B. ECKSTEIN (1972); KREUZER/BAUER/HAUSMANN (1974); A. SCHULTZE (1971); H. EBINGER (1971); H. KÖCK (1980a); G. KREUZER (1980).

[17] Vgl. dazu grundsätzlich D. SPINDLER (1968); D. BARTELS (1972); CH. BORCHERDT (1972); K. AERNI (1986); ferner für das 'Raumwissenschaftliche Curriculum-Forschungsprojekt' (RCFP) J. ENGEL (1978).
Als zentrales Lernziel des Geographieunterrichts formuliert H. KÖCK (1980a/25) die «Raumverhaltenskompetenz», D. BARTELS (1972/206) die «Umweltverantwortung».
Für ein konkretes Beispiel vgl. etwa DEITERS/GAEBE/HÖLLHUBER (1974).

[18] Vgl. dazu ferner D. BARTELS (1972/208); K. GANSER (1976); sowie K. AERNI (1986). – Auch P. GOULD (1973) plädiert für eine Neukonzeption der Hochschulausbildung, und zwar in Form eines *open curriculum*, welches dem wissenschaftlichen Transfer hohe Priorität einräumt.
Für die vielfältigen Bedürfnisse der Praxis vgl. vor allem M. LENDI (1987).

projekte und ihre Umsetzung, sei es gar durch Öffentlichkeitsarbeit der Institute.

Damit sind die verschiedenen *Zielgruppen* ausserhalb der Hochschulinstitute grob umrissen: die Schulen, die in der Praxis tätigen Geographen, die Öffentlichkeit im weitesten Sinne. Sie alle sollen neue wissenschaftliche Erkenntnisse sinnvoll und fruchtbar einsetzen können. Die Forderung nach 'Verständlichkeit' heisst damit auch Förderung der *Kommunikationsfähigkeit* gegenüber Partnern ausserhalb der Hochschulen.[19] Man muss, um verständlich zu sein, auf die Bedürfnisse und die *Sprache* dieser Partner eingehen können. Das oft konstatierte Kommunikationsdefizit muss verringert werden, *Verständigungsbarrieren* müssen abgebaut werden.[20] Das ist angesichts der Breite und Vielfalt des Zielpublikums und seiner sehr unterschiedlichen Interessen eine anspruchsvolle Aufgabe, ein ganzes Bündel von Mitteln wird zu ihrer Lösung benötigt. Dabei können neue Formen der Kommunikation nützlich sein.[21]

Gesellschaftliche Relevanz[22]

Gesellschaftliche Relevanz und ethische Relevanz gehören eng zusammen, sie sind gleichsam *antagonistisch-komplementäre* Kriterien. Einerseits muss sich Wissenschaft an den Bedürfnissen und Erwartungen der Gesellschaft orientieren, andererseits aber braucht sie genügend Distanz und einen eigenen kritischen Standpunkt gegenüber Forderungen, die an sie herangetragen werden.[23] Und in einer pluralistischen Gesellschaft ergibt sich ein besonderes *Spannungs-*

---

[19] Im Rahmen des NFP 5 «Regionalprobleme» sind sog. Valorisierungs-/Vulgarisierungs-Ziele bewusst gesetzt worden, doch musste ein erhebliches Defizit konstatiert werden: «Jene Leute, die am besten über etwas Bescheid wissen, sind meist nicht fähig, es andern mitzuteilen. Und selbst falls sie fähig wären, erachten sie diese Arbeit des Umsetzens nicht als Teil ihres Berufsbildes.» (E.A. BRUGGER 1981/286).

[20] U. WIESMANN (1986/34) identifiziert Kommunikationsbarrieren in fünf Bereichen, in denen sich Forschung und Praxis «verpassen», und zwar jeweils gegenseitig: methodisch (im «Suchprozess»), zeitlich, räumlich, gesellschaftlich, formal.
E.A. BRUGGER (1981/286) weist zudem auf die Diskrepanz zwischen 'Wissen' und 'Verhalten' hin: Informationsverzerrungen können auch innerhalb der Zielgruppen selbst auftreten, wenn ihre 'Empfangsmöglichkeiten' ungenügend berücksichtigt werden.
Vgl. ferner MAIER/WEBER (1986/346ff).

[21] Vgl. dazu als Beispiel D. REICHERT (1985): Die kurze Eingangsszene illustriert das Problem viel prägnanter als eine konventionelle Exposition.

[22] Vgl. dazu nochmals Kapitel 5.2 «Normative Geographie», mit dem ausführlichen Bezug auf die *Relevanz*-Diskussion im anglo-amerikanischen Bereich: Vereinfachend wird häufig der Komplex 'gesellschaftlich-ethische Relevanz' mit dem Relevanz-Begriff schlechthin identifiziert. Eine vergleichbare Diskussion hat in der deutschsprachigen Geographie nach dem Geographentag Kiel (G. BURGARD et al. 1970) kaum stattgefunden. Das hängt wie erwähnt mit dem bereits konstatierten Normendefizit sehr eng zusammen: Solange die Fiktion von der Wertfreiheit der Wissenschaft und der Freiheit von Lehre und Forschung aufrecht erhalten bleibt, erübrigt sich jede Diskussion über gesellschaftliche Relevanz. – Dann aber sehr ausführlich P. WEICHHART (1986a; 1986b).

[23] E.R. WEIBEL (1986): «Wissenschaft und Gesellschaft – Verantwortung und Vertrauen» – damit sind die Pole angesprochen. Bei PLATO besteht hingegen kein Widerspruch zwischen Wissenschaft und Gesellschaft bzw. Staat: Die Gebildeten, zuoberst auf der Werthierarchie stehend, personifizieren gleichzeitig den Staat, weil nur sie fähig sind, ihn zu lenken. Die Wissenschaft trägt explizit, ja verkörpert das höchste gesellschaftliche Prinzip, die *polis*.

feld aus der Frage, wer 'gesamtgesellschaftliche Verantwortung' überhaupt formulieren kann, welche Gruppen, Schichten, Klassen – kurz: Interessen dabei berücksichtigt sind und welche nicht. Wer diese Frage übergeht, «offenbart entweder äusserste Naivität und Unkenntnis (. . .) über die Phänomene Macht und Herrschaft», oder er akzeptiert die 'Realität' ohne weiteres Fragen.[24]

Um in diesem Spannungsfeld der Interessen zu differenzieren, bezieht sich 'Gesellschaft' und 'gesellschaftliche Relevanz' hier auf die institutionalisierten Strukturen, auf die Meinung der bestimmenden Interessen, auf die *etablierten Normen*; abweichende Ziele hingegen werden der ethischen Relevanz zugeordnet.[25] Lehre und Forschung einer 'anerkannten' Disziplin nehmen in ausreichendem Mass auf dieses sozio-politische Umfeld Rücksicht. Die Anerkennung ist der Lohn für diese *Loyalität*, der Preis dafür eine gewisse (mehr oder minder grosse) *Abhängigkeit*.[26] Das kann wörtlich verstanden werden, wenn man die Tatsache nicht verdrängt, dass die Gesellschaft (der 'Staat') d i e Wissenschaft finanziert, die sie haben möchte. Freilich sollte das Ausmass an direkter Kontrolle nicht überschätzt werden. Die Angleichungsprozesse verlaufen im Aufbau rascher als im Abbau, die Persistenz bestehender Institutionen und Richtungen ist beachtlich. Und je nach herrschenden Ordnungsvorstellungen wird der Wissenschaft ein mehr oder minder grosses Mass an effektiver Freiheit zugestanden. Ihr droht von *zwei* Seiten Gefahr: Entweder wenn abweichende Ansichten allzu dezidiert vertreten werden, oder aber wenn den Privilegien mangels Leistung nicht genügend verwertbare Ergebnisse entsprechen.[27] In beiden Fällen ist es oft schwierig, die Grenze zwischen notwendiger 'Narrenfreiheit' und leichtfertigem Missbrauch von Privilegien zu ziehen.

---

[24] P. WEICHHART (1986b/22f).

[25] Im Idealfall (im 'guten' Staat) ergeben sich daraus keine Konflikte, denn der Staat verkörpert gerade die höchsten Ziele. Vgl. dazu die Diskussion um das Widerstandsrecht im Rechtsstaat (SALADIN/SITTER 1988).
Zur gesellschaftlichen Relevanz vgl. insbesondere G. BURGARD et al. (1970/193ff), wo Aspekte von gesellschaftlicher und ethischer Relevanz zusammengefasst als «gesamtgesellschaftliche Verantwortung» umfassend thematisiert sind, mit deutlichen Hinweisen auf mögliche Konflikte und die Notwendigkeit «gesellschaftspolitischer Normenkontrolle». – Damit ist unverkennbar, dass jene «gesamtgesellschaftliche Verantwortung» viel eher mit unserer 'ethischen' Relevanz als mit der 'gesellschaftlichen' Relevanz korrespondiert.
Auch E. WIRTH (1979/35f) formuliert Skepsis gegenüber den Forderungen der 'Gesellschaft'; die Wissenschaft soll so weit wie möglich unabhängig bleiben, um ihre Aufgabe erfüllen zu können. D. BARTELS (1970b/456) geht auf dieses Dilemma nicht ein: Der Wissenschafter soll zur Lösung von «Gestaltungsproblemen der Gesellschaft» beitragen, und gerade dadurch erreicht er die notwendige Anerkennung, die Zugehörigkeit zur «Funktionselite».

[26] U. EISEL unterstellt durchwegs, dass die Entwicklung der Wissenschaften (und gerade der Geographie) durch die damit verbundenen Verwertungsinteressen determiniert sei.
Demgegenüber schlägt P. FEYERABEND (1980/75ff) im Rahmen des 'Demokratischen Relativismus' die Trennung von Wissenschaft und Staat vor, um der Gesellschaft (hier im Sinne von *unabhängige Bürgerschaft* gebraucht) und einer pluralistischen Wissenschaft mehr Freiheit zu gewährleisten.

[27] E.A. BRUGGER (1981/285) weist daraufhin, dass gelegentlich auch ein gesellschaftliches (politisches) Interesse daran bestehen kann, dass gewisse Themen gar nicht angegangen werden, aus Angst vor einer zu freien Erforschung und Ergebnisauswertung. So entsteht die paradoxe Situation, dass eine inaktive Wissenschaft durchaus 'brauchbar' ist.

Eine Orientierung an den Problemen einer Gesellschaft muss sich auch der Frage nach dem *Zeithorizont* stellen: Geht es um kurzfristige Relevanz, um die gerade heute hochaktuellen Fragen, oder eher um Probleme, die erst längerfristig bedeutsam werden? Wieweit hat die Wissenschaft die Aufgabe eines Frühwarnsystems? Wieweit hat sie überhaupt antizipatorische Kompetenz? Umgekehrt ist nicht alles, was je von Bedeutung sein könnte, von Nutzen, sondern nur, was durch die gesellschaftlichen Entscheidungsprozesse verwertbar ist.

So besteht dauernd ein sehr dynamisches *Spannungsfeld* zwischen verschiedensten sich verändernden Anforderungen der Gesellschaft, und eine Diskussion darüber wird deshalb auch immer wieder von neuem nötig sein. Doch stets muss Wissenschaft *brauchbar* (ja sogar: nützlich) sein.[28] Damit lässt sich das Kriterium der gesellschaftlichen Relevanz auch als *pragmatische Relevanz* umschreiben, als Ausdruck dieser notwendigen Optimierung im Hinblick auf Brauchbarkeit.

Ethische Relevanz[29]

Der opportunistische Charakter der 'Brauchbarkeit' als Kriterium von Wissenschaftlichkeit ist unübersehbar und unbestreitbar. Umso wichtiger ist ein Korrektiv dazu, die *ethische Relevanz*, welche auch die wissenschaftliche Relevanz i.e.S. eingrenzen soll: Nicht alles, was sich erforschen lässt, nicht alles, was die Gesellschaft wissen (oder auch verschweigen) möchte, ist 'gut'.[30] Doch was heisst *gut*? Erkenntnis um ihrer selbst willen, als Wert an sich, ist eine Fiktion, sobald ein Konnex zwischen Wissen und Handeln besteht, und das ist ja gerade die Zielrichtung eines dezidiert anwendungsorientierten Wissenschaftsverständnisses, einer 'brauchbaren' Wissenschaft.[31] Die ethische Dimension in der Wissenschaft ist also Ausdruck davon, dass diese eingebunden ist ins volle Leben. Ethik lässt sich nicht einfach ausblenden, gerade auch nicht aus der Wissenschaft. Sehr deutlich wird dies durch die klassische Bezeichnung *Moral Science* für die 'Handlungswissenschaften'.[32]

---

[28] In gewohnt pointierter Art stellt G. HARD (1986/81) die mangelnde Brauchbarkeit geographisch 'wahrer' Raumabstraktionen heraus, als inhärentes Defizit geographischer Arbeitsweise, und er «warnt» grundsätzlich vor diesen «geographischen Idealräumen». 'Geographisch' wird damit synonym mit *unbrauchbar*. Jeder Praktiker (ob «Panzerkommandant» oder schlichter Raumplaner), hat aber auch schon brauchbare Karten der Raumforschung verwendet – dies hängt weitgehend von der Art ihrer Aussage ab, also von der Art Geographie, die betrieben wird.

[29] Analog dazu bei P. WEICHHART (1986b/14f) die «(ethische) Verantwortung» i.e.S., insbesondere gegenüber den von der Wissenschaft untersuchten Objektbereichen und gegenüber der Gesellschaft als ganzes. Begründet wird diese Verantwortung mit dem Wissensvorsprung und der Rolle als «Leitfiguren der Meinungsbildung», die den Wissenschaftern zukommt – beides verpflichtet.

[30] Muss man trotzdem immer noch die grundsätzliche Frage stellen: «Hat Ethik in der Wissenschaft nichts zu suchen?» (B. SITTER 1986a) – wohl gerade weil dem etablierten Wissenschaftsbetrieb das Fragen nach dem Sinn und der Verantwortung unbequem sind.

[31] Vgl. dazu H. HÖRZ (1985/302): «Wissenschaft ist Erkenntnis (. . .) und Umsetzung von Entdeckungen (. . .) als Herrschaftsmittel des Menschen. Sie ist Einheit von Wahrheitssuche und (. . .) Verwertung wissenschaftlicher Erkenntnisse.»

[32] J. MITTELSTRASS (HSG-Info 4-84/12).

Also muss man auch die Frage stellen: Was für Wissen brauchen wir als *Handlungsbasis?*[33] Auf welche Werte soll man sich beziehen, um diese Frage anzugehen? Ohne der Antwort vorzugreifen: Diese Betrachtungsweise bedeutet folglich, dass Wissenschaftlichkeit nicht nur Übereinstimmung von Theorien mit Tatsachen, also Erkenntnisgewinn, meint, sondern auch deren Übereinstimmung mit Werten erfordert.[34] Nur *konstruktives Wissen* (J. SPECK 1980/761ff) erfüllt diese Bedingung; seinen normativen Bezug findet es jenseits der pragmatischen Verwertungsinteressen, der 'Brauchbarkeit', in Massstäben, die oft zuwenig gesellschaftlich-politisches Gewicht haben. Und so muss man – im Zweifelsfall – *unabhängig* von pragmatischen Überlegungen entscheiden, ob das eigene Tätigsein als Wissenschafter verantwortbar sei.[35]

Ethische Relevanz meint also das Prinzip *Verantwortung*[36] – im abstrakten Sinne die Vereinbarkeit von Handlungen mit Grundsätzen, im konkreten Sinne die Bereitschaft, die Folgen des eigenen Tuns selbst zu tragen und nicht auf andere abzuwälzen bzw. 'destruktives Wissen' gar nicht erst zu fördern, untragbare Risiken nicht einzugehen. Von zentraler Bedeutung ist das *Asymmetrie-Prinzip* beim Abwägen von Nutzen und Schaden: dieser ist vorrangig zu vermeiden, jener nicht um den Preis unkontrollierbarer Risiken zu verfolgen.[37]

Aktuelle normative Konzepte setzen diese Grundgedanken ins Konkrete um: so etwa sehr umfassend die *humanistische Ethik*, welche ausgehend von den menschlichen Grundbedürfnissen die Überwindung von Gewalt, Armut und Repression fordert,[38] oder die «Friedens-Ethik» (F. ALT 1983), welche sich als Basis für verantwortbares Handeln überhaupt versteht. Und in der Konstruktiven Wissenschaftstheorie wird «Gerechtigkeit» zur zentralen Norm, an der Entscheidungen und Handlungen bzw. ihre Folgen gemessen werden (P. LORENZEN 1978/14). Von besonderer Bedeutung für die räumliche Entwicklung ist die *Ökologische Ethik* (D. PARFIT 1984)[39] mit der Betonung von Verantwortung gegenüber der Natur.

---

[33] Dazu G. BURGARD et al. (1970/194): «. . ., dass Wissenschaft ständig die Frage nach dem gesellschaftlichen Bezug ihrer Inhalte stellt. Sie muss diese Frage beantworten nicht nach dem, was wissbar ist, sondern was wissenswürdig ist.»

[34] Die Übereinstimmung von Theorien mit Werten ist der erkenntnistheoretische und forschungspolitische Aspekt dieser Betrachtungsweise, die Angleichung von Tatsachen an Werte die handlungspraktische (politische) Konsequenz. Vgl. dazu J. GALTUNG (1979).

[35] Die Unterscheidung von gesellschaftlicher und ethischer Relevanz basiert gerade auf dieser Diskrepanz. Im Idealfall stimmen beide Wertmassstäbe überein: Was 'brauchbar' ist, ist auch 'verantwortbar'. Vgl. nochmals Anmerkung 25.
Auf die Frage: *Hat die Hoffnung noch eine Zukunft?* kommt M. FRISCH allerdings (aufgrund der aktuellen Entwicklung in unserer «profitmanischen Gesellschaft») zum Schluss: «Ohne einen Durchbruch zur sittlichen Vernunft, der allein aus Widerstand kommen kann, gibt es kein nächstes Jahrhundert, fürchte ich. Ein Aufruf zur Hoffnung ist heute ein Aufruf zum Widerstand.» (Die Zeit, 26. Dez. 1986). – Vgl. ferner H. JONAS (1979/249f).

[36] H. JONAS (1979). Vgl. dazu auch H. JONAS (1986); sowie P. FORNALLAZ (1986); beide konkretisieren das Prinzip *Verantwortung*.

[37] Vgl. dazu P. WEICHHART (1986b/9f); ferner U. BECK (1986; 1988).

[38] Vgl. dazu vor allem J. GALTUNG (1979); ferner H. HÖRZ (1985/308ff).

[39] Vgl. dazu ferner vor allem H. LENK (1983); K.M. MEYER-ABICH (1984); H. SACHSSE (1984); H. JONAS (1979; 1986); H. RUH (1988); sowie zum Teil kritisch D. BIRNBACHER (1980).

Allen diesen Konzepten ist ein *umfassendes* Verständnis von Verantwortung gemeinsam: die Allgemeinheit im weitesten Sinne soll vor Schaden bewahrt werden; Mitwelt, Umwelt, Nachwelt haben ein *Anrecht auf Unversehrtheit* durch unser eigenes Tun (P. SALADIN 1987). Und H. HÖRZ (1985/308ff) konstatiert Grenzen der Wissenschaftsentwicklung in der Forderung nach *Humanität*: «Die durch die wissenschaftlich-technische Revolution mögliche Effektivitätssteigerung muss zur Erweiterung der Humanität so genutzt werden, dass globale Probleme, wie Hunger, Krankheitsepidemien, drohende globale militärische Auseinandersetzungen (. . .) auf humane Weise gelöst werden. Technologien können dabei als humane oder antihumane Herrschaftsmittel eingesetzt werden. (. . .) Humanität als Grenze der Wissenschaftsentwicklung ist also keine wissenschaftsimmanente Grenze.» Ebenso von Bedeutung sind wesentliche menschliche Daseinsäusserungen: Spontaneität, Individualität, Emotionalität. Sie setzen Grenzen – durch die 'Unberechenbarkeit' einerseits, durch ihre Notwendigkeit andererseits. Eine Wissenschaft, die diese Bereiche allzustark einschränkt oder negiert, ist antihuman und deshalb abzulehnen.

Die Diskussion über die *Verbindlichkeit* solcher Wertkonzepte ist nach wie vor kontrovers: Dem 'moralische Skeptizismus' der englischen Tradition, der grundsätzlich keine objektiv begründbaren ethischen Werte anerkennt, steht eine idealistische Vorstellung allgemeingültiger, ja universaler Grundwerte (im Sinne eines Wert-Ontologismus) gegenüber.[40] Eine Zwischenstellung nimmt die *argumentative Ethik* ein, welche rational begründbare Wertsysteme in ganz bestimmten sozio-kulturellen Kontexten anerkennt – ihnen kommt als Ausdruck situationsbedingter Notwendigkeit eine relative Verbindlichkeit zu.[41]

Nun erübrigt es sich aber, an dieser Stelle die Diskussion um Herleitung und Gültigkeit normativer Konzepte fortzusetzen, da nicht beabsichtigt ist, die 'ethische Relevanz' weiter zu konkretisieren, oder gar eine bestimmte Haltung als die 'richtige' zu erklären.

Vielmehr geht es hier nur darum, im Sinne der Pluralismus-Diskussion festzuhalten, dass an wissenschaftliches Arbeiten auch die Frage gestellt werden soll, ob es verantwortbar sei, und dass darüber auch ein transparenter Diskurs möglich sein soll. Dies führt weder zu einer Standardisierung der Standpunkte noch zu einer Einschränkung der Forschungsfreiheit, wenn sie sich als *verantwortete Freiheit* versteht, wenn sie nicht als grenzenlos missverstanden wird.

---

[40] Auf KANT basierend, so bei N. HARTMANN Vgl. dazu G. BÄUERLE (1984/13f). – Für den deutschen Idealismus (FICHTE; SCHELLING) war die Kongruenz von 'Gelehrsamkeit' und höchsten 'moralisch-sittlichen' Werten selbstverständlich. Vgl. dazu E. WIRTH (1979/295).
Dieses ethische Korrektiv ist für F. OSER (1988/31ff) auch gegenüber dem wissenschaftlichen Pluralismus nötig. Der Relativismus in methodisch-kognitiver wie auch normativer Hinsicht müsse von universellen Werten eingeschränkt werden. Man dürfe das Prinzip, «moralisch zu handeln, nicht dem Zufall, sondern (müsse es) dem Prozess der Universalisierung» unterstellen. Das heisst, F. OSER fordert allgemein-verbindliche ethische Normen als Leitplanken für die Wissenschaft.
[41] Zur 'Argumentativen Ethik' vgl. D. PARFIT (1984).

Fachpolitische Relevanz[42]

Die *fachpolitische Relevanz* schliesslich bringt zum Ausdruck, dass eine Disziplin eine Identität haben sollte: sie sollte minimale Konturen, einen erkennbaren *Kerngehalt* aufweisen. Zumindest wird diese Forderung erhoben, wenn es um disziplinpolitische Auseinandersetzungen und Abgrenzungen geht, wenn das Ansehen einer Disziplin in der Öffentlichkeit diskutiert wird.[43] Bei diesem 'Kerngehalt' oder 'Profil' einer Disziplin handelt es sich also nicht um ein Kriterium, welches wissenschaftliche Leistungen vorab als solche bestimmt, sondern – sekundär – um ein wissenschaftsinternes Unterscheidungs- und Abgrenzungskriterium.

Abgesehen von dieser nach aussen orientierten Argumentation hat aber die Frage nach der (eigenen) Identität auch einen internen Stellenwert, der uns viel wesentlicher erscheint: Identität als Bewusstsein von spezifisch ausgeprägter (mehr oder minder lockerer) *Zusammengehörigkeit* spielt eine erhebliche Rolle im Prozess der Sozialisation und der (spontanen) Selbstorganisation der Wissenschaft bzw. ihrer Disziplinen. Diesem wissenschafts-soziologischen Aspekt ist bisher in der Geographie zu geringe Beachtung geschenkt worden.[44]

Das Prinzip der *Identität* ist in gewissem Sinne ein Korrektiv zum methodologischen Pluralismus, der ja quer zu den Inhalten verläuft: Die Fach-Identität ergibt sich weder aus ihren Methoden (diese sind zwar nicht universell, aber auch nicht fachspezifisch-exklusiv), noch gar aus einem exklusiven Realbereich, aus dem 'Gegenstand der Wissenschaft' im Sinne eines Realobjektes, weil die Erkenntnisbereiche der wissenschaftlichen Disziplinen nicht die realen Gegenstandsbereiche selbst sind, sondern immer Fragen ü b e r Sachverhalte in der 'realen' Welt.[45]

Daraus folgt, dass sich die Identität, der Kerngehalt einer Disziplin aus ihren *Fragestellungen* ergibt, aus ihren Perspektiven über die 'Welt',[46] auch aus ihren Denkmustern und ihrer Objektsprache, womit die Fragestellungen angegangen werden.[47] Das ist allerdings nicht in einem ontologisierenden Sinne zu verstehen, sondern als Konvention: Geographie 'ist' nicht *per se*, vorgegeben als bestimmte Perspektive.[48] Vielmehr besteht aufgrund von Fachtradition und

---

[42] Vgl. dazu bei P. WEICHHART (1986b/14f) die «Verantwortung für die Disziplin» innerhalb der «Spielregeln der Profession».

[43] Vgl. dazu D. BARTELS (1972/211): er fordert «... e i n e n theoretischen roten Faden, wie ihn eine Forschungsdisziplin absolut benötigt».
Ferner D. BARTELS (1973); sowie K. AERNI (1986).

[44] Vgl. dazu ausführlich G.J.B. PROBST (1987/79f); sowie W. SCHRAMKE (1975/13); ferner E. WIRTH (1979/35). – Zur aktuellen Situation des 'Selbstbildes' in der Schweizer Geographie vgl. K. AERNI (1986).

[45] Vgl. dazu ausführlich Kapitel 1.2 «Theorie – Metatheorie – Methodologie».

[46] So wie etwa die Ökonomie letztlich immer von der Knappheit und ihrer angemessenen Beachtung durch 'optimales Tun' handelt.
Dazu B.J.L. BERRY (1964a/25): «Geographers are like any other scientists, identified not so much by the phenomena they study, as by the integrating concepts and processes that they stress.»

[47] J. MAURER (1987/64) verwendet dafür den Begriff «Sachlogik» einer Disziplin.

[48] So bezeichnet etwa O. SEUFFERT (1980/15) das integrative Basiskonzept der Geographie – unzulässig ontologisierend – als «ihre Substanz», welche nicht verloren gehen dürfe.
Und G. HARD (1979/41) versteigt sich zur Aussage: «... zur wirklichen Geographie, wie sie nun einmal ist und was sie nun einmal (nur) sein kann».

aktueller Argumentation (zum Beispiel über wissenschaftstheoretische Aspekte, über Relevanzkriterien) ein mehr oder minder ausgeprägter *Konsens* darüber, und noch wichtiger: eine mehr oder minder kohärente Praxis, also Dezision durch Fakten.

Daraus wird ersichtlich, dass enge Wechselwirkungen bestehen zwischen Kohärenz, Selbstbewusstsein, explizitem Identitätsbedarf und äusserer Anerkennung: Es ist charakteristisch für eine «diffuse Disziplin» (G. HARD 1982), dass die Frage nach der eigenen *Identität* beharrlich gestellt und immer wieder ausführlich diskutiert wird.[49] Dabei müsste klar sein, dass Identität und Prägnanz einer Disziplin nicht aus enger Eingrenzung oder gar aus Uniformität entsteht, sondern aus der Möglichkeit, sich mit einem *prägnanten Leitbild*, einem Kerngedanken, zu identifizieren und sich in dessen Umfeld frei zu entfalten.

Doch wie diffus, wie prägnant darf/soll eine Disziplin überhaupt sein? Oder mit andern Worten: Wie klein darf der gemeinsame Nenner sein? Eine Antwort darauf ist wohl nur situativ denkbar, in *Relation* zu andern Disziplinen und zur aktuellen Notwendigkeit einer Identifikation. Diese Notwendigkeit erscheint heute – in einer internen Umbruchsituation einerseits und verstärkter Konkurrenz um Forschungsgelder, Curricula und Arbeitsplätze andererseits – bedeutend zu sein.[50]

Zusammenfassung

Zusammenfassend lässt sich ein *erweitertes Wissenschaftsverständnis* erkennen, eine Ausweitung des Wissenschaftsbegriffes.[51] Wissenschaft ist nicht einfach 'wissenschaftlich' im Sinne traditioneller wissenschaftstheoretischer Konzepte, das heisst also korrekt und fruchtbar, autonom ausgerichtet auf Erkenntnisgewinn. Wissenschaft muss vielmehr auch verständlich, brauchbar, verantwortbar und prägnant sein. Wissenschaft basiert auf den *fünf Prinzipien*

- Korrektheit & Kreativität (= Wissenschaftlichkeit i.e.S.)
- Verständlichkeit
- Brauchbarkeit
- Verantwortung
- Identität.

Sie sind das Oberziel jeglichen wissenschaftlichen Arbeitens. Auch die Wissenschaft als Institution muss sich dieser neuen, erweiterten Verantwortung

---

[49] Dazu D. BARTELS (1973/25): «It is therefore essential for geography, whose long traditions tend to be those of particularly well-developed pluralisme, (. . .) to re-formulate its basic concepts; particularly those which create or ensure a certain disciplinary identity and present a clear profile to society. (. . .) A precondition for such a new formulation is the clarification of current tendencies in our discipline».
Als Ziel solcher Diskussion formuliert A. BUTTIMER (1981/96): «. . . identify a credible core for the discipline of geography today.»

[50] Vgl. dazu K. AERNI (1986). – P. WEICHHART (1986b/14) stellt dazu gerade in Phasen einer Legitimationskrise einen erhöhten Bedarf an «disziplin-interner Verantwortung» und Solidarität fest.

[51] So explizit bei H. HÖRZ (1985/302).

stellen. Damit wird die bisherige «Aufteilung der Verantwortung» in einen «wissenschaftsinternen» und einen «öffentlichen» Bereich aufgehoben: die Verantwortung von Wissenschaft u n d Gesellschaft ist unteilbar.[52]

Das derart erweiterte Wissenschaftsverständnis soll einer Diskussion über ein *Leitbild* für die Geographie zugrunde liegen, an diesen fünf Prinzipien soll sie sich *orientieren*.

6.3 Leitbild Geographie

Wie sieht das *Leitbild* der Geographie (vor dem Hintergrund der Fachtradition) aus, wenn sich ihre Weiterentwicklung als wissenschaftliche Disziplin an einer pluralistischen Methodologie und an einem erweiterten Wissenschaftsbegriff orientiert? Wenn also nicht nur Korrektheit, sondern auch Verständlichkeit, Brauchbarkeit und Verantwortung angestrebt werden, und bewusst ihre eigene Identität prägnant herausgestellt werden soll? Das zu skizzierende Bild enthält zwei Klassen von Aussagen: eine allgemein-methodologische (*formale*) Perspektive und eine disziplin-spezifische (*inhaltliche*) Perspektive. Währenddem die inhaltlichen Aspekte auf die Frage eingehen, *was* für Themen die Disziplin behandeln soll, betreffen die formalen Aspekte mehr die Frage, *wie* die Disziplin ihre Themen behandeln soll. Zusammen ergeben sich daraus die Fragestellungen der Disziplin, ihre Erkenntnisobjekte, ihre 'Paradigmata'.[1]

6.3.1 Fünf Thesen zum Leitbild

Aus dem erweiterten Wissenschaftsverständnis, verbunden mit dem expliziten Anwendungsbezug, ergeben sich zunächst vier allgemeine methodologische Forderungen:[2]

> These 1
>
> **Metatheoretische Kompetenz stärken!**
> **Methodologische Transparenz verbessern!**

---

[52] P. WEICHHART (1986b/15f).

[1] Vgl. dazu bereits P. HAGGETT (1965/15): «Geography can be defined not solely in terms of *what* it studies or of *how* it studies but by the intersection of the two.»
Sofern man mit 'Paradigma' die *Was* und *Wie* umfassende methodologische Orientierung einer Disziplin versteht, ist in der aktuellen pluralistischen Situation jeder Versuch, Geographie auf ein einziges Paradigma festzulegen, verfehlt.

[2] Zu ähnlichen Schlussfolgerungen kommt auch R. NÄGELI (1986/334ff): (1) Gesellschaftsrelevan-

Metatheoretische Orientierungsdefizite sollen abgebaut werden: methodologische Grundlagen gehören zum Ausbildungskanon genauso wie die materiellen Lehrinhalte. Absolventen unserer Institute sollen über *wissenschaftstheoretische* Ansätze diskutieren können, eine bewusste methodologische Standortbestimmung vornehmen können, und die heute vertretenen Richtungen und Schulen kritisch beurteilen können. In einem ersten Schritt geht es also um vertiefte wissenschaftstheoretische Reflexion und um verbesserte *Mitsprachekompetenz*. Und ein solider methodologischer Standpunkt ermöglicht erst fruchtbares Arbeiten.[3]

Darauf kann der zweite notwendige Schritt aufbauen: der konstruktive persönliche *Entscheid*, und zwar explizit dargelegt. Wissenschaftliches Arbeiten muss immer auf einer erkennbaren methodologischen Basis erfolgen. Hierbei geht es also um die vierte Stufe der «metatheoretischen Rationalität» (D. BARTELS 1970b/456), und um mehr diesbezügliche Transparenz.

These 2

Theorie-Bezug verbessern!

Die Geographie muss sich – gegenüber dem erreichten Stand – vermehrt *theorieorientiert* entwickeln. Ihre Aussagen bedürfen einer ausreichenden theoretischen Ausformung – nicht als Selbstzweck, sondern um die Prägnanz der Aussagen zu verbessern, um ihren Informationsgehalt zu erhöhen, und weil nur eine ausreichende Theoriebasis in die Lage versetzt, *Transferwissen* bereitzustellen. Nur allgemein-gültige Sätze[4] können auf spezifische Problemsituationen

---

te Problemorientierung; (2) *Realistische* wissenschaftstheoretische Grundhaltung; (3) Interdisziplinäre, sozialwissenschaftlich ausgerichtete inhaltliche Orientierung (ergänzend zu raumwirtschaftlichen und 'landschaftlichen' Aspekten); (4) dynamischer Zeitbezug; (5) Variabler und multidimensionaler Raumbezug. Auf diesen fünf Pfeilern beruht sein Konzept einer modernen Regionalgeographie als «räumliche Entwicklungsforschung».

Für P. SEDLACEK (1982b/186ff; 210) ergeben sich aus der Forderung nach Praxisbezug zwei notwendige Bedingungen: normativ-kritische und (handlungs)theoretisch fundierte Orientierung der Kulturgeographie. Das führt über «Kulturdeutung» und «Kulturkritik» zur «Kulturreform».

B. GLAESER (1986/43) formuliert für eine Humanökologie als «Theorie umweltbezogenen Handelns» drei notwendige Schritte:

– Analyse (= Theorie)
– Normensetzung (= Ethik)
– Umsetzung (= Politik).

Vgl. dazu allgemeiner E.A. BRUGGER (1981/288ff): anwendungsorientierte Forschung ist «weniger deskriptiv, als vielmehr analytisch, normativ und prospektiv»; zum Scheitern geographischer Projekte haben ihre «schwache theoretische und methodische Basis und ungenügende analytische, normative und prospektive Kraft» wesentlich beigetragen.

[3] Vgl. dazu nochmals die neun Argumente bei G. HARD (1973b).

[4] Das heisst Gesetze i.e.S. und Regularitäten. Vgl. nochmals die ausführliche Theoriediskussion im Kapitel 1.2 «Theorie – Metatheorie – Methodologie» sowie Kapitel 4.3 «Humanistische Ansätze».

übertragen und angewendet werden. Zudem ist es nur so möglich, ausreichend gesicherte Aussagen über zukünftige Sachverhalte zu machen, Projektionen zu entwerfen.[5] Das aber ist nötig, weil ja jeder Handlungsbezug auf *Zukunft* gerichtet ist. Dass demgegenüber casuistisches Vorgehen weder rationell noch zeitgerecht ist, und zudem (bei öffentlichen Aufgaben) rechtlich problematisch sein kann,[6] sei hier nur am Rande vermerkt.

These 3

Normendefizit überwinden!

Das dreifache Normendefizit in der Geographie muss behoben werden. 'Wertfreie' Wissenschaft ist eine untaugliche Fiktion, die Frage nach dem Erkenntnisinteresse, nach der *Normenbasis* darf nicht einfach übergangen werden.[7] Zudem gilt, dass sich aus Fakten allein noch keine handlungsbezogenen Schlüsse ziehen lassen; es gibt keine 'angewandte Wissenschaft' ohne normative Bezüge. Vielmehr sind aus *Ziel-Mittel-Hierarchien* wirksame Massnahmen abzuleiten. Dabei kommt normativen Modellen[8] eine grosse Bedeutung zu; sie sollen reale Entscheidungsmechanismen gültig abbilden und die Schnittstellen zwischen Fakten und Werten deutlich machen.

These 4

Operative Ebene einbeziehen!

Die operative Ebene muss verstärkt in Forschung und Lehre einbezogen werden. Es geht ja letztlich darum, Entscheidungsgrundlagen umzusetzen in *Handeln*, in konkrete Massnahmen. Deshalb sollen Theorie und Praxis (und bei gesellschaftlichem Handeln bedeutet dies: *Politik*) nicht voneinander getrennt

---

[5] Dass es sich dabei nicht um Prognosen im naturwissenschaftlichen Sinne handelt, ist hier selbstverständlich. Aus Projektionen sollen nicht etwa status-quo-bezogene Handlungszwänge abgeleitet werden, sondern sie dienen im Gegenteil dazu, von sinnvollen Zielsetzungen her bestehende Mechanismen in Frage zu stellen und Handlungsoptionen aufzuzeigen.

[6] Es geht hier vor allem um das Legalitätsprinzip und das Gleichheitsgebot. Vgl. dazu H. AEMISEGGER (1981).

[7] Das bedeutet Forderung nach Transparenz, nicht aber nach einer spezifischen Werthaltung. – Allerdings drängt sich eine kritisch-konstruktive Haltung im Sinne von J. GALTUNG (1979) und P. LORENZEN (1974) geradezu auf angesichts der aktuellen Lage übermässiger Raum- und Umweltbeanspruchungen und den schwindenden Spielräumen für verantwortbare Entscheidungen.

[8] Gemeint sind hier Entscheidungsmodelle. Vgl. dazu Kapitel 3.3 «Evolutive Erkenntnisprozesse».

werden.[9] Damit ist der direkte Praxisbezug der Disziplin angesprochen: Nur so ist er zu realisieren, und es wäre zu prüfen, ob dieser *Praxisbezug* nicht verstärkt Teil der Ausbildung sein müsste (im Sinne handlungsbezogener Lehrveranstaltungen),[10] ob er nicht sozusagen als 'didaktische Matrix' gelten müsste.

Erweitertes Wissenschaftsverständnis

Ob dieses neue Bild einer Wissenschaft, welche auf Theorien (bzw. Theorieansätze) hinzielt, und darauf basierend normativ gestützte Entscheidungsgrundlagen bereitstellt, und sich (sogar aktiv) kritisch an der Gestaltung beteiligt – ob dieses Bild 'richtig' ist, das ist eine Frage der *persönlichen* Überzeugung jedes Wissenschafters. Allerdings sollte – im Sinne der «kollektiven Verantwortung» – über die Thematik argumentiert werden, der Problemkreis sollte einer öffentlichen Diskussion zugeführt werden, er sollte aus der «Unverbindlichkeit und Zufälligkeit privater Reflexionen» herausgehoben werden.[11] Und eins ist sicher: Die Bedeutung, die heute in der Gesellschaft einer Disziplin beigemessen wird, diese Bedeutung ist desto grösser, je *prägnanter* ihr Beitrag ausfällt auf explikativer, normativer und operativer Ebene. Diese drei Ebenen lassen sich weder voneinander noch von ihrer deskriptiven Basis isolieren. Wer bewerten und entscheiden will ohne Fakten und Theoriebasis, der irrt sosehr wie derjenige, der Deskription allein für eine wissenschaftliche Spitzenleistung hält. Vgl. dazu Abb. 63-1.

Es ist äusserst aufschlussreich, dass viele Studenten genau diesem *Irrtum* erliegen, wenn sie (1) interdisziplinäres Interesse (Mensch-Umwelt-Thematik) bekunden, eine berufsorientierte Ausbildung anstreben, und zur Lösung praktischer Probleme (insbesondere Umweltprobleme) beitragen wollen, aber (2) eine Abneigung gegen Abstraktes, gegen Theorie artikulieren, dafür Interesse an lustbetonter Tätigkeit wie Reisen und Photographieren zeigen (WANNER/ CASPAR 1985/144). Eine 'harmlose' Geographie wird nie ernsthaft anwendungsorientiert sein können. Gerade um solche Missverständnisse erkennen und beheben zu können, braucht es eine minimale methodologische Kompetenz.

---

[9] Ebenso L. LÖTSCHER (1987/57): These 8: «... müssen wir uns für die Umsetzung unserer Forschungsergebnisse auch persönlich (und öffentlich) engagieren.» – Ferner BAILLY/RACINE/ WEISS-ALTANER (1978/347).
In andern Disziplinen ist das selbstverständlich. Vgl. dazu Kapitel 3.2 «Die Normative Stufe». Es ist aufschlussreich, dass sich die etablierte Politik vehement verwahrt gegen ein solches 'stellungnehmendes', engagiertes Wissenschaftsverständnis, und gerade auf der Trennung von Politik und Wissenschaft besteht (A. KOLLER 1988). – Demgegenüber sehen MEIER/METTLER (1988) als zentrale Aufgabe der Ökonomie: «Wirtschaftspolitik – Kampf um Einfluss und Sinngebung». Wissenschaft ohne Berücksichtigung des politischen Prozesses ist widersprüchlich und deshalb langfristig unfruchtbar.
[10] Jedenfalls in realitätsnaher 'Spiel'-Form, nach dem Vorbild des Projektstudiums bzw. der *management games.*
[11] P. WEICHHART (1986b/28; 1986a/88); er kommt ebenfalls (für das Gebiet der «Forschungs-Ethik») zum Schluss, dass letztlich nur das *persönliche Gewissen* jedes Einzelnen als «Prüf-Instanz» bleibe.

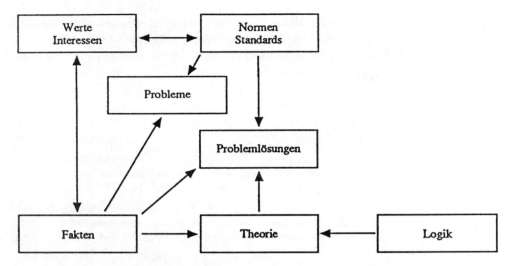

Abb. 63-1: Zusammenhang von Fakten, Theorie, Normen und Problemlösung

Inhaltlicher Kernbereich
Aus der Forderung nach einem prägnanten inhaltlichen Kernbereich, welcher
die Identität der Geographie ausmachen soll, ergibt sich eine weitere Feststellung:[12]

> These 5
>
> **Räumlich-integrative Perspektive
> thematisieren!**

Der Kernbereich der Geographie besteht in einer komplex-räumlichen oder
räumlich-integrativen Perspektive. Der *Raumbezug* als Fokus aller geographischen Fragestellungen ist eine gängige, freilich auch eine sehr missverständliche
Kurzformel: Reduktion von 'Raum' auf 'Distanz' wird dieser Perspektive so
wenig gerecht wie die Fixierung der Geographie auf 'Landschaft' oder gar
Länderkunde. Vielmehr wird der inhaltliche Kernbereich der Geographie erst
durch die *differenzierte* Auseinandersetzung mit dem Raumbegriff voll sichtbar.[13] Daraus werden die drei traditionellen Richtungen der Geographie –
spatial, regional, ecological (E.J. TAAFFE 1974) – als Ausformungen der räumli-

---

[12] Nicht als ontologischer Befund (wie zum Beispiel bei O. SEUFFERT 1980/15), sondern als Argu-
      ment, das sich abstützt auf eine kritische Aufarbeitung der Fachtradition und des aktuellen
      Diskussionsstandes einerseits, und die oben erläuterten Relevanzkriterien andererseits.
[13] Vgl. dazu ausführlich Kapitel 2.3 «Raum als Schlüsselbegriffe».

chen Grundperspektive verständlich.[14] Sie ergeben sich durch unterschiedliche Akzente beim Raumverständnis einerseits, kombiniert mit unterschiedlichen methodologischen Ausrichtungen andererseits. Als gemeinsamer Kern, der Identität vermittelt, bleibt der *Raumbezug*.[15]

[14] Hier sei nochmals an die beiden «Gesichtspunkte» geographischer Betrachtungsweise bei A. HETTNER (1927/129) erinnert, welche beide zusammen «das Wesen» der Geographie ausmachen: die «Verschiedenheit von Ort zu Ort» und der «ursächliche Zusammenhang der an einer Erdstelle vereinigten (. . .) Erscheinungen».

Abgesehen von der unzulässigen (und unnötigen) ontologischen Überhöhung ist diese Aussage nach wie vor gültig, und der zentrale Gedanke findet sich denn auch immer wieder, so vor allem bei E.L. ULLMANN (1954) bzw. B.J.L. BERRY (1964a/26): « . . . the spatial viewpoint has several facets (. . .). The essential contribution of human geography can be summarized (as) the dual concepts of site and situation. Site is vertical, referring to local man-land relations. Situation is horizontal, referring to (. . .) connections between places.» – Ähnlich J.-L. PIVETEAU (1987/148). Vgl. dazu Anmerkung 18 im Kapitel 5.1 «Raumwissenschaftlicher Orientierungsraster».

[15] Vgl. dazu generell-abstrakt bei B.J.L. BERRY (1964a/25). Er formuliert drei zusammengehörende Thesen zum Kernbereich der Geographie:
– «the geographic point of view is spatial»
– «the concepts of the geographer relate to spatial arrangements and distributions, to spatial integration, to spatial interaction and organization, and to spatial processes.»
– «Geography's (. . .) concepts concern the worldwide ecosystem of which man is the dominant part.»

Dann P. HAGGETT (1965/10ff), wo «landscape school», «ecological school» und «locational school» als Ausformungen der Grundperspektive «areal differentiation» dargestellt sind. Sehr prägnant wird dann der gemeinsame Kernbereich graphisch und mengentheoretisch formuliert: «geography (I) is seen to occupy the central position at the intersection of all three sets, that is

$$a \land b \land c = \{I\}$$

Später erscheint dann dieser Grundgedanke in ausgearbeiteter Form, im klassischen Diagramm bei P. HAGGETT (1975/587; bzw. 1983/750):

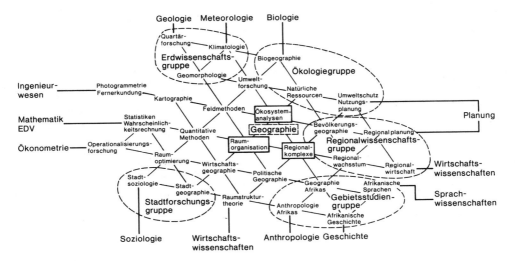

Komplexes Raumverständnis

Dabei ist das komplexe Raumverständnis nochmals zu betonen, denn von zentraler Bedeutung als geographischer Gesichtspunkt ist die *Vernetzung* von Mensch und Umwelt, von Wirtschaft, Gesellschaft und Natur, und die *Raumwirksamkeit* dieser Wechselwirkungen. Die räumliche Differenzierung ergibt dabei einen Konkretisierungsgrad, der andern ähnlichen Ansätzen (zum Beispiel den Ein-Punkt-Modellen in der Umweltökonomie) mangelt.[16] Umgekehrt besteht aber auch eine klare Abgrenzung gegenüber räumlich differenzierten, sachdimensional hingegen nur einschichtigen Ansätzen wie zum Beispiel in der klassischen Regionalökonomie oder in einer rein naturwissenschaftlichen Naturhaushaltslehre mit geo-ökologischen Geländeanalysen.

Auch R. HANTSCHEL (1984/137) schlägt die «räumliche Betrachtung (als) Einstieg für geographische Analysen» vor, die freilich auch gesellschaftliche Bezüge aufweisen sollten.
Ähnlich P. CLAVAL (1982/452): «The transformation of geography into a social science needs not only an ecological base capable of enlarging the scope of existing physical geographies, but also a greater awareness of other human disciplines. It must help conceive space in new terms and emphasize its fundamental ambiguities.»
J.L. PIVETEAU (1987) spricht vom 'Raum' als vom «noyau dur d'une science molle«; und R. NÄGELI (1986/338) bezeichnet den 'Raumbezug' als das «zentrale Element» einer modernen Regionalforschung.
Ähnlich BAILLY/RACINE/WEISS-ALTANER (1978/347); ferner P. WEICHHART (1975); J. ENGEL (1976); E. WIRTH (1979/60); D. BARTELS (1980a); R. HANTSCHEL (1986a/128ff).
Und auch G. HARD (1979/41) konzediert ein «Kernparadigma» der Geographie, zu welchem «auch das 'Land' und die 'Landschaft' gehören». Er fordert von einer Sozialgeographie als Sozialwissenschaft, sie solle – statt nach 'räumlichen Systemen' zu suchen – besser fragen, «ob und wo Raumbegriffe und Raumbezüge in umfassenden sozialwissenschaftlichen Theorien und in der sozialen Wirklichkeit, in sozialen Systemen auftauchen (. . .) Denn mit der (. . .) Wahl eines Raumbegriffes wählt man auch einen spezifischen Kontext – oft sogar ein ganzes Forschungsprogramm oder eine noch weiterreichende Forschungsperspektive.» (1986/77f).
Gleichzeitig stellt er aber bei der Frage nach der «Identität der Disziplin» (missbilligend) fest, der Bedarf nach (. . .) Räumen», und zwar nach «alltagsweltlich vorzeigbaren, kosmisch erfüllten, und emotional besetzbaren», werde wohl eine «disziplinäre Notwendigkeit bleiben (1987b/24). – Offensichtlich erfüllt ein Cluster von Erkenntnisobjekten, die «alltagsweltlich, ganzheitlich und emotionalisierbar» sind, nicht die wissenschaftlichen Relevanzkriterien, die G. HARD für angemessen hält, und offensichtlich rechnet er nicht mit jenen, die andere Räume (bzw. Räume anders) wissenschaftlich thematisieren.
Zur Illustration der konkreten Umsetzung des Konzeptes 'Raumbezug' als Identifikationskern der Geographie sollen drei (beliebig herausgegriffene) sehr verschiedene Beispiele dienen:
– der Aufsatz von D. BARTELS (1978): «Raumwissenschaftliche Aspekte sozialer Disparitäten».
– der Band «Mensch und Raum – Festschrift für Paul Schäfer» (H. KÖCK 1987): « . . . die Mensch-Raum-Beziehung (stellt) die 'Kern-' bzw. 'Wesensfrage' der geographiedidaktischen Philosophie Paul Schäfers dar.»
– die Zielsetzungen der Schriftenreihe URBS ET REGIO:
«Diese Schriftenreihe beschäftigt sich mit den räumlichen Bedingungen und Ausformungen gesellschaftlicher Entwicklung. – Die Schriftenreihe hat sich die Behandlung folgender Schwerpunkte zum Ziel gesetzt:
1. Darstellung und Analyse räumlicher Organisationsformen von Lebens- und Arbeitsbedingungen . . .
2. Theorie und Praxis gesellschaftlicher Raumplanung . . .
3. Förderung und Entwicklung von politischer Handlungskompetenz im Bereich von Kommunal- und Regionalplanung.»
[16] Vgl. dazu besonders H. REYMOND (1981/257ff).

Daraus folgt, dass Geographie in diesem Sinne immer als *Humangeographie* und folglich als sozialwissenschaftliche Disziplin verstanden werden muss, währenddem Teile der klassischen Physischen Geographie – soweit sie von menschlichen Einflüssen einerseits und Auswirkungen auf den Menschen anderseits völlig abstrahieren – zu den entsprechenden naturwissenschaftlichen Nachbardisziplinen wie Meteorologie/Klimatologie, Geologie, Pedologie, Hydrologie u.a. gehören.[17] Genauso klar erweist sich aber auch die Ausformung sozialgeographischer Ansätze zur gesellschaftswissenschaftlichen Fragestellung *ohne* jeden Raumbezug, *ohne* räumliche Differenzierung und Konkretisierung, als eine Entwicklung jenseits der Identitätsschwelle.[18]

Im raumwissenschaftlichen Orientierungsraster belegt somit diese zukunftsgerichtete Geographie das explikative und das normativ-operative Feld der *p-räumlichen* Perspektive; Chorotaxie und Orthochorie sind in diesem Sinne die anzustrebenden Aussageformen.

6.3.2 Politik-orientierte Raumwissenschaft

Raumbezug als Identifikationsmerkmal geographischer Fragestellungen bedeutet die Rekonstruktion der Geographie als *Raumwissenschaft*[19] – doch weder als blosse *spatial science*[20] noch im Sinne eines deskriptiven Ansatzes, der auf Totalität, das 'Wesen' eines Raumes zielt.[21] Raumwissenschaft wird hier vielmehr verstanden vor dem Hintergrund eines *komplexen* Raumbegriffes und eines pluralistischen Wissenschaftsverständnisses.[22]

---

[17] Damit wird eine Struktur geschaffen, wie sie in den USA seit jeher bestand.
Dies entspricht auch der Forderung nach einer integrativen Geographie 'ohne Bindestrich' (V.A. ANUCHIN 1973/62).

[18] Es kann nicht deutlich genug betont werden, dass diese marginale 'Flurbereinigung' aus Gründen der fachlichen Identität keineswegs dasselbe ist wie D. BARTELS' Vorschlag einer völligen Teilung im 'bedeutungslosen' (?) Kern des Faches, in zwei neue natur- bzw. sozialwissenschaftliche Disziplinen, aufgrund enger wissenschaftstheoretischer Vorgaben.
Hier soll gerade der integrative Kernbereich (mit natur- und sozialwissenschaftlicher Tradition, freilich unterschiedlicher Qualität) gestärkt werden, ohne einem szientistischen Spezialisierungszwang zu erliegen.

[19] Der Begriff als solcher wird bereits bei A. HETTNER (1927/125) verwendet; auf den dort intendierten Begriffsinhalt muss hier allerdings nicht eingegangen werden, da es nicht um einen vermeintlich ontologischen Befund geht, sondern um aktuelle Argumentation.

[20] Es sei nochmals betont, dass unsere Auffassung von *Raumwissenschaft* bedeutend weiter ausgreift als bei D. BARTELS (1968b), wo es sich die Raumwissenschaft zur Aufgabe macht, «nach Kausalgesetzen in der erdräumlichen Verteilung materialisierter Handlungsfolgen zu suchen» – also die sozialwissenschaftliche Variante der *spatial science*.
Für die mittlerweile sehr enge Auffassung von Raumwissenschaft als formale Chorologie im Sinne der *spatial science* vgl. ferner nochmals G. BAHRENBERG (1972/11ff); G. HARD (1973a/181ff).

[21] Diese Abgrenzung ist von wesentlicher Bedeutung, denn sonst wäre der Vorwurf, hier würde bloss 'alter Wein in neuen Schläuchen' geboten, gerechtfertigt. Vgl. dazu M.E. ELIOT HURST (1985/74).

[22] Vgl. dazu (vorbereitend) das Kapitel 2.3 «Raum als Schlüsselbegriffe» und Teil 3 «Stufen wissenschaftlichen Arbeitens», sowie (zusammenfassend) Kapitel 5.1 «Raumwissenschaftlicher Orientierungsraster». – Weshalb die Raumwissenschaft eine «mythisch gepflegte Klammer» sei, welche sich «wissenschaftstheoretisch nicht begründen» lasse (P. SEDLACEK 1982a/13), ist nie hinreichend dargelegt worden.

Dazu sei unterstellt, dass für den relativ unverbrauchten Begriff Raumwissenschaft (im Unterschied zur 'Landschaft') kaum die Gefahr einer ontologischen Fixierung, gar einer Reifikation besteht; er lässt sich ausformen und bietet Platz für unterschiedliche Ansätze. Diese *Zentralen Fragestellungen* sind im Kapitel 5.1 dargestellt, eingeordnet in einen zweidimensionalen «raumwissenschaftlichen Orientierungsraster». Weder *Raum* noch *Wissenschaft* stehen 'ihrem Wesen nach' a priori und auf Dauer fest; vielmehr sollen sie in ihrer Begrifflichkeit stets anpassungsfähig bleiben.

Zu prüfen bleibt allerdings das Argument von G. HARD (1986/78f), mit welchem er die Raumwissenschaft abschaffen will: «Man kann fast alles (. . .) verräumlichen (. . .) Eben deshalb ist die Perspektive 'Raum' oder 'räumlich' keine sinnvolle *Selektion*; sie selegiert nicht, zumindest nicht hinreichend (. . .) der mögliche Inhalt bleibt (. . .) ohne Sinn und Grenze.» – Zwar ist der Prämisse zuzustimmen, aber die «hinreichende» Selektion und damit ein spezifisches Forschungsprogramm konstituiert sich eben gerade erst durch Fragestellungen ü b e r räumliche Sachverhalte. Und ob diese «sinnvoll» seien steht nicht vorab *ex cathedra* fest, sondern ergibt sich aus der Überprüfung aller fünf Relevanzkriterien, und nicht aus dem inhaltlichen Kernbereich allein; das ist durchaus ein (interessengeleitetes) Werturteil. Wir jedenfalls teilen die Meinung nicht, «räumliche Kodierungen» und «Raumabstraktionen» in der sozialen Welt würden einen 'interessanten' Problembereich selegieren, die «altgeographische physische Wirklichkeit» als räumliche Strukturen in ihrem Bezug zu Wirtschaft und Gesellschaft hingegen keinesfalls – beide Erkenntnisbereiche können für interessant gehalten werden: relativ zur Verwertungsabsicht. Sie sind es indessen nicht *per se*.

Evolutive Perspektive

Damit wird der Weg wieder frei für eine *evolutive Perspektive* der Paradigmen-Entwicklung, welche durch die Unschärfe des Paradigma-Begriffes selbst und die Vorstellung hegemonialer Strukturen innerhalb einer von der Gesellschaft unabhängigen Wissenschaft verstellt war (T.S. KUHN 1962/189f). Einer pluralistischen Gesellschaft entspricht hingegen auch eine pluralistische Wissenschaft – so gesehen verschiebt sich der Paradigma-Begriff auf *kleinere Gemeinschaften* innerhalb etablierter Disziplinen, und sie existieren nebeneinander, nicht nur nacheinander. Daraus wird auch ein gewisser Gegensatz deutlich zwischen einer 'kumulativen' und einer 'evolutiven' Auffassung der Wissenschaftsentwicklung: Manche Paradigmen sind nicht miteinander kompatibel, nicht verträglich und schliessen sich gegenseitig aus, obschon ihnen dieselben Konstrukte (nicht aber dieselbe Art der Fragestellung, also nicht dieselben Erkenntnisobjekte) zugrundeliegen. Der Unterschied zur «revolutionären» Auffassung besteht in der Tatsache der *Koexistenz* verschiedener Paradigmen innerhalb einer Disziplin – das ist hier nicht nur deskriptiv, sondern durchaus auch präskriptiv gemeint![23]

---

[23] Vgl. dazu auch E. WIRTH (1979/69).

An der Entwicklung innerhalb der Geographie lässt sich erkennen, dass jedes Paradigma aus seiner Zeit heraus verständlich wird, und in einer Nische der Disziplin diese Zeit auch überdauern kann. Wesentliche Parameter des *wissenschaftlichen Zeitgeistes* sind der Wissenschaftsbegriff selbst sowie die Gewichtung der fünf Relevanzkriterien.[24] So wird der Kernbereich 'Raumbezug' unter deskriptivem Wissenschaftsanspruch zum *landscape approach*, unter szientistischer Perspektive zum *spatial approach* und bei explikativ-normativer Betrachtung zum *ecological approach* – stets als Spielart von *Raumwissenschaft*.

Das 'Erklärungsproblem' der Raumwissenschaft

Die erneute (und erneuerte) Konstituierung der Geographie als Raumwissenschaft kann indessen nur sinnvoll und fruchtbar sein, sofern der grundsätzliche Einwand dagegen, das «Erklärungsproblem in der Humangeographie» (D. HÖLLHUBER 1982/15) geklärt werden kann: Was soll erklärt werden, räumliche Strukturen und Prozesse oder menschliches Tun?

Nun ist hinreichend dargelegt worden, dass *Raum an sich* weder erklärt werden kann noch eigentliche erklärende Variable ist:[25] In jedem Fall steht hinter scheinbar räumlich determinierten Strukturen und Prozessen – zum Beispiel den Standorten von Stahlwerken (D. HARVEY 1969/405) oder der Ausbreitung des Waldsterbens und seinen Folgen (SGU 1987; D. ALTWEGG 1988) – *menschliches Tun* (sei es als Verhalten oder als Handeln), begleitet von *raumwirksamen* Strukturen und *natürlichen* Prozessen.[26] Dieser Zusammenhang zwischen verschiedenen Sachverhalten und ihrer Abbildung im Raum darf nicht ausgeschaltet werden, sonst sind alle Schlussfolgerungen entweder banal oder irreführend.[27]

Diese Bezüge vernachlässigt eine «Theoretische Geographie» als *spatial science* im Sinne von W. BUNGE (1966),[28] also die Reduktion des Raumbezuges auf Geometrie und Bewegungsgesetze; sie bringt lediglich eine Deskription, allenfalls auf methodisch anspruchsvoller Stufe. Allfällige Hypothesen über Analo-

---

[24] Vgl. dazu D. STEINER (1986).

[25] Vgl. dazu ausführlich G. OLSSON (1967); G. HARD (1973a/188ff); R.D. SACK (1974); BAILLY/RACINE/WEISS-ALTANER (1978/346); D. HÖLLHUBER (1982/16ff); M.E. ELIOT HURST (1985/73f); sowie G. BAHRENBERG (1988/73).

[26] Zu denken ist beim klassischen Beispiel von D. HARVEY an Rohstoffvorkommen, Arbeits- und Absatzmärkte, Transportsysteme, etc; beim Waldsterben etwa an die Bereiche Topographie, Klimatologie/Meteorologie, Hydrologie, Morphologie/Pedologie, aber auch Biologie, daneben Forstwirtschaft, etc.

[27] Vgl. dazu sehr eindrückliche Beispiele bei G. HARD (1987b); sowie G. BAHRENBERG (1987). Grundsätzlich bei R. NÄGELI (1986/333ff).

[28] Ferner etwa W.J. COFFEY (1981/48f) oder A.C. GATRELL (1983).
Vgl. dazu auch E. WIRTH (1979/20): «Die Theoretische Geographie schliesslich geht in ihrer Abstraktion nochmals einen Schritt weiter: Sie versucht eine Ablösung vom dinglichen Substrat der Sachverhalte und fragt nach Grundbegriffen, Strukturen, Mustern, Systemzusammenhängen, Prozessen und Modellen in räumlicher Sicht (...), Aussagen, die ganz allgemein – das heisst unabhängig von der jeweiligen konkreten inhaltlichen Erfüllung – gelten ...».
Das ist das genaue Gegenteil zur Absicht, durch den Raumbezug abstrakte sozialwissenschaftliche Theorien aufgrund konkreter Situationen zu überprüfen und zu differenzieren.

gien zwischen 'räumlichen System' werden ohne weiteres Interesse für den sachlichen Inhalt, ohne Rekurs auf menschliches Entscheiden und Handeln, und damit ohne jede Erklärungsmöglichkeit formuliert. Eine so verstandene Theoretische Geographie ist deshalb nach heutigem Verständnis wissenschaftlich wenig fruchtbar; vor allem führt sie auch zu keinerlei echter Anwendung.

Trotz dieser anerkannten Kritik besteht aber nach wie vor die Gefahr einer 'ontologischen Autonomie' des Raumes (ob in Form eines 'Raum-Fetischismus' bleibe dahingestellt),[29] und insofern ist jene Argumentation durchaus ernst zu nehmen. Bei marxistischen Kritikern des *spatial approach* wie auch des 'Landschafts-Konzeptes' besteht allerdings umgekehrt die Tendenz, dass sie von der polit-ökonomischen Thematik derart präokupiert sind, dass sie andere Problemstellungen wie zum Beispiel räumliche *constraints* als völlig irrelevant beiseiteschieben, nicht zuletzt deshalb, weil jene nur vom Wesentlichen ablenken würden.

Aber angesichts fortschreitender *Raumknappheit* und *Umweltbeanspruchung* kann man U. EISEL (1982/129) keineswegs zustimmen, wenn er festhält: «'Raum' und 'räumlich' (. . .) konstituieren kein mögliches Forschungsprogramm, weil sie nicht einen Strukturzusammenhang zu selegieren erlauben, dem ein Problem entspricht (. . .) Erfolgt die Integration von Fachanteilen jedoch über das Problem (zum Beispiel Stadtentwicklungsprobleme), dann ist eine Integrationswissenschaft, die zu dieser Integration (Stadtforschung) den 'räumlichen Aspekt' behandelt, sicherlich überflüssig.» – Die Praxis lehrt das genaue Gegenteil: Sie ist äusserst dringend notwendig.[30]

Raumwissenschaftliches Konzept

Und so bekommt *Raumwissenschaft* – im Kontext rekursiver Strukturen sozioökonomischer Prozesse – gegenüber der engen Auffassung im *spatial approach* einen neuen dreifachen Sinn:

(1) Räumliche Strukturen und Prozesse liefern *Indizien* für die Erklärung menschlichen Verhaltens/Handelns im Raum.[31] Sie vermögen entsprechende abstrakte Grundannahmen weiter zu differenzieren, bisher unbekannte Zusammenhänge einzubringen vor dem Hintergrund *konkreter* Situationen. Generelle Aussagen werden gleichsam einer konkreten Bewährungsprobe unterzogen. Zugrunde liegt die Alltagserfahrung, dass räumliche Strukturen (genau wie

---

[29] Vgl. etwa BAILLY/RACINE/WEISS-ALTANER (1978/346).

[30] Vgl. dazu M. BOESCH (1986). U. EISELS Argumentation ist selbst dann nicht stichhaltig, wenn man 'Raum' strikte auf 'Distanz' reduzieren würde: Man muss sich dazu nur einmal die heutige Mobilitäts- bzw. Verkehrsproblematik anschauen; vgl. dazu R.L. FREY (1988).

[31] Es handelt sich also um *ex post*-Erklärungen'. Zeitreihen und Querschnittsanalysen (COLE/KING 1968/227ff) können dazu allenfalls Indizien liefern – die Erklärungen selbst müssen handlungstheoretisch begründet werden.
     Vgl. dazu das Klassische Beispiel bei H.J. BLIJ (1977/85): Wie sind die Cholera-Todesfälle zu erklären? Durch den Wohnort der Opfer? Durch den Standort des Brunnens an der Broad Street? Durch das Wasserholen an diesem Brunnen? Durch die Verseuchung des Trinkwassers? Durch das Trinken dieses Wassers?

gesellschaftliche Strukturen) den *Handlungspielraum einschränken* und das Verhalten beeinflussen.[32]

Dieser Ansatz einer raumbezogenen Handlungstheorie bzw. einer «Raum-Verhalten-Theorie»[33] – kombiniert mit einer 'Raum-Bewertungs-Theorie' – thematisiert die Bedeutung *räumlicher Komponenten* im menschlichen Tun als Komplex von Handeln und Verhalten, und geht damit über primäre sozialwissenschaftliche Erkenntnisinteressen hinaus; er ergänzt, erweitert und differenziert diese.[34]

(2) Umgekehrt vermag auch zu interessieren, wie menschliches Handeln den Raum *verändert*.[35] Eingebunden in eine 'Theorie der räumlichen Entwicklung',[36] als ein *Konglomerat* raumrelevanter Entwicklungstheorien, die zusammen eine umfassende 'Standort-Theorie' (im Sinne einer *Megatheorie*) bilden könnten, und ausgehend von bereits vorliegenden Annahmen raumbezogener Handlungs-, Verhaltens- und Bewertungs-Theorien einerseits sowie einem (konkreten) räumlichen Kontext andererseits wird die künftige *Raumentwicklung* (zum Beispiel im Rahmen von Szenarien) dargestellt und bewertet. Ein solcher Ansatz spielt zum Beispiel in der Projekt-Evaluation eine zentrale Rolle.[37] In einer UVP fliessen analytische, prospektive und normative Elemente über die voraussichtlichen Wirkungen menschlicher Aktivitäten zusammen;[38] dazu braucht es auch Aussagen über die räumliche Entwicklung.

(3) Bei der *Gestaltung* des Lebensraumes schliesslich geht es um die Umsetzung der so gewonnenen Erkenntnisse über menschliches Tun im Raum und dessen Veränderung: Eine 'Theorie raumwirksamer Massnahmen'[39] zeigt auf, wie bestimmte räumliche Strukturen (zum Beispiel im Sinne von Leitbildern) erhalten oder geschaffen werden können, und zwar durch ganz konkrete *Massnahmen* (insbesondere auch durch öffentliches Handeln) in den verschiedensten Bereichen:

---

[32] Vgl. dazu den bekannten Ausspruch von KANT über die Bedeutung der Alltagserfahrung, vermittelt durch die Geographie. Durch ihr Studium sollte die «praktische Vernunft» gefördert werden (P. HAUCK 1980/267f).

[33] B. WERLEN (1987a); G. LEIDIG (1985); G. BÄUERLE (1984); ferner W. MOEWES (1977).

[34] D. HARVEY (1967b/212): «It may well be, that geographic theory is essentially derivative, concerned with elaborating economic, sociological, political, and psychological theory in a specifically spatial context».
Praktisch ausgearbeitet zum Beispiel bei D. HÖLLHUBER (1982).
Zur Frage der Gewichtung vgl. etwa ABLER/ADAMS/GOULD (1972/88): «It is our conviction that (. . .) space itself will be recognized as a major explanatory variable of human behavior.» – E.W. SOJA (1980) hingegen hält die räumliche Komponente zwar nicht für bedeutungslos, aber gegenüber den sozio-strukturellen Zwängen für sekundär; und G. BAHRENBERG (1987/151ff) meint gar, dass in einer 'globalen Gesellschaft' räumliche Differenzierungen kein Thema mehr sein können, denn «der Weltmarkt lenkt nicht nur, er denkt auch schon für uns» – statt der Landschaft determiniert uns heute also der *Weltmarkt!*

[35] Damit handelt es sich um eine *ex ante*-Erklärung.

[36] Bzw. «Theorien der räumlichen Ordnung und Entwicklung» (R. NÄGELI 1986).

[37] Vgl. dazu M. BOESCH (1981b).

[38] Es geht um systemische Ansätze für den analytischen Teil, um die Szenario-Technik für den prospektiven Teil und Bewertungsfunktionen für den normativen Teil der UVP. Vgl. T. LORETAN (1986).

[39] Vgl. dazu W. MOEWES (1980) und D. BÖKEMANN (1982).

- physisch-räumliche Massnahmen wie etwa Bau von Strassen und Infrastrukturanlagen;
- handlungsbeeinflussende Massnahmen im Sinne von Regeln, Gesetzen, Normen (eingeschlossen das klassische Instrumentarium der Raumplanung und des Bauordnungsrechts);
- ökonomische Steuerungsinstrumente wie zum Beispiel Abgaben, Subventionen; etc.

Raum im Sinne unseres erweiterten raumwissenschaftlichen Konzeptes hat damit eine *dreifache* Bedeutung:[40]

- als Metapher für das Zusammenwirken verschiedenartiger relevanter Kräfte in einer konkreten Situation;
- als physisches Substrat und psycho-sozialer Hintergrund für menschliches Tun;
- als Ergebnis solchen Tuns: physisch-konkret im Sinne der Raumentwicklung, und im psycho-sozialen Bereich als verändertes Raumverständnis.

Zusammenfassend zeigt Abb. 63-2 diesen raumwissenschaftlichen Kontext auf. Eine Theorie der räumlichen Entwicklung und eine Theorie der raumwirksamen Massnahmen bilden zusammen den Kern einer theorie-orientierten Geographie, der *Chorotaxie*.[41] Sie sind notwendige Bestandteile einer normativen Geographie, der *Orthochorie*; alle zusammen konstituieren die zentralen Elemente der rekonstruierten, der *politik-orientierten Raumwissenschaft*.

6.3.3 Zusammenfassung

Zusammenfassend erkennen wir als zukunftsorientiertes Leitbild eine theoriebezogene, normativ-kritische, integrative Geographie, eine Geographie als praxis- und *politik-orientierte Raumwissenschaft*.[42] Der integrative Ansatz des Raumbezuges bedeutet vor diesem Hintergrund – im Gegensatz zum traditionellen Landschaftskonzept[43] – die *dezidierte Selektion* konkreter *Probleme* im Kontaktbereich von Natur, Wirtschaft und Gesellschaft: Teile unserer Welt, die durch die Entwicklung der Wissenschaften voneinander und in sich immer stärker getrennt worden sind. Dazu sind relevante Kräfte, Faktoren und Entscheidungsmuster dieses Zusammenwirkens von Ökonomie und Ökologie herauszuarbeiten im Sinne von *generellen Aussagen*, die auf neue Problembereiche und konkrete Situationen übertragbar sind. Dabei gewinnt die makroskopische

---

[40] Es sei hier nochmals ans Prinzip der *rekursiven Prozesse* erinnert. Vgl. ferner nochmals D. HÖLLHUBER (1982/26ff).

[41] H. REYMOND (1981). Vgl. dazu insbesondere auch R. NÄGELI (1986/334ff).

[42] Es sei hier nochmals betont, dass diese Auffassung von 'Raumwissenschaft' bedeutend weiter ausgreift als etwa bei D. BARTELS (1968b). Vgl. dazu Abschnitt 6.3.2 «Politik-orientierte Raumwissenschaft».

[43] Ebenfalls deutlich auszugrenzen ist hier der traditionelle «synthetische Ansatz», also der Anspruch des Landschaftskonzeptes, deskriptive «Gesamtmodelle» diffuser Entitäten aufzubauen (G. BURGARD et al. 1970/198).

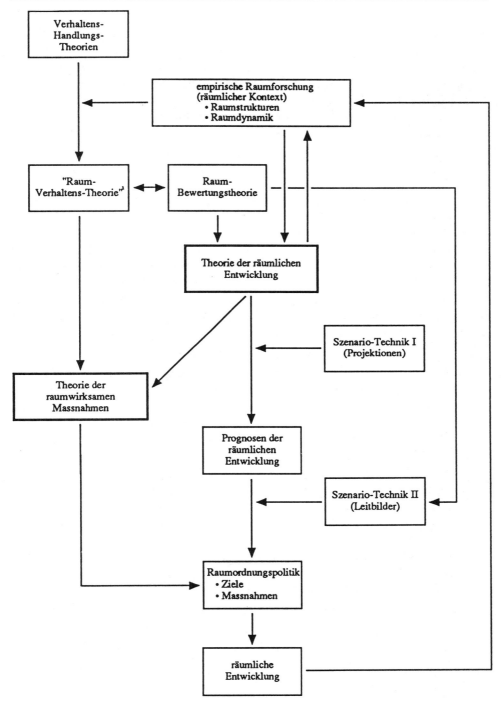

Abb. 63-2: Geographie im raumwissenschaftlichen Kontext

¹ Vgl. W. Moewes (1977) und G. Leidig (1985). Der Begriff ist schlecht gewählt, geht es doch um die räumlichen Aspekte/Komponenten von Verhaltens- u n d Handlungstheorien.

Betrachtungsebene entscheidend an Bedeutung. Die charakteristische Identität der Geographie ergibt sich durch das Schwergewicht auf Faktoren, die im *Raum* sichtbar werden.

Die Beschränkung auf jeweils einige wenige relevante Grössen ergibt sich zwingend: nicht nur methodisch vom Problemaufriss her, sondern weil auch *Problemlösungen* kein 'allumfassendes Gesamt' sind, sondern ganz konkrete Massnahmen. So wird aus forschungslogischen u n d handlungspraktischen Gründen stets ein erhebliches Spannungsfeld bestehen bleiben zwischen der Notwendigkeit *selektiven* Vorgehens und dem *ganzheitlichen* (holistischen, 'organischen') Verständnis unserer Lebenswelt.

Integrative Ansätze

Dass komplexe, ressort-übergreifende Zusammenhänge in der 'realen' Welt heute von eminenter *praktischer Relevanz* sind, weil sie Probleme von vitaler Bedeutung konstituieren, ist unbestritten, und es erscheint als höchst notwendig, sie besser zu verstehen. Dazu gehört auch eine stets wiederkehrende Anstrengung, das lineare Denken und die Segmentierung der 'vernetzten Welt', in der wir leben, zu überwinden – eine Segmentierung, die ja dem analytischen Ansatz zu verdanken ist.

Der Schlüsselbegriff *integrative Ansätze* zielt also auf ein Zweifaches:[44]
– auf der Ebene der fachlichen Inhalte, der Fachtheorien und ihrer praxisbezogenen Anwendung ist ein Überschreiten von traditionellen Ressortgrenzen gemeint, eine *Verknüpfungsleistung*, welche versucht, fachspezifische Partialtheoreme miteinander in Beziehung zu bringen – genauso wie die entsprechenden Sachverhalte in der 'realen' Welt miteinander in Verbindung stehen.[45] Schwerlich vorstellbar ist hingegen eine Art 'integrative Universaltheorie': Das wäre wohl eine 'Natur- und Kulturplan' umfassende 'Welttheorie' oder Einheitstheorie, eine gigantische, ja vermessene Vorstellung, die aus pluralistischer Perspektive weder sinnvoll noch einlösbar erscheint.[46]
– dieser neuartige Typus von Aussagen ist indessen nur denkbar in einem *metatheoretischen* Umfeld, welches nicht ausschliesslich und absolut auf separativen Reduktionismus und (vermeintliche) Rigorosität, Universalität und Beständigkeit zielt. Es ist vielmehr ein Umfeld, welches die *makroskopisch-integrative* Perspektive als zumindest gleichwertig unterstützt, ja sogar anstrebt, eingebunden in eine *evolutive* Vorstellung von der Welt.[47] Für die

---

[44] Vgl. dazu ausführlich K.W. KAPP (1961/61ff); ferner D. BARTELS (1980b/60ff; 1982/32f).
[45] Vgl. etwa P. WEICHHART (1980); F. SCHAFFER (1988).
Wiederum ist diese Aussage durchaus nicht ontologisch zu verstehen, sondern in konstruktivistischem Sinne: Eine pluralistische Gesellschaft lernt die Welt als sehr komplexes System zu verstehen, und benötigt entsprechend differenzierte Einblicke und Werkzeuge.
Für eine ontologische Auffassung vgl. allerdings J. PORTUGALI (1985).
[46] Ebenfalls skeptisch P. WEICHHART (1980/61ff; 68). – Vgl. dazu die Vorstellung eines dezentralen Geflechts von Betrachtungsweisen und Erfahrungen bei F. CAPRA (1982), ferner die Diskussion über das Komplementaritäts-Prinzip (W.J. COFFEY 1981/30ff).
[47] So auch P. WEICHHART (1987): «... a pluralistic discipline in a pluralistic post-industrial society». – J. PORTUGALI (1985) bezeichnet dieses Umfeld als «holistic conception of the world»,

Geographie im Besonderen bedeutet dies, dass die *Spannungen* zwischen ihrem grundsätzlich 'holistischen' oder integrativen Weltverständnis und dem bisherigen Anpassungsdruck an eine reduktionistische Wissenschaftsauffassung (was gelegentlich geradezu lähmend wirkte) abgebaut werden könnten.[48] Eine umso leistungsfähigere integrative Geographie könnte die Folge sein.

Damit wird ein wissenschaftstheoretisches, methodisches und wissenschaftspolitisches *Problemfeld* sichtbar: In einer analytisch orientierten, ja dominierten Welt haben integrative und makroskopische Ansätze (einstweilen noch) einen schweren Stand; sie sind der mechanistischen Kosmologie fremd. Vorderhand nur in Umrissen skizziert und methodisch wenig entwickelt, ohne bereits überzeugende Praxis, vermögen sie dem auf analytische Spitzenleistungen konditionierten Zeitgeist nicht zu genügen. Mit andern Worten: Dieses Defizit abzubauen, hier überzeugende und brauchbare Ergebnisse zu entwickeln, ist eine echte (vielleicht sogar: d i e aktuellste) *Forschungsfront*, vor allem auch in methodischer Hinsicht.[49] Die Verknüpfungsleistung von Ökonomie und Ökologie ist nicht nur eine didaktische Aufgabe; integrativ orientierte Geographie müsste keine *second-hand*-Disziplin sein, welche lediglich Vorleistungen anderer Disziplinen lebensweltlich vulgarisiert (G. HARD 1979/38ff). Eingebettet in eine pluralistische Metatheorie, zumindest in einen *kooperativen Pluralismus*, welcher aktive Versuche grenzüberschreitender Kontakte (im methodologischen Sinne) unterstützt, sollten wegweisende Denkmodelle wie etwa die Theorie dissipativer Strukturen (I. PRIGOGINE 1980), die Synergetik makroskopischer Prozesse (H. HAKEN 1977; 1981) oder die Theorie selbstreferentieller Systeme (H.R. MATURANA 1981) bzw. die Selbstregulation sozialer Systeme (G.J.B. PROBST 1987) und ihrer Strukturierung durch Handlung (A. GIDDENS 1979; 1984) rasch adaptiert werden und zur Weiterentwicklung von Fachtheorien führen. Dabei sind im Sinne des *Komplementaritäts-Prinzipes* aus der Berührung von analytischen Partialtheorien mit makroskopischen Modellen neue Einsichten zu erwarten.

Komplementaritäts-Prinzip

Das Komplementaritäts-Prinzip geht auf N. BOHR zurück. Im Unterschied zum Dichotomie-Prinzip, welches zur Hegemonie führt, und auch im Unterschied zur dialektischen Auffassung von These, Antithese und Synthese, betont das Komplementaritäts-Prinzip die Notwendigkeit der *Koexistenz* gegensätzlicher (= komplementärer) Standpunkte, Perspektiven bzw. Theorien. Dies zeigte sich

C. JAEGER (1987/5f) als «pluralistische Kosmologie».
Vgl. dazu ausführlich PRIGOGINE/STENGERS (1979). Für die Diskussion darüber vgl. G. ALTNER (1986); im Nachwort umreisst dort I. PRIGOGINE die Konturen einer «Neuen Rationalität». Ferner auch R. SATTLER (1986/241ff).

[48] J. PORTUGALI (1985) führt die Spannungen zwischen «mechanistic and holistic conceptions of the world» auf die Inkonsistenz zwischen Cartesianischer Betrachtungsweise und den «holistic properties (. . .) in the domains of life and human society» zurück. Dadurch, dass die Geographie ihre «essentially holistic, or integrative, nature» verraten habe in ihrer Anpassung an die mechanistische Kosmologie liege der Grund für ihre gegenwärtige Krise.

[49] Vgl. dazu ausführlich P. MESSERLI (1986).

zunächst in der Physik mit der Entwicklung von Partikel- und Feldtheorien.[50] Ähnlich dann in der Psychologie die individual- und sozialpsychologischen Ansätze, in der Soziologie Individualismus und Strukturalismus, Verhaltens- und Handlungstheorien.[51] Daran ist beachtenswert, dass es stets um das Komplement *atomistischer* (reduktiver, mikroskopischer, individueller) und *systemischer* (holistischer, makroskopischer, kollektiver) Perspektiven, um *Teil und Gesamt* (A. UNSÖLD 1983/120ff) geht.[52] Offensichtlich vermögen singuläre Ansätze nicht voll zu erklären.

Dies führt dann zu der Frage von PRIGOGINE/STENGERS (1979/196ff): «Welche Beziehung besteht zwischen dieser neuen Wissenschaft von der Komplexität und der Wissenschaft vom einfachen, elementaren Verhalten? Welche Beziehung besteht zwischen diesen entgegengesetzten Naturauffassungen? Zwei Wissenschaften, zwei Wahrheiten für eine einzige Welt – wie ist das möglich?» – Damit wird das zentrale Thema «Vom Sein zum Werden» (also das Komplement von Statik und Evolution) eingeleitet.[53]

Auch in der Geographie fehlt es in neuerer Zeit nicht an Stimmen, welche den Komplementaritätsgedanken vertreten, sei es auf allgemeiner metatheoretischer Ebene, sei es auf der Ebene konkreter Forschungsansätze.[54]

Dagegen nehmen sich das traditionelle Landschaftskonzept wie auch der *spatial approach* bescheiden aus. Aber auch das szientistisch motivierte 'Dualismus-Dogma', in der Geographie seit zwanzig Jahren sehr explizit vorgetragen, hat sich als wissenschaftstheoretische Sackgasse erwiesen. Das hat zwei Aspekte: Die Geographie hat den Anschluss an das prozesshafte 'Vernetzte Denken' fast verpasst (von einer Initiative ganz zu schweigen!); dafür hat sie ihre *politische Unschuld* weitgehend bewahrt. Der Preis dafür ist ihre *Belanglosigkeit*.

Demgegenüber zeichnet sich auf der Basis eines pluralistischen, *evolutiven Weltbildes* ein neues Leitbild ab: eine engagierte Geographie als praxis- und *politikorientierte Raumwissenschaft* – zweifellos ein anspruchsvolles, aber auch offenes Programm für die Geographie als Disziplin, für ihre *Identität* gegenüber der Öffentlichkeit. Darin findet das einzelne Hochschulinstitut, der einzelne Wissenschafter seinen individuellen Platz; zusammengenommen ergibt sich der Leistungsausweis einer ganzen Disziplin.

---

[50] Vgl. dazu K.W. KAPP (1961/87ff); W.J. COFFEY (1981/30ff); E.P. FISCHER (1987/37ff). Und methodologisch nochmals bedeutsam die Komplementarität von «analytic and holistic perspectives» (R. SATTLER 1986).

[51] Wegweisend J. HABERMAS (1981). Vgl. dazu auch KONEGEN/SONDERGELD (1985/163f); für den Bereich der Psychologie besonders W. RECHTIEN (1986).

[52] Auch 'Zufall' und 'Notwendigkeit' (J. MONOD 1970) sind analoge Komplemente, konstitutiv für alle Prozesse.

[53] Vgl. dazu ferner ausführlich E.P. FISCHER (1987), sowie das Konzept der «Emergenten Kausalität» bei SPERRY (C. JAEGER 1987): Durch die Bildung neuer Einheiten aus Basiselementen entsteht eine 'inverse' Kausalität vom Ganzen auf die Teile zurück – sei es in der Nuklearphysik, sei es im sozialwissenschaftlichen Strukturalismus.

[54] Vgl. etwa die folgenden Arbeiten, in welchen bestimmte Komplemente thematisiert werden: M. CURRY (1985); J. BIRD (1978; 1979); D. GREGORY (1978); R.J. JOHNSTON (1983); G. OLSSON (1980); B. WERLEN (1986); A. MEIR (1982); A. BUTTIMER (1981); D. HÖLLHUBER (1982); A. KILCHENMANN (1985); R. NÄGELI (1986).

IV
Anhang

Dicke Bücher! Vieles Wissen!
Ach, was werd ich lernen müssen!
Will es nicht in Kopf hinein,
Mag es doch im Buche sein!

J. W. v. GOETHE

Literatur-Nachweis

Die Zitierweise im Text richtet sich nach den heute üblichen Standards. Die Jahresangabe im Zitat entspricht jeweils der Originalausgabe eines Werkes; sie stimmt deshalb in einigen Fällen nicht mit dem bibliographischen Eintrag überein, so bei späteren unveränderten Auflagen, Reprints wie auch bei Übersetzungen. Nur so ist der disziplinhistorische Hintergrund korrekt nachvollziehbar. Zeitschriften und Publikationen sind weitgehend mit Abkürzungen aufgeführt; vgl. dazu die untenstehende Liste. Die Reihenfolge der Einträge im Literaturverzeichnis ergibt sich aus der folgenden Hierarchie: Autorschaft allein – Autorschaft mit andern – Herausgeberschaft allein – Herausgeberschaft mit andern; innerhalb dieser Kategorien dann chronologisch.

Abkürzungs-Verzeichnis

ArbB	Arbeitsbericht
ARL	Akademie für Raumforschung und Landesplanung
BFALR	Bundesforschungsanstalt für Landeskunde und Raumordnung
BMBau	Schriftenreihe des Bundesministers für Raumordnung, Bauwesen und Städtebau
BRP	Bundesamt für Raumplanung
DGT	Deutscher Geographentag
EJPD	Eidg. Justiz- und Polizeidepartement
EVD	Eidg. Volkswirtschaftsdepartement
FWR	Forschungsstelle für Wirtschaftsgeographie und Raumplanung/ HSG
HSG	Hochschule St. Gallen für Wirtschafts- und Sozialwissenschaften
MAB	Man and Biosphere
NFP	Nationales Forschungsprogramm
NHG	Bundesgesetz über den Natur- und Heimatschutz (Natur- und Heimatschutzgesetz, SR 451)
OccPap	Occasional Paper
ORL	Institut für Orts-, Regional- und Landesplanung (ETH-Z)
RPG	Bundesgesetz über die Raumplanung (Raumplanungsgesetz, SR 700)
RSA	Regional Science Association
SNG	Schweiz. Naturforschende Gesellschaft
USG	Bundesgesetz über den Umweltschutz (Umweltschutzgesetz, SR 814.01)
ZRW	Zentralstelle für Regionale Wirtschaftsförderung

Abkürzungen für Zeitschriften und Publikationen

A	Area
AAAG	Annals of the Association of American Geographers
AAGN	Newsletter (Association of American Geographers)
AMR-INFO	Mitteilungen des Arbeitskreises für Neue Methoden in der Regionalforschung
AnnG	Annales de Géographie
Antip	Antipode
AZPh	Allgemeine Zeitschrift für Philosophie
BBGR	Bremer Beiträge zur Geographie und Raumplanung
BI/HTB	Bibliographisches Institut/Hochschul-Taschenbücher
BRR	Berichte zur Raumforschung und Raumplanung
BSR	Beck'sche Schwarze Reihe
BSWR	Beiträge zum Siedlungs- und Wohnungswesen und zur Raumplanung (Univ. Münster)
BVR-Info	Bulletin der Bündner Vereinigung für Raumplanung (BVR)
CanG	The Canadian Geographer
CollG	Colloquium Geographicum
DISP	Dokumente und Informationen zur Schweizerischen Orts-, Regional- und Landesplanung
E	Die Erde. Zeitschrift der Gesellschaft für Erdkunde zu Berlin
EcEc	Ecological Economics
EcG	Economic Geography
Erdk	Erdkunde. Archiv für wissenschaftliche Geographie
ErdkWi	Erdkundliches Wissen
es	edition suhrkamp
EspG	L'Espace géographique
FiLex	Fischer Lexikon
FiTB	Fischer Taschenbuch
F&S	Forschungs- und Sitzungsberichte (ARL)
G	Geography
GAn	Geographic Analysis
GAnn	Geografiska Annaler
GAnz	Geographischer Anzeiger
GB	Geographische Berichte
GCas	Geograficky Casopis
GDidF	Geographiedidaktische Forschung
Gdyn	Geoökodynamik
Geof	Geoforum
GeoJ	GeoJournal
GfÖ-N	GfÖ-Nachrichten. Bulletin der Gesellschaft für Ökologie
GGS	Giessener Geographische Schriften
GHelv	Geographica Helvetica
GHM	Geographische Hochschulmanuskripte
GJ	Geographical Journal
GR	Geographische Rundschau
GRev	Geographical Review
Gsc	Geoscope

GSem	Das Geographische Seminar
GTB	Geographisches Taschenbuch
GZ	Geographische Zeitschrift
HB	folia oecologiae hominis/Humanökologische Blätter
I(IfR)	Informationen (Institut für Raumordnung)
InnK	Innere Kolonisation
IzR	Informationen zur Raumentwicklung. Zeitschrift der BFALR
JAIP	Journal of the American Institute of Planners
JASA	Journal of Applied Systems Analysis
JEnvM	Journal of Environmental Management
JPolEc	Journal of Political Economy
JRegSc	Journal of Regional Science
JSoz	Jahrbuch für Sozialwissenschaft
KGS	Klagenfurter Geographische Schriften
KiGS	Kieler Geographische Schriften
KM	Karlsruher Manuskripte zur Mathematischen und Theoretischen Wirtschafts- und Sozialgeographie
KZSoz	Kölner Zeitschrift für Soziologie und Sozialpsychologie
Ky	Kyklos
L	Landscape
LBAllG	Lehrbuch der Allgemeinen Geographie
LEc	Land Economics
LebE	Lebendige Erde
L+S	Landschaft + Stadt. Beiträge zur Landespflege und Landesentwicklung
MGGH	Mitteilungen der Geographischen Gesellschaft Hamburg
MGGM	Mitteilungen der Geographischen Gesellschaft München
MGGW	Mitteilungen der Geographischen Gesellschaft Wien
MRD	Mountain Research and Development
MÖGG	Mitteilungen der Österreichischen Geographischen Gesellschaft
NatwR	Naturwissenschaftliche Rundschau
NL	Natur und Landschaft. Zeitschrift für Naturschutz, Landschaftspflege und Umweltschutz
NWB	Neue Wissenschaftliche Bibliothek
ORL-B	ORL-Berichte
ORL-S	ORL-Schriftenreihe
OSG	Osnabrücker Studien zur Geographie
PacVw	Pacific Viewpoint
PapMASc	Papers of the Michigan Academy of Science, Arts, and Letters
PapRSA	Papers [and Proceedings] of the Regional Science Association
PG	Progress in Geography
PGM	Petermanns Geographische Mitteilungen
PHG	Progress in Human Geography
Plan	Plan. Zeitschrift für Planen, Bauen und Umwelt
PolSt	Politische Studien
ProfG	The Professional Geographer
PrzG	Przeglad Geograficzny
QJEc	Quarterly Journal of Economics
re	rowohlts enzyklopädie

Reg	Die Region. Bulletin der ZRW/EVD
RevGAlp	Revue de Géographie Alpine
RivGIt	Rivista Geografica Italiana
RPCH	Raumplanung Schweiz. Bulletin des BRP/EJPD
RR	Raumforschung und Raumordnung
RUB	Reclams Universal-Bibliothek
SIR	Mitteilungen und Berichte (Salzburger Institut für Raumplanung)
Sc	Science
ScGM	Scottish Geographical Magazine
ScSoc	Sciences sociales
SovG	Soviet Geography
SSS	Springer Series in Synergetics
SP	Serie Piper
StBauW	Stadtbauwelt
StGen	Studium Generale
stw	Suhrkamp taschenbuch wissenschaft
Tr/NS	Transactions (Institute of British Geographers)/New Series
TSt	Teubner Studienskripten bzw. Studienbücher
TzR	Taschenbücher zur Raumplanung (ARL)
UKPIK	Cahiers de l'Institut de Géographie de Fribourg
UTB	Uni-Taschenbücher
U+R	Urbs et Regio
WdF	Wege der Forschung
WfGSt	Westfälische Geographische Studien
WGSt	Wirtschaftsgeographische Studien
WR	Wirtschaft und Recht
ZbF	Zeitschrift für betriebswirtschaftliche Forschung
ZBl	Schweiz. Zentralblatt für Staats- und Gemeindeverwaltung
ZErdk	Zeitschrift für Erdkunde
ZGS	Zürcher Geographische Schriften
ZTUB	Zeitschrift der TU Berlin
ZukF	Zukunftsforschung
ZUU	Zeitschrift für Umweltpolitik und Umweltrecht
ZWG	Zeitschrift für Wirtschaftsgeographie

Literatur-Verzeichnis

ABLER R./ADAMS J.S./GOULD P. (1972): Spatial Organization. The Geographer's View of the World. London 1972.

ABT T. (1983): Fortschritt ohne Seelenverlust. Versuch einer ganzheitlichen Schau gesellschaftlicher Probleme am Beispiel des Wandels im ländlichen Raum. Bern o.J.

ACHAM K./SCHULZE W. (Hrsg.) (1989): Teil und Ganzes. Zum Verhältnis von Einzel- und Gesamtanalyse in Geschichts- und Sozialwissenschaften. (Theorie der Geschichte Bd. 6). (=dtv 4544). München 1989.

ACKOFF R.L. et al. (1962): Scientific method: Optimizing applied research decisions. New York 1962.

ADORNO T.W. et al. (1969): Der Positivismusstreit in der deutschen Soziologie. (=SL 72). Darmstadt 11\1972.

AEMISEGGER H. (1981): Grundsätze des Verfassungs- und Verwaltungsrechts in der Raumplanung. (=VLP-Schrift 29). Bern 1981.

AERNI K./SCHNEIDER H. (1984): Alte Verkehrswege in der modernen Kulturlandschaft. Sinn und Zweck des Inventars historischer Verkehrswege der Schweiz (IVS). In: GHelv 39 (3)/ 119–127/ 1984.

AERNI K. (Hrsg.) (1986): Die Rolle der Geographie in der Gesellschaft: Leidbild – Leitbild. In: GHelv 41 (3)/ 126–159/ 1986.

AERNI K. et al. (Hrsg.) (1986): Der Mensch in der Landschaft. Festschrift für Georges Grosjean. Bern 1986.

AKHUNDOV M.D. (1982): Conceptions of space and Time. Sources, Evolution, Directions. (Kontseptsii Prostranstva i Vremeni: Istoki, Evolyutsiya, Perspektivy). Cambridge MA 1986.

ALAMPIEV P.M. (1967): Die ökonomischen Grossrayons der UdSSR und die Prinzipien ihrer Herausbildung. In: POKSISEVSKIJ V.V. (Hrsg.) (1967): Sowjetunion – Regionale ökonomische Geographie. Gotha/Leipzig 1967.

ALBERT G. (1984): Probleme der Modellanwendung in der raumwirksamen Planung. In: Verhandlungen der Gesellschaft für Ökologie , Bd. XII (Bern 1982). Göttingen 1984.

ALBERT H. (1960): Nationalökonomie als Soziologie. In: Ky 13 (1)/ 14ff/ 1960.

ALBERT H. (1961): Stichwort «Wert». In: Handwörterbuch der Sozialwissenschaften, 11. Bd. Göttingen 1961.

ALBERT H. (Hrsg.) (1964): Theorie und Realität. Ausgewählte Aufsätze zur Wissenschaftslehre der Sozialwissenschaften. Tübingen 1964.

ALCALY R.E. (1976): Transportation and Urban Land Values. A Review of the Theoretical Literature. In: LEc 52 (1)/ 42–53/ 1976.

ALDRUP D. (1980): Wertfreiheit und Verantwortlichkeit in den Gesellschaftswissenschaften. In: JSoz 31/ 70–101/ 1980.

ALLEMANN H.-M. (1983): Gemeinde- und Regionalverband im bündnerischen Recht. Chur 1983.

ALT F. (1983): Frieden ist möglich. Die Politik der Bergpredigt. (=SP 284). München 23\1986.

ALTNER G. (Hrsg.) (1986): Die Welt als offenes System. Eine Kontroverse um das Werk von Ilya Prigogine. (= FiTB 4168). Frankfurt/M. 1986.

ALTWEGG D. (1988): Die Folgekosten von Waldschäden. Bewertungsansätze für die volkswirtschaftlichen Auswirkungen bei einer Beeinträchtigung der Schutzfunktion von Gebirgswäldern. Bamberg 1988.

AMEDEO D./GOLLEDGE R.G. (1975): An Introduction to Scientific Reasoning in Geography. New York 1975.

AMMER U. et al. (1976): Ökologische Kartierung der EG. Synthesebericht und Empfehlungen zur Methode. München 1976.

ANDEREGG J. (1977a): Wissenschaft und Wirklichkeit. In: ANDEREGG J. (Hrsg.) (1977): Wissenschaft und Wirklichkeit. Zur Lage und zur Aufgabe der Wissenschaften. Göttingen 1977.

ANDEREGG J. (Hrsg.) (1977): Wissenschaft und Wirklichkeit. Zur Lage und zur Aufgabe der Wissenschaften. Göttingen 1977.

ANGEL S./HYMAN G.M. (1976): Urban Fields. A Geometry of Movement for Regional science. London 1976.

ANTE U. (1981): Politische Geographie. (= GSem). Braunschweig 1981.

ANUCHIN V.A. (1960): Theoretical Problems of Geography. (Teoreticheskiye problemy geografii). Columbus 1977.

ANUCHIN V.A. (1973): Theory of geography. In: CHORLEY R.J. (ed) (1973): Directions in Geography. London 1973.

APEL H. (1983): Dynamische Simulation eines Bergökosystems (Testgebiet Grindelwald). (= Schlussbericht MAB-CH 5). Bern 1983.

APEL K.O. (Hrsg.) (1978): Neue Versuche über Erklären und Verstehen. Frankfurt/M. 1978.

ARL (Hrsg.) (1970): Handwörterbuch der Raumforschung und Raumordnung. Hannover 2\1970.

ARL (Hrsg.) (1975): Ausgeglichene Funktionsräume. Grundlagen für eine Regionalpolitik des mittleren Weges. (= F&S 94). Hannover 1975.

ARL (Hrsg.) (1976): Ausgeglichene Funktionsräume. Grundlagen für eine Regionalpolitik des mittleren Weges, 2. Teil. (= F&S 116). Hannover 1975.

ARL (Hrsg.) (1982): Studien zur Abgrenzung von Agglomerationen in Europa. (= Beiträge 58). Hannover 1982.

ARP (1970): ARBEITSGRUPPE DES BUNDES FÜR DIE RAUMPLANUNG: Raumplanung Schweiz – Aufgaben der Raumplanung und Raumplanungsorganisation des Bundes. o.O. (Bern) 1970.

ASHBY W.R. (1956): Einführung in die Kybernetik. (An Introduction to Cybernetics). (= stw 34). Frankfurt/M. 1974.

ASHEIM B.T. (1979): Social Geography – Welfare State Ideology or Critical Social Science? In: Geof 10 (1)/ 5–18/ 1979.

AURADA K.D. (1982): Zur Anwendung des systemtheoretischen Kalküls in der Geographie. In: PGM 126 (4)/ 241–249/ 1982.

BACKHAUS J. (1979): Praktische Philosophie und politische Ökonomie. In: MITTELSTRASS J. (Hrsg.) (1979): Methodenprobleme der Wissenschaften vom gesellschaftlichen Handeln. (= stw 270). Frankfurt/M. 1979.

BADCOCK B. (1984): Unfairly structured cities. Oxford 1984.

BÄUERLE G. (1984): Der Freiraum als räumliches Wertobjekt. Ein Ansatz zu einer räumlichen Werttheorie. München 1984.

BAHRENBERG G. (1972): Räumliche Betrachtungsweise und Forschungsziele der Geographie. In: GZ 60 (1)/ 8–24/ 1972.

BAHRENBERG G. (1979): Anmerkungen zu E. Wirths vergeblichem Versuch einer wissenschaftstheoretischen Begründung der Länderkunde. In: GZ 67 (2)/ 147–157/ 1979.

BAHRENBERG G. (1987): Unsinn und Sinn des Regionalismus in der Geographie. In: GZ 75 (3)/ 149–159/ 1987.

BAHRENBERG G. (1988): The Changing Basis of Human Geography – a View from West Germany. In: GZ 76 (2)/ 65–78/ 1988.

BAHRENBERG G./FISCHER M.M. (1981): Planungstheorien. Zur Kritik des handlungstheoretischen und des politökonomischen Paradigmas. In: KGS 2/ 39–74/ 1981.

BAHRENBERG G./GIESE E. (1975): Statistische Methoden und ihre Anwendung in der Geographie. Stuttgart 1975.

BAHRENBERG G./DEITERS J. (Hrsg.) (1985): Zur Methodologie und Methodik der Regionalforschung. (=OSG Materialien 5). Osnabrück 1985.

BAHRENBERG G. et al. (Hrsg.) (1987): Geographie des Menschen – Dietrich Bartels zum Gedenken. (=BBGR 11). Bremen 1987.

BAILLY A.S. (1986): Subjective Distances and Spatial Representations. In: Geof 17 (1)/ 81–88/ 1986.

BAILLY A.S./BEGUIN H. (1982): Introduction la géographie humaine. Paris 1982.

BAILLY A.S./RACINE J.-B./WEISS-ALTANER E. (1978): Which Way is North? Directions for Human Geography. In: Geof 9 (4/5)/ 341–348/ 1978.

BAILLY A.S. (ed) (1984): Les concepts de la géographie humaine. Paris 1984.

BARNETT L. (1952): Einstein und das Universum. (=FiTB 21). Frankfurt/M. 1952.

BARROWS H.H. (1923): Geography as Human Ecology. In: AAAG 12 (1)/ 3–8/ 1923.

BARTELS C.P.A./KETELLAPPER R.H. (eds) (1979): Exploratory and explanatory statistical analysis of spatial data. Boston 1979.

BARTELS D. (1968a): Die Zukunft der Geographie als Problem ihrer Standortbestimmung. In: GZ 56 (2)/ 124–142/ 1968.

BARTELS D. (1968b): Zur wissenschaftstheoretischen Grundlegung einer Geographie des Menschen. (=ErdkWi 19). Wiesbaden 1968.

BARTELS D. (1969): Der Harmoniebegriff in der Geographie. In: E 100 (2)/ 124–137/ 1969.

BARTELS D. (1970a): Einleitung. In: BARTELS D. (Hrsg.) (1970): Wirtschafts- und Sozialgeographie. Köln 1970.

BARTELS D. (1970b): Zwischen Theorie und Metatheorie. In: GR 22 (11)/ 451–457/ 1970.

BARTELS D. (1972): Zur Aufgabe der Hochschulgeographie. In: DGT Erlangen-Nürnberg 1971 – Tagungsbericht und wissenschaftliche Abhandlungen. Wiesbaden 1972.

BARTELS D. (1973): Between theory and metatheory. In: CHORLEY R.J. (ed) (1973): Directions in Geography. London 1973.

BARTELS D. (1974): Schwierigkeiten mit dem Raumbegriff in der Geographie. In: GHelv 29 (Beiheft)/ 7–21/ 1974.

BARTELS D. (1975): Die Abgrenzung von Planungsregionen in der Bundesrepublik Deutschland – eine Operationalisierungsaufgabe. In: ARL (1975): Ausgeglichene Funktionsräume. (= F&S 94). Hannover1975.

BARTELS D. (1978): Raumwissenschaftliche Aspekte sozialer Disparitäten. In: MÖGG 120 (2)/ 227–242/ 1978.

BARTELS D. (1980a): Stichwort 'Wirtschafts- und Sozialgeographie'. In: Handwörterbuch der Wirtschaftswissenschaften, Lfg. 23 I. Köln 1980.

BARTELS D. (1980b): Geographie – Die Fachwissenschaft als Bezugswissenschaft der Fachdidaktik. In: KREUZER G. (Hrsg.) (1980): Didaktik des Geographieunterrichtes. Hannover 1980.

BARTELS D. (1981): Menschliche Territorialität und Aufgabe der Heimatkunde. In: RIEDEL W. (Hrsg.) Heimatbewusstsein. Husum 1981.

BARTELS D. (1982): Geography: paradigmatic change or functional recovery? A view from West Germany. In: GOULD P./OLSSON G. (eds) (1982): A Search for Common Ground. London 1982.

BARTELS D. (1984): Lebensraum Norddeutschland. (= KiGS 61). Kiel 1984.

BARTELS D. (Hrsg.) (1970): Wirtschafts- und Sozialgeographie. (= NWB 35). Köln 1970.

BARTHEL H. (Hrsg.) (1983): Ernst Neef – Ausgewählte Schriften. (= PGM Ergänzungsheft 283). Gotha 1983.

BASOVSKY O. (1984): Prognose zur Entwicklung der Geographie an der Komensky-Universität. In: HARKE H. (Hrsg.) (1984): Territoriale Strukturforschung und ihr Einfluss auf die Entwicklung der Geographie. Halle 1984.

BASSAND M. (1981): L'identité régionale. Contributions l'étude des aspects culturels du développement régional. Saint-Saphorin 1981.

BAUER L. (1986): Foreign Aid, Third World Progress and Competitiveness. In: ISC (Hrsg.) (1986): The Spirit of Competition. Choice, Challenge, Commitment. St. Gallen 1986.

BAUMGARTNER H. (Hrsg.) (1965): Festschrift Scheidl. Wien 1965.

BAUMGARTNER R. (1984): Die visuelle Landschaft. Kartierung der Ressource Landschaft in den Colorado Rocky Mountains (USA). (= Geographica Bernensia G 22). Bern 1984.

BEAUJEU-GARNIER J. (1971): Methods and Perspectives in Geography. (La geographie – methodes et perspectives. Paris 1971). London 1976.

BECHMANN A. (1978): Landschaftsplanung und Ökonomie. In: RR 36 (1/2)/ 28–37/ 1978.

BECK G. (1982): Der verhaltens- und entscheidungstheoretische Ansatz. In: SEDLACEK P. (Hrsg.) (1982): Kultur–/Sozialgeographie. (= UTB 1053). Paderborn 1982.

BECK G. (1985): Erklärende Theorie und Landeskunde. Überlegungen zur spezifischen Differenz zwischen Wissenschaft und Ideologie. (= KM 70). Karlsruhe 1985.

BECK U. (1986): Risikogesellschaft. Auf dem Weg in eine andere Moderne. (= es 1365). Frankfurt/M. 1986.

BECK U. (1988): Gegengifte. Die organisierte Unverantwortlichkeit. (= es 1468). Frankfurt/M. 1988.

BEHRENS K. (1971): Allgemeine Standortbestimmungslehre. (= UTB 72). Opladen 2\1971.

BENDIX S./GRAHAM H.R. (eds) (1978): Environmental Assessment. Approaching Maturity. Ann Arbor 1978.

BENNETT R.J. (1981a): Quantitative and theoretical geography in Western Europe. In: BENNETT R.J. (ed) (1981): European progress in spatial analysis. London 1981.

BENNETT R.J./CHORLEY R.J. (1978): Environmental systems. Philosophy, analysis and control. London 1978.

BENNETT R.J. (ed) (1981): European progress in spatial analysis. London 1981.

BERGER P.L./LUCKMANN T. (1969): Die gesellschaftliche Konstruktion der Wirklichkeit. Frankfurt/M. 1969.

BERMANN M. (1981): Wiederverzauberung der Welt. Am Ende des Newtonschen Zeitalters. (Reenchantment of the World). Reinbek 1985.

BERNARD U. (1978): Landschaftsökologische Aspekte des Systems Energie-Umwelt-Wirtschaft. In: L + S 10 (3)/ 125–136/ 1978.

BERNSMANN M. (1977): Geographie und Theorie. Wissenschaftstheoretische Überlegungen zum Selbstverständnis der Geographie. o. O. 1977.

BERRY B.J.L. (1961): A Method for Deriving Multi-Factor Uniform Regions. In: PrzG 33/ 263–279/ 1961.

BERRY B.J.L. (1964a): Approaches to Regional Analysis – A Synthesis. In: BERRY B.J.L./MARBLE D.F. (eds) (1968): Spatial analysis. A reader in statistical geography. Englewood Cliffs 1968.

BERRY B.J.L. (1964b): Cities as Systems within Systems of Cities. In: PapRSA 13/ 147–163/ 1964.

BERRY B.J.L. (1967): Commuting fields of central cities. Washington D.C. 1967.

BERRY B.J.L. (1968): A synthesis of formal and functional regionalization using general field theory of spatial behavior. In: BERRY B.J.L./MARBLE D.F. (eds) (1968): Spatial analysis. A reader in statistical geography. Englewood Cliffs 1968.

BERRY B.J.L. (1970): The Geography of the United States in the Year 2000. In: Tr 51/ 21–53/ 1970.

BERRY B.J.L. (1972): More on relevance and policy analysis. In: A 4/ 77–80/ 1972.

BERRY B.J.L. (1973): A paradigm for modern geography. In: CHORLEY R.J. (ed) (1973): Directions in Geography. London 1973.

BERRY B.J.L. (1980): Creating Future Geographies. In: AAAG 70 (4)/ 449–458/ 1980.

BERRY B.J.L./CONKLING E.C./RAY D.M. (1976): The Geography of Economic Systems. Englewood Cliffs 1976.

BERRY B.J.L. (ed) (1978): The Nature of Change in Geographical Ideas. (= Perspectives in Geography 3). DeKalb 1980.

BERRY B.J.L./MARBLE D.F. (eds) (1968): Spatial analysis. A reader in statistical geography. Englewood Cliffs 1968.

BERTALANFFY L.v. (1968): General System Theory: Foundations, Development, Applications. New York 1968.

BILLINGE M./GREGORY D./MARTIN R. (eds) (1984): Recollections of a Revolution – Geography as Spatial Science. London 1984.

BINSWANGER H.C. et al. (1978): Der NAWU-Report: Wege aus der Wohlstandsfalle. Strategien gegen Arbeitslosigkeit und Umweltkrise. Frankfurt/M. 1978.

BINSWANGER H.C. et al. (1983): Arbeit ohne Umweltzerstörung. Strategien für eine neue Wirtschaftspolitik. Frankfurt/M. 1983.

BIRD J. (1977): Progress report: Methodology and philosophy. In: PHG 1 (1)/ 104–110/ 1977.

BIRD J. (1978): Progress report: Methodology and philosophy. In: PHG 2 (1)/ 133–140/ 1978.

BIRD J. (1979): Progress report: Methodology and philosophy. In: PHG 3 (1)/ 117–125/ 1979.

BIRKENHAUER J. (1976): Bibliographie Didaktik der Geographie. (= UTB 554). Paderborn 1976.

BIRNBACHER D. (1980a): Sind wir für die Natur verantwortlich? In: BIRNBACHER D. (Hrsg.) (1980): Ökologie und Ethik. Stuttgart 1980.

BIRNBACHER D. (Hrsg.) (1980): Ökologie und Ethik. (= RUB 9983). Stuttgart 1980.

BIRNBACHER D./HOERSTER N. (Hrsg.) (1984): Texte zur Ethik. (= dtv 4456). München 5\1984.

BLAIKIE P. (1978): The theory of the spatial diffusion of innovations: a spacious cul-de-sac. In: PHG 2 (2)/ 268–295/ 1978.

BLALOCK H.M. (1964): Causal Inferences in Nonexperimental Research. Chapel Hill 1964.

BLAUT J.M. (1979a): The dissenting tradition. In: AAAG 69/ 157–164/ 1979.

BLAUT J.M. (1979b): Some principles of ethnogeography. In: GALE S./OLSSON G. (eds) (1979): Philosophy in Geography. Dordrecht 1979.

BLIJ H.J. (1977): Human Geography. Culture, Society, and Space. New York 1977.

BLOTEVOGEL H.H./HEINEBERG H. (1976): Bibliographie zum Geographiestudium. 2 Bde. Paderborn 1976.

BLOWERS A.T. (1972): Relevance: Bleeding hearts and open values. In: A 4/ 290–292/ 1972.

BLOWERS A.T. (1974): Relevance, research, and the political process. In: A 6/ 32–36/ 1974.

BLUME H./SCHWARZ R. (1976): Zur Regionalisierung der USA. In: GZ 64 (4)/ 262–295/ 1976.

BLUNDEN J. et al. (eds) (1978): Fundamentals of Human Geography: a reader. London 1978.

BOARD C. (1967): Maps as Models. In: CHORLEY R.J./HAGGETT P. (eds) (1967): Models in Geography. London 1967.

BOBEK H. (1957): Gedanken über das logische System der Geographie. In: MGGW 99/ 122–145/ 1957.

BOCHENSKI I. (1954): Die zeitgenössischen Denkmethoden. (= UTB 6). München 8\1980.

BÖCKMANN W. (1985): Der Mensch vor der Frage nach dem Sinn. München 1985.

BÖHME G./ENGELHARDT M. (Hrsg.) (1979): Entfremdete Wissenschaft. (= stw 278). Frankfurt/M. 1979.

BÖHME G./SCHRAMM E. (Hrsg.) (1985): Soziale Naturwissenschaft. Wege zu einer Erweiterung der Ökologie. (= FiTB 4172). Frankfurt/M. 1985.

BÖKEMANN D. (1981): Zu A. Bechmanns 'Grundlagen der Planungstheorie und Planungsmethodik'. In: RR 39 (5–6)/ 297–298/ 1981.

BÖKEMANN D. (1982): Theorie der Raumplanung. Regionalwissenschaftliche Grundlagen für die Stadt–, Regional– und Landesplanung. München 1982.

BOESCH H. (1969): Weltwirtschaftsgeographie. Braunschweig 2\1969.

BOESCH H. (1975): 'Region' als Instrument der Politik. In: KÜPPER U.I./ SCHAMP E.W. (Hrsg.) (1975): Der Wirtschaftsraum. Festschrift Otremba. Wiesbaden 1975.

BOESCH M. (1969): Girlandenböden zwischen Prättigau und Puschlav. Zürich 1969.

BOESCH M. (1979): Intraurbane Zentralitätsforschung und Stadtplanung. Zur Versorgungsqualität in der Stadt St.Gallen. In: BRR 23 (1)/ 28–36/ 1979.

BOESCH M. (1981a): Zur ökologischen Effizienz von Raumsystemen – eine neue Dimension der Umweltpolitik. In: BRUHIN A. (Hrsg.) (1981): Aktuelle Umweltforschung. 8. SCO-Symposium 1979. St.Gallen 1981.

BOESCH M. (1981b): Ökologische Kriterien zur Beurteilung von Entwicklungsprojekten. (= ArbB 20 NFP 'Regionalprobleme'). Bern 1981.

BOESCH M. (1983): Zur Zentralitätsstruktur in Stadt und Region St.Gallen. In: LÖTSCHER L. (Hrsg.) (1983): Stadtdynamik in der Schweiz. (= SNG-Jahrbuch 1982). Basel 1983.

BOESCH M. (1986): Zur Bedeutung von Quartierzentren in der Stadtentwicklungspolitik. Möglichkeiten einer engagierten Stadtgeographie. In: GHelv 41 (4)/ 198–206/ 1986.

BOESCH M. (1987): Theorie und Praxis einer Engagierten Geographie. (= FWR-Publikation 12). St. Gallen 1987.

BOESCH M. (Hrsg.) (1985): Baugestaltung in den Regionen. Chur 1985.

BOESE P. et al. (1975): Systemanalyse zur Landesentwicklung Baden-Württemberg. Ausgewogenheit, Belastbarkeit und Entwicklungspotential des Landes Baden-Württemberg und seiner Regionen. o.O. (Stuttgart) 1975.

BOESLER K.-A. (1983): Politische Geographie. (=TSt Geographie). Stuttgart 1983.

BÖVENTER E.v. (1962): Theorie des räumlichen Gleichgewichts. Tübingen 1962.

BOLLNOW O.F. (1963): Mensch und Raum. Stuttgart 3\1976.

BONSS W./HARTMANN H. (Hrsg.) (1985): Entzauberte Wissenschaft. Zur Relativität und Geltung soziologischer Forschung. (=Soziale Welt Sonderband 3). Göttingen 1985.

BORCHERDT CH. (1972): Zur didaktisch-methodischen Umorientierung in der Hochschulgeographie. In: DGT Erlangen-Nürnberg 1971 – Tagungsbericht und wissenschaftliche Abhandlungen. Wiesbaden 1972.

BORCHERDT CH./KUBALLA S. (1985): Der 'Landverbrauch' – seine Erfassung und Bewertung. (=Stuttgarter Geogr Studien 104). Stuttgart 1985.

BOSSEL H. (1985): Umweltdynamik. 30 Programme für kybernetische Umwelterfahrungen auf jedem BASIC-Rechner. München 1985.

BOUDEVILLE J. (1968): Les notions d'espace et d'intégration. In: BOESLER K.-A. (Hrsg.) (1980): Raumordnung. (=WdF CCCXXX). Darmstadt 1980.

BOUSTEDT O. (1975): Grundriss der empirischen Regionalforschung. Bd. I-IV. (=TzR 4–7). Hannover 1975.

BOWEN M. (1981): Empiricism and Geographical Thought. Cambridge 1981.

BOYLAN E.S. (1972): The System Dynamics approach to modeling world-wide interaction: a critical analysis. New York 1972.

BRASSEL K./ROTACH M.C. (Hrsg.) (1988): Die Nutzung des Bodens in der Schweiz. (=Zürcher Hochschulforum 11). Zürich 1988.

BREITBART M.M. (1981): Peter Kropotkin, the Anarchist Geographer. In: STODDART D.R. (ed) (1981): Geography, Ideology and Social Concern. Oxford 1981.

BRUGGER E.A. (1981): «Regionalprobleme in der Schweiz» und der Beitrag der Geographie. In: OSTHEIDER M./STEINER D. (Hrsg.) (1981): Theorie und Quantitative Methodik in der Geographie. (=ZGS 1). Zürich 1981.

BRUGGER E.A. (1982): Regionale Strukturpolitik in Entwicklungsländern. Probleme, Ansprüche und Möglichkeiten in Costa Rica aus wirtschaftsgeographischer Sicht. Diessenhofen 1982.

BRUGGER E.A. (1984): Die Bedeutung der Arbeitsmarktentwicklung für die Regionalpolitik – Grundfragen und Schlüsselprozesse. In: BRUGGER E.A. (Hrsg.) (1984): Arbeitsmarktentwicklung: Schicksalsfrage der Regionalpolitik? Diessenhofen 1984.

BRUGGER E.A./HÄBERLING G. (1978): Föderalistischer Ausgleich durch eine zugriffige Raumordnungspolitik. In: DISP 51/ 5–13/ 1978.

BRUGGER E.A. et al. (Hrsg.) (1984): Umbruch im Berggebiet. Die Entwicklung des schweizerischen Berggebietes zwischen Eigenständigkeit und Abhängigkeit aus ökonomischer und ökologischer Sicht. Bern 1984.

BRUHIN A. (Hrsg.) (1981): Aktuelle Umweltforschung. 8. SCO-Symposium 1979. St.Gallen 1981.

BUCHER J. (1983): Schädigung von Ökosystemen aus der Sicht des Forstwesens. In: SGU-Bulletin 9/1983.

BUCHWALD K. (1972): Umwelt und Gesellschaft zwischen Wachstum und Gleichgewicht. In: RR 30 (4–5)/ 147–167/ 1972.

BUCHWALD K./ENGELHARDT W. (Hrsg.) (1978): Handbuch für Planung, Gestaltung und Schutz der Umwelt. 4 Bde. München 1978f.

BÜLOW I.v. (1988): Systemgrenzen als Problem der Systemmethodik im Management von Institutionen. Der Beitrag der Weichen Systemmethodik zum Problembearbeiten. Diss. HSG. Frankfurt 1988.

BÜRGIN M. et al. (1985): Untersuchungen zur Verbesserung von Landschaftsbewertungs-Methoden. (=FWR-Publikation 19). St. Gallen 1985.

BUGMANN E. (1975): Die formale Umweltqualität. Ein quantitativer Ansatz auf geographisch–ökologischer Grundlage. Solothurn 1975.

BUGMANN E. et al. (1986): Die Bestimmung des biodynamischen Potentials der Landschaft. (=FWR-Publikation 10). St. Gallen 1986.

BUNGE M. (1979): Kausalität – Geschichte und Probleme. (Causality: the Place of the Causal Principle in Modern Science). Tübingen 1987.

BUNGE W. (1966): Theoretical Geography. (=Lund Studies in Geography C 1). Lund 2\1966.

BUNGE W. (1979): Fred K. Schaefer and the science of geography. In: AAAG 69 (1)/ 128–132/ 1979.

BURGARD G. et al. (1970): Bestandesaufnahme zur Situation der Deutschen Schul- und Hochschulgeographie. In: DGT Kiel 1969 – Tagungsbericht und wissenschaftliche Abhandlungen. Wiesbaden 1970.

BURNETT P. (1978): Time cognition and urban travel behavior. In: GAnn 60B (2)/ 107–115 / 1978.

BURNETT P. (ed) (1981): Studies in Choice, Constraints, and Human Spatial Behavoirs. In: EcG 57 (4)/ 291–383/ 1981.

BURTON I. (1963): Quantitative Revolution und theoretische Geographie. (Quantitative Revolution and Theoretical Geography). In: BARTELS D. (Hrsg.) (1970): Wirtschafts- und Sozialgeographie. Köln 1970.

BUTTIMER A. (1974): Values in Geography. (=AAG Resource paper 24). Washington DC 1974.

BUTTIMER A. (1976): Grasping the dynamisme of lifeworld. In: AAAG 66/ 277–292/ 1976.

BUTTIMER A. (1981): On people, paradigms, and 'progress'. In: STODDART D.R. (ed) (1981): Geography, Ideology and Social Concern. Oxford 1981.

BUTTLER F. et al. (1975): Funktionsfähige regionale Arbeitsmärkte als Bestandteil ausgewogener Funktionsräume. In: ARL (1975): Ausgeglichene Funktionsräume. (=F&S 94). Hannover 1975.

BUTZIN B. (1982): Elemente eines konfliktorientierten Basisentwurfs zur Geographie des Menschen. In: SEDLACEK P. (Hrsg.) (1982): Kultur-/Sozialgeographie. (=UTB 1053). Paderborn 1982.

CADWALLADER M. (1978): Urban information and preference surfaces – their patterns, structures, and interrelationship. In: GAnn 60B (2)/ 97–106/ 1978.

CAMHIS M. (1979): Planning Theory and Philosophy. London 1979.

CAPRA F. (1982): Wendezeit. Bausteine für ein neues Weltbild. (The Turning Point: Science, Society and the Rising Culture). Bern 8\1984.

CARLSTEIN T. (1986): Planung und Gesellschaft: ein 'Echtzeit'–System im Raum. Zeitgeographische Aspekte der Raumplanung. In: GHelv 41 (3)/ 117–125/ 1986.

CARLSTEIN T. et al. (eds) (1978): Timing Space and Spacing Time. London 1978.

CARNAP R. (1966): Einführung in die Philosophie der Naturwissenschaften. (Philosophical Foundations of Physics). Frankfurt/M. 1986.

CAROL H. (1956): Zur Diskussion um Landschaft und Geographie. In: GHelv 11 (2)/ 111–133/ 1956.

CAROL H. (1957): Grundsätzliches zum Landschaftsbegriff. (PGM 101/ 93–97/ 1957). In: PAFFEN K. (Hrsg.) (1973): Das Wesen der Landschaft. (= WdF XXXIX). Darmstadt 1973.

CAROL H. (1963): Zur Theorie der Geographie. In: MÖGG 105 (I/II)/ 23–38/ 1963.

CAROL H. (1964): Open letter to Professor Kenneth Hare. In: CanG 8/ 203f/ 1964.

CARTER H. (1972): The Study of Urban Geography. London 1972.

CASTELLS M. (1977): The urban question. London 1977.

CASTELLS M. (1978): Cities, Class and Power. London 1978.

CHAPMAN G.P. (1977): Human and environmental systems. A geographer's appraisal. London 1977.

CHAPPELL J.E. (1975): The Ecological Dimension – Russian and American Views. In: AAAG 65 (2)/ 144–162/ 1975.

CHECKLAND P.B. (1979): Techniques in «Soft» Systems Practice. In: JASA 6/ 1979.

CHEVALLAZ G.-A. (1970): Die Probleme der Regionalisierung in Europa. In: EUROPARAT (Hrsg.) Achte Tagung der Europäischen Gemeindekonferenz 26.–30. Okt. 1970. Strasbourg 1970.

CHISHOLM M. (1971): Geography and the question of 'relevance'. In: A 3/ 65–68/ 1971.

CHOJNICKI Z./WROBEL A. (1976): The Scientific-Technological Revolution and Geography. In: Geof 7 (5/6)/343-345/ 1976.

CHORLEY R.J. (1964): Geography and analogue theory. In: AAAG 54/ 127–137/ 1964.

CHORLEY R.J. (1967): Models in geomorphology. In: CHORLEY R.J./HAGGETT P. (eds) (1967): Models in Geography. London 1967.

CHORLEY R.J. (1973a): Geography as human ecology. In: CHORLEY R.J. (ed) (1973): Directions in Geography. London 1973.

CHORLEY R.J. (ed) (1973): Directions in Geography. London 1973.

CHORLEY R.J./HAGGETT P. (eds) (1967): Models in Geography. London 1967.

CHRISTALLER W. (1933): Die Zentralen Orte in Süddeutschland. Eine ökono-
    misch-geographische Untersuchung über die Gesetzmässigkeit der Verbrei-
    tung und Entwicklung der Siedlungen mit städtischen Funktionen. (Jena
    1933) Darmstadt 2\1968.

CLAVAL P. (1981): Methodology and geography. In: PHG 5 (1)/ 97–103/ 1981.

CLAVAL P. (1982): Progress report: Methodology and philosophy. In: PHG 6
    (3)/ 449–454/ 1982.

CLIFF A.D./ORD J.K. (1973): Spatial autocorrelation. London 1973.

CODY M.L./DIAMOND J.M. (eds) (1975): Ecology and Evolution of Communi-
    ties. R.H. MacArthur Memorial Symposium 1973. Cambridge/Mass. 1975.

COFFEY W.J. (1981): Geography – Towards a general spatial systems approach.
    London 1981.

COLE J.P./KING C.A.M. (1968): Quantitative Geography. Techniques and
    Theories in Geography. London 1968.

COOPER S.H. (1966): Theoretical geography, applied geography, and planning.
    In: ProfG 18/ 1ff/ 1966.

COPPOCK J.T. (1970): Geographers and conservation. In: A 2/ 24–26/ 1970.

CORAZZA R. (1985): Zeit, social time und die zeitliche Ordnung des Verhaltens.
    Grundlagen zu einer Sozialzeitforschung und Sozialzeitpolitik. Diss. HSG.
    Bamberg o.J.

COSGROVE D.E. (1984): Social Formation and Symbolic Landscape. London
    1984.

COUPE B. (1977): Regional economic structure and environmental pollution.
    (=Studies in Applied Regional Science 5). Leiden 1977.

CURRY M. (1985): On Rationality: Contemporary Geography and the Search
    for the Foolproof Method. In: Geof 16 (2)/ 109–118/ 1985.

CZAJKA W. (1963): Systematische Anthropogeographie. In: GTB 1962/63.
    Wiesbaden o.J.

DACEY M.F. (1973): Some questions about spatial distributions. In: CHORLEY
    R.J. (ed) (1973): Directions in Geography. London 1973.

DAHL J. (1982): Verteidigung des Federgeistchens. Über Ökologie und über
    Ökologie hinaus. In: Scheidewege 12 (2)/ 175–199/ 1982.

DALY H.E. (1968): On economics as Life Science. In: JPolEc 76 (3)/ 1968.

DANSEREAU P. (1978): An Ecological Grading of Human Settlements. In: Geof
    9(3)/ 161–210/ 1978.

DANZ W./RUHL G. (1976): Zur Bestimmung von stark belasteten Fremdenver-
    kehrsgebieten – ein nutzwertanalytisches Modell. In: BRR 20 (3/4)/ 25–29/
    1976.

DAUM E./SCHMIDT-WULFFEN W.-D. (1980): Erdkunde ohne Zukunft? Konkrete
    Alternativen zu einer Didaktik der Belanglosigkeiten. Paderborn 1980.

DAVIES W.K.D. (1972): The Conceptual Revolution in Geography. London
    1972.

DEITERS J./GAEBE W./HÖLLHUBER D. (1974): Ein neuer Studiengang zur 'Kultur-
    und Sozialgeographie'. In: KRÜGER R. (Hrsg.) (1974): Beispiele zu hochschul-
    didaktischen Konzeptionen des Geographiestudiums. Braunschweig 1974.

DEMEK J. (1978): The Landscape as a Geosystem. In: Geof 9 (1)/ 29–34/ 1978.

DE GEER S. (1923): On the definition, method and classification of Geography. In: GAnn 5 (1)/ 1–37/ 1923.

DHUD (ed) (1970): Departement of Housing and Urban Development. Techniques of Housing Market Analysis. Washington DC 1970.

DICKENSON J.P./CLARKE C.G. (1972): Relevance and the 'newest geography'. In: A 4/ 25–27/ 1972.

DICKINSON R.E. (1976): Regional Concept: The Anglo-American Leaders. London 1976.

DIEMER A. (1964): Was heisst Wissenschaft. Meisenheim 1964.

DIEMER A./FRENZEL I. (Hrsg.) (1967): Philosophie. (=FiLex 11). Frankfurt/M. 1975.

DIETER H.H. (1986): Grenzwerte und Wertfragen. In: ZUU 9 (4)/ 375–390/ 1986.

DOUGLAS I. (1986): The unity of geography is obvious ... In: Tr/NS 11 (4)/ 459–463/ 1986.

DOWNS R./STEA D. (1977): Maps in Minds. Reflections on Cognitive Mapping. New York 1977.

DOWNS R./STEA D. (eds) (1973): Image and Environment. Cognitive Mapping and spatial Behavior. Chicago 1973.

DREISSIGACKER H. (1980): Die wesentlichen Zielsetzungen des Entwurfes einer Novelle 1978 zum Bundes-Immissionsschutzgesetz. In: IzR 7 (9/10)/ 475–488/ 1980.

DÜRR H. (1978): Volksrepublik China. In: SCHÖLLER/DÜRR/DEGE (1978): Fischer Länderkunde 1 (Ostasien). Frankfurt/M. 1978.

DÜRR H. (1986): Was könnte das sein: eine Geographische Theorie? In: KÖCK H. (Hrsg.) (1986): Theoriegeleiteter Geographieunterricht. Hildesheimer Symposium 1985. (=GDidF 15). Lüneburg 1986.

DUNBAR G.S. (1981): Elisée Reclus, an Anarchist in Geography. In: STODDART D.R. (ed) (1981): Geography, Ideology and Social Concern. Oxford 1981.

DUNCAN J.S. (1980): The Superorganic in American Cultural Geography. In: AAAG 70 (2)/ 181–198/ 1980.

DUNCAN S.S. (1979): Qualitative Change in Human Geography – An Introduction. In: Geof 10 (1)/ 1–4/ 1979.

DUWE K. (Hrsg.) (1987): Regionalismus in Europa. Beiträge über kulturelle und sozio-ökonomische Hintergründe des politischen Regionalismus. Frankfurt/M. 1987.

EBERLE T.S. (1984): Sinnkonstitution in Alltag und Wissenschaft. Der Beitrag der Phänomenologie an die Methodologie der Sozialwissenschaften. Bern 1984.

EBINGER H. (1971): Einführung in die Didaktik der Geographie. (=rombach hochschul paperback 27). Freiburg 2\1973.

ECKEY H.-F. (1976): Zwei Methoden zur Abgrenzung und Unterteilung funktionaler Regionen – Die Faktoren- und die Input-Output-Analyse. In: RR 34 (1/2)/ 33–40/ 1976.

ECKSTEIN B. (1972): Hochschuldidaktik und gesamtgesellschaftliche Konflikte. (=es 536). Frankfurt/M. 1972.

ECO U. (1980): Der Name der Rose. (Il nome della rosa). München 26\1984.

EGLI E. (1959): Erdbild als Schicksal. Aus Raum und Leben des Kleinstaates. Zürich 1959.

EGLI E. (1975): Mensch und Landschaft. Kulturgeographische Aufsätze und Reden. Zürich 1975.

EHRLICH P.R./EHRLICH A.H. (1970): Population – Resources – Environment. Issues in Human Ecology. San Francisco 1970.

EIDG. STATISTISCHES AMT (1977): Bevölkerungsprojektionen für die Schweiz 1976–2006. (=Beiträge zur schweizerischen Statistik 43). Bern 1977.

EIGEN M. (1983): Zufall und Gesetz bei der Entstehung des Lebens. (=Aulavorträge HSG 20). St. Gallen 1983.

EISEL U. (1979): Paradigmawechsel? Zur Situation der deutschen Anthropogeographie. In: SEDLACEK P. (Hrsg.) (1979): Zur Situation der deutschen Geographie zehn Jahre nach Kiel. Osnabrück 2\1983.

EISEL U. (1980): Die Entwicklung der Anthropogeographie von einer 'Raumwissenschaft' zur Gesellschaftswissenschaft. (=U+R 17). Kassel 1980.

EISEL U. (1981): Abstrakte und konkrete Natur – Humanökologische Überlegungen zum gesellschaftlichen Charakter der Naturbegriffe in der Landschaftsforschung. In: L+S 13 (3)/ 128–134/ 1981.

EISEL U. (1982): Regionalismus und Industrie. Über die Unmöglichkeit einer Gesellschaftswissenschaft als Raumwissenschaft. In: SEDLACEK P. (Hrsg.) (1982): Kultur-/Sozialgeographie. (=UTB 1053). Paderborn 1982.

ELIOT HURST M.E. (1985): Geography has neither existence nor future. In: JOHNSTON R.J. (ed) (1985): The Future of Geography. London 1985.

ELKAR R.S. (1980): Europas unruhige Regionen. Geschichtsbewusstsein und europäischer Regionalismus. Stuttgart 1980.

ELSASSER H. (1970): Die industriellen Standortvoraussetzungen in der Schweiz. (=ORL-B 15). Zürich 1970.

ELSASSER H. (1976): Gedanken zur prognostischen Geographie. In: GHelv 31 (1)/ 49–55/ 1976.

ELSASSER H./WEGELIN F. (1980): Auswertung der Betriebszählung 1975 nach Regionen. In: RPCH 10 (1)/ 10–17/ 1980.

ELSASSER H./STEINER D. (Hrsg.) (1984): Räumliche Verflechtungen in der Wirtschaft. Seminartagung in Zürich, 9. Dez. 1983. (=ZGS 13). Zürich 1984.

ELSASSER H./TRACHSLER H. (Hrsg.) (1987): Raumbeobachtung in der Schweiz. (=Wirtschaftgeographie und Raumplanung 1). Zürich 1987.

ENGEL J. (1978): Dezentrale Curriculumentwicklung – Erfahrungen und Ergebnisse der Entwicklungsphase des RCFP 1974–1976. In: DGT Mainz 1977 – Tagungsbericht und wissenschaftliche Abhandlungen. Wiesbaden 1978.

ENGEL J. (Hrsg.) (1976): Von der Erdkunde zur raumwissenschaftlichen Bildung. Theorie und Praxis des Geographieunterrichts. Bad Heilbrunn 1976.

ENGELHARD K. (1987): Allgemeine Geographie und regionale Geographie – eine wissenschafts-, handlungs- und systemtheoretische Konsequenz. In: KÖCK H. (Hrsg.) (1987) Mensch und Raum. Festschrift Paul Schäfer. Hildesheim 1987.

ESCHER H. (1970): Die Bestimmung der klimatischen Schneegrenze in den Schweizer Alpen. In: GHelv 25 (1)/ 35–43/ 1970.

ESSER H. et al. (1977): Wissenschaftstheorie 1: Grundlagen und Analytische Wissenschaftstheorie. (= TS Soziologie 28). Stuttgart 1977.

ESTERBAUER F. (1980): Regionalismus – ideologische Wurzel, Begrissfeld, Funktionen. In: IzR 7 (5)/ 255–262/ 1980.

EUROPARAT (Hrsg.) (1970): Achte Tagung der Europäischen Gemeindekonferenz 26.–30. Okt. 1970. Strasbourg 1970.

EVD (Hrsg.) (1972): Grundlagen zu den Leitlinien für die Berggebietsförderung. Bericht Arbeitsgruppe Stocker. Bern 1972.

EVRENSEL A. (1985): Gastarbeiter – Ein Problem für das Fach 'Geographie' und für die Gesellschaft? In: GHelv 40 (3)/ 107–112/ 1985.

EWALD K. (1978): Der Landschaftswandel. Zur Veränderung schweizerischer Kulturlandschaften im 20. Jahrhundert. (= Bericht 191 der EAFV). Birmensdorf 1978.

FANKHAUSER G. (1985): Die Spirale als Modell der Entwicklung. In: HARTMANN H./MISLIN H. (Hrsg.) (1985): Die Spirale im menschlichen Leben und in der Natur.Basel 1985.

FEIL H.-D. (1977): Normativer Unterricht. Ein didaktisches Konzept zur Transparenz von Normen. München 1977.

FELLER N. (1979): Beurteilung des Landschaftsbildes. In: NL 54 (7/8)/ 240–245/ 1979.

FERGUSON M. (1980): Die Sanfte Verschwörung. Persönliche und Gesellschaftliche Transformation im Zeitalter des Wassermanns. (The Aquarian Conspiracy). Basel 3\1983.

FERRIER J.-P./RACINE J.-B./RAFFESTIN C. (1978): Vers un paradigme critique: matériaux pour un projet géographique. In: EspG (4)/ 291–297/ 1978.

FEYERABEND P. (1975): Wider den Methodenzwang. (Against method. Outline of an Anarchistic Theory of Knowledge). (= stw 597).Frankfurt/M. 1986.

FEYERABEND P. (1980): Erkenntnis für freie Menschen. Veränderte Ausgabe. (= es 1011). Frankfurt/M. 1980.

FEYERABEND P. (1985): Wissenschaft als Kunst. (= es 1231). Frankfurt/M. 1985.

FEYERABEND P./THOMAS CH. (Hrsg.) (1985): Grenzprobleme der Wissenschaften. Zürich 1985.

FEYERABEND P./THOMAS CH. (Hrsg.) (1986): Nutzniesser und Betroffene von Wissenschaften. Zürich 1986.

FINGERHUTH C. (1985): Die Stadt – ein System. Ganzheitliche statt sektorieller Betrachtung. In: Plan 42 (10) /35–39/ 1985.

FINKE L. (1978): Der ökologische Ausgleichsraum – plakatives Schlagwort oder realistisches Planungskonzept? In: L+S 10 (3)/ 114–119/ 1978.

FISCHER E.P. (1987): Sowohl als auch. Denkerfahrungen der Naturwissenschaften. Hamburg 1987.

FISCHER G. (1969): Berechnung und Vorausschätzung regionaler Volkseinkommenszahlen in der Schweiz 1950–1980. St.Gallen 1969.

FISCHER G. (1973a): Praxisorientierte Theorie der Regionalforschung. Analyse räumlicher Entwicklungsprozesse als Grundlage einer rationalen Regionalpolitik für die Schweiz. Tübingen 1973.

FISCHER G. (1973b): Schaffhausen – Zukunft einer Region. Schaffhausen 1973.

FISCHER G. (1974): Die Regionalforschung in der Schweiz – Standortbestimmung und Zukunftsaufgaben. In: WR 26 (1)/ 63–74/ 1974.

FISCHER G. (1980): Der Wohlstand der Kantone. Grundlagen und Ergebnisse kantonaler Volkseinkommensrechnungen für 1975. Bern 1980.

FISCHER G. (1985): Räumliche Disparitäten in der Schweiz. Überblick und Bilanz. Bern 1985.

FISCHER G./BRUGGER E.A. (Hrsg.) (1985): Regionalprobleme in der Schweiz. Ergebnisse eines Nationalen Forschungsprogramms. Bern 1985.

FISCHER H. (1987): Gegenstand und Aufgaben der Didaktik im Hochschulunterricht. In: LENDI M. (Hrsg.) (1987): Didaktik des Raumplanungsunterrichts. (=DISP 89/90). Zürich 1987.

FISCHER M.M. (1978): Theoretische und methodische Probleme der regionalen Taxonomie. In: BBGR 1/ 19–50/ 1978.

FISCHER M.M. (1982): Zur Entwicklung der Raumtypisierungs- und Regionalisierungsverfahren in der Geographie. In: MÖGG 124 (1)/ 5–26/ 1982.

FISHER C.A. (1977): A confusion of concepts – region and regional. In: GJ 143 (1)/ 89–90/ 1977.

FLIEDNER D. (1984): Umrisse einer Theorie des Raumes. Eine Untersuchung aus historisch-geographischem Blickwinkel. Saarbrücken 1984.

FLIEDNER D. (1987): Raum, Zeit und Umwelt. Eine theoretische Betrachtung aus anthropogeographischer Sicht. In: GZ 75 (2)/ 72–84/ 1987.

FLÜCKIGER H. (1979): Die Anliegen der Raumplanung gegenüber der Sachplanung. In: RPCH 8 (1)/ 3–14/ 1979.

FOCHLER-HAUKE G. (Hrsg.) (1968): Allgemeine Geographie. (=FiLex 14). Frankfurt/M. 1968.

FORER P. (1978): A place for plastic space? In: PHG 2 (2)/ 230–264/ 1978.

FORNALLAZ P. (1982): Eine alte Aufgabe der Hochschule neu beleuchtet. In: SGG/SNG-Bulletin 1982/1.

FORNALLAZ P. (1986): Die ökologische Wirtschaft. Auf dem Weg zu einer verantworteten Wirtschaftsweise. Aarau 1986.

FORNECK H.J. (1989): Neue Unübersichtlichkeit in den Unterrichtswissenschaften. In: GHelv 44 (1)/ 4–11/ 1989.

FORRESTER J.W. (1968): Principles of Systems. Cambridge/Mass. 1968.

FORRESTER J.W. (1969): Urban Dynamics. Cambridge/Mass. 1969.

FOUCAULT M. (1966): Die Ordnung der Dinge. Eine Archäologie der Humanwissenschaften. (Les mots et les choses: une archéologie des sciences humaines). (=stw 96). Frankfurt/M. 1974.

FRANKL V. (1972): Wille zum Sinn. München 1972.

FRANKL V. (1986): Der Mensch vor der Frage nach dem Sinn. Eine Auswahl aus dem Gesamtwerk. (=SP 289). München 1986.

FRANZ H.P. (1984): Der deutsche Beitrag zum UNESCO-Programm 'Der Mensch und die Biosphäre' (MAB). Stand, Entwicklung und Ausblick. (=Mitteilungen MAB-BRD 18). Bonn 2\1985.

FREHLAND E. (ed) (1984): Synergetics – From Microscopic to Macroscopic Order. (=SSS 22). Berlin 1984.

FREMONT A. (1978): Der 'Erlebnisraum' und der Begriff der Region. Ein Bericht über neuere französische Forschungen. In: GZ 66 (4)/ 276–288/ 1978.

FREY B.S. (1972): Umweltökonomie. Göttingen 1972.

FREY R.L. (1988): Verkehr zu billig – Mobilität zu hoch. Gesamtwirtschaftliche Überlegungen zur Förderung des öffentlichen Verkehrs. In: Thema (5)/ 33–36/ 1988.

FRIEDMANN J.R.P. (1956): The Concept of a Planning Region. In: LEc 32 (1)/ 1956.

FRITSCH M. (1978): 'Agglomerationsbesteuerung' als Instrument der Regionalpolitik in der BRD? In: IzR 5 (4)/ 289–300/ 1978.

FROMM E. (1976): Haben oder Sein. Die seelischen Grundlagen einer neuen Gesellschaft. (To Have or to Be?). Stuttgart 1976.

GADAMER H.-G. (1972): Theorie, Technik, Praxis – die Aufgabe einer neuen Anthropologie. In: GADAMER H.-G. (Hrsg.) Neue Anthroplogie, Bd. 1/I. (=dtv/Thieme 4069). Stuttgart 1972.

GALE S./OLSSON G. (eds) (1979): Philosophy in Geography. Dordrecht 1979.

GALTUNG J. (1979): Methodologie und Ideologie. Frankfurt/M. 1979.

GANSER K. (1970): Thesen zur Ausbildung des Diplomgeographen. In: DGT Kiel 1969 – Tagungsbericht und wissenschaftliche Abhandlungen. Wiesbaden 1970.

GANSER K. (1976): Raumordnung aus der Sicht des Geographen. In: GR 28 (10)/ 397–405/ 1976.

GANSER K. (1978): Entwicklungsgrenzen des Alpenraumes. (=Council of Europe AS/Coll/Alp.(78)4). o.O. o.J.

GATRELL A.C. (1983): Distance and Space. A Geographical Perspective. Oxford 1983.

GEHRIG R./LEIBUNDGUT H. (1971): Grundlagen zur Abgrenzung und Typisierung von Planungsregionen. (=ORL-B 27). Zürich 1971.

GEILINGER U. (1984): Ausmass, Ursachen und Folgen der funktionalen Arbeitsteilung zwischen Regionen in der Schweiz. (=ZGS 12). Zürich 1984.

GERASIMOV I.P. (1976): What are constructive Trends in Soviet Geography? In: Geof 7 (5–6)/ 387–393/ 1976.

GERASIMOV I.P. (1979): Modern Soviet Geography. In: Geof 10 (3)/ 219–221/ 1979.

GERLACH U. et al. (1978): Vegetationsentwicklung auf Weinbergsbrachen des Rheinischen Schiefergebirges. Ein Vergleich zweier Vegetationszustände (1961 und 1976). In: NL 53 (11)/ 344–351/ 1978.

GERLING W. (1965): Der Landschaftsbegriff in der Geographie. Kritik einer Methode. Würzburg 1965.

GERLING W. (1973): Allgemeine Geographie und Länderkunde. Grundfragen und Wandlungen geographischer Erkenntnis. In: Probleme der Allgemeinen und Regionalen Geographie. Würzburg 1973.

GIDDENS A. (1979): Central Problems in Social Theory. Action, Structure, and Contradiction in Social Analysis. London 1979.

GIDDENS A. (1984): Die Konstitution der Gesellschaft. Grundzüge einer Theorie der Strukturierung. (The Constitution of Society. Outline of the Theory of Structuration). Frankfurt/M. 1988.

GIEDION S. (1948): Die Herrschaft der Mechanisierung. Ein Beitrag zur anonymen Geschichte. (Mechanization Takes Command). Frankfurt/M. 1982.

GIESE E. (1980): Entwicklung und Forschungsstand der 'Quantitativen Geographie' im deutschsprachigen Bereich. In: GZ 68 (4)/ 256–283/ 1980.

GIESE E. (Hrsg.) (1975): Symposium 'Quantitative Geographie' – Möglichkeiten und Grenzen der Anwendung mathematisch-statistischer Methoden in der Geographie. (=GGS 32). Giessen 1975.

GIGON A. (1981): Ökologische Stabilität: Typologie und Realisierung. (=Information MAB-CH 7). Bern 1981.

GILBERT A. (1987): Frauen und sozialer Raum. Bern 1987.

GILDEMEISTER R. (1973): Landesplanung. (=GSem). Braunschweig 1973.

GINSBURG N. (1973): From colonialism to national development: geographical perspectives on patterns and policies. In: AAAG 63 (1)/ 1–21/ 1973.

GLAESER B. (1986): Entwurf einer Humanökologie aus philosophischer und sozialwissenschaftlichen Sicht. In: STEINER D./WISNER B. (eds) (1986): Humanökologie und Geographie. (=ZGS 28). Zürich 1986.

GOERKE W. (Hrsg.) (1980): Forschungsbrücke zwischen Natur- und Sozialwissenschaften im Hinblick auf Umweltpolitik und Entwicklungsplanung. (=Mitteilungen MAB-BRD 6). Bonn 1980.

GOKHMAN V. (1976): La géographie théorique. In: ScSoc 2/ 72–85/ 1976.

GOKHMAN V.M. et al. (1969): Problems of metageography. In: SovG 10 (7)/ 413ff/ 1969.

GOMEZ P./PROBST G.J.B. (1987): Vernetztes Denken im Management. Eine Methodik des ganzheitlichen Problemlösens. (=Die Orientierung 89). Bern 1987.

GOUDIE A. (1981): The Human Impact. Man's Role in Environmental Change. Oxford 1981.

GOUDIE A. (1986): The integration of human and physical geography. In: Tr/NS 11 (4)/ 454–458/ 1986.

GOULD P. (1973): The open geographic curriculum. In: CHORLEY R.J. (ed) (1973): Directions in Geography. London 1973.

GOULD P. (1981): Letting the data speak for themselves. In: AAAG 71 (2)/ 166–176/ 1981.

GOULD P./OLSSON G. (eds) (1982): A Search for Common Ground. London 1982.

GRAHAM E. (1986): The unity of geography: a comment. In: Tr/NS 11 (4)/ 464–467/ 1986.

GREGORY D. (1978): Ideology, Science and Human Geography. London 1978.

GREGORY D. (1981): Human agency and human geography. In: Tr/NS 6 (1)/ 1–18/ 1981.

GREGORY D./URRY J. (eds) (1985): Social Relations and Spatial Structures. London 1985.

GRESCH P. (1981): Heuristische Methoden zur Beobachtung und Abschätzung räumlicher Entwicklungen. In: KGS 2/ 157–166/ 1981.

GREUTER B. (1977): Ein dynamisches Erreichbarkeitsmodell zur Simulation der Stadtstrukturentwicklung. (= Dortmunder Beiträge zur Raumplanung 8). Dortmund 1977.

GRIGG D. (1965): The logic of regional systems. In: AAAG 55/ 465–491/ 1965.

GROCHLA E. (1969): Modelle als Instrumente der Unternehmungsführung. In: ZbF 21 (6)/ 382–397/ 1969.

GROSJEAN G. (1984): Visuell-ästhetische Veränderungen der Landschaft. In: BRUGGER E.A. et al. (Hrsg.) (1984): Umbruch im Berggebiet. Bern 1984.

GROSJEAN G. (1986): Aesthetische Bewertung ländlicher Räume am Beispiel von Grindelwald. (= Geographica Bernensia P 13). Bern 1986.

GUELKE L. (1971): Problems of scientific explanation in Geography. In: CanG 15/ 38–53/ 1971.

GUELKE L. (1974): An idealist alternative in human geography. In: AAAG 64/ 193–202/ 1974.

GUELKE L. (1977): The role of laws in human geography. In: PHG 1 (3)/ 376–386/ 1977.

GUELKE L. (1979): There and back again. In: A 11/ 214f/ 1979.

GÜLLER P. (1979): Raumwirksamkeit/Raumrelevanz als zentrale Begriffe der Raumordnungspolitik. In: DISP 52/ 45–48/ 1979.

GÜLLER P. et al. (1976): Multiregionales Prognosemodell für den Kanton Zürich und die Deutschschweiz – Bevölkerung/Arbeitsplätze/Arbeitsmarkt. Zürich 1976.

GÜSSEFELDT J. (1979): Die Bedeutung von Modellen in Forschung und Lehre der Geographie. In: GR 31 (8)/ 322–331/ 1979.

GÜSSEFELDT J. (1980): Die Veränderung der theoretischen Grundlagen für Konzepte zur Entwicklung der Siedlungsstruktur in der Bundesrepublik Deutschland. In: ZWG 24 (1/2)/ 22–33/ 1980.

GUSTAFSSON L. (Hrsg.) (1976): Thema: Regionalismus. Berlin 1976.

HAASE G. (1976): Die Arealstruktur chorischer Naturräume. In: PGM 120 (2)/ 130–135/ 1976.

HABER W. (1981): Inhalt und Grenzen der Ökologie. In: LebE 6/ 1981.

HABER W. (1984): Erwartungen und Ansprüche an die ökologische Forschung. In: Mitteilungen MAB-BRD 19/ 54–72/ Bonn 1984.

HABERMAS J. (1963): Theorie und Praxis. (= stw 243). Frankfurt/M. 5\1971.

HABERMAS J. (1968): Erkenntnis und Interesse. (= stw 1). Frankfurt/M. 1968.

HABERMAS J. (1970): Zur Logik der Sozialwissenschaften. (=stw 517). Frankfurt/M. 1985.

HABERMAS J. (1973): Legitimationsprobleme im Spätkapitalismus. (=es 623). Frankfurt/M. 1973.

HABERMAS J. (1981): Theorie des kommunikativen Handelns. Frankfurt/M. 1981.

HÄGERSTRAND T. (1966): Aspekte der räumlichen Struktur von sozialen Kommunikationsnetzen und der Informationsausbreitung. In: BARTELS D. (Hrsg.) (1970): Wirtschafts- und Sozialgeographie. Köln 1970.

HÄGERSTRAND T. (1976): Geography and the Study of Interaction between Nature and Society. In: Geof 7/ 329–334/ 1976.

HAFEMANN M./SCHLÜPEN D. (Hrsg.) (1986): Technotopia. Das Vorstellbare – Das Wünschbare – Das Machbare. Weinheim/Basel 1986.

HAGGETT P. (1965): Locational Analysis in Human Geography. London 1965.

HAGGETT P. (1973a): Forecasting alternative spatial ecological and regional futures – problems and possibilities. In: CHORLEY R.J. (ed) (1973): Directions in Geography. London 1973.

HAGGETT P. (1973b): Einführung in die kultur- und sozialgeographische Regionalanalyse. (Locational Analysis in Human Geography). Berlin 1973.

HAGGETT P. (1975): Geography: a modern synthesis. New York 2\1975.

HAGGETT P. (1983): Geographie – Eine moderne Synthese. Mit Adaptionen von R. HARTMANN et al. (Geography: a modern synthesis). New York 1983.

HAGGETT P./CHORLEY R.J. (1967): Models, Paradigms and the new Geography. In: CHORLEY R.J./HAGGETT P. (eds) (1967): Models in Geography. London 1967.

HAGGETT P./CHORLEY R.J. (1969): Network Analysis in Geography. London 1969.

HAGGETT P./CLIFF A.D./FREY A. (1977): Locational Analysis in Human Geography. London 2\1977.

HAGMÜLLER P. (1979): Empirische Forschungsmethoden. München 1979.

HAKEN H. (1977): Synergetik – Eine Einführung. (Synergetics. An Introduction). Berlin 1983.

HAKEN H. (1981): Erfolgsgeheimnisse der Natur. Synergetik: Die Lehre vom Zusammenwirken. Stuttgart 3/1983.

HALL P. (1974): The new political geography. In: Tr 63/ 48–52/ 1974.

HALLER G. (1987): Streitbare Friedfertigkeit. Bern 1987.

HALMES G. (1984): Regionenpolitik und Regionalismus in Frankreich 1964–1983. Frankfurt/M. 1984.

HAMPICKE U. (1973): Kritik zur bürgerlichen Umweltökonomie. In: ZTUB 5/ 619ff/ 1973.

HANTSCHEL R. (1982): Der Einbezug sozialphilosophischer Überlegungen in die anthropogeographische Forschung und Theoriebildung. In: SEDLACEK P. (Hrsg.) (1982): Kultur-/Sozialgeographie. (=UTB 1053). Paderborn 1982.

HANTSCHEL R. (1984): Neuere Ansätze in der Anthropogeographie. In: GHelv 39 (3)/ 137–143/ 1984.

HANTSCHEL R. (1986a): Neue Wege der Geographie in Deutschland. In: GHelv 41 (3)/ 127–133/ 1986.

HANTSCHEL R. (1986b): Erkenntnistheorie/Methodologie und Geographieunterricht. In: KÖCK H. (Hrsg.) (1986): Theoriegeleiteter Geographieunterricht. Hildesheimer Symposium 1985. (=GDidF 15). Lüneburg 1986.

HANTSCHEL R./THARUN E. (1978): Zum Stellenwert von Theorie und quantifizierenden Techniken im Forschungsprozess der Geographie. In: Erdk 32 (4)/ 241–251/ 1978.

HANTSCHEL R./THARUN E. (1980): Anthropogeographische Arbeitsweisen. (=GSem). Braunschweig 1980.

HARD G. (1970): Die 'Landschaft' der Sprache und die 'Landschaft' der Geographen. Semantische und forschungslogische Studien. (=CollG 11). Bonn 1970.

HARD G. (1973a): Die Geographie – Eine wissenschaftstheoretische Einführung. (=Sammlung Göschen 9001). Berlin 1973.

HARD G. (1973b): Die Methodologie und die 'eigentliche Arbeit'. Über Nutzen und Nachteile der Wissenschaftstheorie für die geographische Forschungspraxis. In: E 104/ 104–131/ 1973.

HARD G. (1977): Für eine konkrete Wissenschaftskritik. Am Beispiel der deutschsprachigen Geographie. In: ANDEREGG J. (Hrsg.) (1977): Wissenschaft und Wirklichkeit. Zur Lage und zur Aufgabe der Wissenschaften. Göttingen 1977.

HARD G. (1979): Die Disziplin der Weisswäscher. Über Genese und Funktion des Opportunismus in der Geographie. In: SEDLACEK P. (Hrsg.) (1979): Zur Situation der deutschen Geographie zehn Jahre nach Kiel. Osnabrück 2\1983.

HARD G. (1982): Lehrerausbildung in einer diffusen Disziplin. (=KM 55). Karlsruhe 1982.

HARD G. (1985): Die Alltagsperspektive in der Geographie. In: ISENBERG W. (Hrsg.) (1985): Analyse und Interpretation der Alltagswelt. Lebensweltforschung und ihre Bedeutung für die Geographie. (=OSG 7). Osnabrück 1985.

HARD G. (1986): Der Raum – einmal systemtheoretisch gesehen. In: GHelv 41 (2)/ 77–83/ 1986.

HARD G. (1987a): «Bewusstseinsräume» – Interpretationen zu geographischen Versuchen, regionales Bewusstsein zu erforschen. In: GZ 75 (3) /127–148/ 1987.

HARD G. (1987b): Auf der Suche nach dem verlorenen Raum. In: AMR-INFO Vol. 17/ 24–38 / 1987.

HARDTWIG W. (Hrsg.) (1989): Über das Studium der Geschichte. (=dtv 4546). München 1989.

HARKE H. (Hrsg.) (1984): Territoriale Strukturforschung und ihr Einfluss auf die Entwicklung der Geographie. Halle 1984.

HARRIS R.C. (1971): Theory and synthesis in historical geography. In: CanG 15/ 157–172/ 1971.

HARRIS R.C. (1978): The historical mind and the practice of geography. In: LEY D./SAMUELS M.S. (eds) Humanistic geography: prospects and problems. London 1978.

HART J.F. (1982): The Highest Form of the Geographer's Art. In: AAAG 72 (1)/ 1–29/ 1982.

HARTKE S. (1975): Methoden zur Erfassung der physischen Umwelt und ihrer anthropogenen Belastung. (= BSWR 23). Münster/W. 1975.

HARTMANN H./MISLIN H. (Hrsg.) (1985): Die Spirale im menschlichen Leben und in der Natur.Basel 1985.

HARTMANN N. (1950): Philosophie der Natur. Abriss der speziellen Kategorien-lehre. Berlin 1950.

HARTSHORNE R. (1939): The Nature of Geography. A Critical Survey of Current Thought in the Light of the Past. (= AAAG Vol. XXIX/3–4). Lancaster Pa. 4\1951.

HARTSHORNE R. (1958): The Concept of Geography as a Science of Space, from Kant to Humboldt to Hettner. In: AAAG 48 (2)/ 97–108/ 1958.

HARVEY D. (1967a): Models of the Evolution of Spatial Patterns in Human Geography. In: CHORLEY R.J./HAGGETT P. (eds) (1967): Models in Geogra-phy. London 1967.

HARVEY D. (1967b): The problem of theory construction in Geography. In: JRegSc 7 /211–216/ 1967.

HARVEY D. (1969): Explanation in Geography. London 1969.

HARVEY D. (1972): Revolutionary and counter revolutionary theory in geogra-phy. In: Antip 4 (1)/ 1–12/ 1972.

HARVEY D. (1973): Social justice and the city. London 1973.

HARVEY D. (1974): What kind of geography for what kind of public policy? In: Tr 63/ 18–24/ 1974.

HARVEY D. (1988): The Condition of Postmodernity. London 1988.

HARVEY M.E./HOLLY B.P. (eds) (1981): Themes in Geographic Thought. Lon-don 1981.

HASSE J. (1988a): Die räumliche Vergesellschaftung des Menschen in der Post-moderne. (= KM 91). Karlsruhe 1988.

HASSE J. (1988b): Regionale Identität: Zur Reichweite verschiedener wissen-schaftstheoretischer Zugriffe auf ein zwiespältiges Phänomen. In: AMR-INFO Vol. 18/ 30–38/ 1988.

HAUCK P. (1980): Immanuel Kant als Geograph. Zum 175. Todestag I. Kants. In: PGM 124 (4)/ 263–274/ 1980.

HAY A.M. (1979): Positivism in human geography: response to critiques. In: HERBERT D.T./JOHNSTON R.J. (eds) (1979): Geography and the urban envi-ronment: progress in research and applications. London 1979.

HAYEK F.A.v. (1955): The Counter-Revolution of Science: Studies on the Abuse of Reason. New York 1955.

HAYEK F.A.v. (1972): Die Theorie komplexer Phänomene. Tübingen 1972.

HEGG O. (Hrsg.) (1984): Verhandlungen der Gesellschaft für Ökologie, Band XII (Bern 1982). Göttingen 1984.

HEIGL F. (1980): Die Grenze als soziologisches, soziales oder nationales Phänomen – die Anthropogene Region. In: SIR (3)/ 13–42/ 1980.

HEILAND I. (1968): Der Begriff Region – Notwendige Überlegungen beim Aufbau eines Fachthesaurus. In: I(IfR) 18 (23)/ 657–676/ 1968.

HEILAND I. (1971): Nichtnumerische Datenverarbeitung und Terminologie in der Raumordnung. In: I(IfR) 21 (4)/ 77–90/ 1971.

HEINZMANN J. et al. (1979): RGW-Zusammenarbeit zur Bewertung der gesellschaftlichen Einflüsse auf die Umwelt. In: GB 24 (1)/ 21–36/ 1979.

HELBURN N. (1982): Geography and the Quality of Life. In: AAAG 72 (4)/ 445–456/ 1982.

HEMPEL C.G. (1965): Aspects of Scientific Explanation. New York 1965.

HENZ H.-R./GERHEUSER F./CASPAR R. (1984): Die Bedeutung der regionalen Entwicklungsträger. Tätigkeitsfelder, Leistungsfähigkeit und Funktionsweise der Regionen. (=ArbB 47 NFP 'Regionalprobleme'). Bern 1984.

HERBERT D.T./JOHNSTON R.J. (eds) (1979): Geography and the urban environment: progress in research and applications. London 1979.

HERMANSEN T. (1972): Development poles and development centres in national and regional development. Elements of a theoretical framework. In: KUKLINSKI A.R. (ed) (1972): Growth poles and growth centers in regional planning. Mouton 1972.

HESSE H. (1922): Siddhartha. Eine indische Dichtung. (=st 182). Frankfurt/M. 1974.

HETTNER A. (1905): Das Wesen und die Methoden der Geographie. In: GZ 11/ 557ff/ 1905.

HETTNER A. (1925): Grundzüge der Länderkunde. 2 Bde. Leipzig 3\1925; 2\1924.

HETTNER A. (1927): Die Geographie – Ihre Geschichte, ihr Wesen und ihre Methoden. Breslau 1927.

HETTNER A. (1933): Vergleichende Länderkunde. 4 Bde. Leipzig 1933ff.

HILL M.R. (1981): Positivism: A 'Hidden' Philosophy in Geography. In: HARVEY M.E./HOLLY B.P. (eds) (1981): Themes in Geographic Thought. London 1981.

HÖLLHUBER D. (1974): Die Perzeption der Distanz im städtischen Verkehrsliniennetz. In: Geof 17 (1)/ 43–59/ 1974.

HÖLLHUBER D. (1981): Probleme der künftigen Entwicklung der Kernstädte in der Bundesrepublik Deutschland und ihre Behandlung in geographischen Untersuchubngen. In: GZ 69 (4)/ 241–266/ 1981.

HÖLLHUBER D. (1982): Innerstädtische Umzüge in Karlsruhe. Plädoyer für eine sozialpsychologisch fundierte Humangeographie. (=Erlanger Geogr Arbeiten 13). Erlangen 1982.

HÖNSCH F./MOHS G. (1977): Einige Standpunkte zur Theoretischen Geographie. In: GB 22 (3)/ 209–213/ 1977.

HÖRZ H. (1985): Setzt Freiheit der Wissenschaft Grenzen? In: FEYERABEND P./THOMAS CH. (Hrsg.) (1985): Grenzprobleme der Wissenschaften. Zürich 1985.

Hösch F. (1971): Der Raum in volkswirtschaftlicher Sicht. In: RR 29 (1)/ 1–5/ 1971.

Hofmann M. (1978): Gestaltung im Neubaugebiet – Gefahren der Regelbauweise. In: BVR-Info 2 (1)/ 7–16/ 1978.

Hollis M./Lukes S. (eds) (1982): Rationality and Relativism. Oxford 1982.

Holt-Jensen A. (1980): Geography – its History and Concepts. A Student's Guide. (Geografiens innhold og methoder). London 1982.

Holzkamp K. (1968): Wissenschaft als Handlung. Versuch einer neuen Grundlegung der Wissenschaftstheorie. Berlin 1968.

Holzner L. (1981): Die kultur-genetische Forschungsrichtung in der Stadtgeographie – eine nicht-positivistische Auffassung. In: E 112/ 173–184/ 1981.

Horkheimer M. (1937): Traditionelle und kritische Theorie. Frankfurt/M. 7\1977.

Hoyningen-Huene P. (Hrsg.) (1983): Die Mathematisierung der Wissenschaften. (=Zürcher Hochschulforum 4). Zürich 1983.

Huggett R. (1980): System Analysis in Geography. Oxford 1980.

Humboldt A.v. (1845): Kosmos. Entwurf einer physischen Weltbeschreibung. Berlin 1913.

Husserl E. (1954): Die Krisis der Europäischen Wissenschaften und die transzendentale Phänomenologie. Eine Einleitung in die Phänomenologische Philosophie. (=Husserliana Bd. 6; 1954). Hamburg 1977.

Imhof E. (1968): Gelände und Karte. Erlenbach-Zürich 3\1968.

IRPUD (1978): Flächennutzungsmodell PLUM. (=Dortmunder Beiträge zur Raumplanung P3). Dortmund 1978.

Isard W. (1956): Regional Science – the Concept of Region and Regional Structure. In: PapRSA 2/ 13ff/ 1956.

Isard W. (1972): Ecologic-economic analysis for regional development. New York 1972.

Isard W. (1975): Introduction to Regional Science. Englewood Cliffs 1975.

Isbary G. (1963): Regionale Probleme der Raumordnung. Saarbrücken 1963.

Isenberg W. (Hrsg.) (1985): Analyse und Interpretation der Alltagswelt. Lebensweltforschung und ihre Bedeutung für die Geographie. (=OSG 7). Osnabrück 1985.

Isnard H. (1978): L'espace géographique. Paris 1978.

Isnard H./Racine J.-B./Reymond H. (1981): Problématiques de la géographie. Paris 1981.

Iten A. (1989): Die neue Nüchternheit. In: Der Staatsbürger 6/ 40–41/ 1989.

Jacsman J. (1977): Das Angebot an Naherholungsgebieten. In: DISP 45/ 30–35/ 1977.

Jaeger C. (1987): Theorie und Integrative Ansätze in der Geographie. Manus Schweizer Geographentag 1987.

James P.E./Jones C.F. (eds) (1954): American Geography – Inventory and Prospect. Syracuse NY 1954.

James P.E./Martin G.J. (1972): All Possible Worlds. A History of Geographical Ideas. 2\1981.

JAMMER M. (1969): Das Problem des Raumes. Die Entwicklung der Raumtheorien. (Concepts of Space). Darmstadt 2\1980.

JANTSCH E. (ed) (1969): Perspectives of Planning. Paris 1969.

JEFFERS J. (1982): Modelling. London 1982.

JETZER J.-P. (1982): Poppers Erkenntnislehre. (=VWL-Diskussionsbeitrag Nr. 23). St.Gallen 1982.

JETZER J.-P. (1987): Kritischer Rationalismus und Nationalökonomie. Diss. HSG. Bern 1987.

JOCHIMSEN R. (1972): Grundfragen einer zusammenfassenden Darstellung raumbedeutsamer Planungen und Massnahmen. In: I(IfR) 1972.

JÖHR W.A. (1980): Wirtschaft und Politik. In: Handwörterbuch der Wirtschaftswissenschaften. Stuttgart 1980.

JÖHR W.A. (1981): Ein Beitrag zur Werturteilsproblematik gestaltet als Auseinandersetzung mit Max Weber. In: WR 35 (3/4)/ 9–38/ 1981.

JÖHR W.A./SINGER H.W. (1969): Die Nationalökonomie im Dienste der Wirtschaftspolitik. Göttingen 3\1969.

JÖHR W.A. (Hrsg.) (1979): Einführung in die Wissenschaftstheorie für Nationalökonomen. St. Gallen 1979.

JOHNSTON R.J. (1970): Grouping and regionalizing – some methodological and technical observations. In: EcG 46/ 293–305/ 1970.

JOHNSTON R.J. (1978): Paradigms and revolutions or evolution? Observations on human geography since the Second World War. In: PHG 2 (2)/ 189–206/ 1978.

JOHNSTON R.J. (1979): Geography and Geographers. Anglo-American Human Geography since 1945. 2\1983.

JOHNSTON R.J. (1983): Philosophy and human geography: an introduction to contemporary approaches. London 1983.

JOHNSTON R.J. (1986): On Human Geography. Oxford 1986.

JOHNSTON R.J./TAYLOR P.J. (1986): A World in Crisis? Oxford 1986.

JOHNSTON R.J. (ed) (1985): The Future of Geography. London 1985.

JONAS H. (1979): Das Prinzip Verantwortung. Versuch einer Ethik für die technologische Zivilisation. (=st 1085). Frankfurt/M. 1984.

JONAS H. (1986): Technik, Medizin und Ethik. Zur Praxis des Prinzips Verantwortung. Frankfurt/M. 1986.

JÜNGST P. (Hrsg.) (1984): Innere und äussere Landschaften. Zur Symbolbelegung und emotionalen Besetzung von räumlicher Umwelt. (=U+R 34). Kassel 1984.

JUSKEVIC A.P. (1982): Der Begriff des Raumes in historisch-mathematischer Sicht. In: NatwR 35 (4)/ 163ff/ 1982.

KAESER E. (1987): Naturwissenschaft ohne Natur. In: TAM 17/ 36–45/ 1987.

KAHN H. (1976): Vor uns die guten Jahre – Ein realistisches Modell unserer Zukunft. (The next 200 years – A scenario for America and the World). Wien 1977.

KAMBARTEL F. (1975): Wissenschaftstheorie und Wissenschaftspraxis. In: WEINGART P. (Hrsg.) (1975): Wissenschaftsforschung. Frankfurt/M. 1975.

KAMBARTEL F. (1979): Ist rationale Ökonomie als empirisch-quantitative Wissenschaft möglich? In: MITTELSTRASS J. (Hrsg.) (1979): Methodenprobleme der Wissenschaften vom gesellschaftlichen Handeln. Frankfurt/M. 1979.

KAMLAH W./LORENZEN P. (1973): Logische Propädeutik. Vorschule des vernünftigen Redens. (= BI/HTB 227). Mannheim 1973.

KAPP K.W. (1961): Erneuerung der Sozialwissenschaften. Ein Versuch zur Integration und Humanisierung. (A positive Approach to the Integration of Social Knowledge). (= FiTB 4161). Frankfurt/M. 1983.

KAPP K.W. (1963): Soziale Kosten der Marktwirtschaft. (Social Costs of Business Enterprise). (= FiTB 4019). Frankfurt/M. 1979.

KASTER T./LAMMERS A. (1979): Ausgewählte Materialien zur Zeitgeographie. (= KM 35). Karlsruhe 1979.

KATES R.W. et al. (1971): A call to the socially and ecologically responsible geographer. In: AAG N 5 (1)/ 1971.

KERLINGER F.N. (Hrsg.) (1975): Grundlagen der Sozialwissenschaften. Weinheim 1975.

KIAS U. (1985): Probleme der Quantifizierung und Aggregation ökologischer Determinanten für die räumliche Planung. In: BAHRENBERG/DEITERS (Hrsg.) (1985): Zur Methodologie und Methodik der Regionalforschung. Osnabrück 1985.

KILCHENMANN A. (1970): Statistisch-analytische Arbeitsmethoden in der regionalgeographischen Forschung. Untersuchungen zur Wirtschaftsentwicklung von Kenya und Versuch einer Regionalisierung des Landes auf Grund von thematischen Karten. Ann Arbor 1970.

KILCHENMANN A. (1972): Möglichkeiten der geographischen Datenerfassung in EDV-Informationssystemen. In: GHelv 27 (1)/ 25–30/ 1972.

KILCHENMANN A. (1974): Quantitative and Theoretical Geography. In: Geof 17/ 3f/ 1974.

KILCHENMANN A. (1985): Synergetische Stadtgeographie. Vorschlag für ein interdisziplinäres Forschungsprojekt im deutschen Sprachraum. (= KM 71). Karlsruhe 1985.

KING L.J. (1976): Alternatives to a Positive Economic Geography. In: AAAG 66 (2)/ 293–308/ 1976.

KIRK W. (1963): Problems of Geography. In: G 48/ 357–371/ 1963.

KLINGBEIL D. (1978): Aktionsräume im Verdichtungsraum. Zeitpotentiale und ihre räumliche Nutzung. (= Münchner Geogr Hefte 41). Kallmünz 1978.

KLÖPPER R. (1956): Die deutsche geographische Stadt-Umland-Forschung. Entwicklung und Erfahrungen. In: RR 14/ 92–97/ 1956.

KLÜTER H. (1986): Raum als Element sozialer Kommunikation. (= GGS 60). Giessen 1986.

KNESCHAUREK F. (1978): Entwicklungsperspektiven der Schweizerischen Volkswirtschaft, Teil 1, Demographische Perspektiven, Bd. I: Hauptvariante. St. Gallen 1978.

KÖCK H. (1978): Thesen zur Raumwirksamkeit sozialgeographischer Gruppen. In: ZWG 22 (4)/ 106–114/ 1978.

Köck H. (1980a): Theorie des zielorientierten Geographieunterrichts. Köln 1980.

Köck H. (1980b): Chorologische Modelle – oder was man dafür hält! In: GR 32 (8)/ 374–376/ 1980.

Köck H. (1982): Induktion oder/und Deduktion im anthropographischen Erkenntnisprozeß? In: Sedlacek P. (Hrsg.) (1982): Kultur-/Sozialgeographie. (= UTB 1053). Paderborn 1982.

Köck H. (1987a): Räumliche Ordnung – universale und geographische Kategorie. In: Köck H. (Hrsg.) (1987) Mensch und Raum. Festschrift Paul Schäfer. Hildesheim 1987.

Köck H. (Hrsg.) (1986): Theoriegeleiteter Geographieunterricht. Hildesheimer Symposium 1985. (= GDidF 15). Lüneburg 1986.

Köck H. (Hrsg.) (1987): Mensch und Raum. Festschrift Paul Schäfer. Hildesheim 1987.

Kölz A. (1985): Die Vertretung des öffentlichen Interesses in der Verwaltungsrechtspflege. In: ZBl 86 (2)/ 49–63/ 1985.

König R. (Hrsg.) (1973): Handbuch der empirischen Sozialforschung. Stuttgart 3\1973.

Kolars J.F./Nystuen J.D. (1974): Geography. The Study of Location, Culture, and Environment. New York 1974.

Koller A. (1988): Wissenschaft und Politik. (= Aulavorträge HSG 42). St. Gallen 1988.

Konegen N./Sondergeld K. (1985): Wissenschaftstheorie für Sozialwissenschafter. Eine problemorientierte Einführung. (= UTB 1324). Opladen 1985.

Kraft V. (1960): Erkenntnislehre. Wien 1960.

Kreuter-Szabo S. (1988): Der Selbstbegriff in der humanistischen Psychologie von A. Maslow und C. Rogers. Frankfurt/M. 1988.

Kreuzer G. (Hrsg.) (1980): Didaktik des Geographieunterrichtes. Hannover 1980.

Kreuzer G./Bauer L./Hausmann W. (Hrsg.) (1974): Didaktik der Geographie in der Universität. (= Fachdidaktische Studien 6). München 1974.

Krippendorf J. (1975): Die Landschaftsfresser. Tourismus und Erholungslandschaft – Verderben oder Segen? Bern 1975.

Krockow C.v. (1987): Politiker und menschliche Natur – Dämme gegen die Selbstzerstörung. Stuttgart 1987.

Kromrey H. (1983): Empirische Sozialforschung. Modell und Methoden der Datenerhebung und Datenauswertung. (= UTB 1040). Opladen 2\1983.

Krutilla J./Fisher A. (1975): The economics of natural environments. London 1975.

Kühne K. (1982): Evolutionsökonomie. Grundlagen der Nationalökonomie und Realtheorie der Geldwirtschaft. Stuttgart 1982.

Küpper U.I./Schamp E.W. (Hrsg.) (1975): Der Wirtschaftsraum. Beiträge zu Methode und Anwendung eines Geographischen Forschungsansatzes. Festschrift Otremba. (= ErdkWi 41). Wiesbaden 1975.

KUHN M. (1986): Herrschaft der Experten? In: FEYERABEND P./THOMAS CH. (Hrsg.) (1986): Nutzniesser und Betroffene von Wissenschaften. Zürich 1986.

KUHN T.S. (1962): Die Struktur wissenschaftlicher Revolutionen. (The Structure of Scientific Revolutions. Chicago 1962). (=stw 25). Frankfurt/M. 3\1978.

KUKLINSKI A.R. (ed) (1972): Growth poles and growth centers in regional planning. Mouton 1972.

KULS W. (1970): Über einige Entwicklungstendenzen der Geographie seit der zweiten Hälfte des 19. Jahrhunderts. In: MGGM 55/ 11–30/ 1970.

KUMAR S./HENTSCHEL R. (Hrsg.) (1985): Metapolitik. Die Ernst-Friedrich Schumacher Lectures. München 1985.

KUMM J. (1975): Wirtschaftswachstum – Umweltschutz – Lebensqualität. Stuttgart 1975.

KYBURZ R./SCHMID B. (1983): Ein Gesamtmodell für die Region Pays d'Enhaut. (=Schlussbericht MAB-CH 4). Bern 1983.

LANDOLT E. (1964): Unsere Alpenflora. Zollikon 1964.

LANDWEHR R. (1975): Die Gliederung des Raumes – Typisierung, Regionsabgrenzung und Regionierung. (=BSWR 22). Münster/W. 1975.

LANGE K. (1968): Die Organisation der Region. Siegburg 1968.

LANKFORD P.M. (1969): Regionalization: theory and alternative algorithms. In: GAn 1/ 196–212/ 1969.

LASCHINGER W./LÖTSCHER L. (1978): Systemtheoretischer Forschungsansatz in der Humangeographie dargestellt am urbanen Lebensraum Basel. In: BBGR 1/ 117–128/ 1978.

LAUDAN L. (1984): Science and Values. The Aims of Science and Their Role in Scientific Debate. Berkeley 1984.

LAUSCHMANN E. (1973): Grundlagen einer Theorie der Regionalpolitik. (=TzR 2). Hannover 2\1973.

LAUTENSACH H. (1952): Der Geographische Formenwandel. (=CollG 3). Bonn 1952.

LAVROV S.B. et al. (1980): Radical Geography: its roots, history and positions. In: SovG 21 (5)/ 308–321/ 1980.

LEFEBVRE H. (1986): The Production of Space. (La production de l'espace). London 1988.

LEHMANN E. (1973): Zur theoretischen Grundlegung des Begriffes Region. In: GB 66 (1)/ 41–48/ 1973.

LEIBUNDGUT H. (Hrsg.) (1971): Schutz unseres Lebensraumes. Symposium an der ETH Zürich 1970. Ansprachen und Vorträge. Frauenfeld 1971.

LEIDIG G. (1985): Raum-Verhalten-Theorie. Verhaltenswissenschaftliche Aspekte der Lebensraumgestaltung. Interdisziplinäre Ansatzpunkte zur Theoriebildung. (=Europäische Hochschulschriften V/628). Frankfurt/M. 1985.

LEIMGRUBER W. (1988): Leitbild Geographie Schweiz. In: GHelv 43 (1)/ 33–36/ 1988.

LENDI M. (1977): Probleme der Raumplanung in der Schweiz. In: RR 35 (5)/ 201–207/ 1977.

LENDI M. (1988): Lebensraum – Technik – Recht. (=ORL-S 38). Zürich 1988.

LENDI M./ELSASSER H. (1985): Raumplanung in der Schweiz. Eine Einführung. Zürich 1985.

LENDI M. (Hrsg.) (1987): Didaktik des Raumplanungsunterrichts. (=DISP 89/90). Zürich 1987.

LENK H. (1971): Plädoyer für eine zukunftsorientierte Wissenschaftstheorie und Philosophie. In: LENK H. (1971): Philosophie im technologischen Zeitalter. Stuttgart 1971.

LENK H. (1972): Erklärung, Prognose, Planung. Freiburg 1972.

LENK H. (1983): Verantwortung für die Natur. Gibt es moralische Quasirechte von oder moralische Pflichten gegenüber nicht-menschlichen Lebewesen? In: AZPh (3)/ 1–18/ 1983.

LENK H. (1986): Verantwortung und Gewissen des Forschers. In: NEUMAIER O. (Hrsg.) (1986): Wissen und Gewissen. Arbeiten zur Verantwortungsproblematik. (=conceptus-studien 4). Wien 1986.

LESER H. (1976): Landschaftsökologie. (=UTB 521). Stuttgart 1976.

LESER H. (1980): Geographie. (=GSem). Braunschweig 1980.

LESER H. (1984): Zum Ökologie-, Ökosystem- und Ökotopbegriff. In: NL 59 (9)/ 351–357/ 1984.

LEY D./SAMUELS M.S. (eds) (1978): Humanistic geography: prospects and problems. London 1978.

LICHTENBERGER E. (1978): Klassische und theoretisch-quantitative Geographie im deutschen Sprachraum. In: BRR 22 (1)/ 9–20/ 1978.

LICHTENBERGER E. (1985): Zum Standort der Geographie als Universitätsdisziplin. In: GHelv 40 (2)/ 55–66/ 1985.

LÖSCH A. (1944): Die räumliche Ordnung der Wirtschaft. (Jena 2\1944) Stuttgart 3\1962.

LÖTSCHER L. (1987): Raumbeobachtung in der Stadt – Entscheidungsträger und Betroffene. In: ELSASSER H./TRACHSLER H. (Hrsg.) (1987): Raumbeobachtung in der Schweiz. (=Wirtschaftgeographie und Raumplanung 1). Zürich 1987.

LÖTSCHER L. (Hrsg.) (1983): Stadtdynamik in der Schweiz. (=SNG-Jahrbuch 1982). Basel 1983.

LOIDL H.J. (1981): Landschaftsbildanalyse – Ästhetik in der Landschaftsgestaltung? In: L+S 13 (1)/ 7–19/ 1981.

LORENZ K. (1985): Der Abbau des Menschlichen. (=SP 489). München 1985.

LORENZEN P. (1974): Konstruktive Wissenschaftstheorie. (=stw 93). Frankfurt/ M. 1974.

LORENZEN P. (1975): Autonomie und empirische Sozialforschung. In: MITTELSTRASS J. (Hrsg.) (1975): Methodologische Probleme einer normativ-kritischen Gesellschaftstheorie. (=es 742). Frankfurt/M. 1975.

LORENZEN P. (1978): Theorie der technischen und praktischen Vernunft. (=RUB 9867). Stuttgart 1978.

LORENZEN P. (1981): Politische Anthropologie. In: SCHWEMMER O. (Hrsg.) (1981): Vernunft, Handlung und Erfahrung. Über die Grundlagen und Ziele der Wissenschaften. München 1981.

LORENZEN P./SCHWEMMER O. (1975): Konstruktive Logik, Ethik und Wissenschaftstheorie. (=BI/HTB 700). Mannheim 1975.

LORETAN T. (1986): Die Umweltverträglichkeitsprüfung. Ihre Ausgestaltung im Bundesgesetz über den Umweltschutz. (=Zürcher Studien zum öffentlichen Recht 64). Zürich 1986.

LOUIS H. (1960): Allgemeine Geomorphologie. (=LBAllG I). München 1960.

LOWRY I.S. (1965): A Short Course in Model Design. In: BERRY B.J.L./MARBLE D.F. (eds) (1968): Spatial Analysis. A reader in statistical geography. Englewood Cliffs 1968. Reprint aus JAIP 31/ 158–165/ 1965.

LUHMANN N. (1984): Soziale Systeme. Grundriss einer allgemeinen Theorie. (=stw 666). Frankfurt/M. 2\1987.

LUSTI M. (1985): Expertensysteme – Von der Datenverarbeitung zur Wissensverarbeitung. In: Thexis 4 (3)/ 72–76/ 1987.

LUTZ C. (1986): Die Kommunikationsgesellschaft. Rüschlikon 1986.

LYOTARD J.-F. (1979): Das Postmoderne Wissen. (La Condition postmoderne. Rapport sur le savoir). Graz 1986.

MACARTHUR R.H. (1972): Geographical Ecology. Patterns in the Distribution of Species. New York 1972.

MACARTHUR R.H./WILSON E.O. (1967): The Theory of Island Biogeography. Princeton 1967.

MACARTHUR R.H./WILSON E.O. (1971): Biogeographie der Inseln. (=Das Wissenschaftliche Taschenbuch Na14). München o.J.

MAIER J./WEBER J. (1986): Angewandte Wirtschafts- und Sozialgeographie in der Auseinandersetzung zwischen analytisch-struktularer und politisch-normativer Aussage. In: SCHAFFER F./POSCHWATTA W. (Hrsg.) (1986): Angewandte Sozialgeographie. Augsburg 1986.

MAIER J. et al. (1977): Sozialgeographie. (=GSem). Braunschweig 1977.

MAISSEN T. (1984): Eine Regionalorganisation im Aufbau – ein Erfahrungsbericht. In: Reg 9 (3)/ 31–40/ 1984.

MAMMEY U. (1977): Richtung und Distanz als gruppenspezifische Parameter räumlicher Mobilität. (=Rhein-Mainische Forschungen 84). Frankfurt/M. 1977.

MANNSFELD K. (1985): Prof. Dr. Ernst Neef zum Gedenken. In: GB 30 (1)/ 74–76/ 1985.

MARCHAND B. (1979): Dialectics and Geography. In: GALE S./OLSSON G. (eds) (1979): Philosophy in Geography. Dordrecht 1979.

MARCHAND P.J./SPROUL G.D. (1981): Colonization of disturbed alpine sites by Arenaria groenlandica: a stochastic model. In: MRD 1 (3–4)/ 281–286/ 1981.

MARTENS D. (1980): Grundsätze und Voraussetzungen einer regionalen Regionalpolitik. In: IzR 7 (5)/ 263–272/ 1980.

MARTHE F. (1877): Begriff, Ziel und Methode der Geographie. In: E 12/ 422ff / 1877.

MARX D. (1975): Zur Konzeption ausgeglichener Funktionsräume als Grundlage einer Regionalpolitik des mittleren Weges. In: ARL (1975): Ausgeglichene Funktionsräume. (=F&S 94). Hannover 1975.

MASLOW A. (1968): Toward a Psychology of Being. New York 1968.

MATTHES J. (1981a): Soziologie – Schlüsselwissenschaft des 20. Jahrhunderts? In: MATTHES J. (Hrsg.) (1981): Lebenswelt und Soziale Probleme. Verhandlungen des 20. Deutschen Soziologentages zu Bremen 1980. Frankfurt/M. 1981.

MATTHES J. (1985): Die Soziologen und ihre Wirklichkeit. In: BONSS W./HARTMANN H. (Hrsg.) (1985): Entzauberte Wissenschaft. Zur Relativität und Geltung soziologischer Forschung. (= Soziale Welt Sonderband 3). Göttingen 1985.

MATTHES J. (Hrsg.) (1981): Lebenswelt und Soziale Probleme. Verhandlungen des 20. Deutschen Soziologentages zu Bremen 1980. Frankfurt/M. 1981.

MATURANA H.R. (1981): Autopoiesis. In: ZELENY M. (1981): Autopoiesis: A theory of living organization. New York 1981.

MATURANA H.R. (1982): Erkennen: Die Organisation und Verkörperung von Wirklichkeit. Braunschweig 1982.

MATZNETTER J. (Hrsg.) (1984): Wirtschaftsgeographie und Wirtschaftswissenschaften. 5. Frankfurter Wirtschaftsgeographisches Symposium 1983. (= Frankfurter WSozGeogr Schriften 46). Frankfurt/M. 1984.

MAUCH S. (1973): Zur Belastung und Tragfähigkeit des Raumes. Vorstudie zur Beurteilung der landesplanerischen Leitbilder. Zürich 1973.

MAUCH S. (1979): Wachstum und Umwelt. Forschungsprojekt NAWU über die Wirkungsmechanismen zwischen Wissenschaft und Technik, Wirtschaft, Staat, Mensch und natürlicher Umwelt. In: DISP 52/ 28–35/ 1979.

MAURER J. (1985): Richtplanung. Methodische Überlegungen zur Richtplanung gemäss dem Schweizerischen Bundesgesetz über die Raumplanung. (= ORL-S 35). Zürich 1985.

MAURER J. (1987): Methodik der Raumplanung: Die Basis der akademischen Lehre. In: LENDI M. (Hrsg.) (1987): Didaktik des Raumplanungsunterrichts. (= DISP 89/90). Zürich 1987.

MAURER J. (1988): Von der 1. zur 2. Generation der Richtplanung. (= ORL-S 39). Zürich 1988.

MAZUR E./DRDOS J. (1984): Conception of resources or conception of the landscape potential in the geographical research. In: GCas 36 (4)/ 305–313/ 1984.

MEADOWS D. (1974): Das Globale Gleichgewicht. (Toward Global Equilibrium). Stuttgart 1974.

MEADOWS D. et al. (1972): Die Grenzen des Wachstums. (The Limits to Growth. A report for the Club of Rome's project on the predicament of mankind). Stuttgart 1972.

MECKELEIN W./BORCHERDT CH. (Hrsg.) (1970): Deutscher Geographentag Kiel 1969 – Tagungsbericht und wissenschaftliche Abhandlungen. (= Verhandlungen DGT 37). Wiesbaden 1970.

MEIER A./METTLER D. (1988): Wirtschaftspolitik – Kampf um Einfluss und Sinngebung. Bern 1988.

MEIR A. (1982): A Spatial-Humanistic Perspective of Innovation Diffusion Processes. In: Geof 13 (1)/ 57–68/ 1982.

MERCER D. (1984): Unmasking Technocratic Geography. In: BILLINGE/GREGORY/MARTIN (1984): Recollections of a Revolution – Geography as Spatial Science. London 1984.

MESAROVIC M./PESTEL E. (1974): Menschheit am Wendepunkt. 2. Bericht an den Club of Rome zur Weltlage. (Mankind at the turning point). Stuttgart 1974.

MESSERLI B. (1978): Sozio.-ökonomische Entwicklung und ökologische Belastbarkeit im Berggebiet – der Beitrag des UNESCO-Programms MAB-6. In: RPCH 7 (3)/ 17–26/ 1978.

MESSERLI B./MESSERLI P. (1979): Wirtschaftliche Entwicklung und ökologische Belastbarkeit im Berggebiet (MAB Schweiz). (=Information MAB-CH 1). o.O. (Bern) 1979.

MESSERLI P. (1986): Modelle und Methoden zur Analyse der Mensch-Umwelt-Beziehungen im alpinen Lebens- und Erholungsraum. (=Schlussbericht MAB-CH 25). Bern 1986.

METTLER H.J. (1980): Europa vor der Alternative: Zentralismus oder Regionalisierung. Bern 1980.

MEYER-ABICH K.M. (1984): Wege zum Frieden mit der Natur. Praktische Naturphilosophie für die Umweltpolitik. (=dtv 10661). München 2/1986.

MEYNEN E. (1977): Raum, Land, Örtlichkeit. Begriffe und Benennungen der Geosphäre. In: GTB 1977/1978. Wiesbaden 1977.

MEYNEN E. et al. (Hrsg.) (1953): Handbuch der naturräumlichen Gliederung Deutschlands. 2 Bde. Bad Godesberg 1953/1962.

MICHELL J. (1969): Die Geomantie von Atlantis. Wissenschaft und Mythos der Erdenergien. (The New View over Atlantis). München 1984.

MILKOV F.N. (1979): The Contrastivity Principle in Landscape Geography. In: SovG 20 (1)/ 31–40/ 1979.

MINSHULL R. (1967): Regional Geography. Theory and Practice. Chicago 1967.

MINSHULL R. (1975): An introduction to models in geography. London 1975.

MITCHELL B. (1979): Geography and Resource Analysis. London 1979.

MITCHELL B./DRAPER D. (1982): Relevance and ethics in geography. London 1982.

MITTELSTRASS J. (1972): Das praktische Fundament der Wissenschaft und die Aufgabe der Philosophie. (=Konstanzer Universitätsreden 50). Konstanz 1982.

MITTELSTRASS J. (1974): Die Möglichkeit von Wissenschaft. (=stw 62). Frankfurt/M. 1974.

MITTELSTRASS J. (Hrsg.) (1975): Methodologische Probleme einer normativ-kritischen Gesellschaftstheorie. (=es 742). Frankfurt/M. 1975.

MITTELSTRASS J. (Hrsg.) (1979): Methodenprobleme der Wissenschaften vom gesellschaftlichen Handeln. (=stw 270). Frankfurt/M. 1979.

MKRO (1972): Raumordnung und Umweltschutz. Denkschrift der Ministerkonferenz für Raumordnung. Bonn 1972.

MOEWES W. (1977): Von einer «Raum-Verhalten-Theorie» zum «Stadt-Land-Verbund». In: L+S 9 (1)/ 12–31/ 1977.

MOEWES W. (1980): Grundfragen der Lebensraumgestaltung. Bd. 1: Raum und Mensch. Berlin 1980.

MONOD J. (1970): Zufall und Notwendigkeit. (Le hazard et la nécessité). München 1975.

MORI A. (1977): Osservazioni e riflessioni sulla geografia generale e sul suo insegnamento. In: RivGIt 84 (2)/ 185–204/ 1977.

MOSS R.P. (1979): On Geography as Science. In: Geof 10 (3)/ 223–234/ 1979.

MÜLLER P. (1977): Tiergeographie. Struktur, Funktion, Geschichte und Indikatorbedeutung von Arealen. Stuttgart 1977.

MÜLLER P. (1981): Arealsysteme und Biogeographie. Stuttgart 1981.

MÜNSTER S. (1588): Cosmographey. Basel 1588 (Reprint 1977).

MURALT H. (1983): Region – Utopie oder Realität? Eine interdisziplinäre Studie zu den Regionalisierungsbestrebungen im Kanton Bern. Bern 1983.

MYRDAL G. (1958): Value in Social Theory. A Selection of Essays on Methodology. London 1958.

MYRDAL G. (1959): Ökonomische Theorie und unterentwickelte Regionen. Stuttgart 1959.

MYRDAL G. (1971): Das Zweck-Mittel-Denken in der Nationalökonomie. In: StBauW 32/ 277–284/ 1971.

MYRDAL G. (1976): Das politische Element in der nationalökonomischen Doktrinbildung. Bonn 1976.

NÄGELI R. (1986): Von der Regionalgeographie zur räumlichen Entwicklungsfortschung. In: AERNI K. et al. (Hrsg.) (1986): Der Mensch in der Landschaft. Festschrift für Georges Grosjean. Bern 1986.

NAYLOR H. et al. (Hrsg.) (1978): Themenheft 'Laufende Raumbeobachtung'. In: IzR 5 (8/9)/ 1978.

NEEF E. (1956): Die axiomatischen Grundlagen der Geographie. In: GB 1 (2)/ 85–91/ 1956.

NEEF E. (1963): Topologische und chorologische Arbeitsweisen in der Landschaftsforschung. In: PGM 107 (4)/ 249–259/ 1963.

NEEF E. (1967): Die theoretischen Grundlagen der Landschaftslehre. Gotha/ Leipzig 1967.

NEEF E. (1970): Vom Fachgebiet Geographie zum Erkenntnisbereich Geographie. In: PGM 114 (2)/ 132–135/ 1970.

NEEF E. (1982): Geographie – einmal anders gesehen. In: GZ 70 (4)/ 241–260/ 1982.

NEUMAIER O. (Hrsg.) (1986): Wissen und Gewissen. Arbeiten zur Verantwortungsproblematik. (=conceptus-studien 4). Wien 1986.

NICOLIS G./PRIGOGINE I. (1977): Selforganization in Non-Equilibrium Systems. New York 1977.

NICOLIS G./PRIGOGINE I. (1987): Die Erforschung des Komplexen. Auf dem Weg zu einem neuen Verständnis der Naturwissenschaften. München 1987.

NIEMANN E. (1982): Methodik zur Bestimmung der Eignung, Leistung und Belastbarkeit von Landschaftselementen und Landschaftseinheiten. (=Wissenschaftliche Mitteilungen, Institut für Geographie und Geoökologie, AdW der DDR, Sonderheft 2). Leipzig 1982.

NIEMEIER G. (1967): Siedlungsgeographie. (=GSem). Braunschweig 1967.

NOHL W. (1982): Zur Anwendbarkeit umweltpsychologischer Erkenntnisse in der Planung. In: L+S 14 (4)/ 159–163/ 1982.

NOLZEN H. (1976): Bibliographie Allgemeine Geographie. (=UTB 608). Paderborn 1976.

NORGAARD R.B. (1989): The Case for Methodological Pluralism. In: EcEc 1 (1)/ 37–57/ 1989.

NYSTUEN J.D. (1963): Identification of some fundamental spatial concepts. In: PapMASc 48/ 373–384/ 1963.

NYSTUEN J.D./DACEY M.F. (1961): A Graph Theory Interpretation of Nodal Regions. In: PapRSA 7/ 29–42/ 1961.

ODUM E.P. (1971): Fundamentals of Ecology. Philadelphia 3/1971.

OLSSON G. (1967): Zentralörtliche Systeme, räumliche Interaktion und stochastische Prozesse. In: BARTELS D. (Hrsg.) (1970): Wirtschafts- und Sozialgeographie. Köln 1970.

OLSSON G. (1978): On the mythology of the negative exponential or On power as a game of ontological transformations. In: GAnn 60B (2)/ 116–123/ 1978.

OLSSON G. (1980): Birds in egg/Eggs in bird. London 1980.

OLSSON G. (1982): A ground for common search. In: GOULD P./OLSSON G. (eds) (1982): A Search for Common Ground. London 1982.

OSER F. (1988): Werterziehung in einer pluralistischen Gesellschaft – Entgegnungen an den Relativismus. (=Aulavorträge HSG 35). St. Gallen 1988.

OSSENBRÜGGE J. (1983): Politische Geographie als räumliche Konfliktforschung. (=Hamburger Gg Studien 40). Hamburg 1983.

OSSENBRÜGGE J. (1985): Concepts of Space in Modern Approaches of Human Geography – Systems Analysis, Phenomenology, Western Marxism. In: BAHRENBERG/DEITERS (Hrsg.) (1985): Zur Methodologie und Methodik der Regionalforschung. Osnabrück 1985.

OSTHEIDER M. (1978): Räumliche Stichprobenverfahren. In: SNG (Hrsg.) (1978): Methoden der Untersuchung der Geographischen Umwelt. Lausanne 1978.

OSTHEIDER M./STEINER D. (Hrsg.) (1981): Theorie und Quantitative Methodik in der Geographie. (=ZGS 1). Zürich 1981.

OTREMBA E. (1969): Der Wirtschaftsraum – seine geographischen Grundlagen und Probleme. (=Erde und Weltwirtschaft 1). Stuttgart 1969.

OTREMBA E. (1970): Stichwort 'Raum und Raumgliederung'. In: ARL (Hrsg.) (1970): Handwörterbuch der Raumforschung und Raumordnung. Hannover 2\1970.

OZBEKHAN H. (1969): Toward a General Theory of Planning. In: JANTSCH E. (ed) (1969): Perspectives of Planning. Paris 1969.

PAFFEN K. (Hrsg.) (1973): Das Wesen der Landschaft. (=WdF XXXIX). Darmstadt 1973.

PAHL R.E. (1967): Sociological Models in Geography. In: CHORLEY R.J./ HAGGETT P. (eds) (1967): Models in Geography. London 1967.

PALME H. (1988): Raum und Prozess aus der wissenschaftstheoretischen Position des Realismus. In: AMR-INFO Vol. 18/ 39–48/ 1988.

PARFIT D. (1984): Reasons and Persons. Oxford 1984.

PARKES D.N./THRIFT N.J. (1980): Times, Spaces, and Places. A Chronogeographic Perspective. New York 1980.

PARSONS J.J. (1969): Toward a more humane Geography. In: EcG 45(2)/ 1969.

PARSONS T. (1951): The Social System. New York 1951.

PATERSON J.L. (1984): David Harvey's Geography. London 1984.

PAULOV J. (1984): Das Problem der wissenschaftlichen Methode in der Geographie. In: HARKE H. (Hrsg.) (1984): Territoriale Strukturforschung und ihr Einfluss auf die Entwicklung der Geographie. Halle 1984.

PEET R. (1975): The geography of crime: a political critique. In: ProfG 27/ 277–280/ 1975.

PEET R. (ed) (1977): Radical geography: alternative viewpoints on contemporary social issues. London 1977.

PENNICK N. (1979): Die Alte Wissenschaft der Geomantie. Der Mensch im Einklang mit der Natur. München 1982.

PENNICK N. (1985): Das kleine Handbuch der angewandten Geomantie. Saarbrücken 1985.

PERROUX F. (1950): Economic Space: Theory and Applications. In: QJEc 64 (1)/ 89–104/ 1950.

PESTALOZZI H. (1985): Die Sanfte Verblödung. Düsseldorf 5\1987.

PFEIFER G. (1973): Vergangenheit, Gegenwart und Zukunft – Zeit und Raum in der Geographie. In: Geographie heute – Einheit und Vielfalt. Festschrift für E.Plewe. (= ErdkWi 33). Wiesbaden 1973.

PIAGET J. (1976): Die Äquilibration der kognitiven Strukturen. Stuttgart 1976.

PIAGET J./INHELDER B. (1971): Die Entwicklung des räumlichen Denkens beim Kinde. Stuttgart 1971.

PIVETEAU J.-L. (1987): Le noyau dur d'une science molle. In: UKPIK 5/ 147–150/ 1987.

PLEWE E. (1986): Geographie in Vergangenheit und Gegenwart. Ausgewählte Beiträge zur Geschichte und Methode des Faches. (= ErdkWi 85). Stuttgart 1986.

PLEWE E./WARDENGA U. (1985): Der junge Hettner. Studien zur Entwicklung der wissenschaftlichen Persönlichkeit des Geographen, Länderkundlers und Forschungsreisenden. (= ErdkWi 74). Stuttgart 1985.

PÖSCHL A.E. (1965): Raum und Raumordnung. Berlin 1965.

POKSISEVSKIJ V.V. (Hrsg.) (1967): Sowjetunion – Regionale ökonomische Geographie. Gotha/Leipzig 1967.

POPPER K.R. (1935): Logik der Forschung. Zur Erkenntnistheorie der modernen Naturwissenschaft. (Wien 1935) Tübingen 2\1966.

POPPER K.R. (1962): Die Logik der Sozialwissenschaften. In: KZSoz 14/ 233–248/ 1962.

POPPER K.R. (1964): Die Zielsetzung der Erfahrungswissenschaft. In: ALBERT H. (Hrsg.) (1964): Theorie und Realität. Ausgewählte Aufsätze zur Wissenschaftslehre der Sozialwissenschaften. Tübingen 1964.

PORTUGALI J. (1985): Parallel Currents in the Natural and Social Sciences. In: Geof 16 (2)/ 227–238/ 1985.

PRIGOGINE I. (1980): Vom Sein zum Werden. Zeit und Komplexität in den Naturwissenschaften. (From Being to Becoming – Time and Complexity in Physical Sciences). München 4\1985.

PRIGOGINE I./STENGERS I. (1979): Dialog mit der Natur. Neue Wege naturwissenschaftlichen Denkens. (La nouvelle alliance. Métamorphose de la science). München 4\1983.

PROBST G.J.B. (1981): Kybernetische Gesetzeshypothesen als Basis für Gestaltungs- und Lenkungsregeln im Management. Eine Methodologie zur Betrachtung von Management-Situationen aus kybernetischer Sicht. Bern 1981.

PROBST G.J.B. (1987): Selbst-Organisation. Ordnungsprozesse in sozialen Systemen aus ganzheitlicher Sicht. Hamburg 1987.

RACINE J.-B. (1986): Problématique pour une géographie «sociale» des espaces sociaux en Suisse. In: GHelv 41 (2)/ 57–66/ 1986.

RAFFESTIN C. (1974): Problematique implicite et problematique explicite en geographie humaine. In: GHelv 29 (Beiheft)/ 22–28/ 1974.

RAFFESTIN C. (1986a): Territorialité: Concept ou Paradigme de la géographie sociale? In: GHelv 41 (2)/ 91–96/ 1986.

RAFFESTIN C. (1986b): De l'idéologie à l'utopie ou la pratique du géographe. In: GHelv 41 (3)/ 133–136/ 1986.

RATZEL F. (1882): Anthropogeographie. I. Teil: Grundzüge der Anwendung der Erdkunde auf die Geschichte. Stuttgart 2\1899 (Reprint Darmstadt 1975).

RATZEL F. (1891): Anthropogeographie. II. Teil: Die geographische Verbreitung des Menschen. Stuttgart 1891 (Reprint Darmstadt 1975).

RECHTIEN W. (1986): Ganzheits-, Gestalt- und Feldtheorie. In: REXILIUS G./ GRUBITZSCH S. (Hrsg.) (1986): Psychologie. Theorien – Methoden – Arbeitsfelder. (= re 419). Reinbek 1986.

REES J. (1985): Natural Resources: allocation, economics and policy. London 1985.

REICHELT G./WILMANNS O. (1973): Vegetationsgeographie. (= GSem). Braunschweig 1973.

REICHERT D. (1985): The Most Secure Place is a Prison House. On the Logic and the Function of Human Geography. In: BAHRENBERG/DEITERS (Hrsg.) (1985): Zur Methodologie und Methodik der Regionalforschung. (=OSG Materialien 5). Osnabrück 1985.

REICHERT D. (1987): Eine geographische Komödie. Ein absurdes Stück über Subjektivität und Objektivität von Subjekt und Objekt in der humangeographischen Forschung. In: AMR-INFO Vol. 17/ 51–56/ 1988.

RELPH E. (1976): Place and placelessness. London 1976.

RELPH E. (1981): Rational Landscapes and Humanistic Geography. London 1981.

REXILIUS G./GRUBITZSCH S. (Hrsg.) (1986): Psychologie. Theorien – Methoden – Arbeitsfelder. (= re 419). Reinbek 1986.

REYMOND H. (1981): Une problématique théorique de la géographie: plaidoyer pour une chorotaxie expérimentale. In: ISNARD H./RACINE J.-B./REYMOND H. (1981): Problématiques de la géographie. Paris 1981.

RICHTER H. (1985): Zur Karte 'Gestaltung der sozialistischen Landeskultur in der DDR'. In: GB 30 (1)/ 61–65/ 1985.

RIEDEL W. (Hrsg.) (1981): Heimatbewusstsein. Husum 1981.

RIEDL R. (1979): Biologie der Erkenntnis. Die stammesgeschichtlichen Grundlagen der Vernunft. Hamburg 3\1981.

RIEDL R. (1985): Die Spaltung des Weltbildes. Biologische Grundlagen des Erklärens und Verstehens. Hamburg 1985.

RIEDL R. (1987): Begriff und Welt. Biologische Grundlagen des Erkennens und Begreifens. Hamburg 1987.

RIEDL R. (1988): Der Wiederaufbau des Menschlichen. Verträge zwischen Natur und Gesellschaft. München 1988.

RIEDL R./WUKETITS F.M. (Hrsg.) (1987): Die Evolutionäre Erkenntnistheorie. Bedingungen – Lösungen – Kontroversen. Hamburg 1987.

RIFKIN J. (1985): Kritik der reinen Unvernunft. Pamphlet eines Ketzers. (Declaration of a Heretic). Reinbek 1987.

RIKLIN A. (1981): Unvermeidbare und vermeidbare Werturteile. In: Beiträge zur Methode des Rechts, St. Galler Festgabe zum Schweizerischen Juristentag 1981. Bern 1981.

RIKLIN A. (1984): Machiavelli für Manager? In: St.Galler Hochschulnachrichten 98, St. Gallen 1984.

RITTER C. (1862): Allgemeine Erdkunde. Vorlesungen an der Universität zu Berlin. Hrsg. von H.A. Daniel. Berlin 1862.

ROBINSON G.W.S. (1953): The Geographical Region – Form and Function. In: ScGM 69 (2)/ 49–58/ 1953.

ROBSON B.T. (1971): Editorial comment: Down to earth. In: A 3/ 137/ 1971.

ROEPKE H.G. (1977): Applied Geography: should we, must we, can we? In: GRev 67 (4)/ 481–482/ 1977.

ROSNAY J. DE (1975): Das Makroskop. Neues Weltverständnis durch Biologie, Ökologie und Kybernetik. (Le macroscope – Vers une vision globale). Stuttgart 1977.

ROTH U. et al. (1977): Auswirkungen von Entwicklungen im Energiesektor auf die Raum- und Siedlungsstruktur. (= BMBau 06.011). Bonn 1977.

RUH H. (1988): Ethik und Bodennutzung. In: BRASSEL K./ROTACH M.C. (Hrsg.) (1988): Die Nutzung des Bodens in der Schweiz. (= Zürcher Hochschulforum 11). Zürich 1988.

RUPPERT K. (1979): Raumplanung unter veränderten Rahmenbedingungen. In: PolSt 30 (2)/ 117–121/ 1979.

SAARINEN T.F. (1969): Perception of Environment. (= AAG Resource Paper 5). Washington 1969.

SAB (Hrsg.) (1986): Neuorientierung der Regionalpolitik. Eine Auswertung der Ergebnisse des Nationalen Forschungsprogramms Regionalprobleme. Brugg 1986.

SACHSSE H. (1984): Ökologische Philosophie. Natur – Technik – Gesellschaft. Darmstadt 1984.

SACK R.D. (1974): Chorology and Spatial Analysis. In: AAAG 64 (3)/ 439–452/ 1974.

SACK R.D. (1980a): Conceptions of geographic space. In: PHG 4 (3)/ 313–345/ 1980.

SACK R.D. (1980b): Conceptions of Space in Social Thought. A Geographic Perspective. London 1980.

SACK R.D. (1986): Human Territoriality – Its theory and history. Cambridge 1986.

SALADIN P. (1987): Die Nachweltverträglichkeits-Prüfung. In: ZukF 15 (1)/ 13/ 1987.

SALADIN P. (1988): Boden als Rechtspersönlichkeit. In: BRASSEL K./ROTACH M.C. (Hrsg.) (1988): Die Nutzung des Bodens in der Schweiz. (=Zürcher Hochschulforum 11). Zürich 1988.

SALADIN P./SITTER B. (Hrsg.) (1988): Widerstand im Rechtsstaat. SAGW-Kolloqium 1987. Freiburg 1988.

SAMUELSON P.A./NORDHAUS W.D. (1985): Volkswirtschaftslehre. Grundlagen der Makro- und Mikroökonomie. (Economics). Köln 8\1987.

SANDER E. (1978): Zu räumlichen Gemeinsamkeiten von Pendler- und Einkaufsverflechtungen. In: RR 36 (1/2)/ 59–68/ 1978.

SANGUIN A.-L. (1981): La géographie humaniste ou l'approche phénoménologique des lieux, des paysages et des espaces. In: AnnG 10 (5)/ 560–587/ 1981.

SANGUIN A./GAUTHIER P. (1977): La forme territoriale de la Suisse. Essai quantitatif en géographie politique. In: GHelv 32 (1)/ 21–28/ 1977.

SATTLER R. (1986): Biophilosophy. Analytic and Holistic Perspectives. Berlin 1986.

SAUSCHKIN J.G. (1978): Studien zu Geschichte und Methodologie der geographischen Wissenschaft. Gotha/Leipzig 1978.

SAYER A. (1982): Explanation in economic geography: abstraction versus generalization. In: PHG 6/ 81–82/ 1982.

SCHAEFER F.K. (1953): Exceptionalism in Geography: A Methodological Examination. In: AAAG 43/ 226–249/ 1953.

SCHÄFER G. (1984): Die Entwicklung des geographischen Raumverständnisses im Grundschulalter. (=GDidF 9). Berlin 1984.

SCHÄFER P. (1986): Der Raum als existentielle Kategorie – Variationen eines lebensräumlichen Urmotivs und geographieunterrichtlichen Leitkonzeptes. (=GDidF 15/ 55–64). Lüneburg 1986.

SCHÄFER W. (1971): Der kritische Raum. Über den Bevölkerungsdruck bei Tier und Mensch. (=Kleine Senckenberg-Reihe 4). Frankfurt/M. 2\1976.

SCHÄTZL L. (1974): Zur Konzeption der Wirtschaftsgeographie. In: E 105 (2)/ 124–134/ 1974.

SCHÄTZL L. (1978): Wirtschaftsgeographie 1 – Theorie. (=UTB 782). Paderborn 1978.

SCHÄTZL L. (1981): Wirtschaftsgeographie 2 – Empirie. (=UTB 1052). Paderborn 1981.

SCHÄTZL L. (1986): Wirtschaftsgeographie 3 – Politik. (=UTB 1383). Paderborn 1986.

SCHAFFER F. (1986): Zur Konzeption der Angewandten Sozialgeographie. In: SCHAFFER F./POSCHWATTA W. (Hrsg.) (1986): Angewandte Sozialgeographie. Festschrift Karl Ruppert. Augsburg 1986.

SCHAFFER F. (1988): Stagniert die deutsche Sozialgeographie? In: MGGM 73/ 17–32/ 1988.

SCHAFFER F./POSCHWATTA W. (Hrsg.) (1986): Angewandte Sozialgeographie. Festschrift Karl Ruppert. (=Beiträge zur Angewandten Sozialgeographie 12). Augsburg 1986.

SCHAMP E.W. (1984): Plädoyer für eine politisch-ökonomische Wirtschaftsgeographie. In: MATZNETTER J. (Hrsg.) (1984): Wirtschaftsgeographie und Wirtschaftswissenschaften. (=Frankfurter WSozGeogr Schriften 46). Frankfurt/ M. 1984.

SCHEMEL H.-J. (1978): Methodische Ansätze und Verfahren zur Analyse von Belastungen. In: L+S 10 (2)/ 61–72/ 1978.

SCHEMEL H.-J. (1985): Die Umweltverträglichkeitsprüfung (UVP) von Grossprojekten. Grundlagen und Methoden sowie deren Anwendung am Beispiel der Fernstrassenplanung. Berlin 1985.

SCHEMEL H.-J./DANZ W. (1976): Die Umweltverträglichkeitsprüfung. Ein neuer Ansatz zur Einbeziehung ökologischer Aspekte bei raumrelevanten Vorhaben. In: BRR 20 (6)/ 41–44/ 1976.

SCHEURER T. (1986): Landschaftsbewertung – eine Bewertung der Seele? In: AERNI K. et al. (Hrsg.) (1986): Der Mensch in der Landschaft. Festschrift für Georges Grosjean. Bern 1986.

SCHICHAN P. (1987): Integration als Forschungsgegenstand in der Geographie: Stellenwert integrativer Ansätze in der geographischen Ausbildung an den Schweizer Hochschulen. In: Gsc 54/ 32–35/ 1987.

SCHLUCHTER W. (Hrsg.) (1980): Verhalten, Handeln und System. Talcott Parsons' Beitrag zur Entwicklung der Sozialwissenschaften. (=stw 310). Frankfurt/M. 1980.

SCHLÜTER O. (1906): Die Ziele der Geographie des Menschen. München 1906.

SCHMID B. (1979): Bilanzmodelle. Simulationsverfahren zur Verarbeitung unscharfer Teilinformationen. (=ORL-B 40). Zürich 1979.

SCHMID P. (1970): Heimat als Voraussetzung und Ziel der Erziehung. Bern 1970.

SCHMID W. (1979): Probleme und Aufgaben der Landschaftsplanung. In: Plan 36 (5)/ 13/ 1979.

SCHMIDT H. (1974): Lexikon der Philosophie. Stuttgart 1974.

SCHMIDT H./SCHOLZ D. (1984): Territoriale Strukturentwicklung und Entwicklung der Ballungsgebietsforschung. In: HARKE H. (Hrsg.) (1984): Territoriale Strukturforschung und ihr Einfluss auf die Entwicklung der Geographie. Halle 1984.

SCHMIDT-RENNER G. (1981): Das zentrale Anliegen einer räumlichen Ökonomie. Eine raumökonomische Grundsatzerörterung. In: PGM 125 (3)/ 145–156/ 1981.

SCHMIDT-WULFFEN W.-D. (1980): 'Welfare Geography' oder: Leben in einer ungleichen Welt. Angelsächsische Ansätze zu einem 'Paradigma' gesellschaftlicher und sozialräumlicher Ungleichheiten. In: GZ 68 (2)/ 107–120/ 1980.

SCHMITHÜSEN J. (1964): Was ist eine Landschaft. (= ErdkWi 9). Wiesbaden 1964.

SCHMITHÜSEN J. (1976): Allgemeine Geosynergetik. (= LBAllG 12). Berlin 1976.

SCHMITTHENNER H. (1954): Zum Problem der Allgemeinen Geographie und der Länderkunde. (= Münchner Geogr Hefte 4). Kallmünz/Regensburg 1954.

SCHNÄDELBACH H. (1984): Einleitung. In: SCHNÄDELBACH H. (Hrsg.) (1984): Rationalität – Philosophische Beiträge. (= stw 449). Frankfurt/M. 1984.

SCHNEIDER M. (Hrsg.) (1986): Information über Gestalt. Textbuch für Architekten und andere Leute. Braunschweig 2\1986.

SCHNUPP P./LEIBRANDT U. (1988): Expertensysteme. Berlin 2\1988.

SCHÖLLER P. (1957): Wege und Irrwege der Politischen Geographie und Geopolitik. In: Erdk 11 (1)/ 1–20/ 1957.

SCHÖLLER P. (1977): Rückblick auf Ziele und Konzeptionen der Geographie. In: GR 29 (2)/ 34–38/ 1977.

SCHÖLLER P./LIEDTKE H. (Hrsg.) (1972): Deutscher Geographentag Erlangen-Nürnberg 1971 – Tagungsbericht und wissenschaftliche Abhandlungen. (= Verhandlungen DGT 38). Wiesbaden 1972.

SCHÖNFELDER G. (1984): Komplexe Umweltkarten als Analyse- und Darstellungsmittel zur Landschaftsplanung. In: HARKE H. (Hrsg.) (1984): Territoriale Strukturforschung und ihr Einfluss auf die Entwicklung der Geographie. Halle 1984.

SCHOLZ D. et al. (1978): Geographische Arbeitsmethoden. (= Studienbücher Geographie Bd. 1). Gotha/Leipzig 3\1981.

SCHRAMKE W. (1975): Zur Paradigmengeschichte der Geographie und ihrer Didaktik. Eine Untersuchung über Geltungsanspruch und Identitätskrise eines Faches. (= GHM 2). Göttingen 1975.

SCHREIBER K.-F./WEBER P. (Hrsg.) (1976): Mensch und Erde. Festschrift für Wilhelm Müller-Wille. (= WfGSt 33). Münster/W. 1976.

SCHÜTZ A. (1954): Begriffs- und Theoriebildung in den Sozialwissenschaften. (Concept and Theory Formation in the Social Sciences). In: SCHÜTZ A. (1971): Gesammelte Aufsätze Bd. I/ 55–76/ Den Haag 1971.

SCHÜTZ A. (1971): Gesammelte Aufsätze Bd. I/ 55–76/ Den Haag 1971.

SCHULER M. (1980): Problematik der Regionalisierung in der Schweiz. (= ArbB 14 NFP 'Regionalprobleme'). Bern 1980.

SCHULER M. (1983): Abgrenzung der Agglomerationsräume in der Schweiz 1980. (= Beiträge zur schweizerischen Statistik 105).Bern 1983.

SCHULTZ H.-D. (1980): Die deutschsprachige Geographie von 1800 bis 1970. Ein Beitrag zur Geschichte ihrer Methodologie. (= Abh Geogr Inst FU Berlin 29). Berlin 1980.

SCHULTZE A. (1971): Dreissig Texte zur Didaktik der Geographie. Braunschweig 4\1974.

SCHWARZ G. (1959): Allgemeine Siedlungsgeographie. (= LBAllG VI). München 1959.

SCHWEIZ. BUNDESRAT (1978): Botschaft und Entwurf zu einem Bundesgesetz über die Raumplanung (RPG) vom 27.Februar 1978. (= RPCH 8 (1)/ 3–28/ 1978). Bern 1978.

SCHWEIZ. BUNDESRAT (1988): Bericht über den Stand und die Entwicklung der Bodennutzung und Besiedlung in der Schweiz (Raumplanungsbericht 1987). BBl 10/ 15. März 1988.

SCHWEMMER O. (1976): Theorie der rationalen Erklärung. Zu den methodischen Grundlagen der Kulturwissenschaften. München 1976.

SCHWEMMER O. (1979): Verstehen als Methode. Vorüberlegungen zu einer Theorie der Handlungsdeutung. In: MITTELSTRASS J. (Hrsg.) (1979): Methodenprobleme der Wissenschaften vom gesellschaftlichen Handeln. (= stw 270). Frankfurt/M. 1979.

SCHWEMMER O. (1987): Handlung und Struktur. Zur Wissenschaftstheorie der Kulturwissenschaften. (= stw 669). Frankfurt/M. 1987.

SCHWEMMER O. (Hrsg.) (1981): Vernunft, Handlung und Erfahrung. Über die Grundlagen und Ziele der Wissenschaften. München 1981.

SCHWICKERATH M. (1976): Hohes Venn – Nordeifel. Ganzheitliches Erfassen und Erleben der Landschaft. (= Schriftenreihe der Landesstelle für Naturschutz und Landschaftspflege in Nordrhein-Westfalen 2). Recklinghausen 1976.

SCHWIND M. (1972): Allgemeine Staatengeographie. (= LBAllG VIII). Berlin 1972.

SEDLACEK P. (1976): Einleitung. In: SEDLACEK P. (Hrsg.) (1978): Regionalisierungsverfahren. Darmstadt 1978.

SEDLACEK P. (1978a): Zum Problem der Kontingenzbedingung in Klassifikationen räumlicher Beobachtungseinheiten. In: ZWG 22 (7)/ 196–202/ 1978.

SEDLACEK P. (1980): Pluralismus und Geographie. Anmerkungen zu einer Kontroverse falscher Propheten. (= KM 48). Karlsruhe 1980.

SEDLACEK P. (1982a): Kultur-/Sozialgeographie: Eine einführende Problemskizze. In: SEDLACEK P. (Hrsg.) (1982): Kultur-/Sozialgeographie. (= UTB 1053). Paderborn 1982.

SEDLACEK P. (1982b): Kulturgeographie als normative Handlungswissenschaft. In: SEDLACEK P. (Hrsg.) (1982): Kultur-/Sozialgeographie. (= UTB 1053). Paderborn 1982.

SEDLACEK P. (1982c): Sinnrationalität als empirische Disposition oder methodisches Prinzip? In: GZ 70 (2)/ 158–160/ 1982.

SEDLACEK P. (1986): Angewandte Sozialgeographie und Stadtentwicklung. In: SCHAFFER F./POSCHWATTA W. (Hrsg.) (1986): Angewandte Sozialgeographie. Festschrift Karl Ruppert. Augsburg 1986.

SEDLACEK P. (Hrsg.) (1978): Regionalisierungsverfahren. (=WdF CXCV). Darmstadt 1978.

SEDLACEK P. (Hrsg.) (1979): Zur Situation der deutschen Geographie zehn Jahre nach Kiel. Osnabrück 2\1983.

SEDLACEK P. (Hrsg.) (1982): Kultur-/Sozialgeographie. Beiträge zu ihrer wissenschaftstheoretischen Grundlegung. (=UTB 1053). Paderborn 1982.

SEIFFERT H. (1969): Einführung in die Wissenschaftstheorie. Band 1: Sprachanalyse, Deduktion, Induktion. (=BSR 60). München 9\1980.

SEIFFERT H. (1970): Einführung in die Wissenschaftstheorie. Band 2: Phänomenologie, Hermeneutik, Dialektik. (=BSR 61). München 7\1977.

SEIFFERT H. (1985): Einführung in die Wissenschaftstheorie. Band 3: Handlungstheorie, Modallogik, Ethik, Systemtheorie. (=BSR 270). München 1985.

SEUFFERT O. (1980): Geographie heute – Entwicklung, Inhalte und Funktion in Hochschule, Schule und Öffentlichkeit. In: Gdyn 1 (1)/ 7–22/ 1980.

SGU (Hrsg.) (1987): Die wirtschaftlichen Folgen des Waldsterbens in der Schweiz. Zürich 1987.

SIEBERT H. (1967): Die Anwendung der Mengentheorie für die Abgrenzung von Regionen. In: SEDLACEK P. (Hrsg.) (1978): Regionalisierungsverfahren. (=WdF CXCV). Darmstadt 1978.

SIEBERT H. (1978): Ökonomische Theorie der Umwelt. Tübingen 1978.

SIGNER R. (1987): Von Schwierigkeiten im Umgang mit Information. Befunde und Maximen. In: LENDI M. (Hrsg.) (1987): Didaktik des Raumplanungsunterrichts. (=DISP 89/90). Zürich 1987.

SIMMONS I.G. (1979): Biogeography. London 1979.

SITTE C. (1909): Der Städtebau nach seinen künstlerischen Grundsätzen. Reprint Braunschweig 1983.

SITTER B. (1986a): Hat Ethik in der Wissenschaft nichts zu suchen? In: SITTER B. (Hrsg.) (1986): Wissenschaft in der Verantwortung. Analysen und Forderungen. SNG-Symposium 1985. Bern 1986.

SITTER B. (Hrsg.) (1986): Wissenschaft in der Verantwortung. Analysen und Forderungen. SNG-Symposium 1985. Bern 1986.

SLATER D. (1975): The poverty of modern geographical enquiry. In: PacVw 16/ 159–176/ 1975.

SMITH D.M. (1971): Industrial Location. New York 1971.

SMITH D.M. (1973): Alternate relevant professional roles. In: A 5/ 1–4/ 1973.

SMITH D.M. (1977): Human Geography. A Welfare Approach. London 1977.

SMITH N. (1979): Geography, science and post-positivist modes of explanation. In: PHG 3 (3)/ 356–383/ 1979.

SMUDA M. (Hrsg.) (1986): Landschaft. (=st 2069). Frankfurt/M. 1986.

SNG (Hrsg.) (1978): Methoden der Untersuchung der Geographischen Umwelt. Symposium Bern 24.2.1978. (=Veröff Geogr Komm SNG 5). Lausanne 1978.

SNOW C.P. (1963): Die zwei Kulturen. Literarische und naturwissenschaftliche Intelligenz. (The Two Cultures: and A Second Look). Stuttgart 1967.

SOCAVA V.B. (1977): Konzeptionelle Grundlagen und Leitlinien der klassifikatorischen Ordnung von Geosystemen. In: GB 84 (3)/ 161–175/ 1977.

SÖKER E. (1977): Das Regionalisierungskonzept – Instrumente und Verfahren der Regionalisierung. (=MGGH 67). Hamburg 1977.

SOJA E.W. (1980): The socio-spatial dialectic. In: AAAG 70 (2)/ 207–225 / 1980.

SOMBART W. (1930): Die drei Nationalökonomien. Geschichte und System der Lehre von der Wirtschaft. München 1930.

SPECK J. (Hrsg.) (1980): Handbuch wissenschaftstheoretischer Begriffe. (= UTB 966/967/968). Göttingen 1980ff.

SPENCE N.A./TAYLOR P.J. (1970): Quantitative methods in regional taxonomy. In: PG 2/ 1–64/ 1970.

SPIEGELBERG H. (1982): The Phenomenological Movement. A Historical Introduction. Den Haag 3\1982.

SPINDLER D. (Hrsg.) (1968): Hochschuldidaktik. 25 Dokumente zur Hochschul- und Studienreform. Bonn 1968.

STACHOWIAK H. (1965): Gedanken zu einer allgemeinen Theorie der Modelle. In: StGen 18/ 432–463/ 1965.

STACHOWIAK H. (1969): Denken und Erkennen im kybernetischen Modell. Wien 2\1969.

STACHOWIAK H. (1973): Allgemeine Modelltheorie. Wien 1973.

STEA D. (1967): Reasons for moving. In: L 17/ 27–28/ 1967.

STEGMÜLLER W. (1966): Der Begriff des Naturgesetzes. In: StGen 19, 1966.

STEINER D. (1977): Grundsätzliches zur Trendflächen-Analyse. (=Geogr Inst ETHZ 58). Zürich 1977.

STEINER D. (1978): Modelle zur Darstellung Geographischer Systeme. In: SNG (Hrsg.) (1978): Methoden der Untersuchung der Geographischen Umwelt. Lausanne 1978.

STEINER D. (1979): Systemtheorie/Systemanalyse und Geographie. Zum Buch von G.P. Chapman 'Human and environmental systems – a geographer's appraisal'. In: GZ 67 (3)/ 185–210/ 1979.

STEINER D. (1983): Zur Mathematisierung der Geographie. In: HOYNINGEN-HUENE P. (Hrsg.) (1983): Die Mathematisierung der Wissenschaften. (= Zürcher Hochschulforum 4). Zürich 1983.

STEINER D. (1986): Humanökologie und Geographie: Die Notwendigkeit einer evolutionären Perspektive. In: STEINER D./WISNER B. (eds) (1986): Humanökologie und Geographie. (=ZGS 28). Zürich 1986.

STEINER D./WISNER B. (eds) (1986): Humanökologie und Geographie. (=ZGS 28). Zürich 1986.

STEWIG R. (1979): Das Problem der Länderkunde in der Bundesrepublik Deutschland. In: E 110/ 181–190/ 1979.

STIENS G. (1978): 'Kumulativer Schrumpfungsprozess' in peripheren Regionen unausweichlich? Welchen Zwecken dienen raumbezogene Voraussagen? In: GR 30 (11)/ 433–436/ 1978.

STIENS G. (1982): Zur Methodik und zu den Ergebnissen raumbezogener Szenarien. (=ArbB 30 NFP 'Regionalprobleme'). Bern 1982.

STIENS G. (Hrsg.) (1980): Regionalismus und Regionalpolitik. In: IzR 7 (5)/
1980.

STODDART D.R. (1975): Kropotkin, Reclus, and 'relevant' geography. In: A 8/
188–190/ 1975.

STODDART D.R. (1986): On Geography and its History. Oxford 1986.

STODDART D.R. (ed) (1981): Geography, Ideology and Social Concern. Oxford
1981.

STÖHR W. (1981): Alternative Strategien für die integrierte Entwicklung peri-
pherer Gebiete bei abgeschwächtem Wirtschaftswachstum. In: DISP 61/ 5–8/
1981.

STÖHR W./TAYLOR D.R. (1981): Development from Above or Below? The
Dialectics of Regional Planning in Developing Countries. Chichester 1981.

STÖRIG H.J. (1961): Kleine Weltgeschichte der Philosophie. (=FiTB 6135/36).
Frankfurt/M. 1973.

STOFFEL M. (1978): 'Die Grenzen des Wachstums' – Beurteilung der Kritik.
Bern 1978.

STOLZ F. (Hrsg.) (1986): Gleichgewichts- und Ungleichgewichtskonzepte in der
Wissenschaft. (=Zürcher Hochschulforum 7). Zürich 1986.

STORBECK D. (1969): Zur Methodik und Problematik von Massstäben der regionalen Konzentration. In: RR 27 (5–6)/ 214–221/ 1969.

STORKEBAUM W. (Hrsg.) (1967): Zum Gegenstand und zur Methode der Geographie. (=WdF LVIII). Darmstadt 1967.

STREIT U./NIPPER J. (1977): Zum Problem der räumlichen Erhaltensneigung in
räumlichen Strukturen und raumrelevanten Prozessen. In: GZ 65 (4)/
241–263/ 1977.

STÜCKRATH F. (1968): Kind und Raum. München 3\1968.

STÜDELI R. (1987): Die Fortbildung von Praktikern als didaktische Aufgabe. In:
LENDI M. (Hrsg.) (1987): Didaktik des Raumplanungsunterrichts. (=DISP
89/90). Zürich 1987.

SUGDEN D./HAMILTON P. (1971): Scale, systems, and regional geography In: A
3/ 139–144/ 1971.

TAAFFE E.J. (1974): The spatial view in context. In: AAAG 64 (1)/ 1–16/ 1974.

TAMM N. (1981): Die Schwierige Region. Bedeutungen und Funktionen des
Regionsbegriffes in Wissenschaft und Politik. Riehen 1981.

TAYLOR P.J. (1986): Locating the question of unity. In: Tr/NS 11 (4)/ 443–448/
1986.

THOMALE E. (1972): Sozialgeographie. Eine disziplingeschichtliche Untersuchung zur Entwicklung der Anthropogeographie. (=Marburger Geogr
Schriften 53).Marburg 1972.

THOSS R. (1972): Zur Planung des Umweltschutzes. In: RR 30 (4/5)/ 180–190/
1972.

THÜRKAUF M. (1977): Wissenschaft und moralische Verantwortung. Vom Bil-
dungswert des naturwissenschaftlichen Unterrichts. Schaffhausen 1977.

TIETZE W. (1978): Die Schwierigkeit mit der Qualität. In: WGSt 2 (4)/ 204–212/ 1978.

TIETZE W. (1981): Länderkunde als eine Form der Angewandten Geographie. In: ZWG 25 (8)/ 239–242/ 1981.

TIETZE W. (Hrsg.) (1968): Lexikon der Geographie. 4 Bde. Braunschweig 1968ff.

TOBLER W.R. (1963): Geographischer Raum und Kartenprojektion. (Geographic Area and Map Projections). In: BARTELS D. (Hrsg.) (1970): Wirtschafts- und Sozialgeographie. Köln 1970.

TOMASEK W./HABER W. (1974): Raumplanung, Umweltplanung, Ökosystemplanung. Zur Diskussion um Konzepte für die Landschaft. In: InnK 23 (3)/ 67–71/ 1974.

TOPITSCH E. (Hrsg.) (1965): Logik der Sozialwissenschaften. (=NWB 6). Köln 1965.

TRACHSLER H./KIAS U. (1982): Ökologische Planung – Versuch einer Standortbestimmung. In: DISP 68/ 32–38/ 1982.

TRAIN R.E. (1972): The Quest for Environmental Indices. In: Sc 178/ 121ff/ 1972.

TREWARTHA G.T. (1973): Comments on Gilbert White's article 'Geography and public policy'. In: ProfG 25/ 7–9/ 1973.

TRIEB M. (1977): Stadtgestaltung: Theorie und Praxis. (=Bauwelt Fundamente 43). Braunschweig 2\1977.

TRINER H. (1978): Regionaler Wohnungsbedarf in der Schweiz. Regionalisierte Wohnungsbedarfsschätzung für die Schweiz bis zum Jahre 1990. (=Schriftenreihe Wohnungswesen 4). Bern 1978.

TROLL C. (1950): Die geographische Landschaft und ihre Erforschung. In: StGen 3 (4/5)/ 163–181/ 1950.

TSCHUMI P. (1976): Ökologie und Umweltkrise. Bern 1976.

TUAN Y. (1974): Topophilia. A Study of Environmental Perception, Attitudes, and Values. Englewood Cliffs 1974.

TUAN Y. (1977): Space and Place. The Perspective of Experience. London 1977.

TUAN Y. (1979): Space and place: humanistic perspective. In: GALE S./OLSSON G. (eds) (1979): Philosophy in Geography. Dordrecht 1979.

UEXKÜLL J.v. (1980): Kompositionslehre der Natur. Biologie als undogmatische Naturwissenschaft. Frankfurt/M. 1980.

UHLIG H. (1956): Die Kulturlandschaft. Methoden der Forschung und das Beispiel Nordostengland. (=Kölner Geogr Arbeiten 9/10). Köln 1956.

UHLIG H. (1970): Organisationsplan und Systematik der Geographie. In: Geof 1 (1)/ 19–52/ 1970.

ULICH D. (1975): Wissenschaftstheoretische Grundlagen. In: KERLINGER F.N. (Hrsg.) (1975): Grundlagen der Sozialwissenschaften. Weinheim 1975.

ULLMANN E.L. (1954): Geography as spatial interaction. In: AAAG 44/ 283–284/ 1954.

ULLMANN E.L. (1980): Geography as Spatial Interaction. Ed. by R.R. Boyce. Seattle 1980.

ULRICH H. (1970): Die Unternehmung als produktives soziales System. Grundlagen der allgemeinen Unternehmungslehre. Bern 2\1970.

ULRICH H. (1978): Unternehmungspolitik. Bern 1978.

ULRICH H. (1985): Plädoyer für ganzheitliches Denken. (= Aulavorträge HSG 32). St.Gallen 1985.

ULRICH H./PROBST G.J.B. (1988): Anleitung zum ganzheitlichen Denken und Handeln. Bern 1988.

ULRICH H./PROBST G.J.B. (eds) (1984): Self-Organization and Management of Social Systems. Insights, Promises, Doubts, and Questions. (= SSS 26). Berlin 1984.

UNSÖLD A. (1983): Evolution kosmischer, biologischer und geistiger Strukturen. Darmstadt 2\1983.

VALLEGA A. (1982): La regionalizzazione: dimensione intellettuale emergente. In: RivGIt 89 (2)/ 171–190/ 1982.

VESTER F. (1976): Ballungsgebiete in der Krise. Eine Anleitung zum Verstehen und Planen menschlicher Lebensräume mit Hilfe der Biokybernetik. Stuttgart 1976.

VESTER F. (1978): Unsere Welt – ein vernetztes System. Stuttgart 1978.

VESTER F. (1984a): Neuland des Denkens. Vom technokratischen zum kybernetischen Zeitalter. (= dtv 10220). München 1984.

VESTER F. (1984b): Vernetzte Systeme. In: KENNEDY M. (Hrsg.) Öko-Stadt. Prinzipien einer Stadt-Ökologie. Bd. 1. (= FiTB 4096). Frankfurt/M. 1984.

VEYRET-VERNER G. (1971): Population vieillies. Types, variétés des processus et des incidences sur la population adulte. In: RevGAlp 59/ 433–456/ 1971.

VICTOR P.A. (1972): Pollution: Economy and Environment. London 1972.

VIDAL DE LA BLACHE P. (1922): Principes de la géographie humaine. Paris 1922.

VOLKART H.R. (1987): Die Raumplanung im Unterricht der Mittelschulstufe. In: LENDI M. (Hrsg.) (1987): Didaktik des Raumplanungsunterrichts. (= DISP 89/90). Zürich 1987.

VOLLMER G. (1984): New Problems for an Old Brain – Synergetics, Cognition and Evolutionary Epistemology. In: FREHLAND E. (ed) (1984): Synergetics – From Microscopic to Macroscopic Order. (= SSS 22). Berlin 1984.

VOLLMER G. (1985): Was können wir wissen? Beiträge zur evolutionären Erkenntnistheorie. Stuttgart 1985.

VOLLMER G. (1987): Was Evolutionäre Erkenntnistheorie nicht ist. In: RIEDL R./WUKETITS F.M. (Hrsg.) (1987): Die Evolutionäre Erkenntnistheorie. Bedingungen – Lösungen – Kontroversen. Hamburg 1987.

VOROPAY L.I. (1977): Levels and stages in the process of geographical cognition. In: SovG 19 (9)/ 611–617/ 1978.

WAHRIG G. (1980): Deutsches Wörterbuch. München 1980.

WAIBEL L. (1933): Was verstehen wir unter Landschaftskunde? In: GAnz 34/ 197–207/ 1933.

WALDIS R. (1987): Unkrautvegetation im Wallis. Pflanzensoziologische und chorologische Untersuchungen. Beiträge zur geobotanischen Landesaufnahme der Schweiz 63. Teufen 1987.

WALLACE I. (1978): Towards a Humanized Conception of Economic Geography. In: LEY D./SAMUELS M.S. (eds) Humanistic geography: prospects and problems. London 1978.

WALTER H. (1973): Allgemeine Geobotanik. (=UTB 284). Stuttgart 1973.

WALTER H. (1985): Zum Unterschied zwischen Physiologie und Ökologie. In: GfÖ-N 15 (1)/ 17f/ 1985.

WALTERSKIRCHEN M.P.v. (1972): Umweltschutz und Wirtschaftswachstum. Referate und Seminarergebnisse des ersten Symposiums für wirtschaftliche und rechtliche Fragen des Umweltschutzes an der Hochschule St. Gallen 1971. Frauenfeld 1972

WANNER H. (1982): Wissenschaftstheoretische Aspekte einer Definition von Geographie. In: GHelv 37 (1)/ 38–42/ 1982.

WANNER H./CASPAR R. (1985): Was sind die Motive bei der Wahl des Geographiestudiums? In: GHelv 40 (3)/ 142–147/ 1985.

WAPNER S. et al. (eds) (1976): Experiencing the Environment. New York 1976.

WARD B. (1979): Die Idealwelten der Ökonomen. Liberale, Radikale, Konservative. (The Ideal Worlds of Economics). Zürich 1986.

WASCHKUHN A. (1987): Politische Systemtheorie. Entwicklung, Modelle, Kritik. Eine Einführung. (=WV Studium 143). Wiesbaden 1987.

WATSON J.W. (1955): Geography: A Discipline in Distance. In: ScGM 71/ 1–13/ 1955.

WATZLAWICK P. (Hrsg.) (1981): Die erfundene Wirklichkeit. Beiträge zum Konstruktivismus. (=SP 373). München 3\1985.

WEAVER C. (1978): Regional Theory and Regionalism: Towards Rethinking the Regional Question. In: Geof 9/ 397–413/ 1978.

WEBER A. (1909): Über den Standort der Industrien. Tübingen 1909.

WEBER M. (1921): Soziologische Grundbegriffe. Sonderausgabe aus: Wirtschaft und Gesellschaft. (=UTB 541). Tübingen 6\1984.

WEGELIN F. (1977): Stand der Regionalisierung in der Schweiz anfangs 1977. In: RPCH 6 (3)/ 3–24/ 1977.

WEGMANN D. (1974): Bevölkerungsgeographische Aspekte im alpinen Kulturlandschaftswandel. (=Vierteljahresschrift Naturforschende Gesellschaft Zürich 119/3). Zürich 1974.

WEIBEL E.R. (1986): Wissenschaft und Gesellschaft – Verantwortung und Vertrauen. In: SITTER B. (Hrsg.) (1986): Wissenschaft in der Verantwortung. Analysen und Forderungen. SNG-Symposium 1985. Bern 1986.

WEICHHART P. (1975): Geographie im Umbruch. Ein methodologischer Beitrag zur Neukonzeption der komplexen Geographie. Wien 1975.

WEICHHART P. (1977): Die physische Umwelt als Potential, Ressource oder Hazard. Denkmodelle und Konzeptionen der Geographie zur Erfassung der Gesellschaft-Umwelt-Beziehungen. In: HB/ 21–66/ 1979.

WEICHHART P. (1980a): Die normative Komponente wissenschaftlicher Diskussionen in Ökologie und Humanökologie. In: Verhandlungen der Gesellschaft für Ökologie, Bd. VIII (Freising-Weihenstephan 1979). Göttingen 1980.

WEICHHART P. (1980b): Individuum und Raum: ein vernachlässigter Erkenntnisbereich der Sozialgeographie. In: MGGM 65/ 63–92/ 1980.

WEICHHART P. (1980c): Auf dem Wege zu einer Theorie der Gesellschaft-Umwelt-Beziehungen? In: MÖGG 122 (I)/ 4–69/ 1980.

WEICHHART P. (1986a): Das Erkenntnisobjekt der Sozialgeographie aus handlungstheoretischer Sicht. In: GHelv 41 (2)/ 84–90/ 1986.

WEICHHART P. (1986b): Ethische Probleme und Fragen der Verantwortung in der Geographie. In: MÖGG 128/ 5–33/ 1986.

WEICHHART P. (1987): Geography as a 'Multi-Paradigme-Game' – a pluralistic discipline in a pluralistic post-industrial society. In: WINDHORST H.W. (ed) (1987): The Role of Geography in a Post-Industrial Society.

WEIGT E. (1957): Die Geographie. Eine Einführung in Wesen, Methoden, Hilfsmittel und Studium. (= GSem). Braunschweig 5\1972.

WEINGART P. (Hrsg.) (1975): Wissenschaftsforschung. Frankfurt/M. 1975.

WEINGARTNER P. (1971): Wissenschaftstheorie I. Einführung in die Hauptprobleme. Stuttgart 1971.

WEINSCHENCK G. (1986): Ethische, analytische und wirtschaftspolitische Fragen zum Thema Landwirtschaft und Landschaft. In: NL 61 (7/8)/ 259–263/ 1986.

WEISS H. (1981): Die friedliche Zerstörung der Landschaft und Ansätze zu ihrer Rettung in der Schweiz. Zürich 1981.

WEISS H. (1987): Die unteilbare Landschaft. Für ein erweitertes Umweltverständnis. Zürich 1987.

WEIZENBAUM J. (1987): Kurs auf den Eisberg. Die Verantwortung des Einzelnen und die Diktatur der Technik. (= SP 541). München 1987.

WEIZSÄCKER E.U.v. (1986): Die Zukunft wird anders, als wir denken. In: HAFEMANN M./SCHLÜPEN D. (Hrsg.) (1986): Technotopia. Das Vorstellbare – Das Wünschbare – Das Machbare. Weinheim/Basel 1986.

WELLMER A. (1985): Zur Dialektik von Moderne und Postmoderne. (= stw 532). Frankfurt/M. 1985.

WELSCH W. (Hrsg.) (1988): Wege aus der Moderne. Schlüsseltexte der Postmoderne-Diskussion. Weinheim 1988.

WENDT B. (1978): Geografie – Gegenstand und Methode. Eine wissenschaftspropädeutische Einführung. (= Der moderne Geografieunterricht 1). Freiburg/Würzburg 1978.

WERLEN B. (1983): Methodologische Probleme handlungstheoretischer Stadtforschung. In: LÖTSCHER L. (Hrsg.) (1983): Stadtdynamik in der Schweiz. (= SNG-Jahrbuch 1982). Basel 1983.

WERLEN B. (1986): Thesen zur handlungstheoretischen Neuorientierung sozialgeographischer Forschung. In: GHelv 41 (2)/ 67–76/ 1986.

WERLEN B. (1987a): Gesellschaft, Handlung und Raum. Grundlagen handlungstheoretischer Sozialgeographie. (= ErdkWi 89). Stuttgart 1987.

WERLEN B. (1987b): Zwischen Metatheorie, Fachtheorie und Alltagswelt. In: BAHRENBERG G. et al. (Hrsg.) (1987): Geographie des Menschen – Dietrich Bartels zum Gedenken. (= BBGR 11). Bremen 1987.

WERNLI O. (1958): Die neuere Entwicklung des Landschaftsbegriffes. In: GHelv 13 (1)/ 1–59/ 1958.

WERNLI O. (1983): Ein Beitrag an eine Theorie der Geographie. In: GHelv 38 (3)/ 127–130/ 1983.

WETTMANN R.W./FARKI A. (1978): Internationale Arbeitsteilung und Raument-wicklung in der BRD. Szenarien zur Regionalpolitik. (=BMBau 06.021). Bonn 1978.

WHITEHEAD A.N. (1978): Process and Reality. New York 1978.

WHITTLESEY D. (1954): The Regional Concept and the Regional Method. In: JAMES P.E./JONES C.F. (eds) (1954): American Geography – Inventory and Prospect. Syracuse NY 1954.

WICKE L. (1982): Umweltökonomie. München 1982.

WIESMANN U. (1986): Die Raumplaner bemühen sich zu wenig darum, neue Erkenntnisse aus der Wissenschaft zur Kenntnis zu nehmen. In: GHelv 41 (1)/ 33–36/ 1986.

WILLE R. (Hrsg.) (1988): Symmetrie in Geistes- und Naturwissenschaft. Symme-trie-Symposion TH Darmstadt 1986. Berlin 1988.

WILMANNS O. (1978): Ökologische Pflanzensoziologie. (=UTB 269). Heidel-berg 2\1978.

WILSON A.G. (1972): Theoretical Geography: Some Speculations. In: Tr 57/ 31–44/ 1972.

WILSON A.G. (1981): Geography and the Environment. Systems Analytical Methods. Chichester 1981.

WINKLER E. (1936): Geographie als Zeitwissenschaft. In: ZErdk 5 (2)/ 1936.

WINKLER E. (1957): Der Gegenstand der Geographie und die Nachbarwissen-schaften. In: GHelv 12 (4)/ 248–253/ 1957.

WINKLER E. (1973): Umweltschutz – Umweltplanung – Raumplanung – Land-schaftsplanung. Beitrag zur Klärung einiger ihrer Grundbegriffe. In: DISP 29–30/ 7–10/ 1973.

WINKLER E. (Hrsg.) (1975): Probleme der Allgemeinen Geographie. (=WdF CCIC). Darmstadt 1975.

WINKLER G. (1978): Leben im Banne des Flughafens. Untersuchung einiger räumlicher Auswirkungen des Flughafens Zürich-Kloten am Beispiel der westlichen Glattalgemeinden. Zürich 1978.

WIRTH E. (1970): Zwölf Thesen zur aktuellen Problematik der Länderkunde. In: GR 22 (11)/ 444–450/ 1970.

WIRTH E. (1979): Theoretische Geographie. Grundzüge einer Theoretischen Kulturgeographie. (=TSt Geographie). Stuttgart 1979.

WIRTH E. (1984a): Geographie als moderne theorieorientierte Sozialwissen-schaft? In: Erdk 38 (2)/ 73–79/ 1984.

WIRTH E. (1984b): Dietrich Bartels 1931–1983. In: GZ 72 (1)/ 1–22/ 1984.

WIRTH E. (1984c): The abolition of man in modern social science oriented geography? New directions for rediscovering man and culture in geography beyond the «behavioural» and «humanistic» approaches. (=OccPap 23). London 1984.

WIRTH E./HEINRITZ G. (Hrsg.) (1978): Deutscher Geographentag Mainz 1977 – Tagungsbericht und wissenschaftliche Abhandlungen. (= Verhandlungen DGT 41). Wiesbaden 1978.

WISE M.J. (1977): On progress and geography. In: PHG 1 (1)/ 1–10/ 1977.

WISSELINCK E. (1984): Frauen denken anders. Zur feministischen Diskussion – Als Einführung und zum Weiterdenken. Strasslach 1984.

WITTGENSTEIN L. (1921): Tractatus Logico-Philosophicus. (= stw 501). Frankfurt/M. 1968.

WRIGTH G.H. VON (1974): Erklären und Verstehen. Frankfurt/M. 1974.

YONKER T.L. (1978): The Man/Environment Relationship in the Human Ecosystem. In: BENDIX/GRAHAM (eds) (1978): Environmental Assessment. Approaching Maturity. Ann Arbor 1978.

ZELENY M. (ed) (1981): Autopoiesis: A theory of living organization. New York 1981.

ZELINSKY W. (1970): Beyond the exponentials: the role of geography in the great transition. In: EcG 46/ 499–535/ 1970.

ZELINSKY W. (1973): The cultural geography of the United States. Englewood Cliffs 1973.

ZELINSKY W. (1975): The demigod's dilemma. In: AAAG 65 (2)/ 123–143/ 1975.

ZELINSKY W. (1980): North America's Vernacular Regions. In: AAAG 70 (1)/ 1–16/ 1980.

ZIEGLER R. (1981): Bemerkungen zum didaktisch-methodischen Wert des Fachwortes im Geographieunterricht. In: GR 33 (8)/ 332–333/ 1981.

ZONNEVELD J.I.S. (1979): Physical Geography in the Netherlands. In: Erdk 33 (1)/ 1–9/ 1979.

ZÜRCHER J.M. (1978): Umweltschutz als Politikum. Bern 1978.

ZWITTKOVITS F. (1965): Bemerkungen zu einem wirtschaftsgeographischen System. In: BAUMGARTNER H. (Hrsg.) (1965): Festschrift Scheidl. Wien 1965.